Schriftenreihe
der Juristischen Schulung

Band 201

Examinatorium BGB Allgemeiner Teil

von

Dr. Thomas Riehm
o. Professor an der Universität Passau

2015

C.H.BECK

www.beck.de

ISBN 978 3 406 68003 8

Wilhelmstraße 9, 80801 München
Druck und Bindung: Nomos Verlagsgesellschaft
In den Lissen 12, 76547 Sinzheim
Umschlaggestaltung und Satz: Druckerei C. H. Beck Nördlingen

Gedruckt auf säurefreiem, alterungsbeständigem Papier
(hergestellt aus chlorfrei gebleichtem Zellstoff)

Vorwort

Zum Allgemeinen Teil des BGB existieren bereits sehr viele sehr gute Lehrbücher. Warum ein weiteres? Weil in den üblichen Lehrbüchern eine besondere Zielgruppe meistens zu kurz kommt: fortgeschrittene Studierende in der Phase der Wiederholung oder Examensvorbereitung sowie Referendarinnen und Referendare. Auf diese ist das vorliegende Werk zugeschnitten.

Dieser Zuschnitt äußert sich in einer äußerst kurzen und prägnanten Darstellung – vor den Examina ist Zeit, zumal Lesezeit, ein knappes Gut. Gleichwohl strebt das Buch an, den examensrelevanten Stoff einschließlich der aktuellen Rechtsprechung umfassend darzustellen und alle wichtigen aktuellen „Streitstände" zu dokumentieren. Vor allem aber sollen die hinter den Normen liegenden Strukturen und Wertungen herausgearbeitet werden, deren Verständnis im „Ernstfall" der Examensklausur wesentlich wichtiger für eine fundierte Argumentation ist als die (meist auswendig gelernte) Kenntnis von Literaturmeinungen und einzelnen Judikaten. Speziell im Hinblick auf die für den Klausurerfolg unentbehrliche Strukturierung des vorhandenen Wissens wurde bei der Gestaltung des Lehrbuches darauf geachtet, dass der Stoff durchgehend anhand des jeweiligen Prüfungsaufbaus dargestellt wird, so dass materielles Wissen und Strukturwissen einhergehen. Dem gleichen Zweck dienen die 44 eingestreuten Wiederholungs- und Vertiefungsfälle, die mit vollständiger Gliederung gelöst sind.

Seinem inhaltlichen Anspruch kann das Lehrbuch bei der angestrebten Kürze nur genügen, wenn an anderer Stelle gespart wird. Im Hinblick auf die genannte Zielgruppe wurde daher auf alle allgemeinen Einführungen in das Bürgerliche Recht, in die Geschichte des BGB oder in die Klausurtechnik verzichtet. Solche finden sich zahlreich und qualitativ hochwertig in anderen Lehrbüchern zum Allgemeinen Teil. Auch enthält das Werk keine vollständig ausgearbeiteten Übungsklausuren; insoweit wird durchgehend auf das Beck'sche Examinatorium von *Grigoleit/Herresthal* verwiesen (BGB Allgemeiner Teil, 3. Aufl. 2015), das hervorragend zur praktischen Einübung des hier vermittelten Stoffes in examensnahen Klausuren geeignet ist.

Demgegenüber wird hier besonderer Wert auf die Verknüpfung des Allgemeinen Teils mit den übrigen Büchern des BGB gelegt, die den fortgeschrittenen Studierenden bereits bekannt sein sollten. Gerade diese Aspekte, die in Anfängerlehrbüchern und den universitären Lehrveranstaltungen in den ersten Semestern aus gutem Grund ausgespart bleiben, machen die besondere Ausrichtung dieses Werkes aus. Diese zeigt sich auch in den zahlreichen Beispielsfällen, die sich bewusst nicht nur auf eine Einzelfrage aus dem Allgemeinen Teil konzentrieren, sondern einen – meist aus der jüngeren Rechtsprechung entnommenen – Sachverhalt vollständig lösen und dabei insbesondere auch die bereicherungs- und sachenrechtlichen Folgefragen stets im Blick behalten. Das ermöglicht ein Lernen in umfassenden Sach- und Wertungskomplexen ohne die formale Brille der Einteilung des BGB in einzelne (Lehr-)Bücher. Es wird dringend empfohlen, diese Fälle samt Lösungen nicht nur durchzulesen, sondern sich selbst an einer Lösungsskizze zu versuchen.

Dem spezifischen Zweck dieses Lehrbuches ist es ferner geschuldet, dass die Nachweise aus der Literatur bei weitem keine wissenschaftliche Vollständigkeit anstreben, sondern lediglich Hinweise zur Vertiefung geben sollen. Dagegen wurde hoher Wert auf praktisches Anschauungsmaterial aus der Rechtsprechung gelegt: Es wird daher empfohlen, die zitierten BGH-Entscheidungen – insbesondere wenn sie in der JuS besprochen und daher als „examensrelevant" eingeschätzt wurden – nachzulesen, um den abstrakten Stoff durch konkrete Sachverhalte plastisch zu machen. Und schließlich entspricht es dem didaktischen Konzept, dass nicht eigene Stellungnahmen des Verfassers im Vordergrund stehen, sondern eine ausgewogene Darstellung des Meinungsstandes, die lediglich punktuell um eigene Anmerkungen ergänzt wird.

Das Erscheinen dieses Buches wäre nicht möglich gewesen durch den äußerst engagierten und kompetenten Einsatz meines Mitarbeiters, Herrn Assessor Christian Fischl, dem ich auch an dieser Stelle für seinen außergewöhnlichen Einsatz sehr zu danken habe. Er hat eigenverantwortlich die Umwandlung meines Manuskriptes in ein sauber formatiertes Buch, umfangreiche Recherchearbeiten für die Literatur- und Rechtsprechungsangaben sowie die kritische Gesamtkontrolle des Textes übernommen und meine Lösungen der Wiederholungs- und Vertiefungsfälle prägnant ausformuliert. Besondere Dank gilt zudem meinen studentischen Hilfskräften Frau Carmen Hüttinger, Frau Anna Lena Jessen, Frau Johanna Kaufmann, Herrn Lukas Lindner und Frau Nicole Spreng für Recherchen und akribische Manuskriptlektüre und Recherchen, meiner Sekretärin Frau Monika Hilbert für die Übertragung zahlreicher Manuskriptkorrekturen und die Korrektur der Druckfahnen, sowie Herrn Stefan Trommler für die Erstellung des Sachverzeichnisses.

Die Erstauflage eines Lehrbuches kann wohl niemals perfekt sein. Kritik, Anregungen und Verbesserungsvorschläge aus der Leserschaft sind daher jederzeit herzlich willkommen unter lehrstuhl.riehm@uni-passau.de.

Passau, im Juni 2015 *Prof. Dr. Thomas Riehm*

Inhaltsverzeichnis

Vorwort ... V

Abkürzungsverzeichnis ... XV

Literaturverzeichnis ... XIX

§ 1. Rechtssubjekte und Rechtsobjekte ... 1

A. Rechtssubjekte ... 1

I. Natürliche Personen ... 1
II. Juristische Personen und rechtsfähige Personengesellschaften ... 2
III. Verbraucher und Unternehmer ... 2
1. Verbraucher (§ 13) ... 2
a) Natürliche Person ... 4
b) Abschluss eines Rechtsgeschäfts ... 4
c) Private Zwecksetzung ... 5
d) Scheinverbraucher ... 7
e) Unionsrechtlicher Hintergrund ... 7
2. Unternehmer (§ 14) ... 8
a) Natürliche oder juristische Person, rechtsfähige Personengesellschaft 9
b) Abschluss eines Rechtsgeschäfts ... 9
c) Gewerbliche oder selbständige berufliche Zwecksetzung ... 9
d) Scheinunternehmer ... 9
e) Unionsrechtlicher Hintergrund ... 11

B. Rechtsobjekte ... 12

I. Sachen ... 12
1. Definition ... 12
2. Tiere ... 13
3. Bestandteile (§§ 93 ff.) ... 13
a) Wesentliche Bestandteile (§§ 93, 94) ... 13
b) Einfache Bestandteile ... 13
c) Scheinbestandteile (§ 95) ... 14
d) Zubehör (§ 97) ... 14
4. Früchte und Nutzungen ... 14
a) Früchte (§ 99) ... 14
b) Nutzungen (§ 100) ... 15
c) Verteilung von Nutzungen und Lasten ... 15
II. Rechte ... 15
1. Absolute Rechte ... 16
2. Relative Rechte ... 16

§ 2. Grundlagen der Rechtsgeschäftslehre ... 17

A. Privatautonomie und Vertragsfreiheit ... 17

I. Privatautonomie ... 17
II. Vertragsfreiheit ... 17
1. Kontrahierungszwang ... 17
2. Diskriminierungsschutz nach dem AGG ... 18
a) Anwendungsbereich ... 19
b) Unzulässige Diskriminierungen ... 19
c) Rechtsfolgen ... 20
3. Gestaltungsfreiheit und Inhaltskontrolle ... 21
4. Formfreiheit ... 21

B. Begriff und Arten von Rechtsgeschäften ... 22
I. Einseitige und mehrseitige Rechtsgeschäfte ... 22
II. Verpflichtungs- und Verfügungsgeschäfte ... 22
1. Verpflichtungsgeschäfte ... 23
2. Verfügungsgeschäfte ... 23
3. Trennungs- und Abstraktionsprinzip ... 23

§ 3. Tatbestand und Wirksamkeit der Willenserklärung ... 25
A. Objektiver Erklärungstatbestand ... 25
I. Erklärungshandlung ... 25
1. Ausdrückliche Willensäußerung ... 26
2. Konkludente Willensäußerung ... 26
3. Schweigen als Willensäußerung ... 26
II. Rechtsbindungswille ... 28
III. Bezeichnung von Rechtsfolgen ... 29

B. Subjektiver Erklärungstatbestand ... 30
I. Handlungswille ... 30
II. Erklärungsbewusstsein ... 31
III. Geschäftswille ... 32

C. Gefälligkeiten ... 32
I. Abgrenzung zwischen Gefälligkeitsverhältnis und Vertrag ... 33
II. Rechtsfolgen des Gefälligkeitsverhältnisses ... 33
III. Sonderfall: Gefälligkeit als Sonderverbindung ... 34

D. Geschäftsähnliche Handlungen ... 35

E. Wirksamwerden von Willenserklärungen ... 36
I. Verkörperte Erklärungen ... 36
1. Abgabe ... 36
a) Nicht empfangsbedürftige Willenserklärungen ... 37
b) Empfangsbedürftige Willenserklärungen ... 37
2. Zugang (§ 130 I) ... 38
a) Voraussetzungen des Zugangs ... 38
b) Zugangshindernisse auf Empfängerseite ... 39
c) Zugang von E-Mail und anderen elektronischen Medien ... 40
d) Zugang an nicht voll Geschäftsfähige (§ 131) ... 41
II. Nicht verkörperte Erklärungen ... 42
III. Botenschaft ... 42
1. Abgabe einer Willenserklärung durch Erklärungsboten ... 42
2. Zugang der Willenserklärung beim Empfangsboten ... 43
3. Falschübermittlung durch Boten ... 43
4. Bote ohne Botenmacht (Scheinbote) ... 44
IV. Widerruf von Willenserklärungen (§ 130 I 2) ... 44

§ 4. Auslegung von Willenserklärungen ... 47
A. Auslegung empfangsbedürftiger Willenserklärungen (§§ 133, 157) ... 47
B. Auslegung von Erklärungen an einen unbestimmten Personenkreis ... 48
C. Auslegung nicht empfangsbedürftiger Willenserklärungen ... 49
D. Auslegung formbedürftiger Willenserklärungen ... 49
E. Perplexität ... 51
F. Ergänzende Auslegung ... 51
I. Planwidrige Vertragslücke ... 52
II. Ermittlung des hypothetischen Parteiwillens ... 52
III. Verhältnis zur Störung der Geschäftsgrundlage (§ 313) ... 53

§ 5. Vertragsschluss (§§ 145 ff.) ... 55
A. Voraussetzungen des Vertragsschlusses ... 55
I. Vertragsangebot (§ 145) ... 55
II. Korrespondierende Annahme des Angebots ... 56
1. Allgemeines ... 56
2. Verzicht auf den Zugang der Annahme (§ 151) ... 56
III. Bindung des Antragenden ... 58
IV. Kein offener Dissens (§ 154) ... 59
B. Versteckter Dissens (§ 155) ... 61
C. Sonderfragen des Vertragsschlusses ... 62
I. Faktische Verträge? ... 62
II. Unbestellte Warenlieferung oder Dienstleistung (§ 241a) ... 64
1. Zusendung von Waren oder Erbringung sonstiger Leistungen ... 65
2. Durch einen Unternehmer an einen Verbraucher ... 66
3. Ohne vorhergehende Bestellung des Verbrauchers ... 66
4. Rechtsfolgen ... 67
a) Möglichkeit eines Vertragsschlusses ... 67
b) Ausschluss gesetzlicher Ansprüche ... 67
§ 6. Wirksamkeitshindernisse für Rechtsgeschäfte ... 69
A. Geschäftsfähigkeit (§§ 104 ff.) ... 69
I. Geschäftsunfähigkeit (§§ 104 f.) ... 69
1. Begriff ... 70
2. Geschäfte des täglichen Lebens durch Geschäftsunfähige (§ 105a) ... 71
II. Beschränkte Geschäftsfähigkeit (§§ 106 ff.) ... 73
1. Partielle Geschäftsfähigkeit (§§ 112, 113) ... 73
a) Selbständiger Betrieb eines Erwerbsgeschäfts (§ 112) ... 73
b) Dienst- oder Arbeitsverhältnis (§ 113) ... 74
2. Wirksamkeit des Geschäfts des Minderjährigen (§ 107) ... 74
a) Lediglich rechtlich vorteilhafte Geschäfte ... 74
b) Rechtlich neutrale Geschäfte ... 77
c) Schenkung von Grundstücken an Minderjährige ... 77
3. Einwilligung des gesetzlichen Vertreters (§ 107) ... 79
a) Einwilligungsberechtigung ... 79
b) Einwilligungserklärung ... 80
c) Umfang der Einwilligung ... 80
d) Der „Taschengeldparagraph" (§ 110) ... 80
4. Rechtsgeschäfte des Minderjährigen ohne erforderliche Einwilligung ... 83
a) Verträge (§§ 108, 109) ... 83
b) Einseitige Rechtsgeschäfte (§ 111) ... 84
B. Geheimer Vorbehalt, Scheingeschäft, Scherzerklärung (§§ 116 ff.) ... 84
I. Geheimer Vorbehalt (§ 116) ... 84
II. Scheingeschäft (§ 117) ... 85
III. Scherzerklärung (§ 118) ... 86
C. Form von Willenserklärungen (§ 125) ... 87
I. Formzwecke ... 88
II. Arten von Formerfordernissen ... 88
1. Schriftform (§ 126) ... 88
2. Elektronische Form (§ 126a) ... 90
3. Textform (§ 126b) ... 91
4. Öffentliche Beglaubigung (§ 129) ... 93
5. Notarielle Beurkundung (§ 128) ... 94
6. Gewillkürte Formerfordernisse (§ 127) ... 94
a) Allgemeines ... 94
b) Schriftformklauseln ... 95

III. Treuwidrige Berufung auf Formnichtigkeit 96
IV. Formbedürftigkeit von Grundstücksgeschäften (§ 311b I) 97
1. Anwendungsbereich des § 311b I 1 98
2. Heilung durch Vollzug, § 311b I 2 98

D. Gesetzesverstoß (§ 134) 98
I. Anwendbarkeit des § 134 99
II. Verbotsgesetze iSv § 134 99
III. Verstoß gegen das Verbotsgesetz 100
IV. Rechtsfolge des § 134 100

E. Sittenwidrigkeit (§ 138) 103
I. Wucher (§ 138 II) 103
1. Anwendbarkeit des § 138 II 104
2. Auffälliges Missverhältnis zwischen Leistung und Gegenleistung 104
3. Ausnutzung einer Schwächesituation 104
4. Rechtsfolge 105
II. Sittenwidrigkeit von Rechtsgeschäften nach § 138 I 106
1. Anwendbarkeit des § 138 I 107
2. Sittenverstoß des Rechtsgeschäfts 107
III. Fallgruppen 108
1. Sittenwidriges Verhalten gegenüber dem Vertragspartner 108
2. Strukturell ungleiche Verhandlungsstärke 111
3. Sittenwidriges Verhalten gegenüber Dritten oder der Allgemeinheit 112

F. Folgen der Unwirksamkeit von Rechtsgeschäften 113
I. Teil- und Gesamtnichtigkeit von Rechtsgeschäften (§ 139) 113
1. Einheitliches Rechtsgeschäft 113
2. Nichtigkeit eines abtrennbaren Teils des Rechtsgeschäfts 114
3. Kein entgegenstehender Parteiwille 114
4. Einschränkungen des § 139 115
II. Umdeutung nichtiger Rechtsgeschäfte (§ 140) 115
1. Nichtigkeit eines Rechtsgeschäfts 116
2. Anderes Rechtsgeschäft iSv § 140 116
3. Voraussetzungen des anderen Rechtsgeschäfts 117
4. Kein entgegenstehender Parteiwille 117
5. Unzulässigkeit der Umdeutung 117
III. Bestätigung nichtiger Rechtsgeschäfte (§ 141) 118
1. Anwendbarkeit des § 141 118
2. Wegfall des Nichtigkeitsgrundes 118
3. Bestätigung 118
4. Rechtsfolgen der Bestätigung 119

§ 7. Bedingung und Befristung (§§ 158 ff.) 121
A. Bedingung und Befristung 121
B. Aufschiebende und auflösende Bedingung bzw. Befristung 121
C. Schutz des bedingt Berechtigten 122

§ 8. Verfügungsverbote (§§ 135, 136) 125
A. Anwendungsbereich der §§ 135 f. 125
B. Rechtsfolgen verbotswidriger Verfügungen 125
C. Gutgläubiger Erwerb trotz Verfügungsverbots 126

§ 9. Anfechtung von Rechtsgeschäften 127
A. Anwendbarkeit der §§ 119 ff. 127
I. Vorrangige Spezialregeln 128

II. Anfechtung dinglicher Rechtsgeschäfte ... 128
III. Anfechtung nichtiger Rechtsgeschäfte ... 128

B. Zulässigkeit der Anfechtung ... 131

C. Irrtumsanfechtung ... 131

I. Rechtlich relevante Irrtümer ... 131
1. Irrtum in der Erklärung (§§ 119 I, 120) ... 131
a) Inhaltsirrtum (§ 119 I Alt. 1) ... 132
b) Erklärungsirrtum (§ 119 I Alt. 2) ... 133
c) Übermittlungsirrtum (§ 120) ... 135
2. Eigenschaftsirrtum (§ 119 II) ... 136
a) Anwendbarkeit des § 119 II ... 137
b) Irrtum über eine Eigenschaft ... 137
c) Verkehrswesentlichkeit der Eigenschaft ... 138
3. Kalkulationsirrtum ... 139
a) Auslegungsfragen ... 139
b) Irrtumsanfechtung ... 140
c) Schuldrechtliche Lösungsmöglichkeiten ... 142
4. Rechtsfolgenirrtum ... 144
5. Unterschriftsirrtum ... 145
II. Kausalität des Irrtums für die Erklärung ... 146
III. Anfechtungsfrist (§ 121) ... 146
IV. Schadensersatzpflicht des Anfechtenden ... 147
1. Anwendbarkeit des § 122 ... 147
2. Ausschluss des Anspruches nach § 122 II ... 147
3. Umfang des Schadensersatzes ... 148
4. Ansprüche bei Verschulden des Erklärenden ... 148

D. Anfechtung wegen Täuschung und Drohung ... 150

I. Arglistige Täuschung (§ 123 I Alt. 1) ... 150
1. Täuschung ... 150
2. Rechtswidrigkeit der Täuschung ... 151
3. Kausalität ... 151
4. Arglist ... 151
5. Ausschluss nach § 123 II ... 152
6. Weitere Rechte des Getäuschten ... 153
II. Widerrechtliche Drohung (§ 123 I Alt. 2) ... 154
1. Drohung ... 154
2. Widerrechtlichkeit der Drohung ... 154
3. Weitere Rechte des Bedrohten ... 155
III. Anfechtungsfrist (§ 124) ... 157

E. Anfechtungserklärung ... 158

I. Inhalt der Anfechtungserklärung ... 158
II. Anfechtungsgegner ... 159

F. Bestätigung des anfechtbaren Rechtsgeschäfts (§ 144) ... 159

G. Beschränkung der Anfechtung nach Treu und Glauben ... 159

H. Wirkungen der Anfechtung ... 160

I. Nichtigkeit des Rechtsgeschäfts ex tunc ... 160
II. Fiktion der Kenntnis von der Nichtigkeit ... 161

§ 10. Stellvertretung (§§ 164 ff.) ... 163

A. Einführung ... 163

B. Voraussetzungen wirksamer Stellvertretung ... 164

I. Anwendbarkeit der §§ 164 ff. ... 164
II. Zulässigkeit der Stellvertretung ... 165

III. Abgabe einer eigenen Willenserklärung ... 165
IV. Handeln in fremdem Namen ... 166
1. Das offene Geschäft für den, den es angeht ... 167
2. Das verdeckte Geschäft für den, den es angeht ... 167
3. Unternehmensbezogene Geschäfte ... 168
4. Handeln unter fremdem Namen ... 168
5. Mittelbare Stellvertretung ... 169
V. Vertretungsmacht ... 170
1. Gesetzliche Stellvertretung ... 170
2. Rechtsgeschäftliche Vertretungsmacht (Vollmacht) ... 170
a) Form der Vollmachtserteilung ... 170
b) Empfänger der Vollmachtserklärung ... 172
c) Umfang der Vollmacht ... 172
d) Erlöschen der Vollmacht ... 173
3. Organschaftliche Stellvertretung ... 177
4. Vertretungsmacht aus Vertrauensschutz (§§ 170 ff.) ... 178
a) Rechtsscheinsvollmacht nach den §§ 170–173 ... 178
b) Duldungs- und Anscheinsvollmacht ... 178
5. Untervertretung ... 181
a) „Unmittelbare" Untervertretung ... 181
b) „Mittelbare" Untervertretung ... 182
VI. Grenzen der Vertretungsmacht ... 182
1. Verbot des Insichgeschäfts (§ 181) ... 182
a) Vorliegen eines Insichgeschäfts ... 183
b) Ausnahmen ... 183
c) Rechtsfolge ... 184
2. Missbrauch der Vertretungsmacht (§ 242) ... 184
a) Überschreitung der Befugnisse durch den Vertreter ... 184
b) Evidenz der Überschreitung für den Vertragspartner ... 184
c) Rechtsfolgen des Missbrauchs ... 185

C. Folgen der Stellvertretung ... 187

I. Wirkungen des Rechtsgeschäfts (§ 164 I) ... 187
II. Wissenszurechnung nach § 166 ... 187
1. Allgemeines ... 187
2. Wissenszurechnung bei Wissensvertretern ... 188
3. Wissenszusammenrechnung bei juristischen Personen ... 189

D. Vertreter ohne Vertretungsmacht (§§ 177 ff.) ... 190

I. Genehmigung durch den „Vertretenen" (§ 177) ... 190
II. Haftung des falsus procurator (§ 179) ... 190
1. Anwendbarkeit des § 179 I ... 191
2. Wirksamer Vertrag mit dem Vertretenen ... 191
3. Kein Ausschluss des Anspruches nach § 179 III ... 191
4. Rechtsfolgen ... 191
III. Sonderregeln für einseitige Rechtsgeschäfte ... 192

§ 11. Allgemeine Geschäftsbedingungen (§§ 305 ff.) ... 193

A. Prüfung Allgemeiner Geschäftsbedingungen ... 193

B. Anwendungsbereich der §§ 305 ff. ... 194

I. Begriff der Allgemeinen Geschäftsbedingungen (§ 305 I) ... 194
1. Vertragsbedingungen ... 194
2. Vorformuliert ... 195
3. Für eine Vielzahl von Verträgen ... 195
4. Von einer Partei gestellt ... 195
5. Nicht im Einzelnen ausgehandelt ... 196
II. Persönlicher Anwendungsbereich (§ 310 I) ... 196

III. Sachlicher Anwendungsbereich (§ 310 IV) ... 197
IV. Verbraucherverträge (§ 310 III) ... 197

C. Einbeziehung von AGB ... 198
I. Formale Voraussetzungen der Einbeziehung (§ 305 II, III) ... 198
1. Ausdrücklicher Hinweis auf AGB (§ 305 II Nr. 1) ... 198
2. Zumutbare Möglichkeit der Kenntnisnahme von AGB (§ 305 II Nr. 2) ... 200
3. Einverständnis mit der Geltung von AGB (§ 305 II) ... 200
4. Rahmenvereinbarungen über die Geltung von AGB (§ 305 III) ... 201
5. Kollidierende AGB ... 201
II. Vorrang der Individualabrede (§ 305b) ... 203
III. Überraschende Klauseln (§ 305c I) ... 203

D. Auslegungsgrundsätze für AGB ... 205
I. Unklarheitenregel (§ 305c II) ... 206
II. Restriktionsprinzip ... 206

E. Inhaltskontrolle von AGB (§§ 307 ff.) ... 207
I. Zulässigkeit der Inhaltskontrolle von AGB (§ 307 III) ... 207
II. Klauselverbote ohne Wertungsmöglichkeit (§ 309) ... 208
1. Pauschalisierung von Schadensersatzansprüchen (§ 309 Nr. 5) ... 208
2. Haftungsausschlüsse (§ 309 Nr. 7) ... 208
3. Ausschluss der Mängelgewährleistung (§ 309 Nr. 8b)) ... 209
III. Klauselverbote mit Wertungsmöglichkeit (§ 308) ... 209
IV. Unangemessene Benachteiligung (§ 307) ... 209
1. Vorliegen eines Regelbeispiels nach § 307 II ... 210
2. Generalklausel ... 212
V. Transparenzgebot ... 212

F. Folgen der Unwirksamkeit oder fehlenden Einbeziehung von AGB ... 213

G. Verhältnis der §§ 305 ff. zum Allgemeinen Teil des BGB ... 214

§ 12. Fristen und Verjährung ... 217

A. Fristberechnung (§§ 186 ff.) ... 217
I. Ereignis- und Ablauffristen ... 217
II. Fristbeginn ... 217
III. Fristdauer ... 218
IV. Fristende ... 218

B. Verjährung von Forderungen (§§ 194 ff.) ... 219
I. Verjährungsfristen ... 220
1. Besondere Verjährungsfristen ... 220
a) Verjährungsfristen außerhalb des Allgemeinen Teils ... 220
b) 30-jährige Verjährung nach § 197 ... 220
c) Verjährung grundstücksbezogener Ansprüche (§ 196) ... 221
2. Regelmäßige Verjährung (§§ 195, 199) ... 221
a) Anwendungsbereich ... 221
b) Kenntnisabhängige kurze Frist (§ 199 I) ... 221
c) Auffangfristen (§ 199 II–IV) ... 223
II. Lauf der Verjährungsfrist ... 224
1. Hemmung der Verjährung ... 224
a) Hemmung während Verhandlungen (§ 203) ... 224
b) Hemmung während Rechtsverfolgungsmaßnahmen (§ 204) ... 225
c) Hemmung bei vereinbartem Leistungsverweigerungsrecht (§ 205) ... 225
2. Ablaufhemmung ... 226
3. Neubeginn der Verjährung ... 226
III. Rechtsfolgen der Verjährung ... 226
1. Auswirkungen auf den Hauptanspruch ... 226

2. Sicherungsrechte 226
3. Nebenansprüche 227
4. Gestaltungsrechte 227
5. Treuwidrigkeit der Berufung auf die Verjährung 227
IV. Vereinbarungen über die Verjährung 228

Verzeichnis der Wiederholungs- und Vertiefungsfälle 229

Sachverzeichnis 231

Abkürzungsverzeichnis

aA	anderer Ansicht
abl.	ablehnend
AcP	Archiv für die civilistische Praxis
aE	am Ende
aF	alte Fassung
AG	Aktiengesellschaft/Amtsgericht
AGB	Allgemeine Geschäftsbedingungen
AGG	Allgemeines Gleichbehandlungsgesetz
AktG	Aktiengesetz
Alt.	Alternative
allgM	allgemeine Meinung
AnfG	Anfechtungsgesetz
Anm.	Anmerkung
AO	Abgabenordnung
Art.	Artikel
AT	Allgemeiner Teil
Aufl.	Auflage
BAG	Bundesarbeitsgericht
BAGE	Entscheidungen des Bundesarbeitsgerichts
BayObLG	Bayerisches Oberstes Landesgericht
BayObLGZ	Entscheidungen des Bayerischen Obersten Landesgerichts in Zivilsachen
BB	Betriebs-Berater
BDSG	Bundesdatenschutzgesetz
Bespr.	Besprechung
BeurkG	Beurkundungsgesetz
BGB	Bürgerliches Gesetzbuch
BGH	Bundesgerichtshof
BGHZ	Entscheidungen des Bundesgerichtshofs in Zivilsachen
BRAO	Bundesrechtsanwaltsordnung
Bsp.	Beispiel
BT-Drs.	Bundestagsdrucksache
BtMG	Betäubungsmittelgesetz
BVerfG	Bundesverfassungsgericht
BVerfGE	Entscheidungen des Bundesverfassungsgerichts
bzw.	beziehungsweise
B2B	Business-to-Business
B2C	Business-to-Consumer
ca.	circa
c. i. c.	culpa in contrahendo
C2C	Consumer-to-Consumer
dh	das heißt
DÖV	Die öffentliche Verwaltung (Zeitschrift)
EGBGB	Einführungsgesetz zum Bürgerlichen Gesetzbuch
Einf.	Einführung
Einl.	Einleitung
EnWG	Energiewirtschaftsgesetz

EStG	Einkommensteuergesetz
EU	Europäische Union
EuGH	Gerichtshof der Europäischen Union
EuGH Slg.	Sammlung der Rechtsprechung des Gerichtshofes
eV	eingetragener Verein
f., ff.	folgende/r
Fn.	Fußnote
GBO	Grundbuchordnung
GbR	Gesellschaft bürgerlichen Rechts
gem.	gemäß
GenG	Genossenschaftsgesetz
GewO	Gewerbeordnung
GG	Grundgesetz für die Bundesrepublik Deutschland
ggf.	gegebenenfalls
GmbH	Gesellschaft mit beschränkter Haftung
GmbHG	GmbH-Gesetz
GPR	Zeitschrift für Gemeinschaftsprivatrecht
GS	Großer Senat
HGB	Handelsgesetzbuch
hL	herrschende Lehre
hM	herrschende Meinung
Hs.	Halbsatz
idR	in der Regel
iE	im Einzelnen
iErg	im Ergebnis
iHv	in Höhe von
insb.	insbesondere
InsO	Insolvenzordnung
iRv	im Rahmen von
iSd	im Sinne der/des
iSv	im Sinne von
iVm	in Verbindung mit
JA	Juristische Arbeitsblätter
Jura	Juristische Ausbildung
JuS	Juristische Schulung
JZ	Juristenzeitung
Kap.	Kapitel
Kfz	Kraftfahrzeug
KG	Kammergericht/Kommanditgesellschaft
KlauselRL	Richtlinie 93/13/EWG des Rates vom 5. April 1993 über missbräuchliche Klauseln in Verbraucherverträgen („Klauselrichtlinie“)
LAG	Landesarbeitsgericht
LG	Landgericht
Lit.	Literatur
LM	Lindenmaier/Möhring, Nachschlagewerk des Bundesgerichtshofs in Zivilsachen
maW	mit anderen Worten
MDR	Monatsschrift für Deutsches Recht
mE	meines Erachtens

MuSchG	Mutterschutzgesetz
mwN	mit weiteren Nachweisen
NJOZ	Neue Juristische Online-Zeitschrift
NJW	Neue Juristische Wochenschrift
NJW-RR	NJW-Rechtsprechungs-Report Zivilrecht
Nr.	Nummer
NZA	Neue Zeitschrift für Arbeitsrecht
NZBau	Neue Zeitschrift für Baurecht und Vergaberecht
o.	oben
oHG	Offene Handelsgesellschaft
OLG	Oberlandesgericht
PBefG	Personenbeförderungsgesetz
PflVG	Pflichtversicherungsgesetz
ProdHaftG	Produkthaftungsgesetz
ProstG	Prostitutionsgesetz
RG	Reichsgericht
RGZ	Entscheidungen des Reichsgerichts in Zivilsachen
Rn.	Randnummer
Rspr.	Rechtsprechung
S.	Seite/Satz
s.	siehe
SchwarzArbG	Schwarzarbeitsbekämpfungsgesetz
SGB	Sozialgesetzbuch
SigG	Signaturgesetz
s. o.	siehe oben
sog	so genannte(n)
StGB	Strafgesetzbuch
StPO	Strafprozessordnung
str.	streitig
stRspr	ständige Rechtsprechung
s. u.	siehe unten
u.	und/unten
ua	unter anderem/anderen
UKlaG	Unterlassungsklagengesetz
UmwG	Umwandlungsgesetz
Urt. v.	Urteil vom
UStG	Umsatzsteuergesetz
usw.	und so weiter
uU	unter Umständen
v.	von/vom/vor
VerbrGKRL	Richtlinie 1999/44/EG des Europäischen Parlaments und des Rates vom 25. Mai 1999 zu bestimmten Aspekten des Verbrauchsgüterkaufs und der Garantien für Verbrauchsgüter („Verbrauchsgüterkaufrichtlinie“)
VerbrKrRL	Richtlinie 2008/48/EG des Europäischen Parlaments und des Rates vom 23. April 2008 über Verbraucherkreditverträge und zur Aufhebung der Richtlinie 87/102/EWG des Rates („Verbraucherkreditrichtlinie“)
VersR	Versicherungsrecht (Zeitschrift)
vgl.	vergleiche

VOB	Vergabe- und Vertragsordnung für Bauleistungen
Vorbem.	Vorbemerkung
VRRL	Richtlinie 2011/83/EU des Europäischen Parlaments und des Rates vom 25. Oktober 2011 über die Rechte der Verbraucher, zur Abänderung der Richtlinie 93/13/EWG des Rates und der Richtlinie 1999/44/EG des Europäischen Parlaments und des Rates sowie zur Aufhebung der Richtlinie 85/577/EWG des Rates und der Richtlinie 97/7/EG des Europäischen Parlaments und des Rates Text von Bedeutung für den EWR („Verbraucherrechterichtlinie")
vs.	versus
WM	Zeitschrift für Wirtschafts- und Bankrecht
zB	zum Beispiel
ZEV	Zeitschrift für Erbrecht und Vermögensnachfolge
ZIP	Zeitschrift für Wirtschaftsrecht
ZPO	Zivilprozessordnung
ZRP	Zeitschrift für Rechtspolitik
zust.	zustimmend
ZVG	Gesetz über die Zwangsversteigerung und die Zwangsverwaltung

Paragrafen ohne Gesetzesangabe sind solche des BGB.

Literaturverzeichnis

Lehrbücher zum Allgemeinen Teil

Bitter, BGB Allgemeiner Teil, 2. Aufl. 2013

Boemke/Ulrici, BGB Allgemeiner Teil, 2. Aufl. 2014

Bork, Allgemeiner Teil des Bürgerlichen Gesetzbuchs, 3. Aufl. 2011

Brox/Walker, Allgemeiner Teil des BGB, 38. Aufl. 2014

Faust, Bürgerliches Gesetzbuch Allgemeiner Teil, 4. Aufl. 2014

Flume, Allgemeiner Teil des Bürgerlichen Rechts, 2. Band: Das Rechtsgeschäft, 4. Aufl. 1992

Förster, Allgemeiner Teil des BGB, 2. Aufl. 2011

Gottwald, Examens-Repetitorium BGB – Allgemeiner Teil, 3. Aufl. 2013

Hirsch, BGB Allgemeiner Teil, 8. Aufl. 2015

Köhler, BGB Allgemeiner Teil, 38. Aufl. 2014

Köhler, BGB AT kompakt, 4. Aufl. 2014

Leenen, BGB Allgemeiner Teil: Rechtsgeschäftslehre, 2. Aufl. 2015

Leipold, BGB I: Einführung und Allgemeiner Teil, 7. Aufl. 2013

Medicus, Allgemeiner Teil des BGB, 10. Aufl. 2010

Musielak/Hau, Grundkurs BGB, 13. Aufl. 2013

Petersen, Examinatorium Allgemeiner Teil des BGB und Handelsrecht, 2013

Rüthers/Stadler, Allgemeiner Teil des BGB, 18. Aufl. 2014

Schack, BGB – Allgemeiner Teil, 14. Aufl. 2013

Wertenbruch, BGB Allgemeiner Teil, 3. Aufl. 2014

Wolf/Neuner, Allgemeiner Teil des Bürgerlichen Rechts, 10. Aufl. 2012

Fallsammlungen zum Allgemeinen Teil

Bitter, BGB Allgemeiner Teil, 2. Aufl. 2013

Brehm, Fälle und Lösungen zum Allgemeinen Teil des BGB, 3. Aufl. 2011

Fezer, Klausurenkurs zum BGB – Allgemeiner Teil, 9. Aufl. 2013

Fritzsche, Fälle zum BGB Allgemeiner Teil, 5. Aufl. 2014

Grigoleit/Herresthal, BGB Allgemeiner Teil (Beck'sches Examinatorium), 3. Aufl. 2015

Köhler, Prüfe dein Wissen: BGB Allgemeiner Teil, 27. Aufl. 2015

Lindacher/Hau, Fälle zum Allgemeinen Teil des BGB, 5. Aufl. 2010

Muscheler/Buer/Huh, Fälle und Lösungen zum Bürgerlichen Recht, Band I: BGB Allgemeiner Teil, Schuldrecht Allgemeiner Teil, 2013

Säcker/Mohr, Fallsammlung zum BGB Allgemeiner Teil, 2010

Schwabe, Allgemeiner Teil des BGB, 7. Aufl. 2013

Weitere abgekürzt zitierte Literatur

Baumbach/Hopt/*Bearbeiter*, Handelsgesetzbuch, 36. Aufl. 2014

Baur/Stürner, SaR Sachenrecht, 18. Aufl. 2009

BeckOGK/*Bearbeiter*, Gsell/Krüger/Lorenz/Mayer (Hrsg.), beck-online.GROSSKOMMENTAR zum Zivilrecht, 2015

BeckOK BGB/*Bearbeiter*, Bamberger/Roth (Hrsg.), Beck'scher Online-Kommentar zum BGB, 34. Ed. 2015

Brox/Henssler, HandelsR Handelsrecht, 21. Aufl. 2011
Canaris, HandelsR Handelsrecht, 24. Aufl. 2006
Dethloff, FamR Familienrecht, 30. Aufl. 2012
Erman/*Bearbeiter,* Bürgerliches Gesetzbuch, 14. Aufl. 2014
Frank/Helms, ErbR Erbrecht, 6. Aufl. 2013
Grigoleit/Riehm, SchuldR IV Schuldrecht IV – Deliktsrecht und Schadensrecht (Beck'sches Examinatorium), 2011
Großkomm-HGB/*Bearbeiter,* Staub, Handelsgesetzbuch Großkommentar, 5. Aufl. 2008 ff.
Gursky, SaR Klausurenkurs im Sachenrecht, 12. Aufl. 2008
Huber/Faust/*Bearbeiter,* Schuldrechtsmodernisierung – Einführung in das neue Recht, 2002
Jauernig/*Bearbeiter,* Bürgerliches Gesetzbuch, 15. Aufl. 2014
Junker, GK ArbR Grundkurs Arbeitsrecht, 14. Aufl. 2015
Koller/Kindler/Roth/Morck/*Bearbeiter,* Handelsgesetzbuch, 8. Aufl. 2015
Larenz, SR I Lehrbuch des Schuldrechts, Band I: Allgemeiner Teil, 14. Aufl. 1987
Larenz/Canaris, SR II/2 Lehrbuch des Schuldrechts, Band II, Halbband 2: Besonderer Teil, 13. Aufl., München 1994
Lorenz/Riehm, Lehrbuch zum neuen Schuldrecht, 2002
Löwisch/Caspers/Klumpp, ArbR Arbeitsrecht, 10. Aufl. 2014
Medicus/Lorenz, SR I Schuldrecht I – Allgemeiner Teil, 20. Aufl. 2012
Medicus/Petersen, BR Bürgerliches Recht, 24. Aufl. 2013
MüKoBGB/*Bearbeiter,* Münchener Kommentar zum BGB, 6. Aufl. 2012 ff.
MüKoHGB/*Bearbeiter,* Münchener Kommentar zum HGB, 3. Aufl. 2010 ff.
Neuner, SaR Sachenrecht (Beck'sches Examinatorium), 4. Aufl. 2013
Palandt/*Bearbeiter,* Bürgerliches Gesetzbuch, 74. Aufl. 2015
Prütting, SaR Sachenrecht, 35. Aufl. 2014
PWW/*Bearbeiter,* Prütting/Wegen/Weinreich, BGB Kommentar, 10. Aufl. 2015
K. Schmidt, HandelsR Handelsrecht, 6. Aufl. 2014
Soergel/*Bearbeiter,* Bürgerliches Gesetzbuch, 13. Aufl. 2011 ff.
Staudinger/*Bearbeiter,* Kommentar zum Bürgerlichen Gesetzbuch, 1999 ff.

§ 1. Rechtssubjekte und Rechtsobjekte

Das gesamte private Vermögensrecht – geregelt in den ersten drei Büchern des BGB – ist darauf ausgerichtet, Personen Güter zuzuordnen. Dementsprechend sind die elementaren Kategorien zum einen die Rechtssubjekte – also die Personen, denen Güter zugeordnet werden können – und zum anderen die Rechtsobjekte – also die Güter, um deren Zuordnung es geht. 1

A. Rechtssubjekte

Rechtssubjekte sind Personen oder Personenvereinigungen, die rechtsfähig sind, also Träger von Rechten und Pflichten sein können.[1] Grundlegend wird zwischen natürlichen und juristischen Personen unterschieden. 2

I. Natürliche Personen

Natürliche Personen sind alle Menschen. Ihre Rechtsfähigkeit beginnt gem. § 1 mit der **Vollendung der Geburt**, dh mit dem vollständigen Austritt aus dem Körper der Mutter (unabhängig von der Durchtrennung der Nabelschnur).[2] Stirbt ein Neugeborenes noch während der Geburt, so hat es zu keinem Zeitpunkt Rechtsfähigkeit erlangt: Es konnte kein Vermögen haben, also auch nicht erben und nicht vererben. 3

Das **ungeborene Kind** (nasciturus) ist selbst noch kein Rechtsträger. Wird das ungeborene Kind verletzt (zB bei einem Unfall der werdenden Mutter), so kann es Schadensersatzansprüche daher erst ab seiner Geburt haben; diese können aber auf die vorherige Verletzung gestützt werden, weil der Kausalverlauf zur späteren Schädigung auch vor der Geburt (und sogar bereits vor der Zeugung) begonnen haben kann.[3] 4

Nach § 1923 II wird ferner hinsichtlich der **Erbfähigkeit** fingiert, dass ein nasciturus vor dem Erbfall geboren wurde, wenn er zum Zeitpunkt des Erbfalls immerhin bereits gezeugt war. Auch hier erwirbt der nasciturus die Rechte am Nachlass erst mit seiner Geburt; für die Ermittlung der Erbfolge wird er aber so berücksichtigt, als ob er schon gelebt hätte, so dass er etwa gem. § 1924 IV neben seinen Geschwistern anteilig berücksichtigt wird. 5

Die Rechtsfähigkeit natürlicher Personen **endet** mit dem Tod; nach hM ist damit der irreversible Gehirntod gemeint.[4] Mit dem Tod gehen die Rechte und Pflichten des Verstorbenen grundsätzlich auf die Erben über. Ausnahmen gelten allerdings für das postmortale Persönlichkeitsrecht, dessen ideeller Schutz unabhängig vom Erbrecht den nahen Angehörigen zugewiesen ist.[5] 6

---

[1] S. *Lorenz* JuS 2010, 11.
[2] Wertenbruch AT § 4 Rn. 2.
[3] Näher *Grigoleit/Riehm* SchuldR IV, Rn. 26.
[4] OLG Frankfurt NJW 1997, 3099; krit. *Wolf/Neuner* AT § 11 Rn. 9 f.
[5] Näher *Grigoleit/Riehm* SchuldR IV, Rn. 43.

II. Juristische Personen und rechtsfähige Personengesellschaften

7 Juristische Personen sind solche rechtlichen Konstrukte, die ihre Rechtsfähigkeit **durch einen staatlichen Akt** erlangen. Regelmäßig besteht dieser Akt in der Eintragung in ein Register: bei AG und GmbH im Handelsregister (§§ 1 I 1, 41 I 1 AktG; §§ 11 I, 13 I GmbHG), beim eV im Vereinsregister (§ 21). Der wirtschaftliche Verein erlangt die Rechtsfähigkeit gem. § 22 durch staatliche Verleihung.

8 **Personengesellschaften** sind nach der Vorstellung des deutschen Rechts keine juristischen Personen, weil es an der körperschaftlichen Verfassung fehlt: Sie sind in ihrem Bestand und ihrer Identität nicht unabhängig von den Gesellschaftern, gegenüber diesen also nicht hinreichend verselbständigt, um selbst als eigenständige Person im Rechtssinne angesehen werden zu können. Allerdings können oHG und KG gem. § 124 I HGB (iVm § 161 II HGB) unter ihrer Firma Rechte begründen und Verpflichtungen eingehen sowie vor Gericht klagen und verklagt werden. Sie sind daher rechtsfähig und im Prozess auch parteifähig (§ 50 ZPO), ohne aber juristische Personen zu sein (sog **rechtsfähige Personengesellschaften**; vgl. auch § 14 II). Das gilt nach heute hM auch für die Gesellschaft bürgerlichen Rechts gem. § 705, sofern diese als solche nach außen auftritt und über ein Gesamthandsvermögen verfügt (Außengesellschaft).[6] Dagegen sprechen zwar ein Umkehrschluss zu § 124 I HGB sowie die Regelung des § 736 ZPO; über diese Bedenken hat sich die Rechtsprechung allerdings aufgrund des dringenden praktischen Bedürfnisses nach einer Anerkennung der Außen-GbR als rechtsfähig hinweggesetzt. Inzwischen ist die GbR auch in § 47 II GBO als grundbuchfähig anerkannt und kann zudem nach § 191 II Nr. 1 UmwG Zielrechtsträger eines identitätswahrenden Formwechsels einer juristischen Person sein. Daher lässt sich die Ablehnung einer Rechtsfähigkeit der Außen-GbR heute nur noch schwer vertreten.

III. Verbraucher und Unternehmer

9 Die Rechtsfähigkeit kommt zwar grundsätzlich allen natürlichen und juristischen Personen in gleicher Weise zu. Handelt jedoch eine natürliche Person zu privaten Zwecken, so wird sie im Kontakt mit Unternehmern als **besonders schutzwürdig** angesehen. Bei Verträgen zwischen Unternehmern und Verbrauchern gelten daher besondere Schutzvorschriften, die zum einen der besseren Information von Verbrauchern dienen (Informationspflichten, zB Art. 246 ff. EGBGB), zum anderen aber vor allem die Bindung von Verbrauchern an ihre Willenserklärungen lockern (verbraucherschützende Widerrufsrechte [§ 355] und intensivere AGB-Kontrolle [§ 310 III] sowie Ausgestaltung verbraucherschützender Rechtsnormen als zwingendes Recht [zB § 475]).

1. Verbraucher (§ 13)

10 § 13 definiert den Begriff des Verbrauchers, wie er im BGB verwendet wird. Die Qualifikation einer Person als Verbraucher hat für sich genommen keine rechtlichen Wirkungen, sondern ist Voraussetzung für die Anwendung einzelner Normen des Verbraucherrechts. Die Eigenschaft „Verbraucher“ kommt einer Person nach der

[6] BGHZ 146, 341; näher *Wertenbruch* AT § 4 Rn. 6 ff.

Konzeption des § 13 nicht *als solcher* zu, sondern nur im Rahmen eines bestimmten Rechtsgeschäfts (**konkret-funktionaler Verbraucherbegriff**). Ein und dieselbe Person kann also Verbraucher und gleich darauf Unternehmer sein, wenn die abgeschlossenen Rechtsgeschäfte einmal der privaten und einmal der selbständigen beruflichen Sphäre zuzurechnen sind.[7] Daher sollte vermieden werden zu fragen, ob eine Person Verbraucher oder Unternehmer „ist"; entscheidend ist allein, ob sie „als Verbraucher oder als Unternehmer gehandelt hat".

Der **Schutzzweck des Verbraucherschutzrechts** – und damit die Kriterien des Verbraucherbegriffes – ist nach wie vor umstritten. Überwiegend wird die Schutzwürdigkeit des Verbrauchers mit seiner geschäftlichen Unerfahrenheit oder wirtschaftlichen Unterlegenheit begründet.[8] Dazu passt allerdings nicht die ausschließliche Bezogenheit des Gesetzes auf die konkrete Zwecksetzung eines Rechtsgeschäfts: Kauft eine gutsituierte Rechtsanwältin bei einem kleinen „Tante-Emma-Laden" für ihren privaten Bedarf ein, so genießt sie ohne Zweifel Verbraucherschutz, obwohl sie sowohl wirtschaftlich überlegen als auch in rechtsgeschäftlichen Dingen wesentlich erfahrener sein dürfte. Diese Fälle schlicht als Anomalie eines typisierenden Verbraucherbegriffs zu bezeichnen,[9] dürfte ihrer Häufigkeit nicht gerecht werden. Überzeugender erscheint eine Bestimmung des Schutzzwecks des Verbraucherbegriffs anhand der Irrationalität privaten Handelns, die bei Handeln in unternehmerischen Zusammenhängen nicht in gleicher Weise gegeben ist, weil dort unternehmerische Entscheidungen schon im Hinblick auf Rechnungslegungspflichten und Investitionsplanungen typischerweise wesentlich rationaler getroffen werden. Die klassischen Verbraucherschutzmechanismen – Informationspflichten, Lösungsrechte, Inhaltskontrolle – kompensieren gerade dieses **Rationalitätsdefizit**, das auch bei Geschäftserfahrenen besteht, wenn sie im privaten Kontext handeln.[10] 11

Die Betrachtung erfolgt dabei stets **personenbezogen**: Sind mehrere Parteien auf der gleichen Seite eines Rechtsgeschäfts beteiligt, so ist jede Partei für sich zu betrachten, so dass das Verbraucherschutzrecht ggf. nur auf einen von mehreren Käufern oder Darlehensnehmern Anwendung findet. Im Falle der Stellvertretung kommt es regelmäßig auf die Person des Vertretenen, nicht auf die des Vertreters an: Ein Unternehmer wird nicht allein dadurch schutzwürdig, dass er einen Verbraucher als Vertreter vorschickt; ebenso wenig verliert ein Verbraucher seine Schutzwürdigkeit dadurch, dass er von einem Unternehmer vertreten wird.[11] 12

Voraussetzungen der Verbrauchereigenschaft nach § 13 sind:

1. Natürliche Person 13
2. Abschluss eines Rechtsgeschäfts
3. Private Zwecksetzung

---

7 Vgl. näher *K. Schmidt* JuS 2006, 1; s. auch BGH NJW 2009, 3780 zur Verbrauchereigenschaft einer Rechtsanwältin trotz Bestellung an die Kanzleiadresse.

8 Etwa Erman/*Saenger* § 13 Rn. 2; PWW/*Prütting* § 13 Rn. 6; MüKoBGB/*Micklitz* Vor §§ 13, 14 Rn. 70 ff.

9 So etwa MüKoBGB/*Micklitz* Vor §§ 13, 14 Rn. 70.

10 Ähnlich BeckOGK/*Alexander* BGB § 13 Rn. 91 ff.; skeptisch dagegen *Engel/Stark* ZEuP 2015, 32 (45 f.).

11 Vgl. BeckOGK/*Alexander* BGB § 13 Rn. 182 ff.

a) Natürliche Person

14 Verbraucher können nach dem Wortlaut des § 13 **nur natürliche Personen** sein. Dies entspricht auch der Rechtslage im Unionsrecht,[12] die freilich den Anwendungsbereich des deutschen Verbraucherbegriffs nicht vollständig determiniert.[13]

15 Problematisch ist die Behandlung von **Zusammenschlüssen natürlicher Personen**. Für die nicht rechtsfähige Rechtsgemeinschaft (§§ 741 ff.) und die Erbengemeinschaft ist unstreitig, dass allein der Zusammenschluss mehrerer Verbraucher deren Schutzwürdigkeit noch nicht entfallen lässt. Gleiches gilt – trotz deren Rechtsfähigkeit[14] – für die GbR[15] sowie für die Wohnungseigentümergemeinschaft[16], so dass auch diese als Verbraucher zu behandeln sind, wenn mindestens ein Verbraucher Mitglied ist und sie ein Rechtsgeschäft zu einem weder gewerblichen noch selbständigen beruflichen Zweck abschließen.

16 Umstritten ist demgegenüber die Behandlung **juristischer Personen**, insbesondere von Idealvereinen (eV). Insoweit wird in der Literatur teilweise vertreten, dass jedenfalls solche Vereine als Verbraucher anzusehen seien, die keine wirtschaftliche Tätigkeit entfalten, nur wenige Mitglieder haben und über keinen organisatorischen Apparat verfügen (zB Schrebergartenverein). Insoweit handele es sich der Sache nach lediglich um eine Mehrzahl von Verbrauchern, die allein durch ihren Zusammenschluss noch nicht weniger schutzwürdig seien.[17] Die hM lehnt dies jedoch unter Hinweis auf den ausdrücklichen Wortlaut des § 13 („natürliche Person") ab.[18]

b) Abschluss eines Rechtsgeschäfts

17 § 13 setzt grundsätzlich den Abschluss eines Rechtsgeschäfts voraus; die Verbrauchereigenschaft ist im Hinblick auf die **Zwecksetzung bei einem konkreten Rechtsgeschäft** zu ermitteln.

18 Allerdings wird auch in Fällen auf die Verbrauchereigenschaft Bezug genommen, in denen gerade **kein Rechtsgeschäft abgeschlossen** wird: § 241a betrifft die unbestellte Zusendung von Waren oder Erbringung von Dienstleistungen durch einen Unternehmer an einen Verbraucher, ohne dass hier ein Vertrag geschlossen wird (vgl. § 241a I). Gleiches gilt für § 661a, der die Zusendung einer Gewinnmitteilung durch einen Unternehmer an einen Verbraucher betrifft, wo ebenfalls kein Rechtsgeschäft in Frage steht,[19] sowie für vorvertragliche Informationspflichten, wo im relevanten Zeitpunkt noch nicht klar ist, ob es zu einem Vertragsschluss kommen wird.[20] In diesen Fällen kommt es nach richtiger Auffassung nicht auf die Zwecksetzung des Verbrauchers bei einem realen Rechtsgeschäft an, sondern darauf, zu welchem Zweck der Adressat den vom Unternehmer mit der Gewinnmitteilung bzw. der unbestellten Zusendung von Waren eigentlich erstrebten Vertrag nach der Vorstellung des Unternehmers abschließen sollte.[21]

---

[12] Vgl. EuGH Slg. 2001, I-9049 = NJW 2002, 205 – Idealservice.
[13] Vgl. → Rn. 29 ff.
[14] → Rn. 8.
[15] BGHZ 149, 80 = NJW 2002, 368 zum früheren Verbraucherkreditgesetz; BeckOK BGB/*Bamberger* BGB § 13 Rn. 6.
[16] BGH ZIP 2015, 979.
[17] Vgl. etwa MüKoBGB/*Micklitz*, § 13 Rn. 13 mwN.
[18] Vgl. BeckOK BGB/*Bamberger* BGB § 13 Rn. 6; Staudinger/*Kannowski*, 2013, § 13 Rn. 31.
[19] Vgl. auch *Riehm* Jura 2000, 505 f.
[20] S. BeckOGK/*Alexander* BGB § 13 Rn. 254 ff.
[21] Vgl. Palandt/*Grüneberg* § 241a Rn. 2; näher → Rn. 37.

c) Private Zwecksetzung

Verbraucherhandeln liegt nach § 13 vor, wenn das Rechtsgeschäft zu einem Zweck abgeschlossen wird, der überwiegend weder der **gewerblichen** noch der **selbständigen beruflichen Tätigkeit** zugerechnet werden kann. Gewerblich ist eine Tätigkeit – wie bei § 1 HGB –, wenn sie selbständig, planmäßig und entgeltlich am Markt erfolgt.[22] Die „selbständige berufliche Tätigkeit" betrifft im Wesentlichen die freien Berufe, die aus dem Gewerbebegriff ausgenommen sind; das Merkmal der Selbständigkeit ist wie in § 84 I 2 HGB zu verstehen, dh als weisungsfreie Tätigkeit ohne persönliche Abhängigkeit. Nach deutschem Recht – anders als nach Unionsrecht[23] – ist damit der **Arbeitnehmer**, der im Rahmen seiner beruflichen Tätigkeit handelt, grundsätzlich als Verbraucher zu behandeln.[24] 19

Die Zwecksetzung ist nach hM **grundsätzlich objektiv** zu beurteilen, dh es kommt nicht darauf an, ob sie für den Geschäftspartner auch erkennbar war.[25] Eine Ausnahme gilt nur dann, wenn der Verbraucher arglistig den Anschein seiner Unternehmereigenschaft hervorruft (bzw. umgekehrt), sog Scheinunternehmer oder Scheinverbraucher.[26] 20

Problematisch sind im Hinblick auf die Zwecksetzung zwei Konstellationen:

- Wird ein Rechtsgeschäft zugleich für einen gewerblichen als auch für einen privaten Zweck abgeschlossen (sog **dual-use-Geschäft**, zB Kauf eines Autos durch einen Freiberufler, der es sowohl beruflich als auch privat nutzt), so kommt es nach § 13 darauf an, ob die private Zwecksetzung überwiegt. Entscheidend ist somit der **Schwerpunkt** des Geschäfts, dh die überwiegend angestrebte Nutzungsart.[27] Für das europäische Zivilprozessrecht (heute Art. 17 I EuGVVO) hatte der EuGH allerdings entschieden, dass **bereits jede nicht völlig vernachlässigbare berufliche Mitveranlassung des Rechtsgeschäfts** die Verbrauchereigenschaft ausschließt.[28] Gleichwohl ist der deutsche Gesetzgeber hieran nicht gebunden, zumal Erwägungsgrund 17 der VerbraucherrechteRL 2011/83/EU nunmehr auch für das materielle europäische Verbraucherrecht eine entsprechende Regelung für dual-use-Geschäfte enthält.[29] 21
- Problematisch ist schließlich die Behandlung von **Existenzgründergeschäften**, dh von Geschäften, die jemand zum Aufbau seiner selbständigen beruflichen Existenz tätigt. Hier ist – außerhalb der Spezialregelung des § 512, der Existenzgründungsdarlehen dem Verbraucherdarlehensrecht unterstellt – umstritten, ob diese Verträge noch der privaten Sphäre oder schon der (gerade beginnenden) 22

---

22 Vgl. *Canaris* HandelsR § 2 Rn. 2 ff.; dazu näher → Rn. 38 f.

23 → Rn. 29 ff.

24 BAG NJW 2005, 3305; BVerfG NJW 2007, 286; Palandt/*Ellenberger* § 13 Rn. 3; *Schwab/Hromek* JZ 2015, 271 (272).

25 Vgl. aber auch BGH NJW 2009, 3780 (3781) = JuS 2010, 254: Jedenfalls Vermutung der privaten Zwecksetzung einer natürlichen Person, solange die Umstände nicht eindeutig auf eine gewerbliche oder selbständige berufliche Tätigkeit hindeuten, wobei allerdings unklar bleibt, ob es sich lediglich um eine Beweisregelung handelt, um ein Problem des Anscheins der Unternehmereigenschaft oder um eine materiell-rechtliche Beschränkung des Verbraucherbegriffs; im letzteren Fall müsste zunächst der EuGH angerufen werden, bevor die Verbrauchereigenschaft verneint wird.

26 Vgl. dazu → Rn. 25 ff.

27 So vor der Neufassung des § 13 bereits OLG Celle NJW-RR 2004, 1645; noch weitergehend MüKoBGB/*Micklitz* § 13 Rn. 44: Typische Haushaltsgeschäfte stets Verbrauchergeschäfte, unabhängig vom Gewicht einer gewerblichen Mitveranlassung.

28 Vgl. EuGH Slg. 2005 I-439 = NJW 2005, 653 – Gruber/BayWa.

29 S. näher *Schwab/Hromek* JZ 2015, 271 f.; *Meier* JuS 2014, 777.

beruflichen Tätigkeit zuzurechnen sind. Für die erste Lösung führt eine Mindermeinung an, dass der Existenzgründer geschäftlich noch ebenso unerfahren und daher ebenso schutzbedürftig sei wie ein Verbraucher.[30] Die hM zieht dagegen einen Umkehrschluss aus § 512 und betrachtet den Existenzgründer bereits als Unternehmer.[31] Für die hM spricht wiederum der Gedanke, dass auch der Existenzgründer bereits rationale, wohl informierte Entscheidungen in Bezug auf sein zukünftiges Unternehmen trifft und daher nicht mehr in gleicher Weise schutzwürdig ist.[32]

Fall 1:[33]

23 Rechtsanwältin *A* bestellt beim Online-Versandhändler *B* eine Stehlampe; als Lieferadresse gibt sie die Adresse ihrer Kanzlei an. Die Lampe wird geliefert; eine Widerrufsbelehrung erhält *A* nicht. Kann sie den Kaufvertrag mit der (zutreffenden) Behauptung widerrufen, die Stehlampe sei für ihr privates Wohnzimmer bestimmt gewesen?

Lösungsskizze zu Fall 1:

24 Ein Widerrufsrecht kann sich aus § 312g ergeben.

1. Vorliegen eines Fernabsatzvertrags gem. § 312c I
   Ausschließliche Verwendung von Fernkommunikationsmitteln (+)
2. *B* hat als Unternehmer gehandelt; hat *A* als Verbraucherin gehandelt?
   a) Eine private Zwecksetzung lag objektiv vor.
   b) Kommt es auf die Erkennbarkeit für *B* an?
      Für das Erfordernis der Erkennbarkeit spricht, dass *B* vor der Lieferung wissen muss, ob er die Anforderungen des Fernabsatzrechts (Informationspflichten, Widerrufsbelehrung) einhalten muss oder nicht. Dagegen sprechen aber Wortlaut und Schutzzweck des § 13: Eine tatsächlich zu privaten Zwecken handelnde Person ist unabhängig davon schutzwürdig, ob der Vertragspartner dies erkennt.
   c) Durfte *B* überhaupt von unternehmerischer Zwecksetzung ausgehen?
      Lt. BGH besteht eine Vermutung für privates Handeln, es sei denn, es bestehen deutliche Indizien für eine unternehmerische Zielsetzung. Der Versand an die Kanzleiadresse soll hierfür nicht genügen, da er auch allein der Praktikabilität geschuldet sein kann, zB weil *A* zu den üblichen Zustellzeiten nicht zuhause ist.
   d) Damit besteht kein Grund, von der objektiv vorliegenden privaten Zwecksetzung abzuweichen. *A* hat als Verbraucherin gehandelt.
3. Das Widerrufsrecht ist auch nicht nach § 312g II ausgeschlossen.

A kann den Vertrag daher gem. § 312g iVm §§ 355 f. widerrufen. Mangels Widerrufsbelehrung beginnt die Widerrufsfrist gem. § 356 III 1 nicht zu laufen; das Widerrufsrecht erlischt nach § 356 III 2, II Nr. 1a) erst zwölf Monate und 14 Tage nach Erhalt der Lampe.

---

30 Vgl. MüKoBGB/*Micklitz* § 13 Rn. 54.
31 BGHZ 162, 253 = NJW 2005, 1273 mwN.
32 → Rn. 11.
33 Nach BGH NJW 2009, 3780.

d) Scheinverbraucher

25 Problematisch ist die Behandlung von Fällen, in denen sich eine Person, die in Wahrheit als Unternehmer iSv § 14 handelt, **als Verbraucher ausgibt**, sei es durch tatsächliche Hinweise auf ihre angebliche Verbrauchereigenschaft, sei es durch entsprechende AGB.[34] Durch diese Gestaltung versuchen Unternehmer, dem Anwendungsbereich des Verbraucherschutzrechts zu entgehen, wenn sie mit „echten" Verbrauchern Verträge schließen. Besonders verbreitet ist dies etwa bei eBay, wo sich sog „PowerSeller", dh regelmäßig agierende Verkäufer, als Verbraucher ausgeben, um nicht den Vorschriften über Fernabsatzgeschäfte und über Verbrauchsgüterkäufe zu unterliegen.[35]

26 Ausgangspunkt ist zunächst, dass die Verbrauchereigenschaft grundsätzlich **objektiv zu bestimmen** und nicht vertraglich disponibel ist.[36] Eine Vertragsbestimmung, welche die Verbrauchereigenschaft einer Vertragspartei festlegen will, ist daher ohne weiteres – und unabhängig von den §§ 305 ff. – wirkungslos. Selbst wenn man sie als konkludente Abbedingung des Verbraucherschutzrechts auslegen würde, scheitert diese an dessen zwingendem Charakter (vgl. §§ 312k, 475 I, 487, 511). Auch andere tatsächliche Äußerungen in dieser Hinsicht können nichts an der realen Zwecksetzung des Rechtsgeschäfts ändern. Daher ist der „Scheinverbraucher", der in Wahrheit unternehmerisch handelt, stets als Unternehmer zu behandeln.[37] Das Verbraucherschutzrecht ist somit uneingeschränkt zu seinen Lasten anwendbar, so dass insbesondere etwaige Widerrufsrechte des Kunden bestehen und die Sondervorschriften des Verbrauchsgüterkaufrechts zur Anwendung gelangen.

27 Denkbar sind darüber hinaus **Schadensersatzansprüche aus c.i.c.**, wenn der Unternehmer den Verbraucher durch die Vorspiegelung seiner Verbrauchereigenschaft davon abgehalten hat, verbraucherspezifische Rechte geltend zu machen, und diese Rechte nunmehr verloren gegangen sind. Insoweit ist denkbar, dass der Unternehmer den Verbraucher aus §§ 280 I, 241 II (ggf. iVm § 311 II) schadensrechtlich so zu stellen hat, als hätte er diesen nicht über seine Unternehmereigenschaft getäuscht.

28 **Beispiel:** Der Verbraucher entdeckt knapp vor Ablauf der Verjährung der Gewährleistungsrechte einen Mangel der Kaufsache; der Unternehmer verweist auf einen Gewährleistungsausschluss und seine angebliche Verbrauchereigenschaft; erst nach Eintritt der Verjährung erfährt der Käufer von der tatsächlichen Unternehmereigenschaft des Verkäufers. Hier kann der Verbraucher vom Unternehmer nach §§ 280 I, 241 II verlangen, so gestellt zu werden, als hätte dieser ihn nicht davon abgehalten, seine Gewährleistungsrechte verjährungshemmend geltend zu machen. Aus dem gleichen Grund kann dem Unternehmer gem. § 242 versagt werden, sich auf die Verjährung zu berufen.

e) Unionsrechtlicher Hintergrund

29 Der Verbraucherbegriff des § 13 ist in weiten Teilen unionsrechtlich vorgeprägt: Zwar gibt es **keinen einheitlichen unionsrechtlichen Verbraucherbegriff**; jedoch enthalten alle verbraucherrechtlichen Richtlinien eine im Wesentlichen gleichlautende Definition. Danach ist Verbraucher jede natürliche Person, die einen Vertrag zu einem Zweck abschließt, der nicht ihrer gewerblichen oder beruflichen Tätigkeit zugerech-

---

[34] Vgl. zum umgekehrten Fall, dass sich ein Verbraucher als Unternehmer ausgibt, → Rn. 41 ff.
[35] Vgl. dazu auch → Rn. 39.
[36] Vgl. MüKoBGB/*Micklitz* § 13 Rn. 33; s. auch den Fall → Rn. 21 f.
[37] Vgl. dazu *Herresthal* JZ 2006, 695 (705).

net werden kann.[38] Im Unterschied zu § 13 kommt es nicht darauf an, ob die berufliche Tätigkeit selbständig ist; der **Arbeitnehmer**, der für seine abhängige berufliche Tätigkeit einen Vertrag schließt (zB Arbeitskleidung kauft), ist kein Verbraucher im unionsrechtlichen Sinne.[39]

30 Die Auswirkungen dieser Definition auf das deutsche Recht sind indessen begrenzt:

31 • Das Unionsrecht **gebietet** es der deutschen Rechtsordnung, Personen den unionsrechtlich vorgegebenen Verbraucherschutz zu gewähren, wenn sie nach dem Unionsrecht als Verbraucher anzusehen sind. Weder der deutsche Gesetzgeber noch die deutsche Rechtsprechung dürfen daher den persönlichen Schutzbereich des Verbraucherrechts **enger ziehen** als das Unionsrecht (in der Auslegung durch den EuGH).

32 • Einer **Erweiterung des persönlichen Schutzbereichs** steht das Unionsrecht dagegen nicht entgegen. Insoweit handelt es sich indessen nach zutreffender Auffassung nicht um eine Frage der Mindestharmonisierung,[40] da eine Erweiterung des Verbraucherbegriffs die Rechtslage innerhalb des Anwendungsbereichs des Unionsrechts unberührt lässt. Vielmehr liegt ein Fall der sog erweiternden Umsetzung vor, bei welcher der nationale Gesetzgeber (oder Richter) Fälle analog zum Unionsrecht behandelt, hinsichtlich derer das Unionsrecht überhaupt keine Aussage trifft.[41] In den hier betroffenen Fällen von Vertragsschlüssen zwischen zwei Unternehmern im unionsrechtlichen Sinne (B2B-Geschäfte) gebietet das Unionsrecht zwar nicht die Anwendung des Verbraucherschutzrechts, steht ihm aber auch nicht entgegen, weil der B2B-Bereich vom jeweiligen Unionsrechtsakt überhaupt nicht betroffen ist.[42] Diese Erweiterung ist also auch bei vollharmonisierenden Richtlinien zulässig (zB bei der Verbraucherkreditrichtlinie[43] oder der Verbraucherrechterichtlinie).

2. Unternehmer (§ 14)

33 § 14 als Komplementärnorm zu § 13 definiert den Unternehmerbegriff und damit die andere Seite des persönlichen Anwendungsbereichs des Verbraucherrechts. Auch die Qualifikation als Unternehmer hat als solche keine rechtlichen Auswirkungen. Insbesondere begründet sie keinerlei Buchführungs- oder Bilanzierungspflichten; diese sind Kaufleuten im Sinne des HGB vorbehalten.

Voraussetzungen der Unternehmereigenschaft nach § 14 sind:

34 1. Natürliche oder juristische Person, rechtsfähige Personengesellschaft
2. Abschluss eines Rechtsgeschäfts
3. Gewerbliche oder selbständige berufliche Zwecksetzung

[38] Vgl. Art. 2 Nr. 1 VRRL; Art. 3 lit. a) VerbrKrRL; Art. 1 II lit. a) VerbrGKRL; Art. 2 lit. b) KlauselRL.
[39] Vgl. zum deutschen Recht demgegenüber → Rn. 19.
[40] So aber *Purnhagen* ZRP 2012, 36 (37).
[41] H. M., vgl. nur *Riehm* JZ 2006, 1035 (1041 f.); *Schwab/Hromek* JZ 2015, 271 (202); BeckOK BGB/*Bamberger* BGB § 13 Rn. 4; aA BeckOGK/*Alexander* BGB § 13 Rn. 279.
[42] Vgl. EuGH Slg. 1991, I-1189, Rn. 22 – Di Pinto.
[43] Vgl. dazu *Riehm/Schreindorfer* GPR 2008, 244 (245 f.).

a) Natürliche oder juristische Person, rechtsfähige Personengesellschaft

Unternehmer kann nach § 14 I jede natürliche oder juristische Person sein, daneben rechtsfähige Personengesellschaften iSv § 14 II, insbesondere also GbR, oHG, KG und Partnerschaftsgesellschaft. Auch juristische Personen des öffentlichen Rechts können Unternehmer sein.[44] 35

b) Abschluss eines Rechtsgeschäfts

Der Unternehmerbegriff bezieht sich – wie der Verbraucherbegriff[45] – jeweils nur auf ein konkretes Rechtsgeschäft (**konkret-funktionaler Unternehmerbegriff**). Der verfolgte Zweck ist im Hinblick auf dieses Rechtsgeschäft zu ermitteln. 36

Wie beim Verbraucherbegriff auch muss aber nicht wirklich ein Rechtsgeschäft abgeschlossen sein; es genügt, wenn der Unternehmer den Abschluss eines solchen **anstrebt**. Das betrifft insbesondere die Fälle der unbestellten Zusendung von Waren bzw. Erbringung von Dienstleistungen (§ 241a) sowie der Versendung von Gewinnmitteilungen (§ 661a). Entscheidend ist dort die Zweckrichtung, die er beim hypothetischen Abschluss eines Rechtsgeschäfts verfolgen würde.[46] 37

c) Gewerbliche oder selbständige berufliche Zwecksetzung

Der Unternehmer muss das Rechtsgeschäft zu einem Zweck abgeschlossen haben, der seiner gewerblichen oder selbständigen beruflichen Tätigkeit zurechenbar ist.[47] Erforderlich ist demnach zunächst, dass der Unternehmer tatsächlich ein Gewerbe oder eine selbständige (frei-)berufliche Tätigkeit betreibt, also **selbständig planmäßig und entgeltlich am Markt tätig** ist; eine Gewinnerzielungsabsicht ist nach hM nicht erforderlich.[48] 38

Die **Planmäßigkeit** fehlt insbesondere dann, wenn lediglich gelegentliche Privatgeschäfte getätigt werden. Problematisch ist dies insbesondere im Hinblick auf Fernabsatzgeschäfte bei eBay, die einerseits auch in größerer Zahl noch Privatgeschäfte sein können (zB bei der Auflösung des eigenen Haushalts), andererseits aber auch häufig verdeckte Unternehmergeschäfte sind. Die Rechtsprechung entnimmt insoweit dem Status als eBay-"PowerSeller", der an ein relativ hohes Geschäftsvolumen geknüpft ist, eine tatsächliche Vermutung der unternehmerischen Tätigkeit.[49] Das gilt auch dann, wenn der Handel auf eBay nur als Nebentätigkeit neben einer abhängigen beruflichen Beschäftigung betrieben wird. 39

Das Rechtsgeschäft muss **nicht zum Schwerpunkt** seiner Tätigkeit gehören; auch branchenfremde Nebengeschäfte eines Unternehmers sind Unternehmergeschäfte iSv § 14, wenn ein Zusammenhang zwischen der unternehmerischen Tätigkeit und dem Rechtsgeschäft besteht. Es kommt also nicht darauf an, ob der Unternehmer gerade in *dieser Art* von Geschäften besonders erfahren ist.[50] 40

d) Scheinunternehmer

Es sind auch Konstellationen denkbar, in denen sich ein Verbraucher als Unternehmer ausgibt bzw. aus sonstigen Umständen der **Anschein** erweckt wird, **ein Ver-** 41

---

[44] Vgl. MüKoBGB/*Micklitz* § 14 Rn. 7.
[45] → Rn. 17.
[46] Dazu → Rn. 18.
[47] Zu den Begriffen → Rn. 19.
[48] Vgl. dazu eingehend MüKoBGB/*Micklitz* § 14 Rn. 18 ff.
[49] Vgl. OLG Koblenz NJW 2006, 1438; OLG Frankfurt NJOZ 2008, 836; MüKoBGB/*Micklitz* § 14 Rn. 20.
[50] BGH NJW 2011, 3435; differenzierend MüKoBGB/*Micklitz* § 13 Rn. 61.

braucher handle eigentlich als Unternehmer. Dieser Anschein kann sich etwa aus **AGB** (zB „Der Kunde versichert, zu Zwecken zu handeln, die seiner gewerblichen oder selbständigen beruflichen Tätigkeit zuzurechnen sind" oder schlicht „Der Kunde versichert, Unternehmer iSv § 14 zu sein"), aus mündlichen Äußerungen oder aus sonstigen tatsächlichen Erklärungen im Umfeld des Vertragsschlusses ergeben (zB auf einer Homepage oder einer eBay-Angebotsseite).

42 Ausgangspunkt ist zunächst wie beim Verbraucherbegriff, dass **vertragliche Vereinbarungen** über die Unternehmereigenschaft keine rechtsgeschäftlichen Wirkungen haben können, weil die unternehmerische Zwecksetzung ebenso wie die private objektiv zu bestimmen und dem Parteiwillen entzogen ist.[51] Das gilt für individualvertragliche Vereinbarungen ebenso wie für AGB, ohne dass es auf die §§ 305 ff. ankäme.

43 Derartige Erklärungen können also lediglich als tatsächliche Erklärungen eine Rolle spielen und entweder **eine (positive) Vertrauenshaftung** – Behandlung des Verbrauchers als Unternehmer – oder eine **(negative) Schadensersatzhaftung** aus c. i. c. nach sich ziehen. Insoweit sind verschiedene Konstellationen zu unterscheiden:[52]

44 • Hat die **Vertragsgegenseite die Erklärung in den Vertrag eingeführt** (in der Regel ein Unternehmer, der durch eine entsprechende AGB den Anwendungsbereich des Verbraucherschutzrechts umgehen will), so kommt zu deren Gunsten weder eine Rechtsscheins- noch eine Schadensersatzhaftung in Betracht, weil sie den Rechtsschein selbst veranlasst hat und insoweit zudem nicht gutgläubig ist. Auch als rein tatsächliche Erklärung mit der Wirkung einer Beweislastumkehr wäre sie in AGB gem. § 309 Nr. 12b) unwirksam.

45 • Hat dagegen der **Verbraucher von sich aus** erklärt, als Unternehmer zu handeln (zB wenn die Vertragsgegenseite den Adressatenkreis ihres Angebots von vornherein auf Unternehmer beschränkt hat und der Verbraucher sich den Vertragsschluss gleichwohl erschleicht), so ist eine **Rechtsscheinhaftung** denkbar, aufgrund derer sich der Verbraucher wie ein Unternehmer behandeln lassen muss, er sich also insbesondere nicht auf verbraucherschützende Regelungen berufen kann (sog **Scheinunternehmer**).

46 – Voraussetzung hierfür ist zunächst, dass der Verbraucher zurechenbar den **Rechtsschein des Betreibens eines unternehmerischen Geschäfts** und eines **Bezugs des Rechtsgeschäfts** zu dieser (scheinbaren) unternehmerischen Tätigkeit veranlasst hat. Dies kann ausdrücklich geschehen, indem er etwa explizit den unternehmerischen Charakter des Geschäfts betont, oder konkludent, indem er zB auf seine Berechtigung zum Vorsteuerabzug hinweist, oder sich Zugang zu einer Messe verschafft, die sich explizit nur an Gewerbetreibende richtet. Zurechenbar ist der Rechtsschein auch dann, wenn der Verbraucher selbst insoweit einem Irrtum erlegen ist; die Zurechnung wird allein durch die allgemeinen Zurechnungsausschlussgründe (vis absoluta, Geschäftsunfähigkeit, Vertretung ohne Vertretungsmacht) ausgeschlossen.

47 – Der Vertragspartner muss **gutgläubig** (dh ohne grobe Fahrlässigkeit) **auf die Unternehmereigenschaft vertraut** haben und in diesem Vertrauen eine Vermögensdisposition getroffen haben. Daran fehlt es insbesondere, wenn die Gegenseite den Vertrag in gleicher Weise und mit dem gleichen Inhalt geschlossen hätte, wenn es sich um einen Verbraucher gehandelt hätte.

---

[51] Vgl. → Rn. 20.

[52] Vgl. eingehend *Herresthal* JZ 2006, 695 ff.

– **Rechtsfolge** dieser Rechtsscheinhaftung könnte grundsätzlich die Behandlung des Verbrauchers als Unternehmer sein. Allerdings besteht insoweit das Problem, dass das Verbraucherschutzrecht in weiten Teilen **zwingendes Recht** ist; der Verbraucher könnte also auf diese Vorschriften nicht einmal in einem Individualvertrag verzichten (vgl. etwa §§ 312k, 475 I, 651m). Dieser zwingende Charakter der Schutzvorschriften spricht dagegen, dem Verbraucher deren Umgehung dadurch zu ermöglichen, dass er den Rechtsschein seiner Unternehmereigenschaft setzt.[53] 48

Diese Rechtsfolge kommt vielmehr nach zutreffender Auffassung nur in Betracht, wenn der Verbraucher zumindest ein **Gewerbe betreibt** (oder freiberuflich tätig ist) und nur den konkreten Vertrag ohne Bezug zu dieser Tätigkeit geschlossen hat, ohne diese private Zwecksetzung offenzulegen. Insoweit hängt die Anwendbarkeit des Verbraucherschutzrechts allein von dem verfolgten Zweck ab und damit vom Willen des Scheinunternehmers. Dies lässt es gerechtfertigt erscheinen, ihn auch **tatsächlich als Unternehmer zu behandeln**, wenn er sich als solcher geriert.
Betreibt der Scheinunternehmer dagegen weder ein Gewerbe noch ist er freiberuflich tätig, so kommt nach zutreffender Auffassung eine Rechtsscheinhaftung zu seinen Lasten nicht in Betracht, um die zwingenden Schutzvorschriften nicht zu umgehen. Denkbar ist insoweit allein eine **Haftung aus c.i.c.**, wenn der Verbraucher den Rechtsschein der Unternehmereigenschaft schuldhaft (auch fahrlässig) verursacht hat. Auf Rechtsfolgenseite hat er den Geschäftspartner dann so zu stellen, als hätte er seine Verbrauchereigenschaft offengelegt; der (echte) Unternehmer kann dann etwa darlegen, dass er ihn über ein evtl. Widerrufsrecht aufgeklärt hätte, so dass der Verbraucher sich im Ergebnis nicht auf die fehlende Belehrung berufen kann.[54]

- Über die Vertrauenshaftung hinaus kommt auch der Einwand des **Rechtsmissbrauchs** aus § 242 in Betracht, wenn der Verbraucher seine **Unternehmereigenschaft arglistig vorgespiegelt** hat. Insoweit ist dem Verbraucher die Berufung auf Verbraucherschutzrecht insgesamt und ohne weitere Differenzierungen verwehrt, weil er sich widersprüchlich verhält, wenn er zuerst seine Verbrauchereigenschaft vorsätzlich leugnet und sich danach auf sie beruft.[55] 49

e) Unionsrechtlicher Hintergrund

Hinsichtlich des unionsrechtlichen Hintergrunds des Unternehmerbegriffs kann zunächst auf die Ausführungen zum Verbraucherbegriff verwiesen werden.[56] Das Unionsrecht kennt ebenfalls keinen einheitlichen Unternehmerbegriff, sondern verschiedene, aber im Wesentlichen gleich definierte Begriffe in den verbraucherrechtlichen Richtlinien.[57] Der wesentliche Unterschied zum deutschen Recht besteht darin, dass **Arbeitnehmer**, die für ihre berufliche Tätigkeit Verträge schließen, nach Unionsrecht als Unternehmer zu behandeln sind, während sie nach deutschem Recht Verbraucher sind. Dies ist unionsrechtlich insoweit unbedenklich, als sie als Leistungsempfänger (Käufer, Besteller etc.) vom Verbraucherschutzrecht profitieren, ohne im unionsrechtlichen Sinne Verbraucher zu sein.[58] 50

Problematisch ist es hingegen, wenn sie selbst im Rahmen ihrer abhängigen beruflichen Tätigkeit als **Anbieter** (Verkäufer, Werkunternehmer etc.) tätig sind und Ver- 51

---

53 Vgl. zum Parallelproblem beim Scheinkaufmann *Canaris* HandelsR § 6 Rn. 23ff.

54 Vgl. näher *Herresthal* JZ 2006, 695 (704f.).

55 BGH NJW 2005, 1045; krit. *Schürnbrand* JZ 2009, 133 (136f.); BeckOK BGB/*Faust* BGB § 474 Rn. 19 aE.

56 → Rn. 29ff.

57 Vgl. Art. 2 Nr. 1 VRRL; Art. 3 lit. a) VerbrKrRL; Art. 1 II lit. a) VerbrGKRL; Art. 2 lit. b) KlauselRL.

58 Vgl. dazu → Rn. 29ff.

träge mit („echten“) Verbrauchern schließen (Beispiel: Ein Lehrer verkauft den PC, der ihm ausschließlich zur Unterrichtsvorbereitung gedient hat, an einen Privaten). Denn das deutsche Recht behandelt diese Verträge als Verträge zwischen zwei Verbrauchern (C2C-Verträge), während im Sinne des Unionsrechts wohl Verträge zwischen Unternehmer und Verbraucher (B2C-Verträge) vorliegen, die dem Verbraucherschutzrecht unterfallen. Insoweit führt der verengte deutsche Unternehmerbegriff dazu, dass der Vertragsgegenseite das Verbraucherschutzrecht vorenthalten wird. In diesen Fällen ist daher der Unternehmerbegriff ggf. **richtlinienkonform auszulegen** und auf alle beruflich Tätigen auszudehnen, also auch auf abhängig Beschäftigte.

B. Rechtsobjekte

52 Rechtsobjekte sind die Gegenstände des Rechtsverkehrs, die natürlichen oder juristischen Person zugeordnet werden können. Zu unterscheiden ist zwischen körperlichen (Sachen) und unkörperlichen Gegenständen (Rechten).

I. Sachen

1. Definition

53 Sachen iSv § 90 sind alle **körperlichen Gegenstände**, dh alle Rechtsobjekte, die physisch existieren und im Raum abgrenzbar sind. Auf den Aggregatzustand kommt es dabei nicht an, so dass auch Gase und Flüssigkeiten Sachen iSd BGB sind. Elektrizität ist hingegen keine Sache, da sie keine körperliche Existenz hat.[59]

54 Unterschieden werden **bewegliche** (Mobilien) und **unbewegliche Sachen**, also Grundstücke (Immobilien). Die Unterscheidung ist im Sachenrecht von elementarer Bedeutung, weil sowohl der Eigentumserwerb (§§ 925 ff. vs. §§ 929 ff.) als auch die beschränkten dinglichen Rechte für beide Arten von Sachen unterschiedlich geregelt sind. Die Unterscheidung setzt sich im Zwangsvollstreckungsrecht fort, wo zwischen Mobiliar- und Immobiliarvollstreckung differenziert wird (§§ 803 ff. ZPO vs. §§ 864 ff. ZPO iVm dem ZVG). Insoweit unterliegt allerdings das bewegliche Zubehör[60] ebenfalls der Immobiliarvollstreckung (§ 865 ZPO iVm §§ 1120 ff. BGB).

55 **Sachgesamtheiten**, die zwar keine körperliche, aber eine wirtschaftliche Einheit bilden (zB ein Unternehmen oder eine Briefmarkensammlung), sind keine eigenständigen Rechtsobjekte. Sie können daher nicht *als solche* Gegenstand von Verfügungen sein, sondern müssen jeweils einzeln nach den für jedes einzelne Element (zB Sacheigentum oder Forderung) geltenden Vorschriften übertragen werden. Etwas anderes gilt nur dann, wenn die wirtschaftliche Verbindung so eng ist, dass eine Sache als wesentlicher Bestandteil einer anderen anzusehen ist.[61]

---

59 Vgl. *Prütting* SaR Rn. 5.
60 Dazu → Rn. 62 ff.
61 Dazu → Rn. 58 f.

2. Tiere

Tiere sind nach § 90a zwar keine Sachen; auf sie finden die Vorschriften über Sachen jedoch entsprechende Anwendung, da auch Tiere Rechts*objekte* sind. Dies bedeutet jedoch nicht, dass Tiere in jedem Fall den anderen Sachen gleichgestellt wären: Die Grenzen des Eigentums nach § 903 werden bei Tieren zB auch durch das Tierschutzrecht bestimmt (vgl. auch Art. 20a GG); zudem finden sich Sonderregeln etwa für den Schadensersatz bei Verletzung von Tieren in § 251 II 2. Schließlich kann der Umstand, dass es sich bei einem Rechtsobjekt um ein Tier und nicht um eine leblose Sache handelt, an verschiedenen Stellen dazu führen, dass nach dem Inhalt des Vertrages oder nach Treu und Glauben auf Tierschutzgesichtspunkte Rücksicht zu nehmen ist.[62] 56

3. Bestandteile (§§ 93 ff.)

Bestandteile einer Sache sind Teile, die mit der Sache fest verbunden sind. Im Einzelnen sind zu unterscheiden: 57

a) Wesentliche Bestandteile (§§ 93, 94)

Wesentliche Bestandteile können nicht **Gegenstand besonderer Rechte** sein, dh sie teilen stets das rechtliche Schicksal der Hauptsache. Sie sind generell keine eigenständigen Rechtsobjekte und daher auch nicht einzeln pfändbar.[63] Parteivereinbarungen, die sich auf wesentliche Bestandteile beziehen, können lediglich schuldrechtliche, aber keine dingliche Wirkung entfalten. 58

Wesentliche Bestandteile einer Sache sind nach § 93 solche Bestandteile, die **nicht von der Hauptsache getrennt werden können**, ohne dass eine der beiden einzelnen Sachen danach zerstört oder in ihrem Wesen verändert ist.[64] Für den besonders wichtigen Fall der **Grundstücke** bestimmt § 94, dass insbesondere **Gebäude** wesentliche Bestandteile sind, außerdem **Erzeugnisse**, solange sie mit dem Boden zusammenhängen (zB Getreide „auf dem Halm"). Zudem sind nach § 94 II solche Sachen wesentliche Bestandteile, die zwar nicht fest mit dem Grundstück verbunden sind, die aber **zur Herstellung** des Gebäudes auf das Grundstück gebracht wurden. Das sind alle Gegenstände, ohne die das Gebäude nach der Verkehrsanschauung noch nicht fertiggestellt ist.[65] Beispiele sind Waschbecken, Badewannen oder Heizungsanlagen,[66] uU auch – je nach Region (!) – Einbauküchen.[67] 59

b) Einfache Bestandteile

Einfache Bestandteile sind solche Bestandteile einer Sache, die nicht wesentliche Bestandteile sind, ohne aber selbständige Sachen zu sein. Diese teilen grundsätzlich das rechtliche Schicksal der Hauptsache, weil sich alle rechtsgeschäftlichen und gesetzlichen Bestimmungen bezüglich der Hauptsache im Zweifel auch auf ihre Bestandteile erstrecken. Es handelt sich insoweit aber nur um eine Auslegungsregel für Verfügungen über die Hauptsache. Dagegen sind isolierte Vereinbarungen über einfache Bestandteile mit dinglicher Wirkung möglich, so dass zB der Serienmotor eines Kfz isoliert übereignet werden kann. 60

---

62 Vgl. etwa AG Bad Homburg NJW-RR 2002, 894; näher *Wertenbruch* AT § 4 Rn. 29 f.

63 S. zum Ganzen den instruktiven Fall BGHZ 104, 298 = NJW 1988, 2789.

64 Vgl. *Baur/Stürner* SaR § 3 Rn. 8; BGHZ 61, 80 = NJW 1973, 1454: Serienmotor eines Kfz ist kein wesentlicher Bestandteil.

65 Vgl. Palandt/*Ellenberger* § 94 Rn. 6.

66 Vgl. *Baur/Stürner* SaR § 3 Rn. 9.

67 Vgl. Palandt/*Ellenberger* § 93 Rn. 5.

c) Scheinbestandteile (§ 95)

61 Scheinbestandteile eines Grundstücks sind Sachen, die eigentlich wesentliche Bestandteile wären, aber nur zu einem **vorübergehenden Zweck** mit dem Grundstück verbunden sind (zB eine Garage auf einem gemieteten Grundstück, die der Mieter errichtet hat und bei seinem Auszug wieder entfernen wird, vgl. § 539 II). Diese Scheinbestandteile sind rechtlich **selbständig**, können also isoliert übereignet werden. Das gleiche gilt nach § 95 II für Scheinbestandteile eines Gebäudes.

d) Zubehör (§ 97)

62 Zubehör sind nach § 97 solche Sachen, die mit einer Hauptsache so eng zusammenhängen, dass sie nach der **Verkehrsanschauung** als ihr zugehörig betrachtet werden, obwohl sie nicht zu ihren Bestandteilen gehören.

63 Erforderlich ist hierfür

- ein **räumlicher Zusammenhang** zwischen Zubehör und Hauptsache sowie
- die Bestimmung des Zubehörs, dem **wirtschaftlichen Zweck der Hauptsache dauerhaft** zu dienen. Die Widmung kann nicht nur der Eigentümer, sondern jeder vornehmen, der die tatsächliche Gewalt über die Sache hat. Handelt es sich dabei allerdings um eine Person, die die Hauptsache voraussichtlich nur begrenzte Zeit nutzen wird (zB Mieter), so fehlt es in der Regel an der erforderlichen Dauerhaftigkeit.[68]

Beispiele für Zubehör sind: Büroeinrichtung als Zubehör eines Betriebsgrundstücks; Baumaterialien als Zubehör des Baugrundstückes, auf dem sie lagern; vgl. auch § 98.

64 Primäre **Rechtsfolge** der Zubehöreigenschaft ist, dass sich Rechtsgeschäfte (Verpflichtungs- und Verfügungsgeschäfte) über Grundstücke als Hauptsachen im Zweifel auch auf das Zubehör beziehen (s. die Auslegungsregeln in §§ 311c, 926 I 2, 1031, 1062, 1093 I 2, 1096 S. 2). Die Übereignung des Zubehörs erfolgt dabei nicht isoliert nach den §§ 929 ff., sondern gem. § 926 I 1 durch Übereignung der Hauptsache; für gutgläubigen Erwerb ist nach § 926 II aber die Besitzerlangung am Zubehör erforderlich. Nach § 1120 haftet das Zubehör eines Grundstücks auch für Grundpfandrechte (Hypothek, Grundschuld), die am Grundstück bestellt sind.[69] Daher verbietet § 865 II ZPO die Einzelzwangsvollstreckung in das Zubehör.

4. Früchte und Nutzungen

65 Die §§ 953 ff. und die §§ 987 ff. sowie §§ 346 I, 818 I regeln die dingliche bzw. schuldrechtliche Zuordnung von Früchten und Nutzungen einer Sache. Diese Begriffe sind in den §§ 99 ff. definiert:

a) Früchte (§ 99)

66 § 99 unterteilt die Früchte folgendermaßen:

- **Unmittelbare Früchte einer Sache** sind die Erzeugnisse der Sache (§ 99 I), dh die natürlichen Produkte eines Tieres oder des Bodens. Hierunter fallen zB Obst, Getreide, sonstige Pflanzen, Sand, Kohle oder Quellwasser als Früchte eines Grundstücks, ferner zB Eier, Kälber oder Milch als Früchte eines Tieres.

---

[68] Vgl. Palandt/*Ellenberger* § 97 Rn 6.

[69] Vgl. *Neuner* SaR Rn. 558; Übungsfall bei *Gursky* SaR Rn. 217 ff.

Auch die im Übermaß gezogenen Früchte fallen unter § 99 I, sofern die Substanz der „Muttersache“ dadurch nicht verbraucht wird. Daher ist das Fleisch eines geschlachteten Tieres keine Frucht des Tieres.[70]

- **Unmittelbare Früchte eines Rechts** sind die Erträge des Rechts, die dieses bestimmungsgemäß gewährt (§ 99 II). Dazu gehören zB die Zinsen einer verzinslichen Forderung (auch Verzugszinsen), die Dividende einer Aktie, aber auch Sachfrüchte, die aufgrund eines Rechtes gezogen werden dürfen (zB die Grundstückserträge eines Pächters oder die Jagdbeute eines Jagdberechtigten[71]).
- **Mittelbare Sach- oder Rechtsfrüchte** sind nach § 99 III diejenigen Erträge, die durch eine entgeltliche Nutzungs- oder Gebrauchsüberlassung einer Sache oder eines Rechtes erzielt werden, also zB der Mietzins einer vermieteten Sache, der Erbbauzins oder die Lizenzgebühr für die Überlassung eines Patents.[72]

b) Nutzungen (§ 100)

Die Nutzungen einer Sache oder eines Rechts umfassen nach § 100 als Oberbegriff die **Früchte** und die **Gebrauchsvorteile.** Gebrauchsvorteile sind die Vorteile, die mit der bloßen Gebrauchsmöglichkeit einer Sache verbunden sind, etwa die Zugriffsmöglichkeit auf ein Kfz oder das Bewohnen eines Hauses. Bewertungsgrundlage für diese Gebrauchsvorteile ist idR der marktübliche Miet- oder Pachtzins.[73] 67

Die **Erträge eines Unternehmens** werden von der Rspr. als Gebrauchsvorteile bewertet; die wohl überwiegende Lit. ordnet sie dagegen analog § 99 I, II als Früchte der Sachgesamtheit „Unternehmen“ ein.[74] 68

c) Verteilung von Nutzungen und Lasten

Die dingliche und obligatorische Verteilung der Nutzungen einer Sache ergibt sich primär aus der vertraglichen Vereinbarung zwischen dem Eigentümer der Sache und dem Nutzungsberechtigten, ansonsten nach den §§ 953 ff. hinsichtlich der dinglichen und nach den §§ 346 I, 818 I, 987 ff. hinsichtlich der obligatorischen Zuordnung. 69

§ 101 regelt als dispositive Vorschrift die genaue **Verteilung der Früchte** bei aufeinanderfolgenden Fruchtziehungsberechtigten (zB bei Pächterwechsel eines landwirtschaftlich genutzten Grundstückes). Sie ergänzt eine anderweitige Bestimmung über die Früchte (etwa durch zwei aufeinanderfolgende Pachtverträge). 70

Nach **§ 102** kann derjenige, der (nach § 101 oder anderen Vorschriften, insbesondere §§ 346 I, 818 I, 987 ff.[75]) zur Herausgabe von Nutzungen verpflichtet ist, **Ersatz der Fruchtgewinnungskosten** verlangen, dh derjenigen Aufwendungen, die er zur Erzeugung und Gewinnung der konkret herauszugebenden Früchte getätigt hat (dh bei weitem nicht aller Verwendungen auf die Sache).[76] Dazu gehört auch die eigene Arbeitskraft.[77] Im Rahmen des EBV ist die Sonderregelung des § 998 zu berücksichtigen, die den Umfang der zu ersetzenden Gewinnungskosten weiter zieht. Anders als bei den §§ 1000 ff. kann der Anspruch aus § 102 selbständig geltend gemacht werden. 71

II. Rechte

Zum Vermögen einer Person zählen alle **subjektiven Rechte**, die der Person zugewiesen sind. Diese dienen als Haftungsmasse für die Zwangsvollstreckung. Als Ver- 72

[70] Vgl. Palandt/*Ellenberger* § 99 Rn. 2.
[71] BGHZ 112, 392 (398) = NJW 1991, 1421.
[72] Vgl. Palandt/*Ellenberger* § 99 Rn. 4.
[73] Vgl. Palandt/*Ellenberger* § 100 Rn. 2.
[74] Vgl. MüKoBGB/*Stresemann* § 99 Rn. 11.
[75] Vgl. MüKoBGB/*Stresemann* § 102 Rn. 2.
[76] Beispiel bei *Wertenbruch* AT § 4 Rn. 32.
[77] Vgl. s. auch BGHZ 131, 220 = NJW 1996, 921.

mögensbestandteile sind diese Rechte grundsätzlich (durch Verfügungsgeschäft) übertragbar und können auch Gegenstand der Pfändung sein. Insoweit ist zwischen absoluten Rechten, die gegenüber jedermann wirken, und relativen Rechten, die nur innerhalb eines Rechtsverhältnisses zu bestimmten Personen bestehen, zu unterscheiden.

1. Absolute Rechte

73 Absolute Rechte sind zunächst die **dinglichen Rechte**, dh zum einen das Eigentum (§ 903) und die beschränkten dinglichen Rechte (zB Pfandrecht, Hypothek, Grundschuld, Nießbrauch, Dienstbarkeit). Hinzu treten die **Immaterialgüterrechte** (Patent, Urheberrecht, Marke), die in Sondergesetzen definiert und geschützt sind. Absolut ist auch das allgemeine **Persönlichkeitsrecht** sowie seine besonderen Ausprägungen des Namensrechts (§ 12) und der geschützten Rechtsgüter Leben, Körper, Gesundheit und Freiheit (§ 823 I).

2. Relative Rechte

74 Relative Rechte sind zunächst **Ansprüche**, dh nach § 194 I 1 das Recht, von einem anderen ein Tun, Dulden oder Unterlassen fordern zu können. Ansprüche können aus den verschiedensten Rechtsverhältnissen folgen, zB aus dem Eigentum oder anderen dinglichen Rechtsverhältnissen, aus familien- oder erbrechtlichen Beziehungen, sowie insbesondere aus vertraglichen oder gesetzlichen Schuldverhältnissen. Schuldrechtliche Ansprüche werden Forderung genannt.[78]

75 Relative Rechte sind auch **Gestaltungsrechte**; darunter wird eine Rechtsposition verstanden, durch die ihr Inhaber in die Lage versetzt wird, einseitig auf ein Rechtsverhältnis einzuwirken (zB Anfechtungsrecht, Rücktrittsrecht). Diese sind keine Rechtsobjekte, weil sie nicht dem Vermögen zuzurechnen sind; sie stehen gleichwohl einer Person zur freien Ausübung zu. Weil es sich nicht um Rechtsobjekte handelt, sind sie auch nicht übertragbar; lediglich die Ausübung des Gestaltungsrechts kann einem anderen überlassen werden.

[78] S. nur *Rüthers/Stadler* AT § 4 Rn. 2.

§ 2. Grundlagen der Rechtsgeschäftslehre

A. Privatautonomie und Vertragsfreiheit

I. Privatautonomie

Privatautonomie und Vertragsfreiheit sind die beiden Grundpfeiler der liberalen Privatrechtsordnung des BGB. Unter **Privatautonomie** wird dabei die Freiheit des Einzelnen verstanden, seine privaten Rechtsbeziehungen eigenverantwortlich und frei zu gestalten.[1] Das Mittel zur Gestaltung ist dabei das Rechtsgeschäft, insbesondere (aber nicht nur) der Abschluss von Verträgen im Rahmen der Vertragsfreiheit. Das Spezifikum der Privatautonomie als *Rechts*institut liegt allerdings nicht darin, dass überhaupt Verträge im Sinne tatsächlicher Willenseinigungen abgeschlossen werden können, sondern in der rechtlichen Anerkennung dieser privaten Akte. Der Staat stellt mithin den Bürgern seinen Justizapparat zur Durchsetzung und Vollstreckung der „nur“ privaten Vereinbarungen zur Verfügung. Die Parteien gestalten durch Rechtsgeschäfte also ihre Rechte und Pflichten selbst, und der Staat erkennt diese selbst gesetzten Rechtsfolgen an. 76

II. Vertragsfreiheit

Vertragsfreiheit bedeutet, dass die Bürger frei sind, sich durch Verträge zu binden. 77
Die Freiheit bezieht sich dabei auf das „Ob“ eines Vertragsschlusses, auf die Wahl des Vertragspartners (Abschlussfreiheit), auf den Inhalt des abzuschließenden Vertrages (Gestaltungs- oder Inhaltsfreiheit) sowie auch auf die Freiheit, keinen Vertrag zu schließen oder einen einmal geschlossenen Vertrag konsensual wieder zu beenden (negative Vertragsfreiheit). Hinzu tritt die grundsätzliche Formfreiheit von Verträgen.[2]

Die Vertragsfreiheit wird allerdings nicht unbeschränkt gewährt, oder maW: Nicht 78
alle tatsächlich abgeschlossenen privaten Vereinbarungen werden in der Weise rechtlich anerkannt, dass der Staat seinen Justizapparat für ihre Durchsetzung zur Verfügung stellt. Die **Grenzen der Vertragsfreiheit** sind unterschiedlicher Natur und dienen regelmäßig dem Ausgleich tatsächlich bestehender (wirtschaftlicher, intellektueller oder anderer) Ungleichgewichtslagen, die das Zusammenspiel der Akteure auf dem Markt verzerren.[3]

1. Kontrahierungszwang

Eingeschränkt ist die negative Abschlussfreiheit zunächst durch Regelungen über 79
einen Kontrahierungszwang. Ein solcher ergibt sich zum einen aus **spezialgesetzli-**

---

[1] Rüthers/Stadler AT § 3 Rn. 2.
[2] Dazu → Rn. 95.
[3] Das Kartellrecht bleibt im Folgenden ausgeklammert; vgl. dazu etwa *Rüthers/Stadler* AT § 3 Rn. 7 f.

chen Regelungen im Bereich der Daseinsvorsorge: Soweit vormals staatliche Aufgaben der Daseinsvorsorge (zB Versorgung mit Energie oder Telekommunikation) privatisiert wurden, ist in den jeweiligen Sondergesetzen eine Verpflichtung der Versorger zur Sicherstellung einer Grundversorgung enthalten (vgl. § 17 EnWG, § 3 PostDienstLV). Gleiches gilt für Personenbeförderungen (§ 22 PBefG) und elementar notwendige Versicherungen (§ 5 II PflVG, § 23 SGB XI). Daneben kann sich ein Kontrahierungszwang auch aus der marktbeherrschenden Stellung eines Anbieters nach kartellrechtlichen Grundsätzen ergeben.

80 Über diese sondergesetzlichen Regelungen hinaus kann ein Kontrahierungszwang auch auf der Grundlage des § 826 (iVm § 249 I) bestehen. Voraussetzung hierfür ist, dass die Verweigerung des Vertragsschlusses eine vorsätzliche sittenwidrige Schädigung des Interessenten darstellt. In diesem Zusammenhang ist davon auszugehen, dass – entgegen Ansätzen in der neueren Rechtsprechung[4] – Private nicht einmal mittelbar an die Gleichbehandlungsgebote des Art. 3 GG gebunden sind. Vielmehr steht es ihnen – in den Grenzen des AGG[5] – grundsätzlich frei, Verträge mit willkürlich ausgewählten Partnern zu schließen oder nicht zu schließen. Gleichwohl kann in besonderen Ausnahmefällen die Verweigerung des Vertragsschlusses ein Verstoß gegen § 826 darstellen, wenn nämlich zum einen der Verpflichtete der **einzige erreichbare Anbieter existenziell notwendiger Güter** (zB Lebensmittel, aber auch ein Bankkonto[6] oder kulturelle Angebote[7]) darstellt und zusätzlich **kein sachlicher Grund** zur Verweigerung des Vertragsschlusses besteht. Ein solcher sachlicher Grund kann etwa in fehlender Bonität oder früherem vertragswidrigem Verhalten des Interessenten liegen.[8]

81 Soweit ein Kontrahierungszwang besteht, ist dieser darauf gerichtet, einen Vertrag nicht nur überhaupt, sondern auch **zu marktgerechten Konditionen** abzuschließen. Der Begünstigte des Kontrahierungszwanges kann den verpflichteten Anbieter entweder aus der spezialgesetzlichen Regelung oder aus § 826 auf Abschluss eines derartigen Vertrages in Anspruch nehmen.

2. Diskriminierungsschutz nach dem AGG

82 Eine erhebliche Beschränkung der Vertragsfreiheit liegt auch in den Diskriminierungsschutzvorschriften des AGG: Besteht der Kern der Vertragsfreiheit gerade darin, Vertragspartner frei und damit willkürlich wählen zu dürfen, verbietet das AGG demgegenüber in bestimmten Situationen das Abstellen auf einen Katalog von Differenzierungskriterien, schränkt also gerade die willkürliche Auswahl des Vertragspartners ein.[9] Der wesentliche Anwendungsbereich des AGG liegt im Arbeitsrecht und wird hier daher nicht behandelt (§§ 6–18 AGG).[10] Aber auch im allgemeinen Zivilrecht greift ein Diskriminierungsverbot nach § 19 AGG.

---

[4] S. etwa BGH NJW 2013, 1519 (1520 f.) sowie – im Zusammenhang mit Stadionverboten im Fußball – BGH NJW 2010, 534 Rn. 13; LG Dortmund NJW-RR 2015, 407 (408), wo allerdings jeweils ein Verstoß gegen Art. 3 GG verneint wurde; ebenso *Stoll/Lüers* DÖV 2014, 222 (224); insgesamt krit. *Grigoleit/Riehm* SchuldR IV Rn. 705.

[5] Dazu sogleich → Rn. 82 ff.

[6] S. dazu BGH NJW 2013, 1519 Rn. 19 (kein Kontrahierungszwang ohne markbeherrschende Stellung einer Bank); NJW 2003, 1658 (Kontrahierungszwang einer Sparkasse als Anstalt des öffentlichen Rechts).

[7] Zum Zugang zu Fußballspielen vgl. BGH NJW 2010, 534.

[8] S. näher *Rüthers/Stadler* AT § 3 Rn. 9 ff.

[9] Krit etwa *Rüthers/Stadler* AT § 3 Rn. 12a.

[10] S. dazu *Junker* GK ArbR Rn. 157 ff.

a) Anwendungsbereich

Im allgemeinen Zivilrecht findet das AGG nach § 19 I AGG auf folgende zivilrechtliche Schuldverhältnisse – vor allem vertragliche, aber auch gesetzliche (etwa die GoA einer notärztlichen Hilfeleistung) Anwendung: 83

- Sog. **Massengeschäfte**, dh Verträge, die typischerweise ohne Ansehen der Person zu vergleichbaren Bedingungen in einer Vielzahl von Fällen zustande kommen, oder bei denen zumindest das Ansehen der Person nach der Art des Schuldverhältnisses eine nachrangige Bedeutung hat. Gemeint sind vor allem anonyme Alltagsgeschäfte wie der Verkauf von Lebensmitteln oder Alltagsbedarf oder der Besuch einer Disco oder eines Restaurants, aber auch die Vergabe eines Bankkredits. Ob ein Massengeschäft vorliegt, bestimmt sich dabei aus Sicht des Anbieters: Der abzuschließende Vertrag muss aus dessen Sicht massenhaft geschlossen werden. Dementsprechend fällt die Vermietung von Wohnungen nur darunter, wenn sie in erheblichem Umfang erfolgt (idR mehr als 50 Wohnungen durch einen Vermieter, vgl. § 19 V 3 AGG).
- Private **Versicherungsverträge** (§ 19 I Nr. 2 AGG), auch soweit sie nicht ohnehin schon unter § 19 I Nr. 1 AGG fallen.
- Das Verbot der **Diskriminierung nach der Rasse oder ethnischen Herkunft** ist darüber hinaus bei allen Schuldverhältnissen nach § 2 I Nr. 5–8 AGG (soziale Dienste und Gesundheit, soziale Vergünstigungen, Bildung, öffentlich zugängliche Güter und Dienstleistungen einschließlich Wohnraum) unabhängig davon unzulässig, ob es sich um Massengeschäfte handelt oder nicht, vgl. § 19 II AGG. Der Abschluss von Mietverträgen ist allerdings nach § 19 III AGG privilegiert, um die Schaffung einer ausgewogenen (nicht: homogenen!) Siedlungsstruktur durch Großvermieter zu ermöglichen.

Unanwendbar ist das AGG dagegen auf Schuldverhältnisse aus dem Familien- und Erbrecht sowie auf Verträge, bei denen ein besonderes Nähe- oder Vertrauensverhältnis der Parteien oder ihrer Angehörigen begründet wird, zB Mietverträge über Wohnung auf demselben Grundstück, das auch der Vermieter bewohnt (§ 19 V 1, 2 AGG). 84

b) Unzulässige Diskriminierungen

Das AGG erfasst sowohl die **Begründung** als auch die **Durchführung** und die **Beendigung** der entsprechenden Verträge. Sowohl die Verweigerung eines Vertragsschlusses als auch eine „Sonderbehandlung" während der Laufzeit und die Kündigung des Vertrages infolge einer unzulässigen Diskriminierung verstoßen gegen das AGG. 85

Jeweils ist es verboten, in diesem Rahmen anhand eines der sog **„Katalogkriterien"** des § 19 I AGG zu benachteiligen. Nicht abgestellt werden darf damit auf Rasse, ethnische Herkunft, Geschlecht, Religion, Behinderung,[11] Alter oder sexuelle Identität. Verboten ist dabei nicht nur die unmittelbare Diskriminierung, die ausdrücklich auf ein Katalogkriterium abstellt, sondern auch die **mittelbare Diskriminierung**, die zwar nach einem Kriterium außerhalb des Katalogs differenziert, das aber statistisch mit einem Katalogkriterium § 19 I AGG korreliert. Eine unzulässige Diskriminierung nach der ethnischen Herkunft kann daher etwa vorliegen, wenn der Abschluss eines Wohnungsmietvertrages von der Beherrschung der deutschen Sprache abhängig gemacht wird.[12] 86

---

[11] Auch eine chronische Krankheit kann eine Behinderung in diesem Sinne darstellen, wenn sie berufliche Einschränkungen mit sich bringt, vgl. EuGH NZA 2013, 553.

[12] Vgl. zum Arbeitsrecht BAG NZA 2011, 1226; LAG Hamm NZA-RR 2014, 412 (im konkreten Fall jeweils gerechtfertigt).

87 Eine unterschiedliche Behandlung anhand von Katalogkriterien kann aber nach § 20 AGG **gerechtfertigt** sein, wenn für sie ein **sachlicher Grund** vorliegt. Der Begriff des sachlichen Grundes ist in § 20 I 2 AGG näher konkretisiert. Danach ist es etwa möglich, aus Sicherheitsgründen Körperbehinderte und Minderjährige von gefährlichen Sportarten auszuschließen (Nr. 1), eine Sauna an bestimmten Tagen nur für Frauen zu öffnen (Nr. 2 – für ein Frauen-Café dagegen fraglich, weil weder die Intimsphäre noch die persönliche Sicherheit betroffen sind), oder verbilligte Kinder- oder Seniorentarife (Nr. 3). Eine Ungleichbehandlung nach der **Rasse** oder **ethnischen Herkunft** kann aber auch nach § 20 I AGG nicht gerechtfertigt werden und ist daher stets diskriminierend.

88 Problematisch ist in der Praxis der **Beweis einer Diskriminierung**: Nachträglich wird ein Anbieter leicht nicht-diskriminierende Gründe für seine Entscheidung finden und anführen können. Gleichzeitig würde die Vertragsfreiheit (als Willkürfreiheit!) vollständig ausgehöhlt, wenn alle Anbieter jede Entscheidung oder Handlung umfassend sachlich begründen müssten. § 22 AGG versucht eine Vermittlung zwischen beiden Extrempositionen: Es genügt im Streitfall, dass eine Partei Indizien beweist, die eine Benachteiligung wegen eines Katalogkriteriums vermuten lassen – beispielsweise eine diskriminierende Wohnungsanzeige („deutscher Mieter gesucht") oder Werbung („Eintritt für Frauen gratis"[13]). Danach obliegt die Beweislast für ein nicht-diskriminierendes Verhalten dem Anbieter, der jedoch meist schwer zu führen sein wird, solange er keinen sachlichen Rechtfertigungsgrund gem. § 20 I AGG vorbringen kann.

c) Rechtsfolgen

89 Die unmittelbaren Rechtsfolgen einer rechtswidrigen Diskriminierung regelt § 21 AGG, wobei die zweimonatige Ausschlussfrist nach § 21 V AGG zu beachten ist:

- Der Benachteiligte kann zunächst – verschuldensunabhängig – die **Beseitigung** der Beeinträchtigung und ihre **Unterlassung** für die Zukunft verlangen (§ 21 I AGG). Liegt die Diskriminierung in der Verweigerung eines Vertragsschlusses (zB kein Einlass in die Diskothek), so kann nach hM bereits aus dem Beseitigungsanspruch ein **Kontrahierungszwang** folgen, wenn ohne die Diskriminierung tatsächlich ein Vertrag geschlossen worden wäre (str.).[14] Denn in diesem Fall kann die Diskriminierung nur durch einen Vertragsschluss beseitigt werden.
- Ferner kann der Benachteiligte nach § 21 II AGG vom Anbieter **Schadensersatz** verlangen, es sei denn, dieser hat die Diskriminierung nicht zu vertreten.[15] Der Schaden kann zum einen materiell sein, etwa weil der Benachteiligte infolge der Diskriminierung auf einen anderen Anbieter ausweichen musste. § 21 II 3 AGG gewährt aber auch einen Anspruch auf Ersatz des **immateriellen Schadens**, der vor allem dann greifen soll, wenn eine Beseitigung der Diskriminierung in Natur nicht möglich ist und der bloße Ersatz des materiellen Schadens keine hinreichende Entschädigung für die erlittene Persönlichkeitsrechtsverletzung darstellt.

90 Die Katalogkriterien des AGG haben schließlich auch **Auswirkungen in anderen zivilrechtlichen Bereichen**. So darf etwa im Rahmen des § 119 II eine Eigenschaft des Vertragspartners nicht als „verkehrswesentlich" gelten, wenn es sich hierbei um ein Katalogkriterium handelt und die Unterscheidung danach nicht gem. § 20 I AGG

---

[13] Hier nimmt die hM allerdings eine Rechtfertigung gem. § 20 I Nr. 3 AGG an, vgl. MüKoBGB/*Thüsing* § 20 AGG Rn. 43 mwN.

[14] Vgl. näher MüKoBGB/*Thüsing* § 21 AGG Rn. 17 ff. mwN, auch zur Gegenmeinung.

[15] Das Verschuldenserfordernis verstößt allerdings wohl gegen Unionsrecht, vgl. MüKoBGB/*Thüsing* § 21 AGG Rn. 45 ff.

gerechtfertigt wäre.[16] Ebenso sind in diesen Konstellationen Fragen des Anbieters nach Katalogkriterien rechtswidrig, so dass eine falsche Antwort zulässig ist und keine rechtswidrige Täuschung iSv § 123 I darstellt.[17]

Beispiel: Fragt etwa ein kirchliches Immobilienunternehmen, das mehr als 50 Wohnungen vermietet, einen homosexuellen Mietinteressenten nach seiner sexuellen Orientierung, so darf der Interessent wahrheitswidrig seine Heterosexualität behaupten. Das Immobilienunternehmen kann den daraufhin geschlossenen Mietvertrag weder wegen eines Eigenschaftsirrtums gem. § 119 II noch wegen arglistiger Täuschung nach § 123 I anfechten, selbst wenn es mit einem homosexuellen Mieter keinen Vertrag geschlossen hätte. 91

3. Gestaltungsfreiheit und Inhaltskontrolle

Die Parteien können lediglich bei **schuldrechtlichen Verträgen** den Inhalt frei – und grundsätzlich auch in Abweichung des dispositiven Gesetzesrechts – bestimmen (§ 311 I). Im Sachen-, Familien- und Erbrecht sowie im Gesellschaftsrecht ist die Gestaltungsfreiheit dagegen durch den dort bestehenden **Typenzwang** erheblich eingeschränkt: Zwar gilt die Abschlussfreiheit insoweit nach wie vor uneingeschränkt; der Inhalt der Rechtsgeschäfte muss aber einem beschränkten Katalog möglicher Formen entsprechen. 92

Beispiele: So können im Sachenrecht etwa nur die gesetzlich definierten Typen **beschränkter dinglicher Rechte** eingeräumt werden, was für Schwierigkeiten bei der Anerkennung des Sicherungseigentums gesorgt hat. Im **Familienrecht** sind als Rechtsverhältnisse zwischen Partnern nur die Ehe, das Verlöbnis und die eingetragene Lebenspartnerschaft anerkannt; eine nichteheliche Lebensgemeinschaft erzeugt als solche keine Rechtsfolgen, sondern muss durch die Partner eigenständig schuldrechtlich ausgestaltet werden. Im **Erbrecht** sind nur die gesetzlich anerkannten Typen letztwilliger Verfügungen möglich (Erbeinsetzung, Vermächtnis, Auflage). Im **Gesellschaftsrecht** können Gesellschaften nur in den gesetzlich vorgesehenen Rechtsformen gegründet werden. 93

Eine Beschränkung der Vertragsfreiheit liegt auch in der **Inhaltskontrolle** vertraglicher Vereinbarungen: Soweit Rechtsgeschäfte nach § 134 wegen Verstoßes gegen ein gesetzliches Verbot oder nach § 138 wegen Sittenwidrigkeit nichtig sind, versagt die Rechtsordnung ihnen die Anerkennung. Derartige Vereinbarungen können daher zwar rein tatsächlich abgeschlossen werden; sie haben aber keine rechtlichen Wirkungen. Gleiches gilt – ohne ausdrückliche Normierung – für Verträge zu Lasten Dritter. Auch die Inhaltskontrolle Allgemeiner Geschäftsbedingungen (AGB) nach §§ 307 ff.[18] führt dazu, dass eigentlich zwischen den Parteien getroffene Vereinbarungen rechtlich nicht anerkannt werden (vgl. § 306 I). 94

4. Formfreiheit

Rechtsgeschäfte bedürfen grundsätzlich **keiner besonderen Form**. Lediglich ausnahmsweise ist durch Gesetz vorgeschrieben, dass ein Rechtsgeschäft schriftlich oder in einer anderen Form vorzunehmen ist.[19] Zudem können die Parteien einen Formzwang vereinbaren (§ 125 S. 2).[20] 95

[16] → Rn. 474.
[17] → Rn. 507 ff.
[18] Dazu → Rn. 704 ff.
[19] Vgl. → Rn. 326 ff.
[20] Vgl. dazu → Rn. 345 ff.

B. Begriff und Arten von Rechtsgeschäften

96 Die **Privatautonomie**, wonach jeder Einzelne seine Rechtsverhältnisse durch seinen Willen gestalten kann, verwirklicht sich in Form von **Rechtsgeschäften**. Das Rechtsgeschäft ist das Rechtsinstitut, das dem Willen einer Partei oder mehrerer Parteien in rechtlich verbindlicher Weise zur Geltung verhilft. Es soll also – dem Ideal nach – nur den Willen der Partei(en) rechtlich umsetzen,[21] keine heteronomen Ziele des Gesetzgebers oder Gerichts verwirklichen. Die wichtigste Form des Rechtsgeschäfts ist dabei der **Vertrag**.

97 Ein **Rechtsgeschäft** besteht aus einer oder mehreren Willenserklärungen, die alleine oder in Verbindung mit anderen Tatbestandsmerkmalen (zB Übergabe oder Eintragung im Grundbuch) eine Rechtsfolge herbeiführen, *weil* sie gewollt ist.[22]

98 Zu unterscheiden ist das Rechtsgeschäft damit:

- von geschäftsähnlichen Handlungen, bei denen das Gesetz Rechtsfolgen an bestimmte Erklärungen knüpft, ohne dass gerade das Erklärte rechtlich bindend wird;[23]
- von bloßen Gefälligkeiten, die ohne den Willen zu rechtlicher Bindung übernommen werden;[24]
- sowie von reinen Realakten, dh tatsächlichen Akten, an die gesetzliche Rechtsfolgen geknüpft werden.[25]

I. Einseitige und mehrseitige Rechtsgeschäfte

99 Rechtsgeschäfte können zunächst nach der Zahl der beteiligten Personen eingeteilt werden:

- **Einseitige Rechtsgeschäfte** bestehen aus nur einer Willenserklärung. Beispiele: Testament, Auslobung, Kündigung, Rücktritt oder Anfechtung.
- **Zweiseitige Rechtsgeschäfte** (Verträge) bestehen aus zwei korrespondierenden Willenserklärungen, Angebot und Annahme, und ggf. noch einem Realakt. Beispiele: Kaufvertrag, Übereignung einer beweglichen Sache oder einer Immobilie, Eheschließung.
- **Mehrseitige Rechtsgeschäfte** bestehen aus mehr als zwei Willenserklärungen. Beispiele: Gesellschaftsvertrag, Schuldübernahme.

---

[21] S. aber die Fundamentalkritik an der hM bei *Rehberg* Das Rechtfertigungsprinzip, 2014, insbes. S. 464 ff., 474 ff.

[22] Vgl. *Palandt/Ellenberger* Vor § 104 Rn. 2; PWW/*Ahrens* Vor §§ 116 ff. Rn. 3; vgl. zu den Begriffen Willenserklärung und Rechtsgeschäft auch *Wertenbruch* AT § 6 Rn. 3 ff. sowie *Faust* AT § 2 Rn. 1, § 18 Rn. 27.

[23] → Rn. 147 ff.

[24] → Rn. 138 ff.

[25] → Rn. 148.

II. Verpflichtungs- und Verfügungsgeschäfte

Rechtsgeschäfte können auch in Verpflichtungsgeschäfte und Verfügungsgeschäfte unterteilt werden.[26] 100

1. Verpflichtungsgeschäfte

Unter Verpflichtungsgeschäften sind solche Rechtsgeschäfte zu verstehen, durch die keine unmittelbare Änderung der dinglichen Güterzuordnung bewirkt, sondern lediglich die Verpflichtung zu einer solchen Zuordnung geschaffen werden soll. Verpflichtungsgeschäfte begründen also idR eine Leistungspflicht, die – zB durch Verfügungsgeschäft, möglicherweise aber auch durch einen Realakt wie eine Dienst- oder Werkleistung – erfüllt werden muss. Weil sie den Rechtsgrund (causa) für die erbrachte Leistung bilden, werden sie auch **kausale Rechtsgeschäfte** genannt. Sie entstammen typischerweise dem Schuldrecht, können aber auch in anderen Rechtsgebieten vorkommen, etwa im Familienrecht (zB Unterhaltsvereinbarung gem. § 1585c). 101

2. Verfügungsgeschäfte

Unter einer Verfügung versteht man ein **Rechtsgeschäft**, durch das auf ein **bestehendes Recht unmittelbar eingewirkt** werden soll, und zwar durch seine Übertragung, Belastung, Inhaltsänderung oder Aufhebung (vgl. §§ 873, 875, 877). 102

Da Verfügungen Rechtsgeschäfte sind, finden die **Vorschriften des AT über Rechtsgeschäfte** Anwendung, so dass insbesondere Geschäftsfähigkeit des Verfügenden erforderlich ist. Eine Stellvertretung ist bei der Abgabe der einzelnen Willenserklärungen möglich, nicht jedoch bei ggf. erforderlichen Realakten wie zB bei der Übergabe iSv § 929 S. 1; hier kann aber durch die Einschaltung von Besitzdienern (§ 855) ein entsprechendes Ergebnis erzielt werden. 103

Die §§ 119 ff. finden im Grundsatz auch auf dingliche Rechtsgeschäfte Anwendung. Da sich der Inhalt der entsprechenden Willenserklärungen jedoch auf die Identifikation der Parteien und des Verfügungsgegenstandes sowie die intendierte Rechtsänderung beschränkt (sog **sachenrechtlicher Minimalkonsens**), sind Irrtümer hier nur selten relevant. Gleiches gilt für § 138, wenn nicht die Sittenwidrigkeit gerade auch im Vollzug der Leistung zu sehen ist.[27] Die Anfechtung wegen Drohung oder arglistiger Täuschung ist dagegen in der Regel möglich, weil Verpflichtungs- und Verfügungsgeschäft dabei meist an demselben Mangel leiden (sog **Fehleridentität**[28]). 104

3. Trennungs- und Abstraktionsprinzip

Eine – rechtsvergleichend nicht selbstverständliche – Besonderheit des deutschen Zivilrechts ist das Trennungs- und Abstraktionsprinzip. Es beschreibt das Verhältnis zwischen schuldrechtlichen (kausalen) Verpflichtungsgeschäften (zB Kaufverträgen) und den zur Erfüllung abgeschlossenen dinglichen (abstrakten) Verfügungsgeschäften (zB Übereignungen nach § 929). Dabei ist zu unterscheiden: 105

- Das Trennungsprinzip besagt, dass das schuldrechtliche Verpflichtungsgeschäft und der dingliche Übertragungsakt jeweils ein **eigenständiges Rechtsgeschäft** bilden. 106

---

[26] S. dazu auch *Neuner* SaR Rn. 2.
[27] Vgl. *Wolf/Neuner* AT § 46 Rn. 67.
[28] Vgl. *Neuner* SaR Rn. 3 ff. sowie → Rn. 107.

Beide Geschäfte können in einem tatsächlichen Lebensvorgang zusammenfallen (zB beim Barkauf oder bei einer Handschenkung), sind aber rechtlich stets getrennt zu beurteilen.

107 • Das Abstraktionsprinzip besagt, dass das Verpflichtungs- und das Verfügungsgeschäft in ihrem Bestand **voneinander unabhängig** sind, so dass bei Unwirksamkeit des Verpflichtungsgeschäfts der dingliche Übertragungsakt selbst wirksam bleibt. Dem Veräußerer stehen lediglich Rückgewähransprüche aus ungerechtfertigter Bereicherung zu. Dieses Prinzip kann auf verschiedene Weise **durchbrochen** werden:[29]

- Bei **Fehleridentität** liegt keine eigentliche Durchbrechung des Abstraktionsprinzips vor. Vielmehr haftet ein Fehler (etwa eine widerrechtliche Drohung) beiden Rechtsgeschäften an, so dass beide für sich genommen jeweils anfechtbar und dann – nach erfolgter Anfechtung – nach § 142 I nichtig sind.
- Durch Schaffung eines **Bedingungszusammenhanges** zwischen dem dinglichen und dem kausalen Geschäft können die Parteien das Abstraktionsprinzip überbrücken. Wegen der verkehrsschützenden Funktion des Abstraktionsprinzips kann eine konkludente Vereinbarung einer Bedingung jedoch grundsätzlich nicht angenommen werden.
- Denkbar ist schließlich noch die Verknüpfung von schuldrechtlichem und dinglichem Geschäft zu einer **Geschäftseinheit iSv § 139**.[30] Nach hM verstößt die Annahme einer solchen Geschäftseinheit jedoch gegen das Abstraktionsprinzip, da das BGB den Verkehrsschutz über das Interesse der Parteien an der Verknüpfung von Verpflichtungs- und Erfüllungsgeschäft gestellt hat. Diese Wertung darf nicht durch die Annahme einer Geschäftseinheit unterlaufen werden.[31]

---

[29] Vgl. *Grigoleit* AcP 199 (1999), 379 (409 ff.).
[30] S. dazu → Rn. 395.
[31] Vgl. *Baur/Stürner* SaR § 5 Rn. 55 ff.

§ 3. Tatbestand und Wirksamkeit der Willenserklärung

Eine Willenserklärung ist die Äußerung eines auf einen Rechtserfolg gerichteten Willens, 108
wobei der Rechtserfolg eintreten soll, *weil* er gewollt ist.

Der Begriff der Willenserklärung ist im BGB nicht definiert; er wird vielmehr vorausgesetzt. Die Elemente einer Willenserklärung lassen sich aber aus einer Gesamtschau der §§ 104ff. herleiten. Eine fehlerlose Willenserklärung setzt sich danach aus insgesamt sechs Tatbestandsmerkmalen zusammen:

Willenserklärung 109

Objektiver Erklärungstatbestand		**Subjektiver Erklärungstatbestand**
Erklärungshandlung	—	Handlungswille
Objektiver Rechtsbindungswille	—	Erklärungsbewusstsein
Bezeichnung von Rechtsfolgen	—	*Geschäftswille*

A. Objektiver Erklärungstatbestand

Der objektive Tatbestand einer Willenserklärung ist ein Verhalten, das den Schluss auf 110
einen bestimmten Rechtsfolgewillen zulässt (Auslegungsfrage analog §§ 133, 157).

Im Einzelnen lassen sich drei objektive Merkmale unterscheiden:

I. Erklärungshandlung

Die objektive Verlautbarung des Willens nach außen (Erklärungshandlung) ist unver- 111
zichtbarer Bestandteil einer Willenserklärung. Der Wille kann ausdrücklich oder konkludent verlautbart werden. Ein lediglich innerer Wille ist nach der Rechtsordnung unbeachtlich, wenn er nicht in irgendeiner Weise nach außen getreten ist (vgl. zB auch §§ 116 S. 1, 151). Auf subjektiver Ebene korrespondiert mit der Erklärungshandlung der Handlungswille.

1. Ausdrückliche Willensäußerung

112 Bei der ausdrücklichen Äußerung des Willens kommt der Geschäftswille des Erklärenden unmittelbar durch Worte zum Ausdruck: „Ich möchte diese Vase für 500 EUR von Ihnen kaufen." Allerdings müssen keine Rechtsbegriffe verwendet werden, es genügt, wenn nach allgemeinen Auslegungskriterien (§§ 133, 157) der gewollte Rechtserfolg erkennbar ist.

2. Konkludente Willensäußerung

113 Bei der konkludenten Willensäußerung wird eine Handlung vorgenommen, die den Geschäftswillen nicht ausdrücklich durch Worte äußert, sondern ihn **durch andere Worte oder Zeichen mittelbar** zum Ausdruck bringt. Die Unterscheidung von ausdrücklichen Willensäußerungen ist gelegentlich schwierig vorzunehmen, aber regelmäßig ohne Bedeutung, weil beide Arten von Willenserklärungen die gleichen Wirkungen haben. Konkludente Willenserklärungen werden teilweise auch (irreführend) als **„stillschweigende Erklärungen"** bezeichnet; sie sind aber streng vom Problem des Schweigens im Rechtsverkehr zu trennen.[1]

114 **Beispiele** für konkludente Willensäußerungen sind:

- Kopfnicken oder Kopfschütteln;
- Klick auf eine Bestätigungs-Schaltfläche auf einer Webseite;
- Einfahrt in ein gebührenpflichtiges Parkhaus = Abschluss eines Benutzungsvertrages und Zustimmung zu den aushängenden AGB;
- Herausverlangen der Wohnungsschlüssel durch den Vermieter = Kündigung des Mietvertrages;
- Rückgabe der Arbeitspapiere = Kündigung des Arbeitsvertrages.

115 Bei konkludenten Willensäußerungen kommt der **Auslegung** eine besondere Bedeutung nicht nur hinsichtlich des Inhalts der Erklärung zu, sondern auch hinsichtlich der Frage, ob überhaupt eine Willenserklärung vorliegt. Dabei sind alle Umstände des Einzelfalles mit einzubeziehen. Die Annahme konkludenter Erklärungen ist von erheblicher Bedeutung zur Ermittlung und rechtlichen Umsetzung des tatsächlich Gewollten, vor allem bei rechtlich nicht beratenen Erklärenden.[2]

3. Schweigen als Willensäußerung

116 Schweigen – also reines Nichtstun – stellt **grundsätzlich keine Erklärungshandlung** und damit keine Willenserklärung dar. Ausnahmen bestehen nur, soweit sie **gesetzlich bestimmt** sind oder **von beiden Parteien vereinbart** wurden. Insoweit sind folgende Fälle zu unterscheiden:[3]

- **Schweigen als Erklärungshandlung** liegt vor, wenn die Parteien durch Vereinbarung dem Schweigen eine Erklärungsbedeutung beigemessen haben (sog beredtes Schweigen). So kann etwa in AGB eines Dauerschuldverhältnisses (zB eines Mobilfunkvertrages) in den Grenzen des § 308 Nr. 5 vorgesehen werden, dass eine Änderung der betreffenden AGB als angenommen gilt, wenn der Kunde nicht innerhalb einer (angemessenen) Frist nach Mitteilung der Änderungen widerspricht.[4] In diesem

---

1 Vgl. dazu sogleich → Rn. 116 ff.
2 Näher → Rn. 188 ff.
3 Vgl. Palandt/*Ellenberger* Vor § 116 Rn. 7 ff.; PWW/*Ahrens* Vor §§ 116 ff. Rn. 21 f.; *Wertenbruch* AT § 10 Rn. 58 ff.; *Faust* AT § 2 Rn. 7, § 3 Rn. 17.
4 Vgl. etwa Ziff. 1 (2) S. 3 AGB-Banken, www.bankenverband.de (Stand: 8.6.2015).

Fall stellt das Schweigen eine konkludente Willenserklärung dar,[5] die allen Vorschriften über Willenserklärungen unterliegt, insbesondere angefochten werden kann.

Einseitige Erklärungen wie „Wenn Sie innerhalb von zwei Wochen nichts von sich hören lassen, gehen wir von einer Annahme des Angebots aus" können diese Wirkung nicht herbeiführen.

- **Schweigen mit Erklärungswirkung** liegt vor, wenn das Gesetz bei Schweigen das Vorliegen einer Willenserklärung (idR die Genehmigung oder Ablehnung eines Rechtsgeschäfts) fingiert. Wichtige Fälle hiervon sind:
  - § 416 I 2 fingiert die **Genehmigung** der Übernahme einer durch Hypothek gesicherten Schuld durch den Gläubiger nach Fristablauf.
  - § 516 II 2: Die **Annahme einer Schenkung** wird fingiert, wenn der Beschenkte nicht innerhalb einer vom Schenker gesetzten Frist widerspricht.
  - § 1943 fingiert die **Annahme einer Erbschaft**, wenn der Erbe sie nicht fristgerecht ausschlägt.
  - Die §§ 108 II 2, 177 II 2, 415 II 2 fingieren die **Verweigerung einer Genehmigung**.
  - **§ 362 I HGB**: Ein Kaufmann, dessen Gewerbebetrieb die Besorgung von Geschäften für andere mit sich bringt (**Geschäftsbesorgungskaufmann**), muss ein diesbezügliches Angebot unverzüglich ausdrücklich ablehnen. Schweigt er, so kommt ein Vertrag zustande (anders § 663: Lehnt hier der Auftragsempfänger den Auftrag nicht ab, so wird er lediglich schadensersatzpflichtig).
  - Gem. **§ 242** (bzw. analog § 362 I HGB) wird auch in anderen Fällen eine Obliegenheit des Empfängers eines Angebots angenommen, seine Ablehnung zum Ausdruck zu bringen, so dass bei Schweigen eine Annahme fingiert wird. Dies kann insbesondere im Rahmen **dauernder Geschäftsbeziehungen** der Fall sein, ferner in den Fällen eines Kontrahierungszwangs sowie bei lediglich vorteilhaften Verträgen.[6]
  - Ein handelsrechtlicher Sonderfall ist schließlich das Schweigen auf ein **kaufmännisches Bestätigungsschreiben**, wo kraft Handelsbrauchs derjenige, der einem Bestätigungsschreiben über einen (angeblich) erfolgten Vertragsschluss nicht widerspricht, sich so behandeln lassen muss, als wäre der Vertrag tatsächlich mit dem Inhalt des Bestätigungsschreibens geschlossen worden.[7]

In diesen Fällen liegt tatbestandlich zwar keine Willenserklärung vor; es wird nur deren **117** Wirkung gesetzlich fingiert. Die Vorschriften über Willenserklärungen, insbesondere über **Geschäftsfähigkeit, Stellvertretung und Anfechtung** (vgl. zB § 1956), werden aber jedenfalls auf fingierte Annahmeerklärungen und Zustimmungen grundsätzlich analog angewendet. Keinesfalls berechtigt jedoch der Irrtum über die gesetzliche Fiktion selbst zur Anfechtung; insoweit handelt es sich um einen unbeachtlichen Rechtsfolgenirrtum.[8] Möglich bleibt die Anfechtung jedoch dann, wenn auch eine bewusste, ausdrückliche Erklärung gleichen Inhalts anfechtbar wäre.

Bei fingierten Ablehnungen (insb. §§ 108 II 2, 177 II 2, 415 II 2) wird genau genommen keine **118** Willenserklärung fingiert; vielmehr liegt eine dispositive gesetzliche Regelung vor, die nur in eine Erklärungsfiktion „verkleidet" ist. Die Rechtsgeschäftsregeln finden daher überhaupt keine Anwendung.[9]

---

[5] Vgl. auch MüKoBGB/*Armbrüster* Vor § 116 Rn. 8, der sogar von einer ausdrücklichen Willenserklärung ausgeht.

[6] Vgl. weitere Bsp. bei MüKoBGB/*Busche* § 151 Rn. 5.

[7] Vgl. dazu näher *Canaris* HandelsR § 23 Rn. 8 ff.; *Jung* HandelsR § 34 Rn. 17 ff.

[8] Vgl. *Medicus* AT Rn. 751 sowie → Rn. 485.

[9] Vgl. MüKoBGB/*Armbrüster* Vor § 116 Rn. 13.

II. Rechtsbindungswille

119 Eine Willenserklärung liegt nur vor, wenn der Erklärende die Erklärungshandlung erkennbar mit dem Willen vorgenommen hat, rechtsgeschäftlich zu handeln (Rechtsbindungswille). Dieser Rechtsbindungswille ist ein **Merkmal des objektiven Erklärungstatbestands** einer Willenserklärung. Es ist also durch Auslegung (analog §§ 133, 157) zu ermitteln, ob die Äußerung des Erklärenden *objektiv* den Eindruck erweckt, dass mit ihr eine rechtliche Bindung angestrebt wird.

120 Ein Rechtsbindungswille fehlt **beispielsweise** in den folgenden Fällen:

- bei bloßen Vorbereitungshandlungen (zB Zeitungsinserat, Schaufensterauslage), weil der Erklärende erkennbar nicht mit jedem beliebigen Interessenten lediglich aufgrund dessen Annahme Verträge schließen möchte (sog **invitatio ad offerendum**[10]) – schließlich möchte er sich bei verständiger Betrachtung (§§ 133, 157) vorbehalten, Verträge nur im Rahmen seiner Vorräte abzuschließen oder evtl. insolvente Käufer abzulehnen;
- beim bewussten Außerachtlassen gesetzlicher Formvorschriften ohne Heilungsmöglichkeit;
- bei persönlichen Erklärungen innerhalb von Freundschafts- und Liebesbeziehungen, auch wenn sie gravierende Folgen haben können, etwa bei Abreden über Empfängnisverhütung;[11]
- bei rein tatsächlichen Gefälligkeiten;[12]
- uU bei Hilferufen in Notsituationen.[13]

121 Auf der subjektiven Ebene korrespondiert mit dem Rechtsbindungswillen das Erklärungsbewusstsein.

Fall 2:

122 Der Weinhändler *A* schickt am 3. März 2015 an alle seine 10.000 Stammkunden – darunter auch *B* – ein „exklusives Angebot", in dem er verschiedene Weine „nur für meine Stammkunden" anbietet. Auf der beiliegenden Liste ist unter anderem ein „2004er Château Grève" für 8 EUR je Flasche aufgeführt. *B* bestellt am 10. März 2015 20 Flaschen davon. *A* antwortet, dass seine Vorräte leider bereits erschöpft sind und er die Bestellung daher nicht entgegennehmen kann.

Kann *B* die Lieferung von 20 Flaschen „2004er Château Grève" verlangen?

Lösungsskizze zu Fall 2:

123 Anspruch aus § 433 I 1:
I. Wirksamer Kaufvertrag?
Voraussetzung: Zwei übereinstimmende Willenserklärungen (Angebot und Annahme), §§ 145 ff.
1. Angebot (Antrag) des *A*?

---

10 Vgl. → Rn. 216.
11 BGHZ 97, 372 = NJW 1986, 2043 = JuS 1986, 910 („Pillenfall").
12 Dazu näher → Rn. 139 ff.
13 So RGZ 167, 85 (88); aA *Loyal* VersR 2013, 966.

a) Objektiver Erklärungstatbestand
aa) Erklärungshandlung (+)
bb) Rechtsbindungswille?
Es ist fraglich, ob der Aussendung des *A* an seine Stammkunden aus der Sicht eines objektiven Empfängers analog §§ 133, 157 der Wille zur rechtlichen Bindung entnommen werden kann, *A* also (äußerlich erkennbar) mit Rechtsbindungswillen handelte oder nicht. Für einen Willen des *A*, sich rechtsgeschäftlich zu binden, würde die Bezeichnung der Aussendung als „exklusives Angebot" sprechen. Jedoch war die Aussendung des *A* erkennbar nicht nur an *B*, sondern an alle Stammkunden, mithin an eine Vielzahl von Kunden gerichtet. Bei Annahme einer rechtlichen Bindung des *A* durch die Aussendung wäre dieser einer unüberschaubaren Anzahl möglicher Kaufverträge ausgesetzt, so dass er Gefahr laufen würde, die daraus entstehenden Pflichten bei nicht ausreichend großem Lagerbestand nicht erfüllen zu können und sich schadensersatzpflichtig zu machen. Einer solchen Gefahr wollte sich *A* bei verständiger Betrachtung ersichtlich nicht aussetzen, sondern sich vielmehr vorbehalten, Verträge nur im Rahmen seiner Vorräte und ggf. erst nach Prüfung der Bonität seiner Kunden abzuschließen. Ein Rechtsbindungswille ist der Aussendung des *A* daher nicht zu entnehmen. Es handelte sich somit lediglich um eine (unverbindliche) invitatio ad offerendum.
b) Zwischenergebnis: Angebot (Antrag) des *A* (-)
2. Angebot (Antrag) des *B* (+)
3. Annahme des *A* (-)
II. Ergebnis: Wirksamer Kaufvertrag (-)

B kann keine Lieferung des Weines verlangen.

III. Bezeichnung von Rechtsfolgen

Der Erklärende muss in seiner Willenserklärung die Rechtsfolgen bezeichnen, deren Eintritt er mit der Erklärung bewirken möchte. Diese Rechtsfolgen sind durch Auslegung zu bestimmen[14] und müssen selbstverständlich nicht juristisch exakt formuliert sein. 124

Ist die Willenserklärung in sich widersprüchlich, lässt sich also durch die Auslegung keine eindeutig bezeichnete gewollte Rechtsfolge ermitteln, so ist sie wegen **Perplexität** nichtig.[15] 125

Fall 3:[16]

A schuldet *B* 1.000.000 EUR und sendet diesem einen Scheck über 500 EUR zu mit dem Vermerk, mit der Einlösung des Schecks erkläre *B* den Verzicht auf die restliche Forderung. *B* löst den Scheck kommentarlos ein. Kann er von *A* die restlichen 999.500 EUR verlangen? 126

---

[14] Dazu näher → Rn. 188 ff.
[15] Dazu → Rn. 203 f.
[16] BGH NJW 2001, 2324; BGHZ 111, 97 = NJW 1990, 1655.

Lösungsskizze zu Fall 3:

127 I. Anspruch entstanden: 1.000.000 EUR (+)
II. Anspruch erloschen?
1. Durch Erfüllung (§ 362 I) iHv 500 EUR (+)
2. Durch Erlass (§ 397) iHv 999.500 EUR?
a) Angebot des *A* auf Abschluss eines Erlassvertrages (+)
b) Annahme des *B*?
Eine ausdrückliche Annahmeerklärung hat *B* nicht abgegeben. Allenfalls könnte in der Einlösung des Schecks eine konkludente Annahme des angebotenen Erlassvertrages gesehen werden. Dabei ist die Vorgabe des *A* für die Auslegung der Scheckeinlösung lediglich als Indiz zu würdigen, stellt aber keine zwingende Auslegung dar. Denn es handelt sich dabei nicht um ein zwischen *A* und *B* „verabredetes Zeichen“, sondern um eine einseitige Zuordnung einer rechtlichen Bedeutung zu einem bestimmten Verhalten des *B* durch *A*. Die Erklärungsbedeutung der Scheckeinlösung ist vielmehr nach dem objektiven Empfängerhorizont (§§ 133, 157) zu ermitteln. Danach kann bei einem derart krassen Missverhältnis zwischen Gesamtforderung und Abfindungsangebot nicht angenommen werden, *B* habe tatsächlich einen Erlassvertrag abschließen wollen, als er den Scheck einlöste. Ein objektiver (vernünftiger) Empfänger würde die Einlösung des Schecks nicht so verstehen, dass *B* tatsächlich auf 99,95 % seiner Forderung verzichtet. In der Scheckeinlösung liegt mithin keine konkludente Annahme des angebotenen Erlassvertrages durch *B*.
c) Ergebnis: Erlass (§ 397) iHv 999.500 EUR (-)

B kann von *A* die restlichen 999.500 EUR verlangen.

B. Subjektiver Erklärungstatbestand

128 Der subjektive Tatbestand einer Willenserklärung betrifft die Elemente des inneren Willens, die für eine perfekte Willenserklärung erforderlich sind. Er umfasst die folgenden Merkmale, die den drei Merkmalen des objektiven Erklärungstatbestandes zuzuordnen sind: **Handlungswille, Erklärungsbewusstsein** und **Geschäftswille.**

129 Der Geschäftswille ist jedoch keine Wirksamkeitsvoraussetzung der Willenserklärung: Weicht dieser von der objektiv erklärten Rechtsfolge ab, so ist die Willenserklärung gleichwohl wirksam; der Erklärende kann sie aber nach § 119 I anfechten.

I. Handlungswille

130 Bei der Abgabe einer Willenserklärung muss der Erklärende überhaupt in einem natürlichen Sinne handeln wollen, dh es muss ein **bewusst kontrolliertes oder wenigstens kontrollierbares Verhalten** vorliegen.[17]

[17] Vgl. *Wolf/Neuner* AT § 32 Rn. 9 f.

Dieser natürliche Handlungswille fehlt **beispielsweise** in den folgenden Fällen: 131

- Handlungen im Schlaf oder unter Hypnose;
- Reflexbewegungen;
- körperlicher Zwang (**vis absoluta**) , zB das gewaltsame Führen einer Hand zur Unterschrift. Dagegen liegt bei psychisch vermitteltem Zwang (**vis compulsiva**) ein natürlicher Handlungswille vor, der lediglich nicht frei gebildet wurde; hier liegt eine Willenserklärung vor, die aber nach § 123 I Alt. 2 anfechtbar ist.

In diesen (seltenen) Fällen fehlt es bereits am Tatbestand einer Willenserklärung.[18] 132 Teilweise wird auch § 105 II analog herangezogen, um die Nichtigkeit zu begründen.[19] Jedenfalls ist keine Anfechtung nötig, sondern die Willenserklärung ist ipso iure nichtig oder inexistent.

II. Erklärungsbewusstsein

Im Gegensatz zum natürlichen Handlungswillen, der sich nur auf die physische 133 Regung als solche bezieht, bedeutet das Erklärungsbewusstsein, dass der Erklärende mit seiner Äußerung **rechtliche Folgen herbeiführen** möchte. Es ist also das subjektive Korrelat zum Rechtsbindungswillen.

Beispiele: a) Während einer Autogrammstunde schiebt B dem Mega-Star A einen 134 Schuldschein über 10.000 EUR unter, den A ahnungslos unterschreibt. Hier geht A nicht davon aus, eine rechtsgeschäftliche Erklärung abzugeben, so dass er ohne Erklärungsbewusstsein handelt.

b) A ist zum ersten Mal im Auktionshaus und winkt seinem Freund B zu, den er im Raum entdeckt hat. Entsprechend den örtlichen Gebräuchen (§§ 133, 157) versteht der Auktionator das Handzeichen als Gebot und erteilt dem A den Zuschlag. Auch hier geht A nicht davon aus, rechtsgeschäftlich zu handeln.

Über die **rechtliche Behandlung** des fehlenden Erklärungsbewusstseins herrscht 135 Streit:[20]

- Eine Auffassung[21] zieht einen Erst-Recht-Schluss aus § 118: Wenn schon eine Erklärung nichtig ist, von der der Erklärende wusste, dass sie eigentlich rechtliche Folgen nach sich ziehen kann, aber darauf gehofft hatte, der Gegenüber würde erkennen, dass sie nicht ernst gemeint ist, dann muss *erst recht* eine Erklärung nichtig sein, von der der Erklärende nicht einmal weiß, dass sie rechtliche Folgen nach sich zieht.

  Das Erklärungsbewusstsein ist nach dieser Auffassung **notwendiger Bestandteil einer Willenserklärung.** Entsprechend der Verweisung in § 118 soll den Erklärenden analog § 122 eine verschuldensunabhängige Haftung auf das negative Interesse treffen, weil er durch den ihm zurechenbaren Anschein einer Willenserklärung das Vertrauen des Vertragspartners in Anspruch genommen hat.

---

18 Vgl. Palandt/*Ellenberger* Vor § 116 Rn. 16.

19 Vgl. *Medicus* AT Rn. 606.

20 Vgl. PWW/*Ahrens* Vor §§ 116 ff. Rn. 27; *Wertenbruch* AT § 6 Rn. 9 ff.; *Faust* AT § 21 Rn. 24 ff.; ausführlicher Übungsfall hierzu: *Grigoleit/Herresthal* AT Fall 3 „*Irrungen und Wirrungen*“.

21 Vgl. zB *Canaris* NJW 1984, 2281.

- Demgegenüber nimmt die hM an, dass auch eine Willenserklärung ohne Erklärungsbewusstsein jedenfalls dann wirksam ist, wenn der Erklärende erkennen konnte, dass sein Verhalten als Willenserklärung aufgefasst werden würde (sog **Erklärungsfahrlässigkeit**). Insoweit sei dem Verkehrsschutzbedürfnis der Vorrang einzuräumen.[22] Dem Erst-Recht-Schluss aus § 118 wird entgegengehalten, dass diese Vorschrift nur den Willen des Erklärenden durchsetze, der eindeutig gegen die Wirksamkeit gerichtet ist. In den Fällen fehlenden Erklärungsbewusstseins hingegen bestehe ein solcher Wille nicht, vielmehr habe sich der Erklärende noch gar keine Gedanken gemacht. Die Vertreter dieser Ansicht wollen daher dem Erklärenden noch die Möglichkeit verschaffen, nachträglich zu entscheiden, ob die Erklärung wirksam sein soll oder nicht, und ihm dafür die Möglichkeit einer Anfechtung eröffnen, so dass die Willenserklärung aus Verkehrsschutzgründen **zunächst wirksam**, aber **analog § 119 I Alt. 2 (Erklärungsirrtum) anfechtbar** ist (ebenfalls mit der Folge der Anwendbarkeit des § 122). Ein Nachteil dieser Auffassung ist allerdings, dass der Erklärende seine Erklärung auch unverzüglich iSv § 121 anfechten *muss*, um seine Bindung hieran auszuschließen. Versäumt er dies (etwa weil er seine Erklärung ohnehin für unwirksam hält), so ist er trotz fehlenden Erklärungsbewusstseins dauerhaft an die Erklärung gebunden.

III. Geschäftswille

136 Das wichtigste Element des subjektiven Erklärungstatbestandes ist der Wille, eine **bestimmte Rechtsfolge** (zB einen Kaufvertrag über eine bestimmte Sache zu einem bestimmten Preis) **herbeizuführen**. Diesem Geschäftswillen entspricht auf der objektiven Seite die Bezeichnung bestimmter Rechtsfolgen. Der Geschäftswille ist nicht mit dem Erklärungsbewusstsein zu verwechseln: Während es beim Erklärungsbewusstsein lediglich darauf ankommt, ob der Erklärende der vorgenommenen Handlung *überhaupt* eine rechtliche Erheblichkeit beigemessen hat, bezieht sich der Geschäftswille auf die *genaue gewollte* Rechtsfolge.

137 Allerdings ist der Geschäftswille **kein zwingend erforderliches Element einer wirksamen Willenserklärung:** Ist der Geschäftswille auf eine andere Rechtsfolge gerichtet, als die Auslegung der Erklärung nach dem objektiven Empfängerhorizont ergibt, so ist die Willenserklärung **wirksam**. Es liegt aber ein Irrtum iSd § 119 I vor, der zur Anfechtung berechtigt.

C. Gefälligkeiten

138 Unter Gefälligkeiten versteht man tatsächliche Handlungen im außerrechtlichen, gesellschaftlichen Bereich (zB aus Freundschaft, Kollegialität oder Nachbarschaft), die kein Rechtsverhältnis, sondern nur ein sog Gefälligkeitsverhältnis ohne unmittelbare Rechtsfolgen begründen.[23]

---

[22] BGHZ 91, 324 = NJW 1984, 2279 = JuS 1984, 931; BGH NJW 1995, 953 m. Bespr. *Habersack* JuS 1996, 585; *Medicus* AT Rn. 607; BeckOK BGB/*Wendtland* BGB § 133 Rn. 6; *Wertenbruch* AT § 6 Rn. 13 f.; *Faust* AT § 21 Rn. 24 f.

[23] Vgl. *Wolf/Neuner* AT § 28 Rn. 17; PWW/*Ahrens* Vor 116 ff. Rn. 6; *Faust* AT § 2 Rn. 10 f.; *Wertenbruch* AT § 6 Rn. 17 ff.

I. Abgrenzung zwischen Gefälligkeitsverhältnis und Vertrag

Die Abgrenzung zwischen sog **Gefälligkeitsverhältnissen** und **unentgeltlichen Verträgen** (wie zB dem Auftrag, der Leihe oder der unentgeltlichen Verwahrung) ist eine Frage des objektiven Rechtsbindungswillens: Erklärt sich jemand zur Übernahme einer fremdnützigen Tätigkeit unentgeltlich bereit („Übernahme einer Gefälligkeit"), so ist durch Auslegung analog §§ 133, 157 zu ermitteln, ob der Wille des Übernehmenden auf den Abschluss eines Auftrags oder auf die bloße Übernahme einer Gefälligkeit gerichtet ist. Zu fragen ist dabei, ob die Parteien sich den Pflichten aus dem jeweiligen Vertragstyp mit verbindlicher Wirkung unterwerfen wollten. 139

Indizien für die Annahme eines Rechtsbindungswillens sind insbesondere:[24] 140

- die dem Übernehmer erkennbare wirtschaftliche und rechtliche Bedeutung der Sache für den Geschäftsherrn,
- der Umstand, dass sich der Geschäftsherr erkennbar auf die Zusage verlässt und für ihn erhebliche Werte auf dem Spiel stehen.

Beispielsweise liegt danach eine bloße Gefälligkeit idR vor bei:[25] 141

- Beaufsichtigung von Nachbarskindern, Mitnahme anderer Kinder zum Kindergarten;
- Bereitschaft, das Haus eines abwesenden Nachbarn oder Verwandten zu beaufsichtigen;
- Mitnahme im Auto;[26]
- „Winkzeichen" im Straßenverkehr (zB beim Einweisen in eine Parklücke);
- Ausfüllen und Einreichen eines Lottoscheines für eine Tippgemeinschaft.[27]

II. Rechtsfolgen des Gefälligkeitsverhältnisses

Aus dem Gefälligkeitsverhältnis ergibt sich grundsätzlich **kein Anspruch auf Ausführung** der Gefälligkeit; darin liegt der Hauptunterschied zum Auftrag bzw. zu den anderen unentgeltlichen Vertragstypen.[28] Auch sonst existiert kein Schuldverhältnis, so dass insbesondere keine Schutzpflichten aus § 241 II bestehen. Die Rechtsbeziehungen richten sich ausschließlich nach den **gesetzlichen Schuldverhältnissen** des Deliktsrechts, der Geschäftsführung ohne Auftrag oder des Bereicherungsrechts. 142

Im Übrigen ergeben sich folgende Rechtsfolgen: 143

- Wird die Ausführung tatsächlich übernommen, so muss sie **sorgfältig** geschehen. Insoweit trifft den Übernehmer eine **deliktische Verkehrspflicht** wegen Übernahme einer Aufgabe. Str. ist, ob der **deliktische Haftungsmaßstab** analog §§ 521, 599, 690 **gesetzlich gemildert** ist oder nicht. Dafür spricht, dass es sich auch bei der Schenkung, der Leihe und der regelmäßigen Verwahrung um unentgeltliche Geschäfte handelt und insoweit eine Schlechterstellung des bloß aufgrund einer Gefälligkeit Handelnden nicht gerechtfertigt ist. Dagegen spricht allerdings, dass das bewusst demjenigen, der ein „Geschäft" iSv § 662 unentgeltlich übernimmt, keine

---

[24] BGHZ 21, 102 = NJW 1956, 1313; NJW 1995, 3389.
[25] Vgl. Palandt/*Grüneberg* Einl. v. § 241 Rn. 7 f.
[26] BGH NJW 1992, 498.
[27] BGH NJW 1974, 1705 (1706).
[28] Vgl. § 662; vgl. *Medicus/Petersen* BR Rn. 370.

Haftungsmilderung gewährt. Daher wird teilweise vertreten, die Haftungsmilderung greife nur bei solchen Gefälligkeiten, die ihrer Art nach einer Schenkung, Leihe oder unentgeltlichen Verwahrung entsprechen, während bei reinen Tätigkeiten keine Milderung in Betracht komme.[29]
Nach einer anderen Auffassung ist entsprechend der Differenzierung in § 690 danach zu unterscheiden, ob der Gefällige die Tätigkeit zugleich auch im eigenen Interesse ausführt. In diesem Fall sei die Haftungsbeschränkung auf eigenübliche Sorgfalt (§ 277) gerechtfertigt, während bei einer Tätigkeit, die ausschließlich im Fremdinteresse liegt, nach der Wertung des Auftragsrechts eine Haftungsbeschränkung ausscheide.[30]

- Die **Rechtsprechung** lehnt eine gesetzliche Haftungsmilderung dagegen ab.[31] Sie geht jedoch in Ausnahmefällen von einer **konkludenten vertraglichen Haftungsfreistellung für fahrlässiges Verhalten** aus. Voraussetzung für eine solche Annahme soll aber regelmäßig sein, dass der Schädiger keinen Versicherungsschutz hatte und „besondere Umstände für einen Haftungsausschluss sprechen" (zB eine enge persönliche Beziehung zwischen Schädiger und Geschädigtem; Durchführung der Gefälligkeit überwiegend im Interesse des Geschädigten).[32]
  Bei **Gefälligkeitsfahrten** (Mitnahme im Auto) wird idR auch eine konkludente Haftungsbeschränkung verneint, da diese ohnehin nur der Haftpflichtversicherung zugute käme und ein solcher Parteiwille nicht anzunehmen ist.[33] Auch eine gesetzliche Haftungsbeschränkung analog §§ 708, 1359, 1664 kommt nicht in Betracht, da diese Vorschriften nach hM im Straßenverkehr nicht anwendbar sind. Auch im Rahmen von Gefälligkeitsfahrten haftet daher der Fahrer nach hM schon bei leichter Fahrlässigkeit voll aus § 823 I sowie §§ 7 I, 18 I StVG.

III. Sonderfall: Gefälligkeit als Sonderverbindung

144 Nach hL kann ein Gefälligkeitsverhältnis ausnahmsweise auch eine Sonderverbindung iSv § 311 II Nr. 3 begründen (sog „**Gefälligkeitsverhältnis mit rechtsgeschäftlichem Charakter**"). Diese Konstruktion führt dazu, dass die Parteien Schutzpflichten iSv § 241 II treffen, deren Verletzung Schadensersatzansprüche aus § 280 I zur Folge haben kann.[34] Der **wesentliche Unterschied** gegenüber reinen Gefälligkeitsverhältnissen liegt zum einen in der Beweislastumkehr nach § 280 I 2 und der Haftung für Erfüllungsgehilfen nach § 278, vor allem aber darin, dass nicht nur für die Verletzung absoluter Rechte und Rechtsgüter iSv § 823 I Schadensersatz geschuldet wird, sondern auch für **reine Vermögensschäden**.

145 **Voraussetzung** für ein derartiges Gefälligkeitsverhältnis mit rechtsgeschäftlichem Charakter ist aber, dass es den Parteien erkennbar gerade auf diese Besonderheiten des rechtsgeschäftsähnlichen Verhältnisses ankam. Das kann etwa dann angenommen werden, wenn diejenigen Schäden, die bei einer fehlerhaften Ausführung der Gefälligkeit typischerweise eintreten, nach Deliktsrecht nicht ersatzfähig wären (zB Kursverluste an der Börse, die ein Anleger dadurch erleidet, dass er auf die Auskunft einer Bank vertraut). Insoweit ist allerdings **§ 675 II** zu beachten, wonach für Rat und

---

[29] Vgl. *Medicus* AT Rn. 189.
[30] Vgl. *Wolf/Neuner* AT § 28 Rn. 22 ff.
[31] BGHZ 21, 110; 30, 46; NJW 1992, 2475.
[32] BGH NJW 1993, 3067.
[33] Vgl. Palandt/*Grüneberg* Einl. v. § 241 Rn. 8.
[34] Vgl. MüKoBGB/*Emmerich* § 311 Rn. 49 mwN.

Empfehlung grundsätzlich nicht gehaftet wird: Diese Norm steht der Annahme entsprechender Schutzpflichten zwar nicht zwingend entgegen, weil es sich dabei nur um eine Auslegungsregel handelt, die durch die (konkludenten) Parteivereinbarungen außer Kraft gesetzt werden kann. Der Wille der Parteien zur Begründung einer vertragsähnlichen Haftung muss dafür aber deutlich erkennbar sein.

Die Rechtsprechung tendiert in derartigen Fällen – meist geht es um die Haftung wegen fehlerhafter Anlageberatung – allerdings dazu, **selbständige Auskunftsverträge** anzunehmen, deren Schlechterfüllung ohne weiteres zu Schadensersatzansprüchen aus § 280 I führt[35] – ggf. in Verbindung mit den Grundsätzen des Vertrags mit Schutzwirkungen zugunsten Dritter.[36] Damit verbleibt für Gefälligkeiten mit vertragsähnlichen Schutzpflichten heute kaum noch ein nennenswerter Anwendungsbereich. 146

D. Geschäftsähnliche Handlungen

Geschäftsähnliche Handlungen sind Erklärungen, an die *das Gesetz* gewisse Rechtsfolgen knüpft. Von den Willenserklärungen unterscheiden sie sich dadurch, dass die Rechtsfolge nicht aufgrund des *Willens* des Erklärenden eintritt, sondern **unmittelbar kraft Gesetzes.**[37] Nicht der Inhalt der Erklärung selbst erhält rechtliche Wirkungen, sondern das Gesetz bestimmt die eintretenden Folgen der Erklärung. So tritt der Verzug aufgrund einer Mahnung kraft Gesetzes ein (§ 286 I), nicht etwa weil der Gläubiger die Verzugsfolgen zum Inhalt seiner Erklärung machen würde. 147

Davon abzugrenzen sind reine **Realakte**, die nur auf die Herbeiführung eines **rein tatsächlichen Erfolges** gerichtet sind und keinen spezifischen Bezug auf Rechtsfolgen oder ein Rechtsverhältnis haben (zB Besitzergreifung, Besitzaufgabe, Herstellung einer neuen Sache, Fund, …), an die die Rechtsordnung aber gleichwohl Rechtsfolgen knüpfen kann.[38] 148

Beispiele für geschäftsähnliche Handlungen sind: 149

- Mahnung (§ 286 I), Rechnungsstellung (§ 286 III) und Fristsetzung (§§ 281, 323);
- die Aufforderung an den gesetzlichen Vertreter eines beschränkt Geschäftsfähigen oder den „Geschäftsherrn" eines falsus procurator, sich über die Genehmigung zu erklären (§§ 108 II, 177 II);
- Mitteilungen über die Erteilung einer Vollmacht (vgl. § 171) oder über eine Abtretung (§ 407 I);
- die Mängelrüge nach § 377 HGB;
- Anzeigen, durch die eine Frist in Gang gesetzt wird (zB §§ 415 S. 2, 416 I 1, 510).

Da an die meisten geschäftsähnlichen Handlungen vom Gesetz unmittelbar rechtsgeschäftsähnliche Rechtsfolgen geknüpft werden, ist für ihre Wirksamkeit regelmäßig **Geschäftsfähigkeit** des Handelnden erforderlich.[39] Im Übrigen können auf geschäftsähnliche Handlungen die Vorschriften über Willenserklärungen zwar nicht generell, aber immerhin teilweise analog angewendet werden. Dies ist jeweils im Einzelfall anhand der Interessenlage und der Eigenart der 150

---

[35] Vgl. zB BGHZ 145, 187 = NJW 2001, 360 = JuS 2001, 296.
[36] BGHZ 127, 378 = NJW 1995, 392 = JuS 1995, 457.
[37] Vgl. *Medicus* AT Rn. 197; *Faust* AT § 2 Rn. 12.
[38] Vgl. *Wolf/Neuner* AT § 28 Rn. 13 ff.; *Faust* AT § 2 Rn. 13.
[39] Vgl. *Medicus* AT Rn. 198.

jeweiligen geschäftsähnlichen Handlung zu ermitteln. Grundsätzlich finden die Regeln über Abgabe und Zugang auch auf geschäftsähnliche Handlungen Anwendung. Auch die Vorschriften über die **Stellvertretung** können meist herangezogen werden, zB für die Mahnung,[40] die Genehmigung und die Mängelrüge.[41]

151 Hinsichtlich der Anwendbarkeit der **Anfechtungsregeln** ist jeweils genau zu prüfen, ob für die jeweilige geschäftsähnliche Handlung eine Beseitigung der Wirksamkeit *ex tunc* analog § 142 I interessengerecht ist oder ob nicht nur ein **Widerruf** mit Wirkung *ex nunc* ausreichend ist. Insbesondere für Mitteilungen über Vollmachten und Abtretungen wird aber die analoge Anwendung der Anfechtungsregelungen befürwortet, da hier die Rechtsfolge unmittelbar an den Erklärungsinhalt geknüpft wird und daher der Erklärende bei Irrtümern, Täuschung oder Drohung gleichermaßen schutzwürdig ist wie bei Willenserklärungen. Der Irrtum über die gesetzlichen Folgen der Erklärung ist aber stets ein unbeachtlicher Rechtsfolgenirrtum und berechtigt nicht zur Anfechtung.

E. Wirksamwerden von Willenserklärungen

152 Damit Willenserklärungen rechtlich existent werden, muss der Empfänger hiervon grundsätzlich Kenntnis erlangen können. Das BGB unterscheidet hinsichtlich der Voraussetzungen für das Wirksamwerden zwischen Erklärungen **unter Anwesenden** und solchen **unter Abwesenden**. Diese Differenzierung des Gesetzes ist allerdings mit der Entwicklung neuer Kommunikationsformen ungenau geworden. Die heute hM differenziert danach, ob die Willenserklärung **verkörpert** (= gespeichert) oder **nicht verkörpert** (= flüchtig) ist.[42] Je nachdem sind die Regelungen über die Erklärungen unter Abwesenden oder unter Anwesenden anzuwenden. Insbesondere sind auch verkörperte Erklärungen unter Anwesenden (zB persönliche Übergabe eines Briefes) nach den Regeln über Erklärungen unter Abwesenden zu behandeln.[43]

I. Verkörperte Erklärungen

153 Verkörperte Erklärungen werden nach § 130 wirksam, wenn sie vom Absender **abgegeben** werden und dem Empfänger **zugehen**.

1. Abgabe

154 Wie sich aus den §§ 130 II, 119 I ergibt, muss eine Willenserklärung abgegeben werden, um Wirksamkeit zu erlangen. Bei nicht empfangsbedürftigen Willenserklärungen (zB Testament) führt die Abgabe ohne weiteres zur Wirksamkeit; bei empfangsbedürftigen Willenserklärungen ist darüber hinaus der **Zugang** beim Empfänger erforderlich. Die Abgabe ist der **entscheidende Zeitpunkt für die personenbezogenen Wirksamkeitsvoraussetzungen**; insbesondere schaden gem. § 130 II der Tod oder die Geschäftsunfähigkeit des Absenders nicht, wenn sie nach der Abgabe eintreten. Auch für das Vorliegen von Irrtümern iSv § 119 kommt es auf den Zeitpunkt der Abgabe an.

---

40 BGH NJW 1983, 1542.
41 Vgl. *Wolf/Neuner* AT § 28 Rn. 10ff.
42 Vgl. *Medicus* AT Rn. 291.
43 S. nur MüKoBGB/*Einsele* § 130 Rn. 27.

Eine Willenserklärung ist abgegeben, wenn der Erklärende **alles seinerseits Erforderliche** getan hat, um seinen rechtsgeschäftlichen Willen dergestalt zu äußern, dass an der Endgültigkeit kein Zweifel mehr bestehen kann.[44] 155

Im Einzelnen ist zu unterscheiden:

a) Nicht empfangsbedürftige Willenserklärungen

Da es bei nicht empfangsbedürftigen Willenserklärungen auf die Möglichkeit der Kenntnisnahme durch einen anderen nicht ankommt, ist hier lediglich die **Vollendung des Erklärungsvorganges** erforderlich, um die Willenserklärung wirksam werden zu lassen. Bei Testamenten genügt daher zB die vollständige Errichtung (einschließlich Unterschrift), bei einer Annahmeerklärung nach § 151 S. 1 die tatsächliche Betätigung des Annahmewillens. 156

b) Empfangsbedürftige Willenserklärungen

Bei empfangsbedürftigen Willenserklärungen ist für die Abgabe erforderlich, dass sich der Absender der Erklärung **willentlich in Richtung auf den Empfänger entäußert**, so dass unter Zugrundelegung normaler Verhältnisse **mit dem Zugang gerechnet** werden kann.[45] Dies ist zB beim Einwurf eines Briefes in den Postbriefkasten der Fall. 157

Problematisch ist die Behandlung von Willenserklärungen, die **ohne den Willen des Erklärenden in den Verkehr gelangt** sind (sog **abhandengekommene Willenserklärungen**). 158

Beispiel: Vermieter V verfasst vorsorglich eine E-Mail mit einem Mieterhöhungsverlangen (vgl. § 558a), die er an seinen Mieter M adressiert, aber noch nicht absendet, sondern im Postausgangsordner abspeichert, weil er erst Verhandlungen mit dem Mieter über die Vornahme von Schönheitsreparaturen abwarten möchte. Nachdem die Verhandlungen zu einem befriedigenden Ergebnis geführt haben, möchte er die Mail löschen, stellt dabei aber fest, dass seine Frau sie am vorangegangenen Abend schon abgesendet hatte. 159

Die Behandlung abhandengekommener Willenserklärungen ist umstritten: 160

- Nach der Rspr. und einem Teil der Lit. liegt mangels Abgabe **keine wirksame Willenserklärung** vor;[46] im Beispiel handelt es sich danach nicht um ein wirksames Erhöhungsverlangen. Der Erklärende soll aber analog § 122 auf das negative Interesse haften (verschuldensunabhängige Risikohaftung).
- Nach der überwiegenden Auffassung in der Literatur ist dieser Fall dagegen mit den Fällen **fehlenden Erklärungsbewusstseins** gleichzubehandeln, dh bei Fahrlässigkeit des Erklärenden soll eine wirksame Willenserklärung vorliegen, die analog § 119 I Alt. 2 anfechtbar ist, während nur bei unverschuldetem Inverkehrgelangen eine unwirksame Willenserklärung vorliegen soll.[47] Dafür spricht, dass in beiden Fällen für den Empfänger der Anschein einer Willenserklärung besteht. Danach liegt im Beispiel ein wirksames Erhöhungsverlangen nur vor, wenn V damit rechnen musste, dass seine Frau die fertige Mail wegschicken würde (Tatfrage).

---

[44] Vgl. *Wolf/Neuner* AT § 33 Rn. 2.
[45] Vgl. MüKoBGB/*Einsele* § 130 Rn. 13.
[46] BGHZ 65, 13 = NJW 1975, 2101; *Canaris* JZ 1976, 194.
[47] Vgl. Palandt/*Ellenberger* § 130 Rn. 4; PWW/*Ahrens* § 130 Rn. 7; *Medicus* AT Rn. 266; *Wolf/Neuner* AT § 32 Rn. 17; *Faust* AT § 2 Rn. 16; *Wertenbruch* AT § 8 Rn. 8 f.

2. Zugang (§ 130 I)

161 Empfangsbedürftige Willenserklärungen müssen nach § 130 I dem Empfänger zugehen. Der Zugang ist von **großer Bedeutung**: Er bezeichnet nicht nur den Zeitpunkt, in dem die Erklärung wirksam wird (wichtig zB für die Wahrung von Fristen), sondern auch den Übergang der Verlust- oder Verfälschungsgefahr auf den Empfänger: Die Erklärung wird hinsichtlich Form und Inhalt in der Gestalt wirksam, in der sie diesem zugeht. Zugang ist dabei nicht gleichbedeutend mit „tatsächlicher Wahrnehmung" durch den Empfänger. Ein solcher Zugangsbegriff würde zu großer Unsicherheit führen, weil für den Absender oft nicht erkennbar ist, ob der Empfänger die Erklärung bereits zur Kenntnis genommen hat oder nicht. Aus Verkehrsschutzgründen gilt daher ein **normativer Zugangsbegriff**.

a) Voraussetzungen des Zugangs

162 Bei **verkörperten** Willenserklärungen – dh Erklärungen, die auf Papier oder einem anderen Datenträger gespeichert sind (zB Brief, Telefax, E-Mail, Anrufbeantworter) – folgt die hM der sog **Empfangstheorie.**[48] Danach sind folgende Voraussetzungen für den Zugang erforderlich:

- Die Willenserklärung muss in den **Machtbereich** des Empfängers gelangen. Zum Machtbereich des Empfängers gehören alle Einrichtungen, die zur Entgegennahme von Willenserklärungen unterhalten werden, zB Briefkästen, E-Mail-Postfach oder Anrufbeantworter. Auch **Empfangsboten** werden ihm zugerechnet.[49]

163
- Es muss nach den gewöhnlichen Umständen **mit der Kenntnisnahme** durch den Empfänger **gerechnet werden** können.[50] Der Empfänger muss sich danach so behandeln lassen, als bestünden in seinem Machtbereich keine außergewöhnlichen Zugangshindernisse. Dabei ist nicht erforderlich, dass der Empfänger *tatsächlich* Kenntnis von der Willenserklärung erhält.[51] Im Einzelnen gilt Folgendes:
  - Mit der Kenntnisnahme von **Briefen** und **Einwurf-Einschreiben** ist nach hM immer erst dann zu rechnen, wenn der Briefkasten des Empfängers das nächste Mal geleert wird. Wird also ein Brief am Samstagnachmittag in den Briefkasten eines Unternehmens geworfen, so geht die darin enthaltene Willenserklärung erst am Montagmorgen zu.[52]
  - Ein **Telefax** geht grundsätzlich mit dem ordnungsgemäßen Ausdruck zu, wenn es während der Geschäftszeiten eintrifft,[53] ansonsten mit Beginn der Geschäftszeit am nächsten (Werk-)Tag. Ist es so im Speicher des Empfangsgeräts eingegangen, dass es jederzeit ausgedruckt werden kann, so genügt das ebenfalls; ob das Empfängergerät Faxe sofort ausdruckt oder nicht, ist kein Risiko, das dem Absender aufgebürdet werden kann.

    Wegen der Möglichkeit technischer Fehler bei Übertragung und Ausdruck lässt es die Rspr. des BGH für den Nachweis des Zugangs allerdings nicht genügen,

---

48 Vgl. hierzu auch BAG NZA 2015, 1076 = JuS 2015, 65 (Arbeitsvertragsschluss in deutscher Sprache mit ausländischem Arbeitnehmer).

49 Vgl. → Rn. 180 ff.

50 Vgl. hierzu *Faust* AT § 2 Rn. 31 ff.

51 Vgl. *Wolf/Neuner* AT § 33 Rn. 13.

52 Vgl. auch BGH NJW 2008, 843 = JuS 2008, 651: Eine Kündigung, die am 31.12. (Werktag) nachmittags in den Briefkasten eines Unternehmens eingeworfen wird, geht erst am Morgen des darauffolgenden Arbeitstages zu (also idR am 2.1.).

53 Vgl. KG NJW 1994, 3172.

dass ein Sendebericht über die Übertragung mit OK-Vermerk existiert.[54] Str. ist in diesem Zusammenhang auch, ob ein Defekt des Empfangsgerätes (Papierstau, leere Tintenpatrone o. ä.) den Zugang verhindert oder ob er der Risikosphäre des Empfängers zuzurechnen ist, so dass von einem Zugang auszugehen ist.[55] Sachgerecht erscheint die Anwendung der Grundsätze über die Zugangsvereitelung,[56] weil das Empfangsgerät ausschließlich unter der Kontrolle des Empfängers steht. Das betrifft aber ohnehin nur Fälle, in denen das Fax infolge des Defekts auch nicht ausdruckbar gespeichert werden konnte; andernfalls ist es bereits mit der Speicherung in den Machtbereich des Empfängers gelangt.

- Hinterlässt die Post einen **Benachrichtigungszettel** (zB bei Paketen, Übergabeeinschreiben oder Telegrammen), so bewirkt dies nach hM **keinen Zugang** der Erklärung, da aus der Benachrichtigung der Inhalt der Erklärung noch nicht hervorgeht, so dass noch keine Möglichkeit der Kenntnisnahme bestand.[57] Es besteht grundsätzlich auch keine Obliegenheit zur Abholung, solange der Empfänger nicht mit einer rechtserheblichen Erklärung rechnen musste.

Bei **Abwesenheit** oder anderweitiger Verhinderung an der Kenntnisnahme muss der Empfänger dafür sorgen, dass ihm auch weiterhin Willenserklärungen zugehen können (zB Nachsendeantrag, Hilfspersonen). Tut er das nicht, so geht das zu seinen Lasten; dies gilt auch dann, wenn der Empfänger im Urlaub, krank oder in Haft ist, selbst wenn der Absender davon weiß.[58] 164

b) Zugangshindernisse auf Empfängerseite

Die Wahrnehmung einer Willenserklärung kann an Hindernissen scheitern, die in der Sphäre des Empfängers liegen. Die Folgen dieser Hindernisse können nicht uneingeschränkt dem Absender aufgebürdet werden, weil dieser keine Möglichkeit hat, sie zu beeinflussen. Im Einzelnen sind die folgenden Fälle zu unterscheiden:[59] 165

- Die Erklärung ist dem Empfänger zwar **nicht inhaltlich bekannt geworden**, war aber **wenigstens vorübergehend in den Herrschaftsbereich** des Empfängers gelangt, so dass eine Kenntnisnahme möglich war (zB Wegwerfen eines ungeöffneten Briefes, nach hM auch bei unberechtigter Annahmeverweigerung).[60] Hier liegt bereits nach allgemeinen Regeln ein Zugang der Willenserklärung vor, weil die Erklärung in den Machtbereich des Empfängers gelangt ist und nach den *gewöhnlichen Umständen* mit der Kenntnisnahme zu rechnen war. 166
- **Verzögert oder vereitelt** der Empfänger den Zugang **arglistig**, indem er zB das Namensschild vom Briefkasten entfernt oder dem Zusteller die Tür nicht öffnet, so muss er sich nach dem Rechtsgedanken der §§ 162, 815 nach Treu und Glauben so 167

---

[54] BGH NJW 1995, 665: nicht einmal Anscheinsbeweis für den Zugang; aA aber die Rechtsprechung einiger Oberlandesgerichte, vgl. OLG München MDR 1999, 286; OLG Karlsruhe VersR 2009, 245 Rn. 12; OLG Frankfurt CR 2010, 303 Rn. 17; OLG Celle VersR 2008, 1477; ebenso *Gregor* NJW 2005, 2885.

[55] Vgl. für Zugang zB Palandt/*Ellenberger* § 130 Rn. 17; offen gelassen in BGH NJW 1995, 665 (667).

[56] Vgl. dazu sogleich → Rn. 165 ff.

[57] BGHZ 137, 205 = NJW 1998, 976 f. und näher *Franzen* JuS 1999, 429 ff.

[58] BAG NJW 1989, 606 (607): Zugang einer Kündigung während des Urlaubs des Arbeitnehmers, der dem Arbeitgeber bekannt war.

[59] Vgl. auch *Faust* AT § 2 Rn. 35; *Wertenbruch* AT § 8 Rn. 30 ff.

[60] Vgl. *Brox/Walker* AT Rn. 157; BGH NJW 1983, 929.

behandeln lassen, als sei ihm die Erklärung rechtzeitig zugegangen (**Zugangsfiktion**).[61] Arglistiges Handeln setzt aber voraus, dass der Empfänger eine entsprechende Willenserklärung erwartete, zB weil ihm sein Arbeitgeber die Kündigung bereits angedroht hatte.[62]
Ist der Empfänger aber **berechtigt, die Annahme zu verweigern** (zB weil der Absender den Brief ungenügend frankiert hat und der Empfänger ein Nachporto zu entrichten hätte), so liegt der Fehler in der Sphäre des Absenders. Die Erklärung geht dann nicht zu.[63]

168 • Bei **fahrlässiger** oder **schuldloser Zugangsvereitelung** bleibt es hingegen bei der Regel, dass der Absender das **Übermittlungsrisiko** trägt. Geht die Erklärung also aufgrund eines Mangels in der Sphäre des Empfängers nicht zu, ohne dass diesem der Vorwurf der Arglist zu machen ist (weil er zB mit einer solchen Erklärung nicht rechnete), so wird sie nicht wirksam.
Allerdings gehen **Verzögerungen**, die der Empfänger zu vertreten hat (zB ein defektes Faxgerät), zu dessen Lasten.[64] Hierfür ist aber erforderlich, dass der Empfänger mit dem Zugang rechtserheblicher Mitteilungen rechnen musste, insoweit also fahrlässig war (zB im Rahmen laufender Geschäftsbeziehungen oder während Vertragsverhandlungen).[65] Konstruktiv wird dies gelöst, indem es dem Empfänger nach § 242 verwehrt wird, sich auf die *Verspätung* zu berufen. Allerdings hilft dies nicht darüber hinweg, dass die Erklärung überhaupt zugehen muss. Der Absender muss also ggf. einen erneuten Zustellversuch unternehmen; lediglich auf die Verspätung kann sich der Empfänger dann nicht berufen.[66]

c) Zugang von E-Mail und anderen elektronischen Medien

169 Auch für Willenserklärungen per E-Mail oder über andere elektronische Medien (zB Website, Chat, SMS) gelten die gleichen Grundsätze hinsichtlich des Zugangs, dh die Erklärung ist zugegangen, wenn sie dergestalt in den Machtbereich des Empfängers gelangt ist, dass mit der Kenntnisnahme gerechnet werden kann (vgl. für die besonderen Erklärungen nach § 312i auch § 312i I 2).[67] Dabei bestehen jedoch technisch bedingte Besonderheiten:

170 • In den **Machtbereich** des Empfängers ist eine E-Mail nach hM bereits dann gelangt, wenn sie auf dem Mailserver des Providers im Postfach des Empfängers angekommen ist und dort zur Abholung bereitliegt. Denn ab diesem Zeitpunkt hat einerseits der Absender keinen Zugriff mehr auf die Erklärung, und andererseits kann der Empfänger frei darauf zugreifen.[68] Auf den tatsächlichen Abruf der Nachricht kommt es nicht an, selbst wenn die Nachricht zB nach 30 Tagen vom Provider ungelesen gelöscht wird. Auch der Umstand, dass die Erklärung von einem sog Spam-Filter auf Seiten des Empfängers abgefangen und in einen besonderen Ordner verschoben wird, sollte den Zugang nicht hindern, weil die Existenz und Konfiguration des Spam-Filters ausschließlich dem Machtbereich des Empfängers zuzuordnen ist.[69]

---

[61] Vgl. *Medicus* AT Rn. 282; PWW/*Ahrens* § 130 Rn. 30.
[62] Z. B. LAG Hamm ZIP 1993, 1109; BAG NZA 2003, 719 = JuS 2003, 1244.
[63] Vgl. *Brox/Walker* AT Rn. 157.
[64] BAG NJW 1993, 1093.
[65] Vgl. *Brox/Walker* AT Rn. 159.
[66] BGHZ 137, 205 = NJW 1998, 976 und dazu *Franzen* JuS 1999, 429 (432).
[67] Vgl. auch *Wertenbruch* AT § 8 Rn. 16 ff.
[68] Vgl. *Ultsch* NJW 1997, 3007 (3008); Palandt/*Ellenberger* § 130 Rn. 7a.
[69] Allerdings kann sich der Absender nach § 242 nicht auf den Zugang berufen, wenn er seine Nachricht bewusst so gestaltet hat, dass sie vom Spam-Filter aussortiert wird.

- Hinsichtlich des **Zeitpunkts des Zugangs** ist zu beachten, dass die Kommunikation per E-Mail im Rechtsverkehr immer noch nicht in gleicher Weise wie die Briefpost eingebürgert ist, so dass nicht unter allen Umständen damit gerechnet werden kann, dass eine E-Mail sogleich nach dem Eingang auf dem Mailserver zur Kenntnis genommen wird. Vielmehr differenziert die hM:[70] 171
  - Hat ein **Unternehmer** seine E-Mail-Adresse im geschäftlichen Verkehr **bekanntgegeben** (zB auf Briefbögen oder im WWW), so geht die Erklärung sofort mit Eingang zu, wenn dieser während der Geschäftszeiten stattfindet, ansonsten am nächsten Morgen.
  - Bei **Privatpersonen** und bei Unternehmern, die ihre E-Mail-Adresse nicht im geschäftlichen Verkehr bekanntgegeben haben, dürfen keine ebenso strengen Maßstäbe angelegt werden. Vielmehr ist anhand der Umstände des Einzelfalls zu prüfen, wann mit der Kenntnisnahme zu rechnen ist. Bei Privatpersonen kann die Frist durchaus mehrere Tage oder länger betragen, wenn der Rechtsverkehr nach den objektiven Umständen nicht davon ausgehen darf, dass die Person häufiger ihre E-Mails abruft.[71]
- Der Zugang elektronischer Willenserklärungen kann schließlich noch daran scheitern, dass die Erklärung für den Empfänger **nicht lesbar** ist, insbesondere weil ein Datei- oder Verschlüsselungsformat gewählt wurde, das der Empfänger nicht entschlüsseln kann. Denn in diesem Fall kann mit der Kenntnisnahme nie gerechnet werden. Auch insoweit kommt es nach den allgemeinen Grundsätzen darauf an, ob der Rechtsverkehr davon ausgehen kann, dass der Empfänger das verwendete Format entschlüsseln kann. Dies ist bei einfachen „Nur-Texten" wie reinen E-Mails unproblematisch der Fall. Beim Versand von Dokumenten aus einer Textverarbeitung (zB Word-Dokumente), PDF-Dateien oder verschlüsselten Nachrichten kann aber mE nicht davon ausgegangen werden, dass jeder Empfänger sie lesen kann. Vielmehr handelt der Absender insoweit auf eigenes Risiko, wenn er sich nicht beim Empfänger vorher rückversichert.[72] 172

d) Zugang an nicht voll Geschäftsfähige (§ 131)

Empfangsbedürftige Willenserklärungen, die gegenüber einem **Geschäftsunfähigen** abgegeben werden, werden nach § 131 I erst mit dem **Zugang an den gesetzlichen Vertreter** wirksam. Hierbei genügt gem. § 1629 I 2 auch bei gemeinsamem Sorgerecht beider Elternteile der Zugang bei nur einem Elternteil. 173

Gegenüber **beschränkt Geschäftsfähigen** gilt nach § 131 II 1 zunächst das Gleiche.[73] In zwei Fällen genügt jedoch nach § 131 II 2 der **Zugang an den Minderjährigen selbst:** 174

- Der Zugang der Erklärung bringt dem Minderjährigen lediglich einen rechtlichen Vorteil (insbesondere beim Zugang von Vertragsangeboten).
- Der gesetzliche Vertreter (dh im Falle des § 1629 I 2 nur ein Elternteil) hat vorher seine Einwilligung zum Zugang der entsprechenden Willenserklärung erteilt.

---

70 Vgl. MüKoBGB/*Säcker* Einl. v. § 241 Rn. 200 f. mwN.

71 S. aber auch *Hoeren* in Graf von Westphalen (Hrsg.), Vertragsrecht und AGB-Klauselwerke, 35. EL. 2014, E-Commerce-Verträge Rn. 48: Obliegenheit zu täglicher Prüfung auch bei Privatpersonen.

72 Vgl. *Boente/Riehm* Jura 2001, 793 (795 m. Fn. 28).

73 BAGE 140, 64 = NZA 2012, 495 = JuS 2012, 641 zum Zugang der Kündigung gegenüber einem minderjährigen Auszubildenden.

II. Nicht verkörperte Erklärungen

175 Das Wirksamwerden **nicht verkörperter** Willenserklärungen – dh Erklärungen, die weder auf Papier noch auf einem anderen Datenträger enthalten, also „flüchtig" sind (zB mündliche oder telefonische Erklärungen) – ist nicht explizit gesetzlich geregelt. Die hM folgt insoweit der sog **abgeschwächten Vernehmungstheorie**: Danach wird die Willenserklärung grundsätzlich nur wirksam, wenn sie vom Absender zurechenbar **geäußert** werden und der Empfänger inhaltlich **wahrnimmt**. Ist der Empfänger taub oder beherrscht er die Sprache des Erklärenden nicht, so geht das grundsätzlich zu Lasten des Erklärenden, dh die Erklärung wird nicht wirksam. Allerdings wird diese Vernehmungstheorie dahingehend abgeschwächt, dass **unerkennbare Wahrnehmungshindernisse** zu Lasten des Empfängers gehen; die Willenserklärung ist also bereits dann wirksam zugegangen, wenn der Erklärende nach den Umständen davon ausgehen durfte, dass die Erklärung verstanden wurde.[74]

176 Hat der **Empfänger die Erklärung schlecht verstanden**, so muss er ggf. nachfragen und sich die Erklärung wiederholen lassen. Andernfalls riskiert er, dass die Erklärung mit dem Inhalt wirksam wird, von dem der Absender glauben durfte, dass der Empfänger ihn verstanden hat.

III. Botenschaft

177 Eine Willenserklärung kann auch durch Boten übermittelt werden. Darunter sind nicht nur solche Personen zu verstehen, die eine schriftliche Willenserklärung transportieren, übergeben oder in Empfang nehmen, sondern auch solche, die eine mündlich formulierte Willenserklärung des Absenders im Gedächtnis behalten und gegenüber dem Empfänger (auch sinngemäß) wiedergeben.

> Boten können **Erklärungsboten** oder **Empfangsboten** sein. Die Abgrenzung erfolgt danach, welcher Risikosphäre der Bote zuzuordnen ist: Boten im Risikobereich des Absenders sind Erklärungsboten, solche in dem des Empfängers Empfangsboten.[75]

Dies ist für den **Zugang** der Erklärung bedeutsam, denn nur die Übergabe an einen Empfangsboten kann zum Zugang führen (der im Zeitpunkt der zu erwartenden Weitergabe eintritt), die Übergabe an einen Erklärungsboten lediglich zur Abgabe. Sofern nicht die Voraussetzungen der Empfangsbotenschaft gegeben sind, liegt dabei stets ein Erklärungsbote vor.

1. Abgabe einer Willenserklärung durch Erklärungsboten

178 Für eine wirksame Abgabe einer Willenserklärung mittels eines Erklärungsboten sind folgende Voraussetzungen erforderlich:

- **Vorliegen** von Botenschaft.[76]
- Erteilung von **Botenmacht**: Diese erfolgt idR konkludent mit der Beauftragung zur Übermittlung der Willenserklärung. Sie ist frei widerruflich (mit ex nunc-

---

[74] Vgl. *Medicus* AT Rn. 289; *Faust* AT § 2 Rn. 30; aA *Wertenbruch* AT § 8 Rn. 24.
[75] Vgl. *Medicus* AT Rn. 284 f.; *Faust* AT § 29 Rn. 10 f.
[76] Vgl. zur Abgrenzung von der Stellvertretung Rn. 555.

Wirkung) und abänderbar (§§ 168, 167 I analog). Nur eine Erklärung, die mit Botenmacht abgegeben wurde, ist dem Absender auch zurechenbar.[77]

- **Abgabe** der Willenserklärung an den Boten, zusammen mit der Weisung zur Weitergabe an den Empfänger: Damit hat der Absender alles seinerseits Erforderliche getan, um die Willenserklärung auf den Weg zu bringen.[78]

Geschäftsfähigkeit des Boten ist dagegen **nicht erforderlich**, da der Bote keinerlei eigenen rechtsgeschäftlichen Willen bildet; § 165 findet keine entsprechende Anwendung, so dass auch Geschäftsunfähige Erklärungsboten sein können.[79] 179

2. Zugang der Willenserklärung beim Empfangsboten

Empfangsboten sind Personen, die dem **Risikobereich des Empfängers zugerechnet** werden und keine Empfangsvertreter sind.[80] Die Einordnung eines Überbringers als Empfangsbote führt dazu, dass die Willenserklärung in der **Gestalt** zugeht, in der sie beim Empfangsboten ankommt. Hinsichtlich des **Zugangszeitpunktes** kommt es darauf an, wann mit der Weitergabe der Erklärung an den Empfänger gerechnet werden kann.[81] 180

Voraussetzung für die Stellung als Empfangsbote ist, dass die Person 181

- zum Empfang von Willenserklärungen für den Empfänger **tatsächlich ermächtigt** ist, oder
- zum Empfang von Willenserklärungen **vom Verkehr als ermächtigt angesehen werden kann**. Dies betrifft zB die in der Wohnung des Empfängers lebenden **Angehörigen** und **Haushaltsmitglieder** (auch Partner einer nichtehelichen Lebensgemeinschaft), sofern sie nach ihrem erkennbaren Geisteszustand in der Lage sind, Willenserklärungen zu übermitteln. Insoweit ist auch auf die Bedeutung und Komplexität der Willenserklärung abzustellen.[82] Als Empfangsboten können danach auch Personen angesehen werden, die den für den eigentlichen Erklärungsempfänger bestimmten Telefonanruf aufgrund einer Anrufweiterleitung entgegennehmen.[83]

Fehlt danach der Person die Empfangsberechtigung, so ist sie **Erklärungsbote** des Erklärenden, dh dieser trägt das Risiko der Verfälschung oder des Verlusts der Erklärung;[84] sie ist noch nicht in den Machtbereich des Empfängers gelangt. 182

3. Falschübermittlung durch Boten

Überbringt der Bote eine inhaltlich andere Willenserklärung, als ihm aufgetragen wurde, so sind folgende Fälle zu unterscheiden: 183

- Bei **unbewusst falscher Übermittlung** durch einen Erklärungsboten ist die Willenserklärung nach allg. Auffassung dem Absender zurechenbar, dh es liegt eine wirksame Willenserklärung mit dem falsch übermittelten Inhalt vor. Der Absender kann sie aber nach § 120 anfechten.[85]

---

[77] Vgl. zur sog Scheinbotenschaft sogleich Rn. 185.
[78] Vgl. *Brox/Walker* AT Rn. 147.
[79] Vgl. MüKoBGB/*Schramm* Vor § 164 Rn. 46.
[80] Vgl. zur Abgrenzung → Rn. 555; vgl. zur Empfangsbotenstellung von Ehegatten BAGE 138, 127 = NJW 2011, 2604 = JuS 2012, 68.
[81] BGHZ 131, 66 (75) = NJW 1995, 3386 = JuS 1996, 268.
[82] Vgl. MüKoBGB/*Schramm* Vor § 164 Rn. 58 f.
[83] BGH NJW 2002, 1565.
[84] Vgl. → Rn. 183.
[85] Vgl. nur *Medicus* AT Rn. 747.

- Bei **bewusst falscher Übermittlung** durch einen Erklärungsboten (sog **Pseudobote**) ist str., ob die Willenserklärung dem Absender zurechenbar ist:
  - Die hM verneint hier eine Zurechnung, da die absichtlich falsche Übermittlung keine typische, berechenbare Gefahr der Einsetzung eines Boten darstelle. Stattdessen seien die **§§ 177 ff. analog** anzuwenden.[86] Der Hintermann ist an die falsche Erklärung also nur gebunden, wenn er diese genehmigt; eine Anfechtung nach § 120 ist nicht nötig.
  - Eine neuere Auffassung rechnet die Willenserklärung dem Absender jedoch – dem Wortlaut des § 120 entsprechend – auch bei vorsätzlicher Falschübermittlung zu, sofern der Absender nur überhaupt den Boten eingesetzt hatte, da das Risiko der vorsätzlichen Falschübermittlung für den Absender eher beherrschbar sei als für den Empfänger. Schließlich wähle der Absender den Boten aus.[87] Nach dieser Auffassung muss der Absender also auch bei vorsätzlich falscher Übermittlung die Erklärung nach § 120 anfechten.

184 Eine **Falschübermittlung durch einen Empfangsboten** ist hingegen unbeachtlich: Da die Willenserklärung mit dem Inhalt zugeht, mit dem sie dem Empfangsboten übermittelt wurde, sind spätere Verfälschungen für den Inhalt der Willenserklärung bedeutungslos. Eine Anfechtung durch den Absender nach § 120 ist daher weder erforderlich noch möglich.[88] Nimmt allerdings der Empfänger ein Vertragsangebot an, das ihm durch seinen Empfangsboten verfälscht übermittelt wurde, so unterliegt er hinsichtlich seiner Annahmeerklärung einem Inhaltsirrtum iSv § 119 I Alt. 1, weil diese objektiv als Annahme des *zugegangenen* Angebots zu verstehen ist, er sie aber subjektiv als Annahme des von ihm *verstandenen* Angebots gemeint hatte.

4. Bote ohne Botenmacht (Scheinbote)

185 **Fehlt dem Boten die Botenmacht insgesamt**, weil er entweder nie mit der Übermittlung einer Willenserklärung beauftragt worden war oder weil der Absender die Botenmacht analog §§ 168, 167 I widerrufen hat (sog Scheinbote), so ist die dennoch überbrachte Willenserklärung dem Absender nach allg. Auffassung **nicht zurechenbar**. Vielmehr sind die §§ 177 ff. analog anzuwenden, so dass der vermeintliche Absender das Geschäft durch Genehmigung analog § 177 I an sich ziehen kann. Verweigert er dies, so haftet der Scheinbote dem Empfänger analog § 179.[89]

IV. Widerruf von Willenserklärungen (§ 130 I 2)

186 Nach § 130 I 2 wird eine Willenserklärung (trotz Zugangs) nicht wirksam, wenn dem Empfänger **gleichzeitig oder vorher** ein Widerruf zugegangen ist. Der Widerruf ist seinerseits eine empfangsbedürftige Willenserklärung. Dieser Widerruf nach § 130 I 2 ist streng zu unterscheiden vom verbraucherrechtlichen Widerruf nach § 355, der eine (schwebend) wirksame Willenserklärung *nach Zugang* wieder vernichten kann und das Bestehen eines besonderen Widerrufsrechts voraussetzt (zB nach § 312g oder § 495).

---

[86] BGH BB 1963, 204; Palandt/*Ellenberger* § 120 Rn. 4; PWW/*Ahrens* § 120 Rn. 4; *Wertenbruch* AT § 14 Rn. 5 ff.

[87] Vgl. *Faust* AT § 29 Rn. 16; *Medicus* AT Rn. 748 mwN.

[88] Vgl. MüKoBGB/*Armbrüster* § 120 Rn. 7.

[89] Vgl. Palandt/*Ellenberger* § 120 Rn. 4.

Im Rahmen des § 130 I 2 ist str., ob der Widerruf noch **rechtzeitig** ist, wenn er – trotz späteren Zugangs iSv § 130 I – **tatsächlich vor** der eigentlichen Willenserklärung zur Kenntnis genommen wird (Beispiel: Während eines Urlaubsaufenthaltes geht zuerst ein Vertragsangebot und am Tag darauf ein Widerruf jeweils per Mail ein; anhand der automatischen Lesebestätigungen erfährt der Absender, dass zuerst der Widerruf geöffnet wurde): **187**

- Hier stellt ein Teil der Lit. ausnahmsweise vorrangig auf die **Reihenfolge der tatsächlichen Kenntnisnahme** ab und kommt so zur Annahme eines wirksamen Widerrufs; beim Empfänger sei vor der tatsächlichen Kenntnisnahme noch kein schutzwürdiges Vertrauen in den Bestand der eigentlichen Willenserklärung entstanden.[90]
- Die ganz hM hält dagegen auch hier die **Reihenfolge des (normativ bestimmten) Zugangs** für entscheidend; dies allein entspreche der vom Gesetz vorgenommenen Risikoverteilung zwischen Absender und Empfänger.[91] Trotz des Widerrufs wird also eine Annahmeerklärung wirksam bzw. kann ein Vertragsangebot noch angenommen werden. Der Widerruf kann dann nur als Angebot auf Abschluss eines Aufhebungsvertrages angesehen werden, den der Empfänger gem. § 151 S. 1 annimmt, wenn er die ursprüngliche Willenserklärung vernichtet oder anders zum Ausdruck bringt, dass er nicht von einem Vertragsschluss ausgeht.

---

[90] Vgl. *Brox/Walker* AT Rn. 154.

[91] Vgl. *Medicus* AT Rn. 300; *Wolf/Neuner* AT § 33 Rn. 57; *Wertenbruch* AT § 8 Rn. 28; BGH NJW 1975, 382 (384).

§ 4. Auslegung von Willenserklärungen

188 Die Auslegung ist das Mittel, um einer bestimmten Willensäußerung ihren rechtlichen Bedeutungsgehalt zu entnehmen, dh zu ermitteln, was die Rechtsordnung unter dieser Äußerung „zu verstehen hat". Die Regelungen des BGB zur Auslegung von Willenserklärungen sind auf den ersten Blick scheinbar widersprüchlich: Einerseits ist gem. § 133 der **wahre Wille** des Erklärenden ohne Rücksicht auf den buchstäblichen Sinn des Ausdrucks zu ermitteln. Andererseits verlangt § 157 im Hinblick auf Verträge eine Auslegung nach Treu und Glauben mit Rücksicht auf die Verkehrssitte, gewährt also einen Schutz des Erklärungsempfängers in seinem Vertrauen auf ein objektives Verständnis der Erklärung. Beide Gesichtspunkte sind zu der sog **objektiv-normativen Auslegung** nach dem objektiven Empfängerhorizont zu vereinen.

A. Auslegung empfangsbedürftiger Willenserklärungen (§§ 133, 157)

189 Regelmäßig sind Willenserklärungen empfangsbedürftig. Bei der Auslegung tritt dann neben das Ziel der Ermittlung des „wahren Willens des Erklärenden" (§ 133) auch das **Verkehrsschutzinteresse**: Der Erklärungsempfänger ist schutzwürdig in seinem Vertrauen darauf, dass die Erklärung tatsächlich so gemeint war, wie er sie objektiv verstehen durfte. Daher sind nach § 157 Verträge so auszulegen, „wie Treu und Glauben es mit Rücksicht auf die Verkehrssitte erfordern". Der Anwendungsbereich dieses Grundsatzes erstreckt sich nicht nur auf die Auslegung von Verträgen, sondern nach ganz hM auf die Auslegung **aller empfangsbedürftigen Willenserklärungen** sowie auf die Beantwortung der Frage, *ob* überhaupt eine Willenserklärung vorliegt, insbesondere ob objektiv ein Rechtsbindungswille erkennbar ist. Zudem sind sie auch auf die Auslegung geschäftsähnlicher Handlungen analog anwendbar.

190 In den weitaus häufigsten Fällen versteht der Erklärungsempfänger genau das, was der Erklärende mit seiner Willenserklärung gemeint hat. Das wird regelmäßig der natürliche Wortsinn sein, kann aber auch auf einem gemeinsamen Missverständnis bzw. einem einverständlich abweichenden Sprachgebrauch beruhen **(falsa demonstratio non nocet)**.[1] Dieses übereinstimmende Verständnis der Beteiligten bestimmt dann den Erklärungsinhalt, ohne dass es auf einen objektivierten Empfängerhorizont ankäme.[2]

191 Für die Fälle des Auseinanderfallens der Vorstellungen von Erklärendem und Erklärungsempfänger über den Inhalt der Erklärung hat die ganz hM aus den §§ 133, 157 den Grundsatz der **Auslegung nach dem objektiven Empfängerhorizont** entwickelt. Danach sind empfangsbedürftige Willenserklärungen so auszulegen, wie sie

---

1 Vgl. zB RGZ 99, 147 – Haakjöringsköd.
2 Vgl. *Wolf/Neuner* AT § 35 Rn. 27.

ein objektiver (normativer) Empfänger bei Anwendung der erforderlichen Auslegungssorgfalt verstehen durfte.[3]

Gegenstand dieser Auslegung ist zunächst die **Erklärung selbst**, wie sie nach außen wahrnehmbar in Erscheinung getreten ist. Daneben sind auch sonstige Umstände zu berücksichtigen, die sowohl dem konkreten Empfänger als auch dem Erklärenden bekannt waren, insbesondere der Sinnzusammenhang der Erklärung und etwaige Gebräuche unter den Parteien. Erst danach kann auf **objektiv-normative Umstände** zurückgegriffen werden, insbesondere auf den allgemeinen Wortsinn, auf eine etwaige Verkehrssitte oder auf Handelsbräuche. 192

Individuelle Besonderheiten nur *eines* Partners (zB abweichender Gebrauch bestimmter Begriffe, akustische Verständnisprobleme, ...) finden dagegen **keine Berücksichtigung** bei der Auslegung, wenn sie dem anderen nicht bekannt sind. Vielmehr ist hierfür gerade die Irrtumsanfechtung nach § 119 I Alt. 2 (Inhaltsirrtum) gedacht, die dann eingreift, wenn die Auslegung einer Erklärung zu einem anderen Ergebnis führt als vom Erklärenden beabsichtigt. 193

Fall 4:[4]

Der pensionierte Richter *R* besucht 50 Jahre nach Abschluss seines Studiums noch einmal das Studentencafé *S* von einst und hinterlässt aus einer nostalgischen Laune heraus auf dem Tisch die alte Speisekarte von 1960, die er aufgehoben hatte. Der nachfolgende Gast *G* sieht die gut erhaltene Karte, erkennt die Zusammenhänge nicht und bestellt erfreut einen Tee, der in der Karte zum Preis von „0,50" (ohne Währungsangabe) angeboten war. Der Kellner *K* serviert und verlangt die 3,50 EUR von der aktuellen Speisekarte. Muss *G* zahlen? 194

Lösungsskizze zu Fall 4:

A. Anspruch aus Bewirtungsvertrag 195

I. Angebot

1. Speisekarte: Angebot des *S* (-), da bloße invitatio ad offerendum und keine Abgabe durch *S*, Inhalt: 0,50 EUR (!)
2. Bestellung des *G*: Angebot (+), aber mit welchem Inhalt?
   Fraglich ist der Inhalt des Angebots hinsichtlich des Preises: *G* ging davon aus, zu dem in der Karte vermerkten Preis von 0,50 EUR (aktuell gültige Währung!) zu bestellen. *K* (als Vertreter des *S*) nahm dagegen an, der richtige Preis von 3,50 EUR werde der Bestellung zugrunde gelegt.
   Als empfangsbedürftige Willenserklärung ist das Angebot gem. §§ 133, 157 nach dem objektiven Horizont des Erklärungsempfängers auszulegen, dh danach, was *K* (als Vertreter) unter Berücksichtigung der Umstände, der Verkehrssitte und des Gebots von Treu und Glauben als Erklärungsinhalt verstehen durfte und musste.
   Nach der Verkehrssitte enthält die Speisekarte eines Cafés die Bedingungen, unter denen der Betreiber des Cafés ein Angebot des Gastes anzunehmen

---

3 Vgl. *Wolf/Neuner* AT § 35 Rn. 17; *Faust* AT § 2 Rn. 8; *Wertenbruch* AT § 9 Rn. 1 ff.

4 Der Fall geht zurück auf *Jhering*, Zivilrechtsfälle ohne Entscheidungen, 2. Aufl. 1870, Nr. LXXVI (S. 156 f.); s. dazu auch *Medicus* AT Rn. 324; Staudinger/*Singer*, 2012, § 133 Rn 20.

bereit ist. Demzufolge macht ein Gast, der eine Bestellung aufgibt, die Preise in der Speisekarte zur Grundlage seiner Bestellung. Danach wäre das Angebot des *G* eigentlich anhand der ihm vorliegenden (!) Speisekarte (invitatio ad offerendum) auszulegen, so dass *G* zu einem Preis von 0,50 EUR bestellt hätte.

Unter Berücksichtigung der Umstände und des Gebots von Treu und Glauben kann aber nicht außer Betracht bleiben, dass der Inhalt der dem *G* vorliegenden Speisekarte (als einseitige individuelle Besonderheit auf Seiten des *G*) für *K* als Erklärungsempfänger nicht erkennbar war, ein objektiver (vernünftiger) Empfänger in der Rolle des *K* mithin die Bestellung des *G* als Bestellung zu dem in der aktuellen Speisekarte des *S* ausgezeichneten Preis verstehen durfte und musste. Die Bestellung des *G* ist nach dem objektiven Empfängerhorizont daher als Vertragsangebot zu einem Preis von 3,50 EUR auszulegen (aA vertretbar mit dem Argument, die Gewähr der Richtigkeit des Karteninhalts sei der Risikosphäre des *S* zuzuordnen: Dann Auslegung zu einem Preis von 0,50 EUR).

II. Annahme: Servieren des Tees durch *K* als Vertreter des *S* (+), aber mit welchem Inhalt?
Auch im Hinblick auf die (konkludente) Annahmeerklärung des *K* (als Vertreter des *S*) fallen die Vorstellungen von *G* und *K* bezüglich des Preises auseinander. Grundsätzlich besteht der Inhalt der Vertragsannahme in einer vorbehaltlosen und uneingeschränkten Bejahung des Angebots, so dass mit Blick auf den Inhalt des Angebots eigentlich auch bezüglich der Annahme von einem Preis von 3,50 EUR auszugehen wäre. Der (objektive) Bedeutungsgehalt seines Angebots (nämlich der Preis aus der aktuellen Speisekarte) war für *G* jedoch nicht erkennbar und kann somit bei der Auslegung der Annahmeerklärung keine Berücksichtigung finden. Ein objektiver (vernünftiger) Erklärungsempfänger in der Rolle des *G* durfte und musste die Erklärung des *K* daher als Annahme der Bestellung zu dem in der ihm vorliegenden (alten) Karte ausgezeichneten Preis verstehen. Die Vertragsannahme ist somit nach dem objektiven Empfängerhorizont mit einem Preis von 0,50 EUR auszulegen.

III. Ergebnis: Dissens über die *essentialia negotii*, kein wirksamer Vertragsschluss (aA vertretbar: Vertrag zu 0,50 EUR zustande gekommen, aber von *S* wegen Inhaltsirrtums anfechtbar; ebenfalls vertretbar: Vertrag zu € 3,50, anfechtbar für *G*)

B. Anspruch aus § 812 I 1 Alt. 1
   I. Etwas erlangt (+)
   II. Durch Leistung (+)
   III. Ohne Rechtsgrund (+)
   IV. Rechtsfolge: Ersatz des objektiven Wertes (Verkehrswert) einer Tasse Tee gem. § 818 II (3,50 EUR), soweit keine Luxusaufwendungen des G (§ 818 III)

G muss 3,50 EUR als Wertersatz bezahlen.

B. Auslegung von Erklärungen an einen unbestimmten Personenkreis

196 Wie bei den empfangsbedürftigen Willenserklärungen sind auch bei der Auslegung von Erklärungen an einen unbestimmten Personenkreis (zB Auslobung, Vollmachts-

urkunde, Erklärung auf Wertpapieren) **Verkehrsschutzinteressen** zu berücksichtigen, dh eine Auslegung hat sich an dem zu orientieren, was unter der Erklärung objektiv verstanden werden darf (§ 157).[5]

Da die Erklärung aber gerade nicht an eine bestimmte Person gerichtet ist, kann nicht 197
auf den (objektivierten) Verständnishorizont des konkreten Empfängers abgestellt werden, sondern nur auf den **durchschnittlichen Verständnishorizont** gerade des **angesprochenen Personenkreises.**[6] Aus diesem Grund dürfen – neben dem Text der Äußerung – nur solche Umstände in die Auslegung einbezogen werden, die für *jedermann* (innerhalb des angesprochenen Kreises) erkennbar sind. Der Grundsatz „falsa demonstratio non nocet" gilt also etwa nur gegenüber der Partei, die tatsächlich von dem abweichenden Sprachgebrauch weiß; gegenüber anderen Personen gilt die Willenserklärung im üblichen Sprachsinn.

C. Auslegung nicht empfangsbedürftiger Willenserklärungen

Bei nicht empfangsbedürftigen Willenserklärungen, die auch nicht an einen unbe- 198
stimmten Personenkreis gerichtet sind (zB Testament, Dereliktion), gibt es keinen Grund, das Vertrauen des Rechtsverkehrs auf eine normativ ermittelte Erklärungsbedeutung zu schützen. Hier ist gem. § 133 ausschließlich der **wahre Wille des Erklärenden** zu ermitteln, ohne dass auf einen objektivierten Empfängerhorizont abgestellt wird. Bei **formbedürftigen** Erklärungen (insbesondere beim Testament) ist allerdings stets zu prüfen, ob der dergestalt ermittelte Wille auch formgerecht geäußert wurde.

D. Auslegung formbedürftiger Willenserklärungen

Auch für formgebundene Rechtsgeschäfte gelten zunächst die **allgemeinen Aus-** 199
legungsgrundsätze für empfangsbedürftige bzw. nicht empfangsbedürftige Willenserklärungen. Insbesondere sind zur Ermittlung des Willens des Erklärenden alle Umstände heranzuziehen, auch solche, die nicht in der vorgeschriebenen Form vorliegen.[7]

Steht infolge der Auslegung dann der gewollte Inhalt der Erklärung fest, so ist in 200
einem zweiten Schritt zu fragen, ob dieser Wille **formgerecht geäußert** wurde.[8] Die Rspr. hierzu ist uneinheitlich:

- Bei der Auslegung von **Testamenten** verlangt der BGH, dass der Wille in der Urkunde wenigstens unvollkommen zum Ausdruck gekommen ist (sog **Andeutungstheorie**).[9] Fehlt es an irgendeiner Andeutung im formgültigen Testament, so ist eine letztwillige Verfügung auch dann formnichtig, wenn ein entsprechender Wille des Erblassers unzweifelhaft ermittelt werden kann.
- Bei **Grundstücksgeschäften** im Rahmen des § 311b I lässt es der BGH hingegen genügen, wenn die Parteien sich um eine formgerechte Erklärung bemüht haben

---

[5] Vgl. hierzu auch BGH NJW 2007, 2912 = JuS 2007, 1059.
[6] Vgl. *Wolf/Neuner* AT § 35 Rn. 33.
[7] Vgl. *Wolf/Neuner* AT § 35 Rn. 36.
[8] Vgl. *Medicus* AT Rn. 330.
[9] BGHZ 80, 242 = NJW 1981, 1737 = JuS 1981, 845; krit. dazu die wohl hL, vgl. MüKoBGB/*Busche* § 133 Rn. 60.

und ihnen nur unbewusst eine Verwechslung unterlaufen ist.[10] In diesem Fall ist auch eine irrtümliche Falschbezeichnung unbeachtlich.[11]

Begründet werden die divergierenden Ergebnisse vor allem mit den unterschiedlichen Normzwecken der jeweiligen Formvorschriften: Während bei § 311b I 1 die Warn- und Schutzfunktion der Form trotz der Falschbezeichnung gewahrt bleibt und lediglich die Beweisfunktion eingeschränkt wird, dient der Formzwang bei Testamenten auch der Vermeidung von nachträglichem Streit über den Testamentsinhalt, der ohne die Vernehmung des Erblassers auskommen muss und daher in der Praxis zwangsläufig zu unsicheren Ergebnissen führen muss.[12]

Fall 5:[13]

201 *V* verkauft an *K* nach Besichtigung ein größeres eingezäuntes Anwesen, das sich über die Grundstücke mit den Flurnummern 30, 31 und 32 erstreckt. In den notariellen Kaufvertrag werden allerdings nur die Flurnummern 30 und 31 aufgenommen. Erstreckt sich der Vertrag auch auf Nr. 32?

Lösungsskizze zu Fall 5:

202 I. Auslegung des Vertrages

Bei der Auslegung des Vertrages ist dem übereinstimmenden Willen der Parteien gegenüber einer objektiv-normativen Auslegung der Vertragserklärungen der Vorrang einzuräumen. Hier richtete sich der gemeinsame Wille von *V* und *K* auf den Verkauf des (ganzen) Anwesens mit den Flurnummern 30, 31 und 32. Die unvollständige Vertragsurkunde, in der das Grundstück mit der Flurnummer 32 versehentlich weggelassen wurde, stellt lediglich eine unschädliche Falschbezeichnung dar (*falsa demonstratio non nocet*). Als Vertragsinhalt gilt mithin das von *V* und *K* übereinstimmend Gewollte, dh das besichtigte eingezäunte Anwesen. Der Grundstückskaufvertrag erstreckt sich seinem Inhalt nach somit auch auf das Grundstück mit der Flurnummer 32.

II. Einhaltung der notariellen Form (§ 311b I 1)?

Es fragt sich jedoch, ob der Vertragsinhalt auch (vollständig) der notariellen Form (§ 311b I 1) entspricht. Denn die notarielle Urkunde enthält nur die Flurnummern 30 und 31, nicht aber die Nr. 32. Die notarielle Beurkundung des (versehentlich) falsch bezeichneten Vertragsinhalts wäre indessen ausreichend, wenn damit den Formzwecken des § 311b I 1 hinreichend Rechnung getragen wäre. Das Formerfordernis des § 311b I 1 soll Veräußerer und Erwerber eines Grundstücks vor übereilten vertraglichen Bindungen bewahren (Warnfunktion) und die sachkundige Beratung und Belehrung der Parteien durch einen Notar sicherstellen (Beratungsfunktion). Daneben sollen durch das Formerfordernis des § 311b I 1 aber auch der Inhalt der vertraglichen Vereinbarung klar und genau festgestellt und die Beweisführung gesichert werden (Beweisfunktion). Der Warn- und Schutzfunktion wurde hier durch die notarielle Beurkundung des Grundstückskaufvertrages zwischen *V*

---

[10] BGHZ 74, 116 = NJW 1979, 1350; für die Anwendung der Andeutungstheorie auch bei § 311b I allerdings BGH NJW 1996, 2792.

[11] S. sogleich Fall 5.

[12] S. dazu auch *Medicus* AT Rn. 331; *Wertenbruch* AT § 9 Rn. 11 ff.; *Faust* AT § 8 Rn. 9.

[13] Nach BGHZ 87, 150 = NJW 1983, 1610.

und *K* voll entsprochen, auch wenn sie sich nicht ausdrücklich auch auf das Grundstück mit der Flurnummer 32 bezog. Problematischer erscheint dagegen die Erfüllung der Beweisfunktion, weil der von den Parteien übereinstimmend gewollte Vertragsinhalt wegen der fehlenden Flurnummer nicht vollständig aus der Vertragsurkunde entnommen werden kann. Allerdings sind auch Urkunden über formbedürftige Rechtsgeschäfte der Auslegung nach allgemeinen Grundsätzen zugänglich. Dabei dürfen zur Erforschung des Vertragsinhalts auch außerhalb der Urkunde liegende Umstände herangezogen werden, wenn der rechtsgeschäftliche Wille der Parteien in der formgerechten Urkunde einen – wenn auch unvollkommenen – Ausdruck gefunden hat. Damit ist hier durch die Beurkundung des Grundstückskaufvertrages mit den Flurnummern 30 und 31 auch der Beweisfunktion Rechnung getragen, weil sich die Erstreckung auf die Flurnummer 32 durch außerhalb der Urkunde liegende Umstände ermitteln lässt. Der Grundstückskaufvertrag zwischen V und K genügt daher insgesamt der notariellen Form (§ 311b I 1) und erstreckt sich wirksam auch auf das Grundstück mit der Flurnummer 32.

E. Perplexität

203 In äußerst seltenen Fällen bleibt nach der Auslegung eine **objektiv mehrdeutige** Erklärung übrig, deren Inhalt nach keiner der obigen Methoden bestimmt werden kann.

Beispiel:[14] Werden bei einem Hotel „Zwei Zimmer mit drei Betten" gebucht, so ist aus der Erklärung nicht ersichtlich, ob zwei Zimmer mit *je* drei Betten oder zwei Zimmer mit *insgesamt* drei Betten gewollt sind. Sie ist daher grundsätzlich **nichtig** (sog **Perplexität**), weil ihr Inhalt nicht ermittelt werden kann. Zu beachten ist allerdings auch hier der Vorrang der Auslegung: Sofern sich aus den sonstigen auslegungsrelevanten Umständen ergibt, dass etwa eine sechsköpfige (und keine dreiköpfige) Familie anreist, führt dies zu einem eindeutigen Auslegungsergebnis und damit zu einer wirksamen Willenserklärung.

204 Allerdings muss sich der Erklärende nach hL ggf. nach Treu und Glauben wenigstens an dem **„gemeinsamen Nenner"** aller Auslegungsmöglichkeiten festhalten lassen (im Beispiel lässt sich ein solcher gemeinsamer Nenner allerdings nicht bilden). Im Übrigen verlangen die **vorvertraglichen Rücksichtnahmepflichten** (§§ 241 II, 311 II) regelmäßig, dass der Empfänger der Erklärung den Absender auf die Perplexität aufmerksam macht und zur Klärung nachfragt. Unterlässt er das, so kann er dem Absender nach § 280 I (culpa in contrahendo) auf das negative Interesse haften, wobei allerdings dessen Mitverschulden (als Urheber der mehrdeutigen Erklärung) gem. § 254 I zu berücksichtigen ist.

F. Ergänzende Auslegung

205 Ist für eine bestimmte Situation aus dem Vertrag nach den Grundsätzen der objektiv-normativen Auslegung gem. §§ 133, 157 **kein Parteiwille zu ermitteln**, so kann es dennoch möglich sein, im Wege der ergänzenden Vertragsauslegung eine vertragliche

[14] Vgl. *Wolf/Neuner* AT § 35 Rn. 18.

Regelung zu finden, indem der Wille der Parteien gewissermaßen „fortgebildet“ wird. Da ein wirklicher Wille der Parteien iSv § 133 gerade nicht besteht, richtet sich diese ergänzende Auslegung ausschließlich nach § 157.[15]

Die ergänzende Auslegung erfolgt in folgenden Schritten:

206 1. Planwidrige Vertragslücke
2. Ermittlung des hypothetischen Parteiwillens

I. Planwidrige Vertragslücke

207 Voraussetzung der ergänzenden Vertragsauslegung ist das Vorliegen einer **planwidrigen Regelungslücke im Vertrag.** Dies ist der Fall, wenn die Parteien einen Fall nicht bedacht oder einen bestimmten Punkt bewusst für eine spätere Regelung offen gelassen haben. An der Planwidrigkeit fehlt es hingegen, wenn die Parteien ihre Vereinbarungen in der fraglichen Hinsicht gerade abschließend treffen wollten.[16]

208 An einer Lücke im Vertrag fehlt es auch, wenn für den vertraglich ungeregelten Punkt eine **dispositive gesetzliche Regelung** besteht (zB die Folgen der Mangelhaftigkeit einer Kaufsache). Diese tritt dann an die Stelle einer vertraglichen Regelung.[17] Das dispositive Recht kommt nur dann nicht zur Anwendung,

- wenn sich aus dem (wirklichen) Willen der Parteien jedenfalls ergibt, dass dessen Geltung **nicht gewollt** war,
- wenn dessen Geltung den **Interessen** der Parteien offenkundig widerspricht (zB bei bestimmten atypischen Gesellschaftsverträgen wie der Publikums-KG),[18]
- oder wenn – im Handelsrecht – ein anderslautender Handelsbrauch besteht.

II. Ermittlung des hypothetischen Parteiwillens

209 Die Auslegung hat nach dem mutmaßlichen (hypothetischen) Parteiwillen zu erfolgen, dh es ist zu ermitteln, welche Regelung redliche Parteien unter Abwägung der beteiligten Interessen getroffen hätten (§ 157: „Treu und Glauben mit Rücksicht auf die Verkehrssitte“). **Ausgangspunkt** der ergänzenden Auslegung sind die im übrigen Vertrag enthaltenen Regelungen und Wertungen.

210 **Grenzen der Auslegung** bilden vor allem der übrige Inhalt des Vertrages sowie der Grundsatz der **Privatautonomie,** dh den Parteien darf keine Regelung aufgezwungen werden, die sie nicht wollten. Insbesondere darf eine ergänzende Auslegung weder zur Nichtigkeit des Vertrages noch zu einer **Änderung des Vertragsgegenstandes** führen.[19]

[15] Vgl. hierzu BGH NJW-RR 2006, 699 = JuS 2006, 749; PWW/*Brinkmann* § 157 Rn. 15 ff.
[16] Vgl. Palandt/*Ellenberger* § 157 Rn. 3.
[17] Vgl. Palandt/*Ellenberger* § 157 Rn. 4.
[18] BGH NJW 1979, 1705.
[19] BGHZ 9, 273 = NJW 1953, 937.

III. Verhältnis zur Störung der Geschäftsgrundlage (§ 313)

Auch die Grundsätze der Geschäftsgrundlagenstörung (§ 313) regeln den Fall, dass ein von den Parteien nicht vorhergesehener Umstand eintritt, und sehen hierfür eine Anpassung des Vertrages ausgehend von der darin niedergelegten Risikoverteilung vor. Die Abgrenzung beider Rechtsinstitute ist daher schwierig. Nach hM gilt insoweit ein **Vorrang der ergänzenden Vertragsauslegung**:[20] Zunächst ist nach diesen Grundsätzen zu ermitteln, ob aus dem Parteiwillen eine konkrete Rechtsfolge abgeleitet werden kann. Nur wenn dies nicht möglich ist, greifen die Grundsätze der Geschäftsgrundlagenstörung ein, die eine Korrektur der vertraglichen Abreden ermöglichen. Eine trennscharfe Abgrenzung beider Institute scheint nach diesen Kriterien aber nicht möglich.[21] 211

Fall 6:[22]

In einem Grundstückskaufvertrag ist vereinbart, dass der Käufer *K* alle nach Vertragsschluss anfallenden öffentlichen Lasten auf das Grundstück übernehmen soll. Verkäufer *V* hatte bereits vor Vertragsschluss Erschließungsbeiträge an die Gemeinde als Vorausleistung für eine Baumaßnahme gezahlt, die noch nicht begonnen hat. Aufgrund einer Rechtsprechungsänderung zahlt die Gemeinde zehn Jahre nach Vertragsschluss diese Erschließungsbeiträge wieder an *V* zurück, und verlangt sie stattdessen von *K*, nachdem sie nunmehr mit der Baumaßnahme begonnen hat. Kann K von V Freistellung von den geforderten Erschließungsbeiträgen verlangen? 212

Lösungsskizze zu Fall 6:

Anspruch auf Freistellung von Erschließungsbeiträgen: 213

I. Anspruch aus § 436 I (-)
Baumaßnahme war bei Vertragsschluss noch nicht begonnen.

II. Keine ausdrückliche Vereinbarung im Vertrag

III. Anspruch aufgrund ergänzender Vertragsauslegung

1. Planwidrige Vertragslücke
Die Parteien haben im Grundstückskaufvertrag eine nachvertragliche Entwicklung, nämlich die spätere Inanspruchnahme des *K* wegen bereits von *V* aufgrund einer früheren Vorausleistungsverpflichtung entrichteten Erschließungsbeiträgen, nicht bedacht. Der Vertrag enthält damit eine planwidrige Lücke.

2. Ermittlung des hypothetischen Parteiwillens
Zur Ergänzung der (lückenhaften) vertraglichen Regelung nach dem hypothetischen Parteiwillen ist zu ermitteln, welche Regelung *K* und *V* bei einer angemessenen Abwägung ihrer Interessen nach Treu und Glauben als redliche Vertragsparteien getroffen hätten, wenn sie den nicht geregelten Fall bedacht hätten. Ausgangspunkt sind die im übrigen Vertrag enthaltenen Regelungen und Wertungen. Diese sind im Hinblick auf den aufgetretenen Sachverhalt konsequent fortzuentwickeln. Hier besteht der Kerngedanke der vertraglichen

---

[20] Vgl. etwa BGH NJW-RR 2006, 699 Rn. 7; BGHZ 90, 69 (74) = NJW 1984, 1177 (1178).
[21] Krit. etwa MüKoBGB/*Finkenauer* § 313 Rn. 41 ff., 143 ff.
[22] Nach BGH NJW 1988, 2099.

Lastenverteilungsregelung darin, dass öffentliche Lasten grundsätzlich derjenige tragen soll, der bei ihrer *Fälligkeit* zur Zahlung verpflichtet ist. Dementsprechend waren die vor Vertragsschluss anfallenden Erschließungsbeiträge als fällige Lasten von *V* bezahlt worden, wobei mit einer Rückzahlung der Vorausleistung an *V* und einer Inanspruchnahme des *K* nicht zu rechnen war. Vor allem würde die Begünstigung des *V* durch die Rückzahlung der Erschließungsbeiträge und die Belastung des *K* mit den bereits vorausgezahlten Erschließungsbeiträgen die Preisbemessungsgrundlage des Vertrages erschüttern, denn die bereits bezahlten Erschließungsbeiträge sind idR vom Verkäufer bereits in den Kaufpreis einkalkuliert worden. Nach den Vorstellungen der Parteien sollten die bereits gezahlten Erschließungsbeiträge mithin wirtschaftlich weiter von *V* getragen werden.

K kann von *V* Freistellung von den geforderten Erschließungsbeiträgen der Gemeinde verlangen.

§ 5. Vertragsschluss (§§ 145 ff.)

Die **bedeutsamste Form des Rechtsgeschäfts** ist der Vertrag, der durch zwei korrespondierende Willenserklärungen zustande kommt.[1] Die §§ 145 ff. regeln den gewöhnlichen Ablauf eines Vertragsschlusses durch Angebot (bzw. „Antrag" in der Terminologie des BGB) und darauffolgende Annahme. In der Praxis werden Verträge häufig auch durch schrittweise Verhandlungen oder durch gemeinsame Zustimmung zum Vertragsentwurf eines Dritten (zB eines Notars) geschlossen. In diesem Fall passen die §§ 145–149 hinsichtlich der zeitlichen Reihenfolge nicht; vielmehr kommt es dann allein darauf an, dass zwei wirksame und inhaltlich übereinstimmende Willenserklärungen abgegeben wurden.[2] 214

A. Voraussetzungen des Vertragsschlusses

Voraussetzungen für einen wirksamen Vertragsschluss sind:

1. Vertragsangebot (§ 145) 215
2. Korrespondierende Annahme
3. Bindung des Antragenden an sein Angebot im Zeitpunkt der Annahme
4. Kein offener Dissens (§ 154)

I. Vertragsangebot (§ 145)

Ein Vertragsangebot ist eine empfangsbedürftige Willenserklärung, durch die einem anderen ein Vertragsschluss angetragen wird. Das Vertragsangebot muss alle Voraussetzungen einer Willenserklärung erfüllen[3] und durch Abgabe und Zugang wirksam geworden sein;[4] ferner dürfen keine Wirksamkeitshindernisse bestehen.[5] 216

- **Inhaltlich** muss ein Vertragsangebot so bestimmt sein, dass es den **wesentlichen Inhalt** (essentialia negotii) des zu schließenden Vertrags enthält. Der Partner muss also nur noch mit „ja" antworten können, um einen Vertrag zustande zu bringen.[6]

---

[1] Vgl. zu den Besonderheiten des Vertragsschlusses im Internet *Wertenbruch* AT § 10 Rn. 25 ff.; PWW/*Brinkmann* Vor §§ 145 ff. Rn. 49 ff.; ausführlicher Übungsfall zum Vertragsschluss bei Online-Auktionen: *Grigoleit/Herresthal* AT Fall 2 „*Wandervan*".

[2] Vgl. Palandt/*Ellenberger* § 145 Rn. 6.

[3] Dazu → Rn. 108 ff.

[4] Dazu → Rn. 154 ff.

[5] Dazu → Rn. 262 ff.

[6] Vgl. *Wolf/Neuner* AT § 37 Rn. 3.

- Das Vertragsangebot ist von der bloßen **invitatio ad offerendum** zu unterscheiden, dh von der Einladung an andere, ihrerseits Vertragsangebote abzugeben (zB bei Auslagen im Schaufenster oder Zeitungsannoncen).[7] Bei einer invitatio ad offerendum fehlt noch der Rechtsbindungswille des „Einladenden".[8] Für eine bloße invitatio spricht insbesondere, dass die Erklärung an einen unbestimmten Personenkreis abgegeben wird (Kontrollfrage: Möchte der Erklärende mit jedem potentiellen Empfänger auf dessen Annahme hin einen Vertrag schließen?).
  Keine bloße invitatio, sondern ein bindendes Angebot ist die **offerta ad incertas personas**. Eine solche liegt vor, wenn der Anbieter tatsächlich mit jedem potentiellen Empfänger der Erklärung einen Vertrag schließen möchte, insoweit also Rechtsbindungswillen hat. Ein solches bindendes Angebot wird zB beim Aufstellen von Warenautomaten angenommen – allerdings bedingt durch den Vorrat.[9]

II. Korrespondierende Annahme des Angebots

1. Allgemeines

217 Die Annahme des Angebots erfolgt ebenfalls durch eine empfangsbedürftige Willenserklärung gegenüber dem Antragenden, die durch Abgabe und Zugang wirksam wird.[10] **Inhaltlich** muss die Annahme dem Angebot entsprechen. Dies ist jedenfalls dann der Fall, wenn nur einem Vertragsangebot zugestimmt wird. In den anderen Fällen ist durch Auslegung zu ermitteln, ob sich beide Willenserklärungen decken.

218 Die Annahme muss ferner **auf das Angebot bezogen** sein. Hieran fehlt es, wenn zwei sich kreuzende Erklärungen nur zufällig inhaltlich korrespondieren. Gehen die Parteien aber in diesem Fall von einem wirksamen Vertrag aus, so ist jedenfalls ihren Erfüllungshandlungen ein konkludenter Vertragsschluss zu entnehmen.[11]

219 Wird das **Vertragsangebot** in der Annahme **modifiziert** (zB „nehme Ihr Angebot an, aber nur zu einem Preis von 100 EUR statt 120 EUR"), so liegt keine Annahme, sondern eine Ablehnung des Antrags, verbunden mit einem neuen Angebot vor (§ 150 II).[12] Hierfür ist allerdings erforderlich, dass die Änderung nach dem objektiven Empfängerhorizont auch erkennbar ist. Werden Änderungen in einem vermeintlich unveränderten Vertragstext „versteckt" (zB in der gleichen Schrifttype ohne Kennzeichnung der Änderungen), so darf der Empfänger nach Treu und Glauben (§ 157!) von einer unveränderten Annahme ausgehen, so dass der Vertrag mit dem Inhalt des (ersten) Angebots zustande kommt.[13]

---

7 Vgl. Palandt/*Ellenberger* § 145 Rn. 2; PWW/*Brinkmann* § 145 Rn. 6; *Faust* AT § 3 Rn. 4; als Beispiel s. BGH Urt. v. 25.3.2015 – VIII ZR 125/14 = BeckRS 2015, 09080 Rn. 26 ff.

8 → Rn. 120.

9 Vgl. *Wolf/Neuner* AT § 37 Rn. 10 f.; zum Vertragsschluss beim Selbsttanken vgl. BGH NJW 2011, 2871 = JuS 2011, 929.

10 Vgl. zum Zugang allerdings auch § 151 S. 1 und dazu sogleich → Rn. 220 ff.

11 Vgl. *Brox/Walker* AT Rn. 80; s. hierzu auch *Wertenbruch* AT § 10 Rn. 46 f.

12 S. als Beispiel zur Abgrenzung BGH Urt. v. 25.3.2015 – VIII ZR 125/14 = BeckRS 2015, 09080 Rn. 34 ff.

13 BGH NJW 2014, 2100 = JuS 2014, 1118.

2. Verzicht auf den Zugang der Annahme (§ 151)

Nach § 151 S. 1 kann der Vertrag durch die Annahme auch zustande kommen, ohne dass die Annahme *dem Antragenden gegenüber* erklärt zu werden braucht, wenn die Erklärung nach der Verkehrssitte nicht zu erwarten ist oder der Antragende auf sie verzichtet hat. Danach ist in den genannten Fällen der **Zugang der Annahmeerklärung entbehrlich**. Dies ist eine Frage des Wirksamwerdens der Vertragsannahme: Normalerweise geschieht dies erst bei ihrem Zugang (§ 130 I 1); bei § 151 S. 1 genügt hingegen nach hM bereits die bloße **Betätigung des Annahmewillens**. Abgabe oder Zugang einer Willenserklärung sind nicht erforderlich.[14] Weil aber immerhin diese Betätigung erforderlich ist, handelt es sich bei § 151 S. 1 *nicht* um einen Fall des Schweigens mit rechtsgeschäftlicher Bedeutung. 220

Voraussetzung für § 151 S. 1 ist, dass der Antragende (ausdrücklich oder konkludent) auf den Zugang der Annahme **verzichtet** hat. Dies kann insbesondere dann der Fall sein, wenn (als solche wirkungslose) einseitige Erklärungen wie „Wenn Sie nicht innerhalb von 14 Tagen ablehnen, gilt der Vertrag als geschlossen" verwendet werden. Es kann aber auch eine dahingehende **Verkehrssitte** bestehen, zB bei kurzfristigen Hotelbuchungen oder im Versandhandel.[15] 221

Wenn hiernach der Antragende auf den Zugang der Annahmeerklärung verzichtet hat, muss noch der Annehmende seinen **Annahmewillen betätigen**: Für die Auslegung seiner Annahmehandlung sind die §§ 133, 157 anwendbar. Das Verhalten muss also bei objektiv-normativer Auslegung zum Ausdruck bringen, dass das Angebot angenommen werden soll, wenngleich dies nicht in Richtung auf den Antragenden geschehen muss.[16] Für einen Annahmewillen spricht insbesondere, wenn der Annehmende an einem frühzeitigen Vertragsschluss unabhängig vom Zugang der Annahme besonders interessiert ist. 222

Es genügt **beispielsweise** die Ingebrauchnahme einer zugeschickten Sache,[17] beim Versandhandel die Absendung der bestellten Waren oder bei einer Hotelreservierung die Eintragung in den Reservierungscomputer.

Bei Angeboten, die für den Empfänger **lediglich rechtlich vorteilhaft** sind (zB dem Angebot einer Forderungsabtretung), soll es nach dem BGH sogar genügen, wenn sie nicht erkennbar abgelehnt werden.[18] Bei **außergewöhnlich nachteiligen** Verträgen ist demgegenüber ein besonders strenger Maßstab anzulegen, so dass bei der Auslegung genau zu fragen ist, ob ein Verhalten tatsächlich als Betätigung des Annahmewillens hinsichtlich des konkreten Geschäfts verstanden werden muss.[19] 223

Bei **Willensmängeln** (zB der Annehmende stellt das Buch in sein Regal in der Annahme, es sei ihm geschenkt worden, während es in Wirklichkeit verkauft wurde) gelten die Regeln über die **Anfechtung** entsprechend, dh der irrtümlich Annehmende kann (und muss) nach § 119 I Alt. 2 anfechten. Auch im Übrigen gelten die Vorschriften über Rechtsgeschäfte, so dass insbesondere Geschäftsfähigkeit des Annehmenden erforderlich ist.[20] 224

---

[14] Vgl. *Wolf/Neuner* AT § 37 Rn. 38; *Faust* AT § 3 Rn. 18.
[15] Vgl. *Wolf/Neuner* AT § 37 Rn. 37.
[16] Vgl. zB BGH NJW 2004, 287 = JuS 2004, 161; s. hierzu auch PWW/*Brinkmann* § 151 Rn. 7; *Faust* AT § 3 Rn. 20 f.
[17] Vgl. aber § 241a und dazu → Rn. 255 f.
[18] BGH NJW 2000, 276.
[19] Vgl. insbesondere zur sog „Erlassfalle" BGH NJW 2001, 2324 und näher → Rn. 113 ff.
[20] Vgl. *Wolf/Neuner* AT § 37 Rn. 40.

Fall 7:

225 Der Weinhändler *A* schickt am 3. März 2015 an *B* ein persönlich adressiertes „exklusives Angebot", in dem er verschiedene Weine anbietet. Auf der beiliegenden Liste ist unter anderem ein „2004er Château Grève" für 8 EUR je Flasche aufgeführt. *B* antwortet am 10. März 2015, dass er 20 Flaschen „2004er Château Grève" bestelle, aber zu einem Preis von 7 EUR je Flasche.

A hat die Flaschen ohne weitere Äußerung in einen Karton gepackt und verschickt. Kann er von *B* Zahlung von 160 EUR (20 x 8 EUR) verlangen?

Lösungsskizze zu Fall 7:

226 Anspruch aus § 433 II

I. Wirksamer Kaufvertrag (über 20 Flaschen Wein zu je 8 EUR)

1. Angebot (Antrag) des *A* (+)
   Preis: 8 EUR je Flasche. Anders als in Fall 2 (→ Rn. 122) handelt es sich hier nicht lediglich um eine unverbindliche invitatio ad offerendum. Denn die Zusendung des *A* war als „exklusives Angebot" ausschließlich an *B* gerichtet, so dass *A* erkennbar mit Rechtsbindungswillen handelte.
2. Annahme des *B*?
   Mit seiner Bestellung vom 10. März 2015 hat *B* das Angebot des *A* an sich angenommen, jedoch zu einem abgeänderten Preis von 7 EUR je Flasche. Seine abändernde Annahme gilt nach § 150 II als Ablehnung des Angebots des *A* und neues Angebot an *A*.
3. Annahme durch *A*?
   Die Vertragsannahme ist grundsätzlich eine empfangsbedürftige Willenserklärung, die erst mit ihrem Zugang (§ 130 I 1) wirksam wird. Eine (ausdrückliche oder konkludente) Annahmeerklärung des *A* ist dem *B* hier aber nicht zugegangen. Der Zugang der Annahmeerklärung ist jedoch gemäß § 151 S. 1 entbehrlich, wenn die Annahme nach der Verkehrssitte nicht zugangsbedürftig ist oder der Antragende auf den Zugang der Annahme verzichtet hat. Eine entsprechende Verkehrssitte besteht regelmäßig im Versandhandel. Für die Betätigung des Annahmewillens des *A* genügte daher das Verpacken und Verschicken der Flaschen. Daraus ergibt sich objektiv erkennbar der Wille zur Durchführung des Vertrags zu den Konditionen des Angebots.
4. Ergebnis zu I.
   Wirksamer Kaufvertrag (+), aber zu je 7 EUR pro Flasche

II. Ergebnis

A hat gegen *B* einen Anspruch auf Kaufpreiszahlung, jedoch nur in Höhe von 140 EUR.

III. Bindung des Antragenden

227 Die Annahme des Vertragsangebotes muss wirksam werden (idR durch Zugang), solange der Antragende noch daran gebunden ist. Gem. § 145 ist ein wirksames Vertragsangebot zunächst **grundsätzlich auch bindend**, dh der Antragende kann sich nicht frei davon wieder lösen, sondern es allenfalls wegen Willensmängeln anfechten.

Jedoch wirkt diese Bindung nicht unbegrenzt lange. Vielmehr erlischt das Angebot gem. § 146 durch **Ablehnung** (beachte insb. § 150 II: Ablehnung durch modifizierende Annahme) sowie durch **Fristablauf**. Eine verspätet zugehende Annahmeerklärung wirkt – vorbehaltlich des § 149 – als neues Angebot.

Hinsichtlich der **Bindungsfrist** ist zu unterscheiden: 228

- Hat der Antragende eine **Annahmefrist** bestimmt, so muss die Annahme innerhalb der Frist zugehen (§ 148). Das gilt zwischen Anwesenden wie zwischen Abwesenden.[21]
- Im Übrigen kann ein Vertragsangebot **unter Anwesenden** (dh durch nicht verkörperte Willenserklärung) nur **sofort** angenommen werden, dh im unmittelbaren Zusammenhang des Gesprächs (§ 147 I).
- Ein Angebot **unter Abwesenden** (dh durch verkörperte Willenserklärung) erlischt nach § 147 II grundsätzlich in dem Zeitpunkt, in dem der Antragende den Eingang der Annahme unter regelmäßigen Umständen erwarten darf. Die Länge dieser Zeitspanne bemisst sich zum einen nach dem verwendeten Kommunikationsmittel (Brief, Fax, E-Mail) und den damit verbundenen Laufzeiten, zum anderen nach der Komplexität des Geschäfts und der damit verbundenen Entscheidungsprozesse. Es sind also zu addieren:[22]
  - Zeiten für den „Hinweg" des Angebots (abhängig vom Kommunikationsmittel);
  - Zeiten dafür, dass das Angebot zur zuständigen Person gelangt, diese ggf. notwendige Erkundungen einzieht und ihren innerbetrieblichen Entscheidungsprozess abschließt;
  - Zeiten für den „Rückweg" der Annahme, wobei davon ausgegangen werden kann, dass der Annehmende sich des gleichen Kommunikationsmittels bedienen wird wie der Antragende.

Geht die Annahmeerklärung zu spät zu, obwohl sie rechtzeitig abgesendet wurde, so 229 wird gem. § 149 die **rechtzeitige Annahme fingiert**, wenn der Antragende dies erkennen musste und die Verspätung dennoch nicht angezeigt hat.

Der Antragende kann die Bindung ferner **ausschließen** (zB durch sog **Freiklauseln**); 230 in diesem Fall kann er das Angebot bis zum Zugang der Annahme frei widerrufen. Eine solche Freiklausel kann allerdings auch dazu führen, dass nur eine invitatio ad offerendum und kein Angebot vorliegt. Insoweit ist durch Auslegung zu ermitteln, ob die Bindung nur bis zum Zugang der Annahme (dann Angebot mit Freiklausel) oder darüber hinaus (dann invitatio) ausgeschlossen werden soll.[23]

Der **Tod** oder die **nachträgliche Geschäftsunfähigkeit** des Antragenden hindert die 231 Annahme nicht, § 153. Der Vertrag kommt dann ggf. mit den Erben zustande bzw. bindet den Geschäftsunfähigen.[24]

IV. Kein offener Dissens (§ 154)

Haben sich die Parteien noch nicht über alle Punkte des Vertrages geeinigt, über 232 die auch nur eine Partei eine Einigung erzielen wollte, und sind sich die Parteien

---

[21] Vgl. zur AGB-rechtlichen Inhaltskontrolle einer vom Gegner vorformulierten Angebotsfrist BGH NJW 2014, 854 und NJW 2013, 3434 = JuS 2014, 1120; NJW 2010, 2873 = JuS 2010, 1106.

[22] BGH NJW 1996, 919; NJW 2010, 2873 = JuS 2010, 1106.

[23] Vgl. MüKoBGB/*Busche* § 145 Rn. 8 f.; PWW/*Brinkmann* § 145 Rn. 11; s. auch *Wertenbruch* AT § 6 Rn. 25 ff.; *Faust* AT § 3 Rn. 9.

[24] Vgl. hierzu auch *Faust* AT § 3 Rn. 11 ff.

dieses noch bestehenden Dissenses **bewusst,** so ist gem. § 154 I 1 der Vertrag als ganzer im Zweifel noch nicht geschlossen. Dabei sind auch die bisher erzielten Ergebnisse noch nicht bindend (§ 154 I 2). § 154 ist aber nur eine **Auslegungsregel,** die nicht eingreift, wenn sich aus dem Verhalten der Parteien etwas anderes ergibt. Der Vertrag ist also wirksam, wenn sich die Parteien erkennbar vertraglich binden wollten, obwohl sie einen einzelnen Punkt (vorläufig) bewusst offen gelassen haben.

233 Steht also **beispielsweise** eine Vereinbarung über die Ratenzahlung noch aus, obwohl die Parteien sich bereits über den Kaufpreis und den Kaufgegenstand einig sind, so ist der Vertrag im Zweifel insgesamt noch nicht geschlossen. Aus dem Willen der Parteien kann sich im Einzelfall aber auch ergeben, dass schon ein bindender Kaufvertrag gewollt ist und lediglich weitere Verhandlungen über die Abänderung dieses Kaufvertrages (im Hinblick auf die Ratenzahlung) stattfinden sollten.

234 Aus den bisherigen Verhandlungen können sich gem. § 311 II bereits vorvertragliche **Rücksichtspflichten** iSv § 241 II ergeben, deren Verletzung nach § 280 I zu Schadensersatzansprüchen führen kann. Allerdings besteht grundsätzlich keine Verpflichtung zum Vertragsschluss.[25] Eine Partei kann also auch wegen einer objektiv unwichtigen Nebenbestimmung den gesamten Vertragsschluss „platzen" lassen, wird aber uU (wenn die andere Partei schuldhaft nicht vorgewarnt wurde und bereits im Vertrauen auf den zukünftigen Vertragsschluss Dispositionen getätigt hat) zum Ersatz des Vertrauensschadens verpflichtet.

235 Betrifft der offene Dissens die **essentialia negotii,** so fehlt es grundsätzlich an einem wirksamen Vertragsschluss, sofern nicht ausnahmsweise die Lücke durch die Vereinbarung eines Leistungsbestimmungsrechts gem. §§ 315 ff. oder im Wege ergänzender Vertragsauslegung geschlossen werden kann.[26]

Fall 8:[27]

236 *K* buchte über das Internetportal der *B* Flüge von Dresden nach Larnaca und zurück für zwei Personen. In die Buchungsmaske gab er unter „Person 1" seinen Vor- und Zunamen ein. Unter „Person 2" trug er „noch unbekannt" ein. Die Buchungsmaske enthielt folgenden Hinweis: „Bitte beachten Sie, dass eine Namensänderung nach erfolgter Buchung nicht mehr möglich ist und der Name mit dem Namen in Ihrem Ausweis übereinstimmen muss."

B übermittelte dem *K* am selben Tag eine Buchungsbestätigung für beide Personen und zog den Preis für zwei Hin- und Rückflüge in Höhe von insgesamt 365,42 EUR ein. Als *K* der *B* telefonisch den Namen seines Mitreisenden angeben wollte, teilte ihm *B* mit, dass die Nachbenennung eine zu diesem Zeitpunkt nicht mehr mögliche Namensänderung darstelle; *K* könne lediglich die Buchung stornieren und für die zweite Person neu buchen. Von dieser Möglichkeit machte *K* keinen Gebrauch. Er trat die Reise alleine an und verlangt wegen der zweiten Buchung Rückzahlung des Flugpreises. Zu Recht?

(Ansprüche nach der Fluggastrechteverordnung (EG) Nr. 261/2004 sind nicht zu prüfen)

---

25 Vgl. Palandt/*Grüneberg* § 311 Rn. 56.

26 BGH Urt. v. 23.4.2015 – VII ZR 131/13 = BeckRS 2015, 09176 Rn. 24 ff.; s. auch BGH NJW 1997, 2671.

27 BGHZ 195, 126 = NJW 2013, 598.

Lösungsskizze zu Fall 8:

Anspruch aus § 812 I 1 Alt. 1 237

I. Etwas erlangt (+)
II. Durch Leistung (+)
III. Ohne Rechtsgrund?
  1. Wirksamer Beförderungsvertrag?
    a) Angebot der *B*: Buchungsmaske (-), lediglich invitatio ad offerendum
    b) Angebot des *K*: Buchung des *K* für „noch unbekannt"
      – Vertragsangebot (+)
      – Inhalt: Buchung für nicht benannte Person
    c) Annahme durch B
    Fraglich ist, ob die Buchungsbestätigung der B bezüglich eines „noch unbekannt(en)" Fluggastes als Annahme ausgelegt werden kann, die zum Abschluss eines Beförderungsvertrages hinsichtlich des zweiten Fluggastes geführt hätte. Dafür würde sprechen, dass die Erklärungen von K und B zumindest ihrem äußeren Anschein nach übereinstimmen. Der Inhalt eines über ein automatisiertes Buchungssystem erklärten Angebots und einer korrespondieren Annahme ist aber im Einklang mit den §§ 133, 157 nicht danach zu bestimmen, wie das automatisierte System das Angebot deutet und verarbeitet, sondern danach, wie sie der menschliche Adressat nach Treu und Glauben und der Verkehrssitte verstehen darf. Durch den Hinweis in der Buchungsmaske hatte B die nachträgliche Bestimmung der Person eines Fluggastes ausgeschlossen und deutlich gemacht, dass für sie die Benennung der Person, die durch Vorlage eines Ausweises identifizierbar sein sollte, ein wesentlicher Punkt des Beförderungsvertrages war, über den bei Vertragsschluss Klarheit bestehen sollte. Daher durfte auch K bei Erhalt der Buchungsbestätigung bei objektiver Betrachtung nicht davon ausgehen, mit der Buchungsbestätigung nicht nur die automatisierte Reaktion des Buchungssystems, sondern die Erklärung der B zu erhalten, dass sie ihm das mit der zweckwidrigen Verwendung der Buchungsmaske nachgefragte Bestimmungsrecht tatsächlich einräumen wollte. Mit anderen Worten war für ihn offensichtlich, dass er lediglich die Buchungssoftware „ausgetrickst", aber keine vom Normalfall abweichende Willensentscheidung des Betreibers herbeigeführt hatte.
    In der Buchungsbestätigung ist daher keine Vertragsannahme der B hinsichtlich der Beförderung des unbenannten Fluggastes zu sehen. Eine Annahme liegt im Übrigen auch nicht in der Einziehung des Reisepreises für die zweite Person.
  2. Ergebnis: Kein Beförderungsvertrag hinsichtlich des zweiten Fluggastes
IV. Ergebnis: *K* kann Rückzahlung des Flugpreises für die zweite Person verlangen.

B. Versteckter Dissens (§ 155)

Waren sich die Parteien beim Vertragsschluss **nicht darüber im Klaren**, dass noch ein teilweiser Dissens besteht, so bleibt der übrige Vertrag nach § 155 **grundsätzlich wirksam**, sofern 238

- eine Einigung wenigstens über die **essentialia negotii** (oder ein Fall der §§ 315 ff.) vorliegt – anderenfalls fehlt es an einem wirksamen Vertragsschluss (sog Totaldissens);
- und anzunehmen ist, dass der Vertrag auch ohne diesen offenen Punkt geschlossen worden wäre.

239 **Dissens** bedeutet das Auseinanderfallen der durch Auslegung ermittelten Inhalte von Antrag und Annahme. Ergibt die (objektiv-normative) Auslegung beider Erklärungen das gleiche Ergebnis, hat aber eine Partei ihre Erklärung anders gemeint, so liegt kein Dissens vor, sondern ein Inhaltsirrtum, der die betreffende Partei zur Anfechtung gem. § 119 I Alt. 1 berechtigt.[28]

C. Sonderfragen des Vertragsschlusses

I. Faktische Verträge?

240 Früher wurde vom BGH und einem Teil der Lit. angenommen, dass Verträge im Massenverkehr nicht nur durch zwei übereinstimmende Willenserklärungen, sondern auch durch bloßes **sozialtypisches Verhalten** ohne rechtsgeschäftlichen Charakter zustande kommen könnten.[29] Als Beispiele wurden ua das Besteigen einer Straßenbahn (als Abschluss eines Beförderungsvertrages), die Entnahme von Elektrizität aus der Leitung (als Abschluss eines Energieversorgungsvertrages[30]) oder die Benutzung eines kostenpflichtigen Parkplatzes[31] genannt.

241 Diese Auffassung kann jedoch heute als überholt gelten:[32] In den genannten Fällen liegt nach heute hM regelmäßig ein **konkludentes Angebot** des Unternehmers vor, das der Kunde durch die Inanspruchnahme der Leistung konkludent annimmt; ein Zugang der Annahmeerklärung ist gem. § 151 nicht erforderlich.[33]

242 Problematisch sind allein die Fälle, in denen der Kunde zum Ausdruck bringt, dass er – trotz tatsächlicher Inanspruchnahme der Leistung – **keinen Vertrag schließen möchte.**[34] Erfolgt die Verwahrung gegen den Vertragsschluss erst nach Inanspruchnahme, so ist sie unbeachtlich, weil die Willenserklärung schon vorher wirksam geworden ist. Str. ist die Lösung der Fälle, in denen die Verwahrung vor oder während der Inanspruchnahme erfolgt. Hier werden verschiedene Lösungsmöglichkeiten vorgeschlagen:

- Die hM will die ausdrückliche Verwahrung des Kunden nach dem Grundsatz **protestatio facto contraria non valet** für unbeachtlich erklären und so zu einem

---

[28] Vgl. zur Abgrenzung *Wertenbruch* AT § 10 Rn. 51; s. ferner oben Fall 4.
[29] BGHZ 21, 319 = NJW 1956, 1475; *Lehmann* NJW 1958, 1; *Larenz* NJW 1956, 1897.
[30] BGHZ 23, 175; vgl. auch BGH NJW-RR 1991, 176; NJW 2003, 3131; NJW 2014, 3148 und 3150.
[31] BGHZ 21, 319 = NJW 1956, 1475.
[32] Vgl. ausf. MüKoBGB/*Armbrüster* Vorbem. v. § 116 Rn. 10; PWW/*Brinkmann* Vor §§ 145 ff. Rn. 46 ff.; *Wolf/Neuner* AT § 37 Rn. 47; *Wertenbruch* AT § 10 Rn. 20; *Faust* AT § 3 Rn. 2.
[33] Vgl. *Wolf/Neuner* AT § 37 Rn. 47.
[34] Ausführlicher Übungsfall hierzu: *Grigoleit/Herresthal* AT Fall 1 *„Die Schwarzfahrt"*; vgl. auch den Sachverhalt von AG Hannover Urt. v. 24.2.2010– 223 Cs 549/09 (Strafsache): Schwarzfahrer betritt die Straßenbahn (angeblich) bekleidet mit einem T-Shirt mit der Aufschrift „Ich fahre schwarz".

wirksamen Vertragsschluss kommen:[35] Nehme ein Vertragsteil die – ersichtlich nur auf vertraglicher Grundlage angebotene – Leistung der Gegenseite tatsächlich an, so überlagere die Erklärungswirkung seines schlüssigen Verhaltens selbst die ausdrückliche Erklärung, keinen Vertrag schließen zu wollen.

- Ein solcher Grundsatz ist jedoch dem geltenden Recht nicht zu entnehmen;[36] insbesondere helfen die von *Medicus* herangezogenen §§ 612 II, 632 II nicht weiter, da diese ihrerseits einen wirksamen Vertrag voraussetzen, den es aber erst zu begründen gilt.[37] Eine Gegenmeinung nimmt daher zu Recht an, dass die Auslegung des Verhaltens keine konkludente Annahmeerklärung ergibt; die Erklärung ist vielmehr wegen Perplexität nichtig. Daher verneint sie das Vorliegen eines Vertragsschlusses und löst die genannten Fälle ausschließlich über **Bereicherungs-** und **Deliktsrecht.**[38]

In der Tat ist nicht einzusehen, warum die Grundsätze der Rechtsgeschäftslehre und der Privatautonomie nicht auch im Massenverkehr Geltung haben sollen. Zudem wird auch dem Ladendieb kein „faktischer" Kaufvertragsschluss unterstellt, wenn er die Ware in die Tasche steckt, ohne einen Vertrag schließen zu wollen. Ein Unterschied zum Benutzen eines öffentlichen Parkplatzes unter Verwahrung gegen die Zahlungspflicht besteht nicht. Der BGH operiert aber auch heute noch der Sache nach gelegentlich mit faktischen Verträgen, etwa bei der (vertragslosen) Entnahme von Elektrizität oder Wasser.[39] 243

Fall 9:[40]

E ist Eigentümer eines Hausgrundstückes mit 10 Wohnungen, die er vermieten möchte. Er vereinbart mit den Mietern jeweils, dass diese für die Wasserversorgung selbst Verträge mit dem zuständigen Unternehmen *V* abschließen sollen und teilt dies dem *V* mit. *V* reagiert zunächst nicht auf diese Mitteilung und begrüßt *E* später unter Übersendung seiner Versorgungsbedingungen als seinen Vertragspartner, was *E* umgehend zurückweist. Mieter *M1* entnimmt Wasser aus der Leitung des *V*. 244

Kann *V* von *E* Bezahlung verlangen?

Lösungsskizze zu Fall 9:

A. Anspruch aus Wasserversorgungsvertrag (§ 433 I 1) 245

I. Angebot des *V*

Ein Angebot des *V* zum Abschluss eines Wasserversorgungsvertrages liegt zum einen in dem Schreiben des *V* an *E*, zum anderen aber auch als konkludente Erklärung in der Bereitstellung der Wasserversorgung durch *V* (Realofferte). Adressat des konkludenten Angebots ist bei objektiv-normativer Betrachtung der Erklärung (§§ 133, 157) der Grundstückseigentümer *E*, weil nur

---

35 Vgl. *Medicus/Petersen* BR Rn. 191; *Wertenbruch* AT § 10 Rn. 22; bis zur 3. Aufl. auch *Faust* AT § 3 Rn. 2; MüKoBGB/*Armbrüster* Vor § 116 Rn. 10; BeckOK BGB/*Wendtland* BGB § 133 Rn. 9; Palandt/*Ellenberger* Einf. v. § 145 Rn. 26; BGHZ 95, 393 (399) = NJW 1986, 177.

36 Vgl. MüKoBGB/*Kramer*, 5. Aufl. 2007, Einl. v. § 241 Rn. 66 Fn. 257: „frei erfunden".

37 Krit. auch *Wolf/Neuner* AT § 37 Rn. 47; abl. nunmehr auch *Faust* AT § 3 Rn. 2.

38 Vgl. *Köhler* JZ 1981, 464; *Canaris* JZ 1971, 560; MüKoBGB/*Kramer*, 5. Aufl., Einl. v. § 241 Rn. 67; s. auch BGHZ 55, 128 – Flugreisefall.

39 S. etwa BGH NJW 2003, 3131; NJW 2014, 3148 und 3150.

40 Nach BGH NJW 2003, 3131.

diesem ein Anspruch auf Anschluss an die Wasserversorgung zusteht und Wasserversorgungsunternehmen ihre Versorgungsaufgabe durch den Abschluss von Wasserversorgungsverträgen mit diesem Personenkreis erfüllen (so der BGH, aA vertretbar).

II. Annahme durch *E*

Das schriftliche Angebot des *V* zum Abschluss eines Wasserversorgungsvertrages hat *E* ausdrücklich abgelehnt (§ 146). Fraglich ist indessen, ob in der Entnahme des Wassers durch den Mieter *M1* aus der Leitung des *V* eine dem *E* zurechenbare konkludente Annahme der Realofferte zu sehen ist. Nach ständiger Rechtsprechung nimmt derjenige, der aus dem Verteilungsnetz eines Versorgungsunternehmens Elektrizität, Gas, Wasser oder Fernwärme entnimmt, das Angebot zum Abschluss eines entsprechenden Versorgungsvertrages konkludent an. Hier erfolgte die Entnahme des Wassers aus der Leitung des *V* indessen nicht durch den Grundstückseigentümer und Vermieter *E*, sondern durch den Mieter *M1*. Dabei ist allerdings zu berücksichtigen, dass *E*, der seinen mietvertraglichen Verpflichtungen nur durch die von *V* gewährleistete Wasserversorgung nachkommen konnte, seinen Mietern die Entnahme von Wasser aus der Leitung des *V* auf seinem Grundstück gestattet hatte. Nach Auffassung des BGH ist diese Handlung des *M1* dem *E* daher als konkludente Annahme des Vertragsangebots zuzurechnen. Die Erklärung des *E*, mit *V* keinen Vertrag schließen zu wollen, sei nach dem Grundsatz *protestatio facto contraria non valet* unbeachtlich, da dies in Widerspruch zu seinem eigenen tatsächlichen Verhalten stehe.

Diese Zurechnung widerspricht aber nicht nur dem Stellvertretungsrecht, weil die Erklärung einer anderen Person ohne Prüfung der Vertretungsmacht zugerechnet werden soll,[41] sondern auch der negativen Privatautonomie, weil dem explizit nicht vertragsschlusswilligen *E* ein Vertrag mit *V* aufgezwungen wird. Die besseren Gründe sprechen daher dafür, einen Vertragsschluss zwischen *E* und *V* abzulehnen.

B. Anspruch aus § 812 I 1 Alt. 1

E hat durch die Wasserentnahme des M1 nichts erlangt.

V kann von *E* nach hier vertretener Auffassung keine Bezahlung der Wasserentnahme durch *M1* verlangen (aA der BGH).

II. Unbestellte Warenlieferung oder Dienstleistung (§ 241a)

246 Die Vorschrift des § 241a trifft eine Sonderregelung für die Rechtsfolgen der Zusendung unbestellter Waren durch Unternehmer an Verbraucher. Wie viele verbraucherschützende Regelungen hat auch § 241a seinen Ursprung im **Unionsrecht**. Die frühere Fassung der Norm aus dem Jahr 2000 ging auf Art. 9 der Fernabsatzrichtlinie 97/7/EG zurück.[42] Diese Richtlinie wurde durch die Verbraucherrechte-Richtlinie 2011/83/EU (VRRL) abgelöst. Dementsprechend wurde auch § 241a mit Wirkung zum 13.6.2014 neugefasst, um den – nunmehr vollharmonisierenden – Vorgaben des Art. 27 VRRL zu entsprechen.[43]

---

[41] Zurückhaltender daher BGH NJW 2014, 3148 (3149): Mieter (statt Eigentümer) als Adressat der Realofferte des Energieversorgers; BGH NJW 2014, 3150 (3151): Vertretungsmacht für Mitmieter erforderlich.

[42] Vgl. *Riehm* Jura 2000, 505 (512).

[43] Zum Streit um die Richtlinienkonformität der deutschen Umsetzung vgl. *Köhler* JuS 2014, 865 ff. einerseits und *Jäckel/Tonikidis* JuS 2014, 1064 ff. andererseits.

Die Norm **schließt** gleichermaßen **vertragliche wie gesetzliche Ansprüche** des Unternehmers weitgehend **aus.**[44] Ziel der Vorschrift ist es, die wettbewerbswidrige Zusendung unbestellter Waren zum Zwecke des Vertragsschlusses generell zu unterbinden; es handelt sich also um eine **wettbewerbsrechtliche Sanktion** im Gewand einer zivilrechtlichen Norm. Zu prüfen ist § 241a als Ausschlusstatbestand für vertragliche wie für gesetzliche Ansprüche (etwa aus §§ 985 ff., 816 I 1, 812). 247

Voraussetzungen des Ausschlusses nach § 241a sind:

1. Zusendung von Waren oder Erbringung von Dienstleistungen 248
2. Durch einen Unternehmer an einen Verbraucher
3. Ohne vorhergehende Bestellung des Verbrauchers

1. Zusendung von Waren oder Erbringung sonstiger Leistungen

§ 241a I setzt zunächst voraus, dass Waren zugesandt oder sonstige Leistungen – insbesondere Dienst- oder Werkleistungen, aber auch Maklerleistungen o. ä. – erbracht wurden. Wenn im Vorfeld der Leistungserbringung noch kein Vertrag geschlossen wurde, liegt darin regelmäßig ein **Angebot** auf Abschluss eines entsprechenden Vertrages unter Verzicht auf den Zugang der Annahme gem. § 151. 249

Beispiele für § 241a sind daher nicht nur die klassischen Fälle, in denen unbestellte Waren mit einer Rechnung zugesandt werden, sondern zB auch die sog „**Erbensucherfälle**", in denen ein Unternehmer auf eigene Faust Recherchen zur Ermittlung von Erben anstellt, um deren Ergebnisse an die wahren Erben zu „verkaufen".[45] Auch hier kommt allein durch die Tätigkeit des Erbensuchers kein Vertrag zustande; zudem sind gesetzliche Ansprüche (insbesondere aus GoA) ausgeschlossen.[46] Gleiches gilt für die unbestellte Vornahme von Reparaturleistungen durch eine Autowerkstatt (etwa wenn nur ein Auftrag zur Überprüfung erteilt worden war). Auch bei Bauleistungen, die ohne Rücksprache mit dem Bauherrn vorgenommen werden, ist an § 241a zu denken. 250

Dieser weite Anwendungsbereich macht eine **Abgrenzung zur GoA** erforderlich: Seinem Wortlaut nach würde § 241a jede GoA eines Unternehmers für einen Verbraucher erfassen und den Aufwendungsersatzanspruch aus §§ 677, 683 S. 1, 670 ausschließen.[47] Die faktische Abschaffung der GoA in diesem Bereich ist aber nicht der Sinn dieser Norm. Vielmehr nimmt Art. 27 VRRL, auf den § 241a zurückgeht, ausdrücklich auf Art. 5 V der Richtlinie 2005/29/EG über unlautere Geschäftspraktiken und deren Anhang I Nr. 29 Bezug, wonach die „Aufforderung des Verbrauchers zur sofortigen oder späteren Bezahlung oder zur Rücksendung oder Verwahrung von Produkten […]" als aggressive Geschäftspraktik verboten ist. In richtlinienkonformer Auslegung ist daher auch § 241a auf solche Fälle **teleologisch zu reduzieren**, in denen die Zusendung von Waren bzw. die Erbringung von Dienstleistungen tatsächlich wettbewerbswidrig ist, insbesondere weil sie mit einer Rechnung oder Zahlungsaufforderung verbunden sind. Ein Notarzteinsatz bei einem bewusstlosen Patienten ist daher grundsätzlich nie wettbewerbswidrig, sondern kann nach GoA-Grundsätzen behandelt werden. 251

---

[44] Näher → Rn. 257 ff.

[45] Vgl. zur Rechtslage vor Schaffung des § 241a zB BGH NJW 2000, 72 = JuS 2000, 603; BGH NJW-RR 2006, 656.

[46] So die hM, vgl. zB *Hau* NJW 2001, 2863 (2864); *Köhler* JuS 2014, 865 (866); Staudinger/*Bergmann*, 2015, Vor § 677 ff. Rn. 207; Erman/*Ehmann*, § 683 Rn. 1a; aA *Dornis* JZ 2013, 592 (595); BeckOK BGB/*Sutschet* BGB § 241a Rn. 8.

[47] Vgl. dazu *Hau* NJW 2001, 2864.

252 Problematisch ist die Anwendung des § 241a, wenn die Leistung offensichtlich **nicht für den Verbraucher bestimmt** war (zB Fehlleitung durch die Post oder fehlerhafte Adressierung durch den Absender) oder in der **irrigen Vorstellung einer Bestellung** erfolgte. In einem solchen Fall kommen vertragliche Ansprüche ohnehin schon deshalb nicht in Betracht, weil das Angebot des Unternehmers nicht an den konkreten Verbraucher gerichtet ist. Ob gesetzliche Ansprüche dann ausgeschlossen sind, ist umstritten.[48]

2. Durch einen Unternehmer an einen Verbraucher

253 Die Zusendung muss von einem **Unternehmer** iSv § 14 I ausgehen, was regelmäßig einfach zu ermitteln sein dürfte. Wesentlich problematischer ist allerdings die Frage, ob die Zusendung an einen **Verbraucher** iSv § 13 erfolgte (Beispiel:[49] Ein Buchhändler verschickt einen „Palandt" an einen Rechtsanwalt, der diesen an seinen Neffen weiterschenkt). § 13 setzt nämlich voraus, dass der Verbraucher „beim Abschluss eines Rechtsgeschäfts handelt", was bei § 241a I in doppelter Hinsicht nicht der Fall ist: Zum einen handelt es sich auf Seiten des Verbrauchers um einen reinen *Realakt* (Empfangen der Waren oder Dienstleistungen), nicht um ein Rechtsgeschäft. Zum anderen *handelt* der Verbraucher nicht selbst, sondern hat eine rein **passive Rolle** inne, so dass der (geschäftliche oder private) Zweck seines Handelns nicht ermittelt werden kann. Daher kann nicht von dem vom Empfänger tatsächlich verfolgten Zweck ausgegangen werden, sondern nur von einem hypothetischen Zweck.

254 Der Charakter des § 241a als wettbewerbsrechtlicher Sanktionsnorm zur „Bestrafung" der wettbewerbswidrigen Vertragsanbahnung mit Verbrauchern spricht dafür, hier auf die **Vorstellung des Absenders von der Zielsetzung des Empfängers** abzustellen: Nur wenn der Empfänger nach der Vorstellung des Absenders mit der Sendung *private Zwecke* verfolgen sollte, ist § 241a anwendbar. Ein wesentliches Indiz dürfte insoweit sein, ob die Sendung an die Geschäfts- oder die Privatadresse gerichtet ist.

3. Ohne vorhergehende Bestellung des Verbrauchers

255 Die Waren oder Dienstleistungen dürfen von dem Verbraucher nicht vorher bestellt worden sein. Dabei kommt es nach dem ausdrücklichen Gesetzeswortlaut nur auf die **Willenserklärung** des Verbrauchers an, nicht dagegen darauf, ob bereits ein entsprechender Vertrag geschlossen wurde; häufig wird nämlich gerade in der Zusendung der Ware erst die Annahme eines Angebotes des Verbrauchers durch den Unternehmer liegen. Es genügt auch als „Bestellung", wenn der Verbraucher lediglich um die Zusendung eines Warenmusters gebeten hat.

256 Problematisch ist die Behandlung einer **irrtümlichen aliud-Lieferung**: Liefert etwa ein Verkäufer versehentlich ein anderes als das vereinbarte Modell eines elektronischen Geräts, so könnte man dies evtl. als „unbestellte Leistung" im Sinne des § 241a ansehen.[50] Gleichwohl sind die Rechtsfolgen der aliud-Lieferung in § 434 III für den Kaufvertrag bzw. § 633 II 3 für den Werkvertrag speziell geregelt. Diese Vorschriften gehen nach zutreffender hM dem § 241a vor, so dass der Verkäufer gegen Lieferung der richtigen Ware gem. § 439 IV Rückgewähr des aliud verlangen kann.[51]

---

48 → Rn. 259 ff.

49 So zB *Berger* JuS 2001, 649 (651).

50 So etwa *Wrase/Müller-Helle* NJW 2002, 2537 (2538); PWW/*Schmidt-Kessel/Kramme* § 241a Rn. 11; aA *Lorenz* JuS 2003, 36 (40).

51 BeckOK BGB/*Sutschet* BGB § 241a Rn. 12; ähnlich auch *Kohler* AcP 204 (2004), 616 ff.

4. Rechtsfolgen

257 Nach § 241a wird durch die unbestellte Leistungserbringung allein kein Anspruch gegen den Verbraucher begründet. Das ergibt sich im Hinblick auf vertragliche Ansprüche ohne weiteres bereits aus der allgemeinen Rechtsgeschäftslehre: Liegt keine Bestellung des Verbrauchers vor, so liegt in der unbestellten Leistung ein **Angebot auf Abschluss eines entsprechenden Vertrages**. Solange der Empfänger aber keinen Annahmewillen betätigt (vgl. § 151), kommt kein Vertrag zustande, aus dem er zur Gegenleistung verpflichtet werden könnte. Dies stellt § 241a I zunächst klar. Auch die **dingliche Rechtslage** wird durch § 241a nicht berührt, denn das Angebot des Unternehmers auf Übereignung der Sachen gem. § 929 S. 1, das in der Übersendung zu sehen ist, steht gem. §§ 133, 157 unter der aufschiebenden Bedingung der Annahme des Kaufvertragsangebotes und der Bezahlung des Kaufpreises, so dass die Sachen mangels Bedingungseintritts im Eigentum des Unternehmers bleiben. Umstritten sind aber die weiteren Folgerungen aus dieser Norm.

a) Möglichkeit eines Vertragsschlusses

258 Ob vertragliche Ansprüche auch dann ausgeschlossen sein sollen, wenn der Empfänger das **Angebot annimmt** – sei es ausdrücklich gegenüber dem Unternehmer, sei es gem. § 151 –, ist zweifelhaft. Der Wortlaut des § 241a I spricht nicht dagegen, denn er bestimmt lediglich die Selbstverständlichkeit, dass „durch die Lieferung unbestellter Sachen" (allein) keine vertraglichen Ansprüche begründet werden. Auch die Gesetzesbegründung zur ursprünglichen Fassung des § 241a verweist insoweit nur auf die allgemeinen Grundsätze des Vertragsrechts.[52] Damit **kommt** jedenfalls dann **ein Vertrag zustande**, wenn der Empfänger das Angebot durch **ausdrückliche Erklärung** annimmt.[53] Vorsicht ist aufgrund des Schutzzwecks des § 241a allerdings geboten, soweit eine lediglich **konkludente Annahme** in Frage steht – etwa durch die Bezahlung des (vermeintlich geschuldeten) Kaufpreises oder durch Ingebrauchnahme der Sache (als Betätigung des Annahmewillens gem. § 151): Geht der Käufer erkennbar irrtümlich davon aus, dass bereits ein Vertrag besteht, so haben weder die Zahlung noch die Ingebrauchnahme oder sonstige Nutzung der Leistung (zB Weiterveräußerung der unbestellten Sache) überhaupt einen rechtsgeschäftlichen Erklärungswert. Ähnlich wie bei einer Bestätigung eines nichtigen Rechtsgeschäfts gem. § 141 BGB ist für die Auslegung des Verhaltens als Willenserklärung vielmehr erforderlich, dass der Verbraucher erkennbar überhaupt davon ausging, dass er noch etwas erklären musste, dass also noch kein Vertrag existiert.[54] Von einer konkludenten Annahme kann daher allenfalls dann ausgegangen werden, wenn der Verbraucher sich nach außen erkennbar erst durch die Ingebrauchnahme oder – realistischer – durch die Bezahlung des verlangten Entgelts tatsächlich binden wollte, was er zB durch die Angabe eines entsprechenden Verwendungszwecks bei der Bezahlung zum Ausdruck bringen kann.[55]

b) Ausschluss gesetzlicher Ansprüche

259 Sehr umstritten ist seit der Neufassung des § 241a zum 13.6.2014, ob § 241a auch **gesetzliche Ansprüche** ausschließt. Relevant sind in diesem Zusammenhang insbesondere die Ansprüche aus § 985 und aus § 812 I 2 Alt. 2 auf Herausgabe der zugesandten Waren. Daneben treten die §§ 987 ff. für Schadensersatz- und Nutzungsersatzansprüche des Unternehmers sowie für Verwendungsersatzansprüche des Kunden, und schließlich § 816 I 1 bei Weiterveräußerung der Waren durch den Käufer. Bei der Erbringung von Dienstleistungen sind Ansprüche aus §§ 670 S. 1,

---

52 Vgl. BT-Drs. 14/2658 S. 46.

53 Palandt/*Grüneberg* § 241a Rn. 6; aA PWW/*Schmidt-Kessel/Kramme* § 241a Rn. 13: Das Angebot des Unternehmers sei gem. § 134 BGB iVm §§ 3, 7 UWG nichtig.

54 Dazu → Rn. 414 ff.

55 Ebenso BeckOK BGB/*Sutschet* BGB § 241a Rn. 9; zurückhaltend auch *S. Lorenz* JuS 2000, 833 (841); *Faust* AT § 3 Rn. 21.

683 (GoA) oder § 812 I 2 Alt. 2 (vorbehaltlich der Grundsätze über die aufgedrängte Bereicherung) denkbar.

260 Der Wortlaut des § 241a I differenziert beim Anspruchsausschluss nicht zwischen vertraglichen und gesetzlichen Ansprüchen, weshalb die hM auch die vorgenannten gesetzlichen Ansprüche für ausgeschlossen hält.[56] Dagegen wird allerdings geltend gemacht, dass die **VRRL**, auf deren Art. 27 die Regelung des § 241a beruht, ausweislich ihres Erwägungsgrundes 60 **nur vertragliche Rechtsbehelfe** für unbestellte Leistungen schaffen wollte. Da diese Richtlinie vollharmonisierend ist, sei es den Mitgliedstaaten verboten, weitergehende Regelungen zum Schutze der Verbraucher – hier: durch zusätzlichen Ausschluss gesetzlicher Ansprüche – zu erlassen.[57] Die zutreffende Gegenmeinung sieht in dem 60. Erwägungsgrund aber lediglich eine Beschränkung des Regelungsbereichs der Richtlinie, kein Verbot einer weitergehenden mitgliedstaatlichen Regelung.[58] Es steht den Mitgliedstaaten daher frei, unabhängig von den Richtlinienvorgaben die Auswirkungen auf gesetzliche Ansprüche autonom zu regeln.[59] Von dieser Möglichkeit hat der deutsche Gesetzgeber durch den umfassenden Gesetzeswortlaut Gebrauch gemacht, wobei er insoweit nicht von dem bis zum 12.6.2014 ausdrücklich geregelten Ausschluss gesetzlicher Ansprüche in § 241a II aF abweichen wollte.

261 Problematisch ist dabei der **Ausschluss des § 985**, der zu der misslichen Lage führt, dass Eigentum und Besitz an den unbestellten Sachen dauerhaft auseinanderfallen. Der Kunde wird nach hM nicht Eigentümer der Waren, sondern bleibt (bloßer) Besitzer,[60] wobei § 241a II wohl ein Recht zum Besitz iSv § 986 I zu entnehmen ist. Ansprüche wegen **Beschädigung** der Sache (aus §§ 989, 990 oder § 823 I) sind ebenfalls ausgeschlossen. Der Kunde kann die Sache auch nicht als Berechtigter weiterveräußern, sondern nur an Gutgläubige gem. §§ 932 ff. übereignen; dann ist jedoch der Anspruch des Unternehmers aus § 816 I 1 nach hM ebenfalls nach § 241a II ausgeschlossen.[61]

---

56 BeckOK BGB/*Sutschet* BGB § 241a Rn. 9; *Jäckel/Tonikidis* JuS 2014, 1064 f.; PWW/*Schmidt-Kessel/Kramme* § 241a Rn. 14 (mit Ausnahme der GoA).

57 So insbesondere *Köhler* JuS 2014, 865 (868 f.).

58 S. *Gsell*, in Staudinger, Eckpfeiler des Zivilrechts, 2014, Rn. L 37.

59 S. dazu näher *Riehm* JZ 2006, 1035 ff.

60 BeckOK BGB/*Sutschet* BGB § 241a Rn. 9; PWW/*Schmidt-Kessel/Kramme* § 241a Rn. 14; *Wendehorst* DStR 2000, 1311 (1316 f.); aA *Riehm* Jura 2000, 505 (512); MüKoBGB/*Finkenauer* § 241a Rn. 40: Gesetzlicher Eigentumserwerb.

61 BeckOK BGB/*Sutschet* BGB § 241a Rn. 9; PWW/*Schmidt-Kessel/Kramme* § 241a Rn. 14.

§ 6. Wirksamkeitshindernisse für Rechtsgeschäfte

Wirksamkeitshindernisse bezeichnen Gründe, warum ein Rechtsgeschäft, dessen Entstehungsvoraussetzungen erfüllt sind, gleichwohl nicht wirksam ist, also von der Rechtsordnung nicht anerkannt wird. Grundsätzlich handelt es sich hierbei um **rechtshindernde Einwendungen**, die von demjenigen zu beweisen sind, der sich auf die Nichtigkeit des Vertrages beruft. Eine Ausnahme gilt insoweit – trotz der Formulierung des § 125 – für die Einhaltung von Formvorschriften, die als rechtsbegründende Voraussetzung von demjenigen zu beweisen ist, der sich auf die Wirksamkeit des Rechtsgeschäfts beruft.[1] 262

A. Geschäftsfähigkeit (§§ 104 ff.)

Unter Geschäftsfähigkeit versteht man die **Fähigkeit, selbständig wirksam Rechtsgeschäfte vornehmen** zu können. 263

Weitere Folge der Geschäftsfähigkeit ist die **Prozessfähigkeit** (§ 51 ZPO), also die Fähigkeit, Prozesshandlungen selbst oder durch selbst gewählte Vertreter vornehmen zu können. Sonderregelungen bestehen demgegenüber für die **Testierfähigkeit** (§ 2229) sowie für die **Ehemündigkeit** (§§ 1303 f.).

Die Geschäftsfähigkeit wird vom BGB in **drei Stufen** geregelt: 264

- **Geschäftsunfähige** können überhaupt kein Rechtsgeschäft wirksam vornehmen (mit Ausnahme des § 105a), sondern müssen stets durch ihre gesetzlichen Vertreter vertreten werden.
- **Beschränkt Geschäftsfähige** können Rechtsgeschäfte wirksam vornehmen, wenn diese entweder lediglich rechtlich vorteilhaft sind oder die gesetzlichen Vertreter zustimmen. Ähnlich ist die Rechtslage bei Betreuten mit Einwilligungsvorbehalt (§ 1903).
- **Voll Geschäftsfähige** können unbeschränkt wirksam Rechtsgeschäfte in eigener Verantwortung vornehmen.
- Daneben sehen die §§ 112, 113 eine **partielle Geschäftsfähigkeit** vor, bei welcher Minderjährige für einen gegenständlich begrenzten Tätigkeitsbereich voll geschäftsfähig sind.[2]
- Nicht anzuerkennen ist dagegen eine sog **relative Geschäftsfähigkeit**, dh ein Ausschluss der Geschäftsfähigkeit für besonders komplexe oder wirtschaftlich bedeutsame Geschäfte.[3] Eine solche Kategorie würde zu viel Rechtsunsicherheit in den Geschäftsverkehr tragen. Ein Schutz findet insoweit zum einen über § 138 II unter dem Gesichtspunkt der Ausnutzung der geschäftlichen Unerfahrenheit

---

1 MüKoBGB/*Einsele* § 125 Rn. 35.
2 → Rn. 276 ff.
3 Vgl. Palandt/*Ellenberger* § 104 Rn. 6; *Wertenbruch* AT § 17 Rn. 6 mwN; BGH NJW 1970, 1680; aA OLG Köln NJW 1960, 1389.

statt,[4] zum anderen über die (rechtssicher nachweisbare) Anordnung einer Betreuung mit Einwilligungsvorbehalt für bestimmte Geschäftsarten, und schließlich in gewisser Weise auch durch § 105a, wonach volljährige Geschäftsunfähige gleichwohl bestimmte einfache Rechtsgeschäfte wirksam vornehmen können.

Die Geschäftsfähigkeit ist bei volljährigen Personen die Regel und wird **im Prozess vermutet**, so dass der Geschäftsunfähige seine Geschäftsunfähigkeit beweisen muss.[5]

I. Geschäftsunfähigkeit (§§ 104 f.)

1. Begriff

265 Gem. § 104 sind **geschäftsunfähig**:

- **Kinder** bis zu ihrem 7. Geburtstag (0 Uhr morgens, vgl. § 187 II 2, 188 II Alt. 2).
- **Dauerhaft Geisteskranke**, dh Personen, die an einer dauerhaften krankhaften Störung der Geistestätigkeit leiden, die die freie Willensbestimmung ausschließt. Der Betroffene muss aufgrund seiner Geisteskrankheit nicht mehr in der Lage sein, seine Entscheidungen von vernünftigen Erwägungen abhängig zu machen.[6] Dies kann auch bei *chronischer* Drogensucht (insb. Alkoholabhängigkeit) der Fall sein; bei nur vorübergehenden alkohol- oder drogenbedingten Störungen bleibt die Geschäftsfähigkeit zwar im Grundsatz erhalten, die Erklärungen sind aber gem. § 105 II – vorbehaltlich des § 105a – unwirksam.
  Diese Geschäftsunfähigkeit kann sich auch nur auf einen bestimmten, abgrenzbaren Kreis von Rechtsgeschäften beziehen (**teilweise Geschäftsunfähigkeit**),[7] zB bei Querulantenwahn (keine Geschäftsfähigkeit hinsichtlich Prozesshandlungen) oder krankhafter Eifersucht (für Fragen der Ehe).[8]
- **Vorübergehend Geisteskranke** sind nicht geschäftsunfähig. Sie können aber keine wirksamen Rechtsgeschäfte vornehmen (§ 105 II), solange die Störung der Geistestätigkeit andauert. Im (häufigen) Fall des Alkoholrausches wird aber eine die freie Willensbestimmung ausschließende Geisteskrankheit nicht unter 2,0 ‰ angenommen;[9] die hM orientiert sich vielmehr an der strafrechtlichen Grenze der Schuldunfähigkeit von 3,0 ‰.[10]
- **Betreute** sind ebenfalls nicht automatisch geschäftsunfähig; vielmehr ist die Geschäftsunfähigkeit im Einzelfall nach § 104 Nr. 2 positiv festzustellen. Lediglich bei der Anordnung eines Einwilligungsvorbehalts nach § 1903 fehlt für den betroffenen Aufgabenkreis des Betreuers die volle Geschäftsfähigkeit; insoweit sind nach § 1903 I 2 die §§ 108 ff., 131 II und § 210 anzuwenden.

266 Die Willenserklärung eines Geschäftsunfähigen ist gem. § 105 I **grundsätzlich nichtig**, auch dann, wenn sie nur rechtlich vorteilhaft ist. Für ihn hat stets ein gesetzlicher Vertreter (die Eltern gem. §§ 1626 I, 1629 I oder ein Betreuer gem. § 1902) zu handeln.

---

4 Dazu → Rn. 375 f.
5 Vgl. Palandt/*Ellenberger* § 104 Rn. 8.
6 Vgl. Palandt/*Ellenberger* § 104 Rn. 5; BGH NJW 1996, 918 sowie eingehend *Cording/Roth* NJW 2015, 26 ff.
7 Vgl. *Wolf/Neuner* AT § 34 Rn. 5.
8 S. zur – abzulehnenden – Figur einer relativen Geschäftsunfähigkeit → Rn. 264.
9 BGH VersR 1967, 341.
10 BGHSt 37, 231 = NJW 1991, 852.

Fall 10:

Nach missratenem Examen tröstet sich der Münchner Jurastudent *S* in der Kneipe. Die ersten sechs Maß Bier nimmt er – begleitet von mehreren Schnäpsen – im Sitzen zügig zu sich. Weder zu sprachlichem Ausdruck noch zu Blickkontakt fähig (3,2 ‰ Blutalkoholkonzentration), bestellt er durch ein fahriges Handzeichen eine weitere Maß. Der Wirt (*W*) verlangt nach deren Aushändigung ihre Bezahlung. Zu Recht? 267

Lösungsskizze zu Fall 10:

A. Anspruch aus Bewirtungsvertrag 268
  I. Vertragsschluss
    1. Angebot und Annahme (+)
    2. Wirksamkeit des Angebots des *S* (-), § 105 II
  II. Ergebnis: Anspruch (-)
B. Anspruch aus § 812 I 1
  I. Etwas erlangt
    1. Besitz am Bier (+)
    2. Eigentum am Bier?
      a) Übereignung nach § 929 S. 1 (-), § 105 II
      b) Eigentumserwerb analog § 947 II (+) durch Verschlucken
  II. Durch Leistung des Wirts
    – Hinsichtlich des Besitzes (+)
    – Hinsichtlich des Eigentums (-); insoweit in sonstiger Weise erlangt (analog § 951)
  III. Ohne rechtlichen Grund (+)
  IV. Rechtsfolge: Herausgabe des Erlangten, §§ 818 ff.
    1. Herausgabe in Natur unmöglich
    2. Wertersatz, § 818 II: objektiver Marktwert einer Maß Bier in einer Kneipe
    3. Entreicherung, § 818 III?
      – Bier nicht mehr im Vermögen des S vorhanden
      – Ersparte Aufwendungen wohl (-)
      – Keine Einschränkung der Berufung auf § 818 III nach Saldotheorie oder Lehre von der Gegenleistungskondiktion zu Lasten nicht voll Geschäftsfähiger
  V. Ergebnis: Anspruch (-)
C. Gesamtergebnis: *S* muss das letzte Bier nicht bezahlen.

Anmerkung: Hätte *S* bereits bezahlt, so könnte er den Preis für das letzte Bier von *W* nach § 812 I 1 Alt. 1 sowohl nach der modifizierten Zweikondiktionenlehre (Lehre von der Gegenleistungskondiktion) als auch nach der Saldotheorie in vollem Umfang zurückfordern; die Saldotheorie ist nicht zu Lasten nicht voll Geschäftsfähiger anwendbar.

2. Geschäfte des täglichen Lebens durch Geschäftsunfähige (§ 105a)

Nach § 105a können Geschäfte des täglichen Lebens, die ein volljähriger Geschäftsunfähiger tätigt, trotz der Geschäftsunfähigkeit wirksam sein.[11] 269

---

[11] Vertiefend *Casper* NJW 2002, 3425; *Löhnig/Schärtl* AcP 204 (2004), 25 ff.

Voraussetzungen hierfür sind:

270 1. **Geschäft des täglichen Lebens:**
Darunter fallen alle Rechtsgeschäfte, die nach Art und Umfang als alltäglich anzusehen sind, zB der Erwerb von Gegenständen des täglichen Bedarfs (Lebensmittel, Zeitung, Zahnpasta) oder die Inanspruchnahme einfacher Dienstleistungen (Busfahren, Museumsbesuch, Briefversand).
2. Möglichkeit der Bewirkung mit **geringwertigen Mitteln:**
Aus Gründen des Verkehrsschutzes ist dieses Kriterium objektiv, dh anhand des durchschnittlichen Preis- und Einkommensniveaus zu bestimmen.
3. **Bewirkung von Leistung und ggf. Gegenleistung:**
Wie bei § 110 setzt dies voraus, dass die Leistungen vollständig erbracht wurden. Dabei ist zu unterstellen, dass die Leistung des Geschäftsunfähigen (zB die Übereignung des Geldes) ebenfalls wirksam ist, also nicht an der Geschäftsunfähigkeit scheitert.
4. **Keine erhebliche Gefahr für Person oder Vermögen des Geschäftsunfähigen:**
Diese Schwelle ist aus Verkehrsschutzgründen sehr hoch gelegt. Eine solche erhebliche Gefahr kann zB – abhängig von der Art der Geisteskrankheit, die die Geschäftsunfähigkeit bedingt – beim Kauf von gefährlichen Gegenständen oder beim Abschluss einer großen Vielzahl von Geschäften, die jeweils für sich genommen Geschäfte des täglichen Lebens wären (zB Kauf von jeweils 2 Flaschen Wein in 10 verschiedenen Geschäften am gleichen Tag, aber auch Kauf eines großen Küchenmessers bei Suizidalität), vorliegen.

271 **Rechtsfolge** des § 105a ist, dass das Verpflichtungsgeschäft mit der beiderseitigen vollständigen Leistungserbringung **als wirksam gilt**, dh es stellt ab diesem Augenblick einen Rechtsgrund iSv § 812 I 1 Alt. 1 dar. Weder der Geschäftsunfähige noch der Geschäftspartner können das Geleistete zurückfordern.

272 Ob auch die **dinglichen Rechtsgeschäfte** nach § 105a wirksam werden, ist str.: Die hM bejaht dies unter Hinweis auf die Gesetzesbegründung mit dem Argument, dass die „Bewirkung“ iSv § 105a die dingliche Wirksamkeit der Erfüllungsgeschäfte voraussetze und zudem ansonsten Eigentum und Besitz wegen der fehlenden Rückforderungsmöglichkeit des Leistenden dauerhaft auseinanderfallen würden.[12] Die Gegenauffassung geht davon aus, dass die Wirksamkeit der dinglichen Rechtsgeschäfte nur insoweit fingiert wird, als dies für die Annahme einer „Bewirkung“ iSv § 105a erforderlich ist; eine echte sachenrechtliche Wirksamkeit sei damit nicht verbunden. Vielmehr sei zum Schutz des Geschäftsunfähigen von der sachenrechtlichen Unwirksamkeit der dinglichen Geschäfte auszugehen. Der Betreuer des Geschäftsunfähigen könne vom Vertragspartner aber aufgrund des nach § 105a geheilten Vertrages dessen Durchführung verlangen – und damit die dinglich wirksame Übereignung in beide Richtungen.[13]

[12] Vgl. BT-Drs. 14/9266 S. 43 r. Sp.; *Casper* NJW 2002, 3425 (3427); *Leipold* AT § 11 Rn. 20; *Musielak/Hau* GK BGB Rn. 354; Palandt/*Ellenberger* § 105a Rn. 6; *Wedemann* Jura 2010, 587 (591).

[13] MüKoBGB/*Schmitt* § 105a Rn. 19; *Löhnig/Schärtl* AcP 204 (2004), 25 (43 f.).

II. Beschränkte Geschäftsfähigkeit (§§ 106 ff.)

Zwischen der Geschäftsunfähigkeit und der vollen Geschäftsfähigkeit kennt das BGB die beschränkte Geschäftsfähigkeit. Beschränkt geschäftsfähig sind **Minderjährige ab der Vollendung des siebten Lebensjahrs bis zur Vollendung des 18. Lebensjahrs** (0 Uhr morgens am 18. Geburtstag, vgl. §§ 187 II, 188 II Alt. 2). Die Vorschriften über beschränkt Geschäftsfähige finden ferner in der Sache auch auf **Betreute** Anwendung, für die ein **Einwilligungsvorbehalt** angeordnet wurde (§ 1903 I 2). 273

Kennzeichnend für die beschränkte Geschäftsfähigkeit ist, dass Minderjährige **im Einverständnis mit den gesetzlichen Vertretern selbständig rechtsgeschäftlich handeln** können. Mit Zustimmung der Eltern können sie also wirksam Rechtsgeschäfte abschließen, uU sogar ohne Zustimmung.[14] Im Einzelnen richtet sich die Wirksamkeit der Rechtsgeschäfte beschränkt Geschäftsfähiger nach den §§ 106 ff. 274

Die beschränkte Geschäftsfähigkeit hat kein Pendant bei der **Prozessfähigkeit**: Beschränkt Geschäftsfähige sind prozessunfähig, können Prozesse also nur dann führen, wenn sie von ihren gesetzlichen Vertretern vertreten werden. Für die **Testierfähigkeit Minderjähriger** gilt die Sonderregel des § 2229, wonach Minderjährige ab 16 Jahren testierfähig sind, allerdings in den verfügbaren Testamentsformen nach § 2233 I beschränkt.[15] Zur Eingehung der Ehe durch Minderjährige vgl. § 1303, für den Abschluss von Eheverträgen § 1411. 275

1. Partielle Geschäftsfähigkeit (§§ 112, 113)

Vorrangig sind zunächst die §§ 112 f. zu prüfen: Nach diesen Vorschriften sind beschränkt Geschäftsfähige für einen bestimmten Kreis von Geschäften **als voll geschäftsfähig** (und prozessfähig) **zu behandeln.** Insoweit ruht auch die Vertretungsmacht des gesetzlichen Vertreters, dh dieser kann nicht mit Wirkung für den Minderjährigen handeln.[16] Das BGB kennt zwei Fälle solcher „partieller Geschäftsfähigkeit" Minderjähriger: 276

a) Selbständiger Betrieb eines Erwerbsgeschäfts (§ 112)

Nach § 112 kann der gesetzliche Vertreter – nur mit Genehmigung des Familiengerichts – den Minderjährigen formfrei zum selbständigen Betrieb eines Erwerbsgeschäfts ermächtigen. Die **unbeschränkte Geschäftsfähigkeit** erstreckt sich dann auf alle Geschäfte, die der Betrieb des **konkreten Erwerbsgeschäfts** mit sich bringt, insbesondere die Einstellung von Arbeitnehmern, die Anmietung eines Geschäftslokals (vgl. aber §§ 112 I 2, 1643 I, 1822 Nr. 5) und die Anschaffung und Veräußerung von Waren. Die Verwendung des **Erlöses** fällt nur insoweit unter § 112, als sie zu Zwecken des Erwerbsgeschäfts stattfindet. Die **Aufgabe** des Erwerbsgeschäfts fällt niemals unter § 112.[17] 277

Allerdings umfasst die Ermächtigung nach § 112 I 2 nicht solche Rechtsgeschäfte, für die der gesetzliche Vertreter der **Genehmigung des Familiengerichts** bedürfte, dh gem. §§ 1643 I, 1822 insbesondere nicht den Abschluss von Gesellschaftsverträgen, 278

---

[14] Vgl. zu Rechtsfragen des Minderjährigenrechts eingehend *Staudinger/Steinrötter* JuS 2012, 97 ff.
[15] Beachte für Erbverträge Minderjähriger auch § 2275 II.
[16] Vgl. MüKoBGB/*Schmitt* § 112 Rn. 13.
[17] Vgl. MüKoBGB/*Schmitt* § 112 Rn. 22.

die Erteilung einer Prokura, die Aufnahme von Krediten und die Übernahme einer Bürgschaft.

b) Dienst- oder Arbeitsverhältnis (§ 113)

279 Die Ermächtigung zur **Begründung eines Dienst- oder Arbeitsverhältnisses** enthält nach § 113 auch die Zustimmung zum Abschluss und zur Erfüllung der Geschäfte, die sich aus diesem Verhältnis ergeben, zB die Einrichtung eines Gehaltskontos, die Annahme der Gehaltszahlungen oder die **Kündigung** des Arbeitsverhältnisses.[18] Auch der **Beitritt in eine Gewerkschaft** fällt unter § 113, weil diese die Interessen des minderjährigen Arbeitnehmers beim Aushandeln der Arbeitsbedingungen wahrnimmt. Hinzu kommt, dass die Zustimmung zum Abschluss eines Arbeitsvertrages im Zweifel auch den Abschluss weiterer Arbeitsverträge der gleichen Art deckt (§ 113 IV). Bei allem ist aber zu beachten, dass § 113 die Geschäfte des Minderjährigen nur insoweit deckt, als das konkrete Rechtsgeschäft (insbesondere die Vertragsbedingungen) **im Rahmen des Üblichen** bleibt[19] oder zugunsten des Minderjährigen davon abweicht. Abweichungen zu seinen Lasten sind nicht von der partiellen Geschäftsfähigkeit nach § 113 umfasst.[20]

280 Nach ganz hM gilt § 113 aber **nicht für Berufsausbildungsverhältnisse**, weil bei diesen nicht die Arbeitsleistung des Minderjährigen, sondern die Ausbildungsfunktion im Vordergrund steht. Zudem differenziert das BGB in § 1822 Nr. 6 und 7 ausdrücklich zwischen Dienst- und Arbeitsverhältnissen einerseits und Ausbildungsverhältnissen andererseits.[21]

2. Wirksamkeit des Geschäfts des Minderjährigen (§ 107)

281 Nach § 107 kann ein Minderjähriger ein Rechtsgeschäft auch ohne die Zustimmung seines gesetzlichen Vertreters wirksam abschließen, wenn es ihm lediglich einen **rechtlichen Vorteil bringt**. Darunter fallen nur solche Rechtsgeschäfte, die für den Minderjährigen **keinerlei Pflichten** unmittelbar begründen. Auf *wirtschaftliche* Vorteile kann hierbei schon aus Gründen der Rechtssicherheit – sowie nach dem eindeutigen Wortlaut des § 107 – nicht abgestellt werden, so dass auch ein besonders günstiger Kaufvertrag einen rechtlichen Nachteil – nämlich die Verpflichtung zur Zahlung des Kaufpreises aus § 433 II – begründet.[22] Im Einzelnen stellen sich im Rahmen von § 107 Alt. 1 folgende Fragen:

a) Lediglich rechtlich vorteilhafte Geschäfte

282 Bei den lediglich rechtlich vorteilhaften Geschäften ist zu unterscheiden:

- **Gegenseitige Verträge** fallen nie unter § 107, weil den Minderjährigen stets eine Hauptleistungspflicht trifft (zB die Pflicht zur Kaufpreiszahlung). Auch **unvollkommen zweiseitig verpflichtende Verträge**, bei denen den Minderjährigen Nebenpflichten zB zur Rückgabe (bei der Leihe) oder zum Aufwendungsersatz (beim Auftrag) treffen, sind nicht lediglich rechtlich vorteilhaft. Somit bleibt im Bereich des Schuldrechts nur die Annahme einer **Schenkung** oder eines Erlassvertrages möglich.[23]

---

[18] Vgl. Palandt/*Ellenberger* § 113 Rn. 4.
[19] Vgl. dazu zB BAG NZA 2000, 34.
[20] Vgl. Palandt/*Ellenberger* § 113 Rn. 3 f.
[21] Vgl. *Löwisch/Caspers/Klumpp* ArbR Rn. 1217.
[22] Vgl. *Wolf/Neuner* AT § 34 Rn. 21 f.
[23] Vgl. Palandt/*Ellenberger* § 107 Rn. 2; für Erbverträge s. § 2275 I.

- Der dingliche **Erwerb von unbelastetem Eigentum** und von unbelasteten **Rechten** ist grundsätzlich rechtlich vorteilhaft, so dass der Minderjährige die entsprechenden Verfügungen wirksam annehmen kann.
  Problematisch ist jedoch, ob nicht wegen der **Erfüllungswirkung** des Verfügungsgeschäfts gem. § 362 I ein rechtlicher Nachteil entsteht, da der schuldrechtliche Anspruch untergeht. Die hM löst dieses Problem dadurch, dass die Leistung an den Minderjährigen zwar dinglich wirksam ist, ihr aber mangels **Empfangszuständigkeit** keine Erfüllungswirkung nach § 362 I zukommt, dh die Forderung erlischt nur dann, wenn der gesetzliche Vertreter der Annahme der Leistung zugestimmt hat.[24]
- Problematisch ist schließlich der Erwerb von **Grundstückseigentum** durch Minderjährige.[25]

Fall 11:

Der 16-jährige *A* erbt als Alleinerbe seines Onkels *O* ein vermietetes Haus. Er weist den Mieter *M* – ohne Wissen seiner Eltern – an, die Miete in Zukunft auf sein Konto zu überweisen. Von dem Geld finanziert *A* seine ersten Drogenerfahrungen. Nach vier Monaten erfahren seine Eltern davon und sind entsetzt. Im Namen des *A* verlangen sie von *M* erneute Mietzahlung. *M* stellt sich auf den Standpunkt, seine Schuld bereits beglichen zu haben; hilfsweise rechne er mit eigenen Ansprüchen gegen *M* auf. Können die Eltern des *A* erneute Mietzahlung verlangen? 283

Lösungsskizze zu Fall 11:

Anspruch des *A* gegen *M* aus § 535 II 284

I. Anspruch entstanden
   1. Mietvertrag zwischen *O* und *M* (+)
   2. Übergang des Mietvertrages auf *A* unmittelbar nach § 1922 I (+)
      Anm.: Da es sich um einen Erwerb kraft Erbfolge handelt, liegt kein Rechtsgeschäft vor, auf das die §§ 106 ff. anwendbar sein könnten.

II. Anspruch untergegangen
   1. Untergang durch Erfüllung, § 362 I
      a) Bewirkung der geschuldeten Leistung durch Überweisung (+)
      b) Subjektive Voraussetzung für den Eintritt der Erfüllungswirkung?
         aa) Erfordernis eines Erfüllungsvertrages („Vertragstheorie")
            - Argument: Annahme der Leistung zwecks Erfüllung als Verfügung über die Forderung, vgl. § 362 II (str.)
            - Hier: Vertragsschluss?
               - Angebot des *M*: Überweisung (+), Zugang nach § 131 II 2 (+), da Vertragsangebot lediglich rechtlich vorteilhaft
               - Annahme des *A*?
                 A ist in der Geschäftsfähigkeit beschränkt (§§ 2, 106) und bedarf zu einer Willenserklärung, durch die er nicht lediglich einen recht-

---

[24] Vgl. *Köhler* AT § 10 Rn. 18; *Wertenbruch* AT § 17 Rn. 26 f.; *Faust* AT § 18 Rn. 19; PWW/*Pfeiffer* § 362 Rn. 9.
[25] Vgl. sogleich → Rn. 286 ff.

lichen Vorteil erlangt, nach § 107 der Einwilligung seines gesetzlichen Vertreters, hier seiner Eltern (§§ 1626 I 1, 1629 I 1 u. 2). Der Abschluss eines Erfüllungsvertrages bewirkt das Erlöschen der Leistungspflicht des Schuldners, führt also zu einem Anspruchsverlust des Gläubigers und wäre mithin für *A* rechtlich nachteilhaft. Seine Eltern haben weder ihre Einwilligung (§ 183 S. 1) noch ihre Genehmigung (§ 184 I) erklärt, sondern die Genehmigung durch ihr Zahlungsverlangen vielmehr konkludent verweigert, so dass ein Erfüllungsvertrag unwirksam wäre, § 108 I.

– Nach der Vertragstheorie liegt daher keine Erfüllung iSv § 362 I vor.

bb) Erfordernis einer schuldnerischen Leistungszweckbestimmung („Theorie der finalen Leistungsbewirkung“)
– Argument: einheitlicher Begriff der Leistung als bewusste und zweckgerichtete Mehrung fremden Vermögens, vgl. § 812 (str.)
– Hier: Leistungszweckbestimmung bei Überweisung mit Bezug auf die Mietforderung (+), aber Zugang gem. § 131 I, II 1 (-), da rechtlich nachteilhaft
– Demnach: Erfüllung, § 362 I (-)

cc) Kein Erfordernis einer zusätzlichen Erklärung oder Handlung („Theorie der realen Leistungsbewirkung“)
– Argument: Wortlaut des § 362 I, Vergleich mit § 366 (str.)
– Demnach: Kein Erfüllungshindernis

c) Empfangszuständigkeit des Leistungsempfängers
Die Erfüllungswirkung tritt nur ein, wenn der Leistungsempfänger zur Annahme der Leistung befugt ist (sog Empfangszuständigkeit). Dabei deckt sich die Empfangszuständigkeit mit der Verfügungsmacht hinsichtlich der Forderung, vgl. §§ 362 II, 185. Empfangszuständig ist demnach grundsätzlich der verfügungsbefugte Gläubiger. Die Verfügungsmacht des *A* über die Mietforderungen ist jedoch wegen seiner beschränkten Geschäftsfähigkeit (§§ 2, 106) nach §§ 107 ff. analog eingeschränkt und ohne die Einwilligung oder Genehmigung seiner Eltern (§§ 1626 I 1, 1629 I 1 u. 2) nur insoweit gegeben, als er durch die Verfügung zumindest keinen rechtlichen Nachteil erlangt. Die Annahme der Mietzahlungen zum Zwecke der Erfüllung würde indessen zum Erlöschen seiner Mietforderungen führen und ist somit rechtlich nachteilhaft. Einwilligung (§ 183 S. 1) oder Genehmigung (§ 184 I) seiner Eltern wurden nicht erklärt; diese haben die Genehmigung durch das Zahlungsverlangen vielmehr konkludent verweigert, so dass *A* im Hinblick auf die Mietzahlungen nicht empfangszuständig war.

d) Zwischenergebnis: Die Mietzahlungen an A führten mangels Erfüllungswirkung nach allen Erfüllungstheorien nicht zum Erlöschen der Mietforderungen nach § 362 I.

2. Untergang durch Aufrechnung, § 389
a) Aufrechnungserklärung des *M*, § 388 (+), Hilfsaufrechnung zulässig (Bestehen der Hauptforderung als Rechtsbedingung)
b) Aufrechnungslage, § 387
aa) Erfüllbare Hauptforderung: Anspruch des *A* gegen *M* aus § 535 II (+)
bb) Fällige Gegenforderung: Anspruch des *M* gegen *A* aus § 812 I 1 Alt. 1?
(1) Etwas erlangt: Kontogutschrift (+)
(2) Durch Leistung: Erfüllung der Mietforderungen (+)

(3) Ohne rechtlichen Grund (+)
- Objektive Rechtsgrundtheorie: Rechtsgrund = wirksames Kausalverhältnis, hier an sich (+), aber Ausnahme bei fehlender Tilgungswirkung geboten
- Subjektive Rechtsgrundtheorie: Rechtsgrund = Eintritt der Tilgungswirkung, hier mangels Empfangszuständigkeit des *A* (-)

(4) Rechtsfolge: Herausgabe des Erlangten, §§ 818 ff.
- Naturalherausgabe der Kontogutschrift nicht möglich
- Wertersatz, § 818 II (+)
- Aber: Entreicherung, § 818 III (+)
- Verschärfte Haftung nach §§ 818 IV, 819 I (-), keine Bösgläubigkeit der Eltern, auf die es bei der Leistungskondiktion nach hM ankommt

c) Zwischenergebnis: Mangels wirksamer Gegenforderung führte die erklärte Aufrechnung des *M* nicht zum Erlöschen der Mietforderungen nach § 389.

III. Ergebnis: *A* hat einen Anspruch auf (erneute) Mietzahlung aus § 535 II, den seine Eltern als gesetzliche Vertreter in seinem Namen im Rahmen der Vermögenssorge (§§ 1626 I 1 u. 2, 1629 I 1 u. 2) gemeinschaftlich geltend machen können.

b) Rechtlich neutrale Geschäfte

Rechtlich neutrale Geschäfte, deren rechtliche Wirkungen nur Dritte, aber nicht den Minderjährigen selbst treffen, fallen strenggenommen nicht unter den Wortlaut des § 107, weil sie keinen rechtlichen *Vorteil* bewirken (aber eben auch keinen rechtlichen Nachteil). 285

Beispiele: Übereignung fremder Sachen nach §§ 929 S. 1, 932, Stellvertretung für einen anderen (vgl. § 165).

Nach hM ist aber auch hier keine Zustimmung der Eltern erforderlich, da sich aus § 165 ergibt, dass der Minderjährige solche Geschäfte vornehmen können soll, und er zudem nicht schutzbedürftig ist.[26]

c) Schenkung von Grundstücken an Minderjährige

Wird einem Minderjährigen ein Grundstück geschenkt, so ist zunächst zwischen dem **Verpflichtungs**- und dem **Verfügungsgeschäft** zu unterscheiden: 286

- Das **Verpflichtungsgeschäft**, die Schenkung an den Minderjährigen, ist für sich genommen in der Regel lediglich rechtlich vorteilhaft, weil der beschenkte Minderjährige hieraus lediglich einen Anspruch auf (unentgeltliche) Übertragung des Grundstücks erwirbt, ohne selbst Pflichten tragen zu müssen.[27] Anderes gilt jedoch, wenn in dem Schenkungsvertrag bereits Pflichten des Minderjährigen angelegt sind, etwa bei einem Rücktrittsvorbehalt, der zu einer Rückgewährpflicht des Minderjährigen führen kann. 287

---

[26] Vgl. *Brox/Walker* AT Rn. 277; vgl. zum gutgläubigen Erwerb vom nichtberechtigten Minderjährigen Palandt/*Bassenge* § 932 Rn. 3; *Faust* AT § 18 Rn. 22.

[27] Zu dem Sonderproblem der Schenkung des Grundstücks *durch die Eltern* vgl. unten im Text.

288 • Allerdings kann die **Übereignung** des Grundstücks an den Minderjährigen mit rechtlichen Nachteilen verbunden sein. Insoweit sind folgende Probleme zu beachten:[28]

- Ist das **Grundstück unbelastet**, so ist der Eigentumserwerb hieran lediglich rechtlich vorteilhaft, so dass der Minderjährige neben dem Schenkungsversprechen die dingliche Übereignung selbst wirksam annehmen kann.

289 - Die **Übereignung eines mit dinglichen Rechten, insbesondere Grundpfandrechten belasteten Grundstücks** ist als solche zwar lediglich rechtlich vorteilhaft. Unmittelbar mit der Übereignung trifft aber den neuen (minderjährigen) Eigentümer bei Grundpfandrechten die Pflicht zur Duldung der Zwangsvollstreckung in das Grundstück aus § 1147 (oder die Pflichten aus einem Nießbrauch), so dass ein rechtlicher Nachteil angenommen werden könnte. Jedoch haftet der Minderjährige hier nur mit dem Grundstück, nicht mit seinem sonstigen Vermögen. Bei einer Gesamtbetrachtung des dinglichen Erwerbsvorganges liegen daher nicht der Erwerb eines Grundstücks und daneben die Belastung mit einer Hypothek vor, sondern ein einheitlicher Erwerb eines belasteten Grundstückes, der insgesamt **lediglich rechtlich vorteilhaft** ist.[29]

290 - Eine Belastung des Vermögens des Minderjährigen durch die **laufenden öffentlichen Grundstückslasten** ist nach hM **nicht rechtlich nachteilig**. In der Lit. wurde dies häufig damit begründet, dass diese nicht unmittelbare Folge des Rechtsgeschäfts seien, sondern lediglich mittelbar aus öffentlich-rechtlichen Vorschriften folgen.[30] Der BGH lehnt eine solche formale Betrachtungsweise dagegen ab; nach seiner Auffassung erlaube es der Schutzzweck des § 107 jedoch, klar abgegrenzte Rechtsnachteile auszusondern, die typischerweise keine Gefährdung des Minderjährigen mit sich bringen.[31] Hierzu zählen jedenfalls die gewöhnlichen öffentlichen Lasten, da diese ihrem Umfang nach begrenzt sind und in der Regel aus den laufenden Erträgen des Grundstücks gedeckt werden können, so dass sie typischerweise nicht zu einer Vermögensgefährdung führen.

291 - **Übereignung eines vermieteten Grundstücks**: Hier tritt der Erwerber unmittelbar aufgrund des dinglichen Eigentumserwerbs gem. § 566 I in die Vermieterstellung ein, dh ihn treffen alle Pflichten des Vermieters. Für die Erfüllung dieser Pflichten muss der Minderjährige nicht nur mit dem Grundstück, sondern mit seinem gesamten Vermögen einstehen, so dass der Erwerb **insgesamt rechtlich nachteilhaft** ist.[32] Nach dem BGH gilt selbst dann nichts anderes, wenn sich der Veräußerer den Nießbrauch an dem zu übertragenden Grundstück vorbehalten hat (und deshalb dieser und nicht der Minderjährige Vermieter bleibt). Denn mit der Beendigung des Nießbrauches – spätestens mit dem Tod des Schenkers – tritt der Minderjährige dann doch in den Mietvertrag ein (§§ 1061, 1056, 566 ff.).[33]

292 - Rechtlich nachteilig iSv § 107 ist schließlich auch der Erwerb einer **Eigentumswohnung**, weil der Minderjährige als Mitglied der Eigentümergemeinschaft für deren Verbindlichkeiten mit seinem gesamten Vermögen haftet.[34]

---

[28] Ausführlicher Übungsfall hierzu: *Grigoleit/Herresthal* AT Fall 7 „*Immobilienkrise*".

[29] BGHZ 161, 170 = NJW 2005, 415 = JuS 2005, 457; *Wolf/Neuner,* AT § 34 Rn. 29; *Faust* AT § 18 Rn. 21; *Wertenbruch* AT § 17 Rn. 11.

[30] Vgl. zB Jauernig/*Jauernig* § 107 Rn. 5.

[31] BGHZ 161, 170 = NJW 2005, 415 (418) = JuS 2005, 457.

[32] Vgl. *Wolf/Neuner* AT § 34 Rn. 32; *Wertenbruch* AT § 17 Rn. 12; *Faust* AT § 18 Rn. 20.

[33] BGHZ 162, 137 = NJW 2005, 1430.

[34] BGH NJW 2010, 3643; s. auch BGHZ 78, 28 = NJW 1981, 109 = JuS 1981, 292; ein Beispielsfall hierzu findet sich auch bei *Wertenbruch* AT § 17 Rn. 12 ff.

- Ist die Übereignung nach dem Vorstehenden für den Minderjährigen rechtlich nachteilhaft, so bedarf er gem. §§ 107 ff. hierfür der Zustimmung seiner gesetzlichen Vertreter. Ein weiteres Problem tritt dann auf, wenn das vermietete Grundstück **von den Eltern geschenkt** selbst wird: Die gem. § 107 erforderliche Einwilligung zum Eigentumserwerb müsste dann ebenfalls von den Eltern als gesetzlichen Vertretern (§§ 1626 I, 1629 I 1) vorgenommen werden. Diesem Selbstkontrahieren der Eltern als Schenker und gesetzliche Vertreter des Beschenkten stünde eigentlich § 181 (iVm §§ 1629 II 1, 1795 II) entgegen; jedoch handeln diese formal „in Erfüllung einer Verbindlichkeit" (aus dem lediglich rechtlich vorteilhaften und daher wirksamen Schenkungsversprechen), so dass die Eltern bei buchstabengetreuer Anwendung des § 181 die Zustimmung erteilen könnten.[35] 293
  Diese Aushöhlung des Minderjährigenschutzes wird aber nach allgM abgelehnt, wenngleich auf verschiedenen Wegen: Die frühere Rspr. nahm eine **Gesamtbetrachtung** von Schenkung und Erfüllung vor und sah dieses Gesamtgeschäft als rechtlich nachteilhaft an, das insgesamt dem Verbot des Selbstkontrahierens unterliege, wenn die Übereignung für den Minderjährigen rechtlich nachteilhaft ist.[36] Nach der hL ist dagegen **§ 181 teleologisch zu reduzieren**, so dass das Selbstkontrahieren zur Erfüllung einer Verbindlichkeit dann unzulässig ist, wenn es dem Minderjährigen einen rechtlichen Nachteil bringt.[37] In seiner jüngeren Rechtsprechung hat der BGH ausdrücklich offen gelassen, ob er an seiner Auffassung festhält, und sich im Rahmen des Parallelproblems bei § 1795 I Nr. 1 für eine teleologische Reduktion des letzten Hs. dieser Vorschrift ausgesprochen.[38]
  Nach beiden Auffassungen ist daher für die Übereignung gem. § 1909 ein **Ergänzungspfleger** zu bestellen, weil die Eltern den Minderjährigen nach §§ 181, 1629 II 1, 1795 II nicht vertreten können. Zu beachten ist ferner, dass der Streit dahinstehen kann, wenn schon das schuldrechtliche Geschäft bei isolierter Betrachtung rechtlich nachteilig ist, da in diesem Fall dann gar keine wirksame Verpflichtung vorliegt, die der gesetzliche Vertreter iSv § 181 letzter Hs. erfüllen kann.[39]

3. Einwilligung des gesetzlichen Vertreters (§ 107)

Wenn ein Rechtsgeschäft für den beschränkt Geschäftsfähigen **rechtlich nachteilhaft** ist, ist es nach § 107 wirksam, wenn es mit der **Einwilligung** des gesetzlichen Vertreters vorgenommen wurde. 294

a) Einwilligungsberechtigung

Einwilligungsberechtigt ist nach § 107 der gesetzliche Vertreter des beschränkt Geschäftsfähigen. Das sind gem. §§ 1626 I 1, 1629 I **beide Elternteile gemeinsam**. Allerdings kann ein Elternteil den anderen nach § 164 I bevollmächtigen, so dass dieser für beide handeln kann. Auch kann ein Elternteil zunächst als Vertreter ohne Vertretungsmacht für den anderen mit handeln und dieser die Einwilligung gem. §§ 177 I, 180 (nachträglich) genehmigen. Solange aber zwischen beiden sorgeberechtigten Eltern Meinungsverschiedenheiten bestehen, genügt es nicht, wenn nur einer die Einwilligung erteilt. 295

---

[35] So früher BGHZ 15, 168 = NJW 1955, 1353.

[36] BGHZ 78, 28 = NJW 1981, 109 = JuS 1981, 292.

[37] Vgl. *Wolf/Neuner* AT § 49 Rn. 117; *Köhler* AT § 10 Rn. 17; *Wertenbruch* AT § 33 Rn. 9ff; *Faust* AT § 28 Rn. 42; PWW/*Frensch* § 181 Rn. 17.

[38] BGHZ 162, 137 = NJW 2005, 1430.

[39] BGHZ 161, 170 = NJW 2005, 415 = JuS 2005, 457.

b) Einwilligungserklärung

296 Die Einwilligung ist eine formfreie (§ 182 II) empfangsbedürftige Willenserklärung und entweder gegenüber dem Minderjährigen oder gegenüber seinem Vertragspartner zu erklären (§ 182 I). Sie kann **ausdrücklich** oder **konkludent** erklärt werden. Geschieht die konkludente Erklärung durch die Überlassung von Geld oder anderen Mitteln, so ist die spezielle Auslegungsregel des § 110 zu beachten, soweit sich nicht aus der konkreten Einwilligung etwas anderes ergibt.[40]

297 Die Einwilligung der Eltern ist bis zur Vornahme des Rechtsgeschäftes **frei widerruflich**, wobei der Widerruf sowohl dem Minderjährigen als auch seinem Partner gegenüber erklärt werden kann (§ 183).

c) Umfang der Einwilligung

298 Die Einwilligung kann sich entweder auf ein bestimmtes Geschäft (**Spezialeinwilligung**) oder auf eine bestimmte Art von Geschäften (**Generaleinwilligung**) beziehen. Bei der Generaleinwilligung ist aber darauf zu achten, dass sie nicht zu einer partiellen Geschäftsfähigkeit außerhalb der §§ 112, 113 führt. Sie kann sich daher nur auf solche Rechtsgeschäfte erstrecken, die üblicherweise mit dem Vorhaben des Minderjährigen verbunden sind.[41]

299 Zudem kann die Einwilligung nur für solche Rechtsgeschäfte erteilt werden, die der gesetzliche Vertreter auch für den Minderjährigen vornehmen könnte, dh es sind die **Beschränkungen der gesetzlichen Vertretungsmacht** in den §§ 1641 ff., 1795 I, II, 1821, 1822 zu beachten.

d) Der „Taschengeldparagraph" (§ 110)

300 § 110 ist nach hM eine **Auslegungsregel** zu § 107 für den Fall, dass der gesetzliche Vertreter die Einwilligung konkludent durch Überlassung der Mittel (bzw. durch Zustimmung zur Überlassung) erteilt hat.[42] Eine solche Einwilligung soll nur für solche Rechtsgeschäfte gelten, die der Minderjährige sogleich erfüllt bzw. rückwirkend auch für solche Geschäfte, die er zwar nicht sogleich, aber doch später aus den überlassenen Mitteln erfüllt.[43] **Zweck** der Regelung ist es, Kreditgeschäfte Minderjähriger zu verhindern: Der durch die Überlassung von Taschengeld zur freien Verfügung geschaffene Spielraum der Minderjährigen soll nur für sofort erfüllte Bargeschäfte gelten. Dieser Gedanke kann als Auslegungshilfe für die elterliche Einwilligung auch außerhalb des § 110 herangezogen werden.

Voraussetzungen der Wirksamkeit eines Vertrages gem. § 110 sind:

301 1. **Vertragsschluss** durch einen Minderjährigen **ohne Zustimmung** seines gesetzlichen Vertreters.
Da die hM § 110 als Spezialfall des § 107 sieht, ist die Formulierung „ohne Zustimmung des gesetzlichen Vertreters" als „ohne ausdrückliche Zustimmung…" zu lesen; die Einwilligung der Eltern wird konkludent durch Überlassung der Geldmittel erteilt. Da es sich trotz allem bei § 110 um eine rechtsgeschäftliche Einwilligung handelt, sind solche Geschäfte nicht nach § 110

[40] Vgl. dazu sogleich → Rn. 300 ff.
[41] Vgl. MüKoBGB/*Schmitt* § 107 Rn. 14; BGH NJW 1977, 622.
[42] Vgl. hierzu auch *Faust* AT § 18 Rn. 30 ff.; *Wertenbruch* AT § 17 Rn. 15 ff.
[43] Vgl. Palandt/*Ellenberger* § 110 Rn. 1; *Medicus* AT Rn. 579; ausführlicher Übungsfall hierzu: *Grigoleit/Herresthal* AT Fall 1 „*Die Schwarzfahrt*".

wirksam, bei denen dem Minderjährigen klar war, dass die Eltern damit niemals einverstanden gewesen wären; so weit reicht die konkludente Einwilligung der Eltern nicht (zB beim Kauf von Drogen oder Waffen vom Taschengeld).[44]
Da § 110 nur die Folgen der beschränkten Geschäftsfähigkeit regelt, muss der Vertrag im Übrigen wirksam sein (also etwa formgerecht und ohne Verstoß gegen §§ 134, 138 abgeschlossen).

2. **Überlassung der Mittel** durch den gesetzlichen Vertreter oder durch einen Dritten mit dessen Zustimmung.
   Diese Mittel können entweder zu einem bestimmten Zweck oder zur freien Verfügung überlassen worden sein (entspricht der Unterscheidung zwischen Spezial- und Generaleinwilligung). In jedem Fall deckt § 110 aber nur die Verwendung gerade der überlassenen Mittel, nicht die eines etwaigen **Surrogates.**[45]
3. **Bewirkung** der vertragsgemäßen Leistung.
   Der Minderjährige muss den (zunächst schwebend unwirksamen) Vertrag seinerseits vollständig erfüllt haben. Die dingliche Wirksamkeit seiner Zahlung folgt bereits aus der wirksamen Einwilligung der Eltern im Zusammenhang mit der Überlassung der Mittel.[46] Insbesondere werden **Ratenkreditverträge** erst dann wirksam, wenn der Minderjährige die letzte Rate bezahlt; bis zu diesem Zeitpunkt kann der gesetzliche Vertreter jederzeit die Genehmigung verweigern und damit den Vertrag endgültig unwirksam werden lassen. Mit der vollständigen Bewirkung der geschuldeten Leistung wird der Vertrag **rückwirkend wirksam.**[47]

Fall 12:[48]

Der 16-jährige *P* erhält von seinen Eltern regelmäßig 25 EUR/Woche Taschengeld zur freien Verfügung. Eines Tages kauft er hiervon einen Lottoschein und gewinnt 20.000 EUR, die ihm in bar ausgezahlt werden. Von dem Gewinn, den er vor seinen Eltern geheim hält, kauft er einen gebrauchten Sportwagen und bezahlt dafür die 20.000 EUR in bar bei Abholung, die der Händler sogleich zur Bank bringt. Auf dem Heimweg vom Händler, den *P* am Steuer, aber ohne Führerschein antritt, landet das Auto im Straßengraben und erleidet einen Totalschaden. Können die Eltern des *P* in dessen Namen den Kaufpreis zurückverlangen? 302

Lösungsskizze zu Fall 12:

A. Anspruch aus § 985 303
   I. Eigentum des *P*
      1. Erwerb von der Lottogesellschaft gem. § 929 S. 1 (+), da lediglich rechtlich vorteilhaft, § 107

[44] Vgl. AG Freiburg NJW-RR 1999, 637.
[45] S. sogleich Fall 12.
[46] Vgl. Staudinger/*Knothe*, 2012, § 110 Rn. 2 f.
[47] Vgl. *Medicus* AT Rn. 579.
[48] Nach RGZ 74, 234.

2. Verlust an Händler gem. § 929 S. 1 (-), da rechtlich nachteilig, weder Einwilligung noch Genehmigung der Eltern, §§ 107, 108
3. Verlust an Händler durch Vermengung mit dem Kassenbestand gem. §§ 947, 948 (str.)
4. Jedenfalls: Verlust an Bank durch Einzahlung auf das Bankkonto gem. §§ 929, 932 (+)

II. Ergebnis: Anspruch (-)

B. Anspruch aus § 812 I 1

I. Etwas erlangt:
- Besitz am Bargeld iHv 20.000 EUR (+)
- Eigentum am Bargeld:
- Zwar nicht durch rechtsgeschäftliche Übereignung (§ 107), da keine auf den Lottogewinn bezogene Einwilligung der Eltern
- Aber durch Vermischung mit dem übrigen Kassenbestand (§§ 947, 948; str.)

II. Durch Leistung des *P* (+) für Besitz; Eigentum wurde in sonstiger Weise erlangt (vgl. auch § 951)

III. Ohne rechtlichen Grund: Kaufvertrag wirksam?
1. Angebot und Annahme (+)
2. Aber: Unwirksamkeit des Kaufvertrages gem. § 108 I?
   a) Beschränkte Geschäftsfähigkeit des *P* gem. §§ 2, 106 (+)
   b) Vertragsschluss ohne erforderliche Einwilligung des gesetzlichen Vertreters?
      aa) Erforderlichkeit der Einwilligung gem. § 107 (+), da Kaufvertrag nicht lediglich rechtlich vorteilhaft
      bb) Ausdrückliche Einwilligung der Eltern (-)
      cc) Konkludente Einwilligung Eltern gem. § 110?
      Der Kauf des Autos erfolgte nicht mit dem Taschengeld, das die Eltern dem *P* zur freien Verfügung überlassen hatten, sondern mit Mitteln aus seinem Lottogewinn. Der Lottogewinn wurde dem *P* aber weder von seinen Eltern noch mit deren Zustimmung von der Lottogesellschaft überlassen. Die Bewirkung der Leistung durch *P* ist daher unerheblich und der Kaufvertrag war (zunächst) schwebend unwirksam.
      dd) Genehmigung der Eltern?
      Die Eltern des *P* haben den Kaufvertrag nicht genehmigt. In ihrem Rückforderungsverlangen ist vielmehr eine konkludente Verweigerung der Genehmigung zu sehen, die zur endgültigen Unwirksamkeit des Kaufvertrages führte.

IV. Rechtsfolge: Herausgabe des Erlangten, §§ 818 ff.
1. Naturalherausgabe des Bargeldes bzw. der Kontogutschrift nicht möglich
2. Wertersatz, § 818 II (+)
3. Berücksichtigung der (untergegangenen) Gegenleistung?
Der Händler hat wegen des unwirksamen Kaufvertrages (dem Grunde nach) einen Gegenanspruch gegen *P* aus § 812 I 1 Alt. 1, der wegen der unmöglichen Naturalherausgabe auf Wertersatz (§ 818 II) gerichtet ist, aber wegen des Untergangs des Autos (Entreicherung des *P*) nach § 818 III ausgeschlossen wäre. Dies erscheint unter Wertungsgesichtspunkten im Normalfall unbillig. Daher müsste man nach der Saldotheorie in Erweiterung des § 818 III den Wert der Entreicherung des *P* bei seinem eigenen Bereicherungsanspruch als Abzugsposten berücksichtigen und seinen Bereicherungsanspruch um den Wert des Sportwagens kürzen.

Zum gleichen wirtschaftlichen Ergebnis gelangt die in der Lit. vorherrschende modifizierte Zweikondiktionenlehre (Lehre von der Gegenleistungskondiktion), die in Einschränkung des § 818 III die Berufung auf den Bereicherungseinwand bei zurechenbarer Herbeiführung des Untergangs des Autos verwehrt; der Händler könnte dem Bereicherungsanspruch des *P* seinen Gegenanspruch gem. §§ 348, 320 analog entgegenhalten. Indessen sind die Saldotheorie und die Lehre von der Gegenleistungskondiktion wegen des vorrangigen Minderjährigenschutzes nicht zu Lasten nicht voll Geschäftsfähiger anwendbar, so dass sich *P* hinsichtlich des Gegenanspruchs des Händlers in vollem Umfang auf § 818 III berufen kann, während er seinen eigenen Bereicherungsanspruch ungeschmälert geltend machen kann.

V. Ergebnis: Anspruch (+)

4. Rechtsgeschäfte des Minderjährigen ohne erforderliche Einwilligung

304 Schließt ein Minderjähriger ein Rechtsgeschäft ohne Einwilligung der gesetzlichen Vertreter ab, obwohl eine solche gem. § 107 erforderlich gewesen wäre (dh es handelte sich um ein rechtlich nachteilhaftes Geschäft), so richten sich die Wirksamkeitsvoraussetzungen nach der Art des Rechtsgeschäfts:

a) Verträge (§§ 108, 109)

305 Schließt der Minderjährige einen (zwei- oder mehrseitigen) Vertrag ohne die erforderliche Einwilligung seiner gesetzlichen Vertreter ab, so ist dieser **schwebend unwirksam.** Für die weiteren Folgen bestehen verschiedene Möglichkeiten:

- Der **gesetzliche Vertreter** kann ihn gem. §§ 108, 182 I, 184 I durch formfreie (§ 182 II) Erklärung gegenüber dem Minderjährigen oder gegenüber dem anderen Teil **genehmigen.** Durch die Genehmigung wird das Rechtsgeschäft **rückwirkend voll wirksam.**
  Wie bei der Einwilligung erstreckt sich auch bei der Genehmigung die Vertretungsmacht der Eltern nicht auf die in den §§ 1641, 1643, 1795, 1822 genannten Geschäfte.
- Der gesetzliche Vertreter kann die **Genehmigung verweigern** (gegenüber dem Minderjährigen oder dem anderen Teil, § 182 I); in diesem Fall wird das Rechtsgeschäft **endgültig unwirksam.** Auch eine spätere Meinungsänderung des gesetzlichen Vertreters ändert hieran nichts mehr; er kann das Geschäft nur noch als Vertreter im Namen des Minderjährigen erneut vornehmen.
- Wird der **Minderjährige volljährig,** so kann er gem. § 108 III das Rechtsgeschäft **selbst genehmigen,** um rückwirkend die Wirksamkeit herbeizuführen.
- Der **andere Teil** kann den gesetzlichen Vertreter **zur Erklärung über die Genehmigung auffordern** (§ 108 II); tut er dies, so wird eine etwaige *gegenüber dem Minderjährigen* erklärte Genehmigung oder Verweigerung der Genehmigung unwirksam, dh der Vertrag ist wieder schwebend unwirksam. Genehmigt der gesetzliche Vertreter das Geschäft dann nicht innerhalb von zwei Wochen gegenüber dem anderen Teil, so wird die Verweigerung der Genehmigung gem. § 108 II 2 Hs. 2 fingiert (Fall des Schweigens mit Erklärungswirkung).
- Bis zur Genehmigung kann der andere Teil gem. § 109 I seine **Willenserklärung widerrufen.** Dies gilt gem. § 109 II aber nicht, wenn er die Minderjährigkeit bzw. die fehlende, aber vom Minderjährigen behauptete Einwilligung **kannte.**

b) Einseitige Rechtsgeschäfte (§ 111)

306 Einseitige Rechtsgeschäfte (zB Kündigung, Rücktritt, Anfechtung oder Auslobung; beachte aber die Sonderregelung der Testierfähigkeit in § 2229 I) sind gem. § 111 S. 1 nur wirksam, wenn der gesetzliche Vertreter **vorher eingewilligt** hat. Selbst wenn die **Einwilligung tatsächlich vorliegt**, ist das vom beschränkt Geschäftsfähigen (gegenüber einem anderen) vorgenommene einseitige Rechtsgeschäft **unwirksam**, wenn die Einwilligung nicht in schriftlicher Form vorliegt und der andere das Rechtsgeschäft *deswegen* **unverzüglich zurückweist** (§ 111 S. 2). Eine nachträgliche Genehmigung scheidet bei einseitigen Rechtsgeschäften in jedem Fall aus.

307 Eine Ausnahme gilt allerdings bei der **Vollmachterteilung** durch einen Minderjährigen: Obwohl diese eigentlich ein einseitiges Rechtsgeschäft ist, soll der gesetzliche Vertreter nicht nur – gem. § 177 I in Vertretung des Minderjährigen – den vom „Vertreter“ geschlossenen Vertrag genehmigen können, sondern auch die Vollmachterteilung selbst.[49]

B. Geheimer Vorbehalt, Scheingeschäft, Scherzerklärung (§§ 116 ff.)

308 Die §§ 116 ff. betreffen eine besondere Form von Willensmängeln: In allen drei Fällen wollte der Erklärende keine bindende Willenserklärung des betreffenden Inhalts abgeben. Trotzdem erschien sein Verhalten nach außen als eine bestimmte Willenserklärung, dh der objektive Tatbestand (insbesondere der objektive Rechtsbindungswille) lag vor.

I. Geheimer Vorbehalt (§ 116)

309 Nach § 116 S. 1 ist ein geheimer, nicht nach außen tretender Vorbehalt bei der Abgabe einer Willenserklärung **unbeachtlich**, dh die Willenserklärung ist trotz des Vorbehalts wirksam und auch nicht anfechtbar. Vom geheimen Vorbehalt iSv § 116 sind Inhalts- und Erklärungsirrtum iSv § 119 I zu unterscheiden: Während beim Irrtum etwas anderes geäußert wird, als der Erklärende will, wird im Falle des § 116 genau das Gewollte geäußert, aber die eintretende *Rechtsfolge* nicht gewollt. Der Vorbehalt muss sich gerade auf die durch die Willenserklärung ausgelöste Rechtsfolge beziehen, nicht auf spätere Handlungen. Ein geheimer Vorbehalt iSv § 116 S. 1 liegt daher nicht vor, wenn eine Person sich zwar verpflichten möchte, aber von Anfang an nicht vorhat, diese Verpflichtung zu erfüllen.[50]

310 Allerdings ist nach § 116 S. 2 die **Willenserklärung nichtig**, wenn der Empfänger einer empfangsbedürftigen Willenserklärung den **geheimen Vorbehalt kennt**. Das gemeinsame Einverständnis über den Vorbehalt führt dazu, dass er nicht mehr „geheim“ ist und damit im Ergebnis zu einem Scheingeschäft iSv § 117.

---

[49] Vgl. *Wolf/Neuner* AT § 34 Rn. 50; BGHZ 110, 363 = NJW 1990, 1721.
[50] Vgl. *Wolf/Neuner* AT § 40 Rn. 1.

II. Scheingeschäft (§ 117)

Gem. § 117 I ist eine empfangsbedürftige Willenserklärung, die **mit dem Einverständnis** des Erklärungsgegners **nur zum Schein** abgegeben wurde, nichtig.[51] Anders als bei § 116 wollen hier beide Parteien übereinstimmend (und nicht nur eine Partei „geheim") das getätigte Rechtsgeschäft nicht gelten lassen und anders als bei § 118 soll nach außen hin wenigstens der Schein eines gültigen Rechtsgeschäfts gesetzt werden (insbesondere für den Notar oder das Finanzamt). Insoweit besteht eine gewisse Verwandtschaft zur *falsa demonstratio*, weil in beiden Fällen eine – nicht rechtsgeschäftliche, sondern rein tatsächliche – Übereinkunft der Parteien besteht, mit dem Gesagten eigentlich etwas anderes zu meinen. Im Falle der **Stellvertretung** kommt es nach hM dementsprechend darauf an, ob derjenige, der das Rechtsgeschäft am Ende abschließt, weiß, dass es sich um ein Scheingeschäft handelt, er also an dieser tatsächlichen „Scheinabrede" beteiligt ist. Eine Zurechnung des „Scheingeschäftswillens" eines vorher tätigen Verhandlungsgehilfen (sog Wissensvertreter) analog § 166 I findet nicht statt, weil es sich bei der „Scheinabrede" gerade nicht um ein separates Rechtsgeschäft neben dem eigentlichen Rechtsgeschäft handelt.[52] 311

Ein häufiger Fall des Scheingeschäfts ist der notarielle Verkauf eines Grundstücks zu einem niedrigeren als dem eigentlich vereinbarten Preis, um Notariatsgebühren und Grunderwerbssteuer zu sparen (sog **Unterverbriefung**[53]). Dagegen sind sog **Strohmanngeschäfte**, bei denen ein Dritter im eigenen Namen, aber für fremde Rechnung einen Vertrag abschließt, keine Fälle des § 117, weil der „Strohmann" selbst berechtigt und verpflichtet werden soll. Verheimlicht wird hier nicht der Inhalt des Rechtsgeschäfts, sondern nur die Identität desjenigen, in dessen *wirtschaftlichen* Interesse das Geschäft vorgenommen wird.[54] 312

Geht **nur eine Partei** davon aus, dass das Geschäft ein Scheingeschäft ist, während die andere Partei das Geschäft ernst nimmt, so liegt auf Seiten des Irrenden ein Fall des § 118 vor, so dass das Geschäft grundsätzlich nichtig ist. 313

Fall 13:

V verkauft an *K* ein Grundstück; als Preis werden in einem privatschriftlichen Kaufvertrag 500.000 EUR vereinbart. In den notariellen Kaufvertrag lassen sie als Kaufpreis vereinbarungsgemäß 300.000 EUR eintragen, um Grunderwerbsteuer und Notargebühren zu sparen. Die Auflassung ist im notariellen Kaufvertrag enthalten, der Notar darf den Eintragungsantrag aber erst einreichen, wenn der Kaufpreis vollständig bezahlt ist. Nach der ersten Rate von 100.000 EUR stellt *K* die Zahlungen ein. Kann *V* von *K* Zahlung der restlichen 200.000 EUR oder 400.000 EUR verlangen? 314

Lösungsskizze zu Fall 13:

Anspruch aus § 433 II 315

I. Notarieller Kaufvertrag – Wirksamkeit?

1. Formnichtigkeit, § 125 I (-): Einhaltung der notariellen Form, § 311b I 1 (+)

---

[51] Ausführlicher Übungsfall hierzu: *Grigoleit/Herresthal* AT Fall 8 *„So wie es scheint"*.
[52] BGHZ 144, 331 = NJW 2000, 3127 = JuS 2001, 80; NJW 2001, 1062.
[53] Vgl. sogleich Fall 13.
[54] Vgl. *Wolf/Neuner* AT § 41 Rn. 27; *Faust* AT § 20 Rn. 4; PWW/*Ahrens* § 117 Rn. 8.

2. Scheingeschäft, § 117 I (+)
   Der notarielle Kaufvertrag (300.000 EUR) ist von den Parteien übereinstimmend nicht ernsthaft gewollt; deren Willenserklärungen sind nach § 117 I nichtig. Mithin ist auch der notarielle Kaufvertrag (simuliertes Rechtsgeschäft) nichtig.

II. Privatschriftlicher Kaufvertrag – Wirksamkeit?
1. Scheingeschäft, § 117 I (-)
   Der privatschriftliche Kaufvertrag (500.000 EUR) ist von den Parteien als verdecktes (dissimuliertes) Rechtsgeschäft (§ 117 II) tatsächlich gewollt.
2. Formnichtigkeit, § 125 I?
   a) Einhaltung der notariellen Form, § 311b I 1 (-); auch keine bloß versehentliche Falschbezeichnung des Kaufpreises (falsa demonstratio)
   b) Heilung nach § 311b I 2 (-), zwar Auflassung, aber noch keine Eintragung

III. Ergebnis: Kein wirksamer Kaufvertrag, weder über 500.000 EUR noch über 300.000 EUR

V kann von *K* weder Zahlung von 200.000 EUR noch von 400.000 EUR verlangen.

III. Scherzerklärung (§ 118)

316 Eine (**nichtige**) Scherzerklärung iSv § 118 liegt vor, wenn der Erklärende seine Erklärung nicht ernst meinte und davon ausging, dass der Mangel der Ernstlichkeit erkannt werden würde. Der Unterschied zu § 116 liegt darin, dass der Erklärende gar nicht erst den Schein einer wirksamen Willenserklärung setzen möchte, sondern – unversehens – missverstanden wird.[55] Ein praktisch häufiger Fall des § 118 ist das „fehlgeschlagene Scheingeschäft", bei welchem einem Partner unbekannt geblieben ist, dass der andere Partner seine Erklärung nur zum Schein abgeben wollte.

Beispiel: Ein Getränk wird mit der Aussage „Red Bull verleiht Flügel" beworben. Diese Werbeaussage ist erkennbar nicht ernst gemeint, so dass sich kein Käufer darauf (zB im Sinne einer Beschaffenheitsgarantie) berufen kann.

317 Die Scherzerklärung ist zwar **nichtig**; jedoch muss der Erklärende nach § 122 demjenigen, der auf die Gültigkeit vertraut, den **Vertrauensschaden** ersetzen, sofern dieser nicht seinerseits in seinem Vertrauen fahrlässig handelte (§ 122 II).

318 Erkennt der Erklärende, dass der Empfänger auf die Wirksamkeit der Scherzerklärung vertraut, so ist er gem. § 242 zur **Aufklärung** verpflichtet. Wenn er dies – pflichtwidrig – unterlässt, liegt darin eine konkludente Wiederholung der Erklärung durch „beredtes Schweigen",[56] dh die (neue) Willenserklärung ist **wirksam**.[57]

Fall 14:[58]

319 Wie Fall 13 (→ Rn. 314), nur dass kein privatschriftlicher Vertrag vorlag, sondern die Preisabrede von 500.000 EUR mündlich zwischen *V* und dem Ehemann *E* der *K*, der für

---

[55] Vgl. *Wolf/Neuner* AT § 40 Rn. 8.
[56] Vgl. → Rn. 116.
[57] Vgl. Palandt/*Ellenberger* § 118 Rn. 2; *Faust* AT § 20 Rn. 5; *Wertenbruch* AT § 7 Rn. 19.
[58] Nach BGHZ 144, 331 = NJW 2000, 3127 = JuS 2001, 80; s. als weiteren Beispielsfall auch BGH NJW 1999, 2882.

diese die Verhandlungen geführt hatte, getroffen wurde. *K* wusste nichts von dieser Abrede, als sie den notariellen Vertrag unterschrieb.

Lösungsskizze zu Fall 14:

Anspruch aus § 433 II 320

I. Notarieller Kaufvertrag – Wirksamkeit?
 1. Formnichtigkeit, § 125 I (-): Einhaltung der notariellen Form, § 311b I 1 (+)
 2. Scheingeschäft, § 117 I?
  a) Scheinabrede tatbestandlich (+), aber zwischen V und E, nicht zwischen V und K
  b) Zurechnung zu K?
  Eine unmittelbare Zurechnung nach § 166 I scheidet aus, weil *E* nicht Stellvertreter der *K* war. Aber auch eine Zurechnung nach § 166 I analog kann nicht erfolgen, weil die Scheinabrede kein Rechtsgeschäft ist, bei dem eine Wissenszurechnung erfolgen könnte. Vielmehr ist die Scheinabrede durch ein tatsächliches Einverständnis der Vertragsparteien gekennzeichnet, also eine Willensübereinstimmung, das formell abgeschlossene Geschäft nicht gelten lassen zu wollen; entscheidend ist der tatsächliche Wille der Erklärenden, keine objektive Auslegung. Eine Scheinabrede zwischen *V* und *K* ist daher nicht gegeben, denn *K* wusste nichts von der Abrede zwischen *V* und *E*. Die von *V* und *K* abgegebenen Erklärungen sind somit mit ihrem jeweiligen Wortlaut wirksam.
 3. Scherzerklärung, § 118 (+)
 V wollte seine Erklärung nur zum Schein abgeben und hatte darauf vertraut, dass K dies wusste. Seine Erklärung ist daher nichtig.

II. Ergebnis: Anspruch (-)

C. Form von Willenserklärungen (§ 125)

Grundsätzlich können Rechtsgeschäfte **formfrei** abgeschlossen werden, dh entweder 321
durch ausdrückliche oder durch konkludente Erklärung.[59] Für manche Rechtsgeschäfte ist aber gesetzlich eine bestimmte Form vorgeschrieben (zB §§ 311b I, 766, 925); darüber hinaus können die Parteien vertraglich eine bestimmte Form vereinbaren (vgl. § 127).

Wird eine gesetzlich vorgeschriebene Form nicht eingehalten, so ist die entsprechende 322
Willenserklärung bei gesetzlichen Formerfordernissen in der Regel (Ausnahme: § 550 S. 1) **nichtig** (§ 125). Bei vertraglich vereinbarten Formerfordernissen obliegt es grundsätzlich den Parteien, die Rechtsfolgen eines Formverstoßes selbst festzulegen. Im Zweifel ist es ebenfalls die Nichtigkeit.

Die Formnichtigkeit erfasst grundsätzlich das **gesamte Rechtsgeschäft**, dh auch 323
sämtliche Nebenabreden, die die Parteien getroffen haben. Dies gilt auch dann, wenn der formbedürftige Teil nur einen kleinen Teil eines größeren Regelungswerks darstellt,[60] zB bei der Verpflichtung zur Einbringung eines Grundstücks im Rahmen

---

59 → Rn. 95.
60 Vgl. *Wolf/Neuner* AT § 44 Rn. 57.

eines komplexen Gesellschaftsvertrages: Hier ist ohne notarielle Beurkundung (§ 311b I) der gesamte Gesellschaftsvertrag nichtig.

324 **Nachträgliche Änderungen** des Vertrages sind nur dann nicht formbedürftig, wenn sie sich lediglich zugunsten der durch die Form geschützten Partei auswirken. In allen anderen Fällen gilt das Formerfordernis auch für die Vertragsänderungen.[61]

I. Formzwecke

325 Gesetzliche Formvorschriften können die folgenden Zwecke verfolgen, wobei durch Auslegung zu ermitteln ist, welche Zwecke bei einem bestimmten Formerfordernis im Vordergrund stehen und welche möglicherweise gar nicht verfolgt werden:[62]

- **Beweisfunktion**, dh Wahrung der Rechtssicherheit durch Erstellung einer Urkunde. Diese Funktion tritt vor allem bei solchen Erklärungen in den Vordergrund, bei denen ein öffentliches Interesse an der Beurkundung gegeben ist (zB §§ 925, 1154 I, jeweils wegen der Grundbucheintragung). Eine Heilung kommt hier grundsätzlich nicht in Betracht.
- **Warnfunktion**, dh Schutz des Erklärenden vor übereilten Bindungen. Diese Funktion steht insbesondere bei solchen Erklärungen im Vordergrund, bei denen mit der Erklärung nicht unmittelbar ein Vermögensopfer zusammenfällt, die also möglicherweise eher leichtfertig abgegeben werden (Bürgschaft: § 766 S. 1, Schenkungsversprechen: § 518 I 1). Daher werden Formverstöße bei primär der Warnung dienendem Formzwang auch idR durch spätere Leistungserbringung geheilt (vgl. §§ 766 S. 3, 518 II).
- **Beratungsfunktion**, dh Sicherstellung einer sachkundigen Beratung und Belehrung der Parteien. Dieser Zweck gilt nur für die notarielle Beurkundung, da hier eine Beratung durch den Notar vorauszugehen hat.
- **Dokumentationsfunktion**, um einer Behörde oder Dritten die Möglichkeit zu verschaffen, den Vertragsinhalt zur Kenntnis zu nehmen (zB § 550 S. 1, wo die Schriftlichkeit des Mietvertrags zur Information von Grundstückserwerbern dient, die an den Mietvertrag nach §§ 566 ff. gebunden sind; ferner § 311b I 1, bei welchem die notarielle Beurkundung ua der Information des Finanzamts für die Grunderwerbsteuer dient).

II. Arten von Formerfordernissen

326 Das BGB kennt fünf Arten von gesetzlichen Formerfordernissen:

1. Schriftform (§ 126)

327 Für die Einhaltung der gesetzlichen Schriftform ist nach § 126 erforderlich, dass der Aussteller (bei der Stellvertretung der Vertreter) eine Urkunde **persönlich mit seinem Namen unterschreibt**. Ein Kürzel oder eine andere Bezeichnung wie zB „euer Vater“ reicht dabei nicht aus; die Person des Unterschreibenden muss eindeutig identifizierbar sein.[63] Zur Formwahrung muss die Unterschrift den gesamten

---

[61] Vgl. *Wolf/Neuner* AT § 44 Rn. 22.
[62] Vgl. *Wolf/Neuner* AT § 44 Rn. 3 ff.; *Faust* AT § 8 Rn. 1; *Wertenbruch* AT § 16 Rn. 6; PWW/*Ahrens* § 125 Rn. 1 ff.
[63] Vgl. Jauernig/*Jauernig* § 126 Rn. 3 f.

Inhalt der Vereinbarung decken, dh **unter** oder zumindest **neben dem Text** stehen.[64] Auf die zeitliche Reihenfolge kommt es dabei nicht an: Auch eine **Blankourkunde**, die erst unterschrieben und dann von einem Dritten ausgefüllt wird, genügt der Schriftform.[65] Allerdings kann es im Einzelfall (insbesondere bei Bürgschaften) erforderlich sein, dass die – vollmachtsähnliche – Ausfüllungsermächtigung der Schriftform bedarf, weil sie einer Vorwegnahme des Rechtsgeschäfts gleichkommt und die Warnfunktion des Formerfordernisses sonst umgangen würde.[66]

Bei einem **Vertrag** müssen nach § 126 II beide Parteien auf **derselben Urkunde** unterschreiben. Hierfür genügt es, wenn eine Partei das Angebot (zB in einem Brief) unterschreibt und die andere Partei ihre Unterschrift dazu setzt, sei es mit oder ohne einen Zusatz wie „Einverstanden" o. ä.[67] Nicht ausreichend ist es demgegenüber, wenn die eine Partei nur das Angebot und die andere nur die Annahme unterschreibt (anders bei Verbraucherdarlehensgeschäften, vgl. §§ 492 I 2, 506 I). Ein solcher Vertragsschluss durch Austausch einseitig unterschriebener Urkunden ist nur zulässig, wenn zwei *identische* Urkunden von jeweils einer Partei unterschrieben und der anderen Partei ausgehändigt werden (§ 126 II 2). 328

Die **Urkunde** selbst muss schriftlich erstellt sein, aber grundsätzlich nicht handschriftlich geschrieben sein (außer nach § 2247 beim Testament). Sie muss den **wesentlichen Inhalt** des Rechtsgeschäfts enthalten; eine **Bezugnahme** auf externe Elemente ist bei wesentlichen Fragen grundsätzlich unzulässig.[68] Mehrere Seiten einer Urkunde müssen derart miteinander verbunden sein, dass die Zusammengehörigkeit deutlich wird, zB durch physische Verbindung (Tackern) oder aufgrund durchgehender Paginierung.[69] Gleiches gilt für **Anlagen** zur Urkunde. 329

Ein **Telefax** oder **Telegramm** genügt **nicht** der gesetzlichen Schriftform nach § 126, auch wenn das Original unterschrieben ist, da dem Empfänger der Erklärung eine formgerechte Erklärung (und nicht eine Kopie oder Abschrift hiervon) zugehen muss.[70] Etwas anderes gilt nur für die **gewillkürte Schriftform** nach § 127 II 1.[71] 330

Fall 15:[72]

B soll für eine Schuld seiner Ehefrau bei der *G*-Bank eine Bürgschaft übernehmen. Zu diesem Zweck hatte die Bank ihm ein Formular zugeschickt, in dem alle erforderlichen Angaben bezüglich der Hauptschuld etc. eingetragen waren. Nachdem *B* das Formular unterschrieben hatte, übermittelte er es per Telefax an *G*, während er das unterschriebene Original behielt. Ist die Bürgschaft des *B* wirksam? 331

---

[64] BGHZ 113, 48 = NJW 1991, 487 = JuS 1991, 543.
[65] Vgl. *Wolf/Neuner* AT § 44 Rn. 30.
[66] Vgl. näher → Rn. 576.
[67] BGHZ 160, 97 = NJW 2004, 2962 = JuS 2004, 1100 (zu § 550); BAG NJW 2007, 315 (zu § 14 IV TzBfG); anders noch RGZ 105, 60; skeptisch hierzu MüKoBGB/*Einsele* § 126 Rn. 20 mwN.
[68] Vgl. Palandt/*Ellenberger* § 126 Rn. 3.
[69] BGHZ 136, 357 = NJW 1998, 58 = JuS 1998, 266; BGHZ 142, 158 = NJW 1999, 2591, jeweils zu § 550; strenger früher BGHZ 40, 255: Feste physische Verbindung erforderlich.
[70] BGHZ 121, 224 = NJW 1993, 1126 = JuS 1993, 598; Palandt/*Ellenberger* § 126 Rn. 12; *Wertenbruch* AT § 16 Rn. 13.
[71] Vgl. → Rn. 346.
[72] Nach BGHZ 121, 224 = NJW 1993, 1126 = JuS 1993, 598.

Lösungsskizze zu Fall 15:

332 Wirksamkeit der Bürgschaft:
I. Vertragsschluss
1. Angebot der *G*-Bank (+)
2. Annahme des *B* (Bürgschaftserklärung) (+)
II. Nichtigkeit der Bürgschaftserklärung gem. §§ 125 S. 1, 766 S. 1?
Die der *G*-Bank zugegangene Telekopie der Bürgschaftsurkunde trägt nicht die Originalunterschrift des *B* und genügt somit nicht der Schriftform nach § 126 I. Demgegenüber erfüllt die von *B* unterschriebene Bürgschaftsurkunde zwar die Schriftform nach § 126 I, ist aber der *G*-Bank nicht formgerecht zugegangen. Die Bürgschaftserklärung des *B* ist daher gem. §§ 125 S. 1, 766 S. 1 wegen Formmangels nichtig.
III. Ergebnis: Wirksamkeit der Bürgschaft (-) (aber Heilungsmöglichkeit nach § 766 S. 3)

2. Elektronische Form (§ 126a)

333 Nach § 126 III genügt zur Einhaltung der Schriftform grundsätzlich auch die elektronische Form gem. § 126a; dieser Grundsatz ist aber in den meisten Formvorschriften aufgehoben, die die elektronische Form ausdrücklich ausschließen (zB §§ 623 Hs. 2, 630 S. 3, 761 S. 2, 766 S. 2, 780 S. 2, 781 S. 2). Die Äquivalenz der elektronischen mit der Schriftform ist daher stark eingeschränkt.

334 Zudem ist zu beachten, dass die **einseitige Verwendung** der elektronischen Form durch eine Partei (zB bei der Kündigung eines Wohnraummietvertrages, vgl. § 568 I) nicht automatisch zu einer wirksamen Willenserklärung führt; zu prüfen ist stets, ob die elektronische Erklärung auch **zugegangen** ist, insbesondere ob ein Format verwendet wurde, das für den Erklärungsempfänger lesbar ist.[73] Eine besondere rechtsgeschäftliche Vereinbarung der Parteien über die Verwendung der elektronischen Form ist zwar nicht erforderlich; der Empfänger kann sich aber im Voraus weigern, Erklärungen in elektronischer Form formwahrend entgegenzunehmen.[74]

Voraussetzungen der elektronischen Form sind:

335 1. Die Erklärung muss in einem **elektronischen Dokument** enthalten sein (zB Datei auf Datenträger, E-Mail oder WWW-Seite).
2. Das Dokument muss den **Namen des Ausstellers** angeben.
3. Es muss schließlich mit einer **qualifizierten elektronischen Signatur** nach § 2 Nr. 3 SigG versehen sein.
Die Anforderungen an eine qualifizierte elektronische Signatur nach § 2 Nr. 3 SigG sind hoch; insbesondere hat eine solche nichts mit einer eingescannten Unterschrift gemein (wie sie für die gewillkürte elektronische Form gem. § 127 III genügen würde). Vielmehr besteht sie aus einem Zahlencode, der algorithmisch aus dem zu signierenden Dokument generiert und mit dem persönlichen Schlüssel des Signierenden verschlüsselt wird. Dabei ist aufgrund der Vorkehrungen des SigG sichergestellt, dass die Signatur entweder vom Schlüsselinhaber oder von einer anderen Person stammt, der der Inhaber

[73] Vgl. dazu → Rn. 169 ff.
[74] Vgl. ausf. *Boente/Riehm* Jura 2001, 793 (795 f.).

Zugang zum Schlüssel verschafft hat. Insoweit begründet § 371a I 2 ZPO einen **Anscheinsbeweis** für die Echtheit der Erklärung. Nennenswerte praktische Bedeutung hat die elektronische Signatur außerhalb des elektronischen Justizverkehrs bisher nicht erlangt.

Bei **Verträgen** ist nach § 126a II erforderlich, dass beide Parteien jeweils ein gleichlautendes elektronisches Dokument signieren. Die Parteien können dafür entweder das gleiche Dokument oder identische Kopien davon signieren. 336

3. Textform (§ 126b)

Eine vereinfachte Version der Schriftform ist die Textform gem. § 126b. Der Unterschied gegenüber der Schriftform des § 126 und der elektronischen Form gem. § 126a liegt darin, dass eine Unterschrift oder digitale Signatur nicht erforderlich ist. 337

Anwendungsfälle der Textform sind das Mieterhöhungsverlangen (§§ 557b, 558a, 559b), die Modernisierungsankündigung (§ 555c), die Umstellungsankündigung (§ 556c), die Veränderung von Betriebskosten (560), die Kündigung von Außergeschäftsraumverträgen (§ 312h) oder die Anmeldung zu Gewinnspielverträgen (§ 675 III). Ansonsten ist die Textform hauptsächlich bei Informationspflichten relevant (zB § 312a II 1 iVm Art. 246 III 1 EGBGB, § 312d I 1 iVm Art. 246a § 1 II 2 EGBGB, §§ 477 II, 482 I 1, 482a S. 2, 484 II 3, 486a I 3, 510 I 2, 613a V, 630c III 1, 630e II 1 Nr. 1, 655b I 3). In anderen Fällen verlangt das Gesetz demgegenüber nurmehr die Übermittlung auf einem dauerhaften Datenträger (§§ 356 I, 357 VIII; 492 V, VI; 504; 505 I, II; 507 I) oder auf Papier (§ 312f I 1).

Voraussetzungen der Textform sind:[75]

1. Abgabe der Erklärung auf einem **dauerhaften Datenträger** iSv § 126b S. 2 (zB auf Papier oder einem dauerhaften elektronischen Datenträger, zB die E-Mail auf der heimischen Festplatte oder auf dem Server des Mailproviders); 338
2. **Lesbarkeit** der Erklärung, dh die Erklärung muss zur Wiedergabe **in Schriftzeichen** geeignet sein (dh eine Sprachnachricht auf dem Anrufbeantworter genügt nicht);
3. Nennung der **Person des Erklärenden** (keine Unterschrift bzw. kein Unterschriftsersatz nötig);
4. Ungeschriebene Voraussetzung: **Räumlicher Abschluss** der Erklärung, dh das Ende der Erklärung muss durch Namenswiedergabe oder anders (zB durch den Text „Diese Erklärung trägt keine Unterschrift“) erkennbar sein.

Fall 16:[76]

Verbraucher *A* kauft im Online-Shop des *B* ein Buch für 20 EUR. Am Ende der Verkaufsabwicklung wird dem *A* eine Webseite angezeigt, auf der die erforderlichen Informationen 339

[75] Vgl. ausf. *Boente/Riehm* Jura 2001, 793 (794 f.).
[76] Vgl. EuGH NJW 2012, 2637; BGH NJW 2014, 2857; BGH NJW 2010, 3566; zum Widerrufsrecht bei Verbraucherverträgen nach Umsetzung der Verbraucherrechterichtlinie ausführlich *Schärtl* JuS 2014, 577; *Wendehorst* NJW 2014, 577.

nach Art. 246a EGBGB einschließlich einer ordnungsgemäßen Widerrufsbelehrung (14 Tage Widerrufsfrist) enthalten sind, verbunden mit der Aufforderung, diese Seite auszudrucken oder abzuspeichern, was *A* unterlässt. Eine Woche später, am 7.7.2014 wird das Buch geliefert. Wann endet die Widerrufsfrist?

Lösungsskizze zu Fall 16:

340 I. Bestehen eines Widerrufsrechts iSv § 355 I 1: § 312g I (+)
Hier: Fernabsatzvertrag, § 312c (+), kein Ausschluss durch Bagatellklausel des § 312 II Nr. 12 (nur Außergeschäftsraumverträge)

II. Widerrufsfrist
1. Regelfrist: 14 Tage, § 355 II 1
2. Fristbeginn
a) Grundregel: Vertragsschluss, § 355 II 2
b) Abweichende Bestimmungen für Fernabsatzvertrag
aa) Verbrauchsgüterkauf (§ 474 I 1): Erhalt der Waren, § 356 II Nr. 1 lit. a
bb) Frühestens: Erfüllung der Informationspflichten, § 356 III 1
(1) Ordnungsgemäße Belehrung über das Widerrufsrecht nach Art. 246a § 1 II 1 Nr. 1 EGBGB (+)
(2) Formale Anforderungen: Genügte die Anzeige auf der Webseite?
Anders als nach alter Rechtslage (vgl. § 355 II 1, III 1 aF) muss die Widerrufsbelehrung nicht mehr generell in Textform (126b) erteilt werden. Zwar verlangt § 312a III 1 iVm Art. 246 III 1 EGBGB bei Verbraucherverträgen (iSv § 310 III) grundsätzlich weiterhin eine Belehrung über das Widerrufsrecht in Textform, jedoch ist diese Vorschrift auf Fernabsatzverträge nicht anwendbar, § 312a II 3.
Bei einem Fernabsatzvertrag sind die Informationen nach Art. 246a EGBGB zweimal zu erteilen, zum einen vor Vertragsschluss (vgl. § 312d I 1) in einer den benutzten Fernkommunikationsmitteln angepassten Weise (Art. 246a § 4 III 1 EGBGB) und nach Vertragsschluss auf einem dauerhaften Datenträger (§ 312f II). Nach dem Wortlaut des § 356 III 1 ist zwar für den Fristlauf die vorvertragliche Belehrung maßgeblich, denn die Vorschrift verweist nur auf Art. 246a § 1 II 1 Nr. 1 EGBGB. Nach der Systematik der Informationspflichten und dem Verbraucherschutzgedanken ist aber für den Fristlauf nach hM auf die Widerrufsbelehrung auf einem dauerhaften Datenträger (iSv § 126b S. 2) abzustellen.[77] Entscheidend ist insoweit nicht die Abgabe, sondern der Zugang in der entsprechenden Form.
Ein dauerhafter Datenträger ist nach der Legaldefinition des § 126b S. 2 jedes Medium, das es dem Empfänger ermöglicht, eine auf dem Datenträger befindliche, an ihn persönlich gerichtete Erklärung so aufzubewahren oder zu speichern, dass sie ihm während eines für ihren Zweck angemessenen Zeitraums zugänglich ist, und das geeignet ist, die Erklärung unverändert wiederzugeben.

[77] Vgl. BeckOK BGB/*Müller-Christmann* BGB § 356 Rn. 11; Palandt/*Grüneberg* § 356 Rn. 5; *Schärtl* JuS 2014, 577 (580); aA jurisPK/*Hönninger* § 356 Rn. 12.

Die bloße Anzeige der Widerrufsbelehrung auf einer „gewöhnlichen“ Webseite des Unternehmers genügt diesen Anforderungen nicht, weil die Belehrung auf diese Weise nicht in einer unveränderlichen Gestalt in den Machtbereich des Verbrauchers gelangt.[78] Erforderlich wäre vielmehr, dass der Verbraucher die Belehrung auf seinem Computer abspeichert oder selbst ausdruckt. *A* hat die Widerrufsbelehrung aber weder abgespeichert noch ausgedruckt.

Demgegenüber kann eine „fortgeschrittene“ Webseite den Anforderungen an einen dauerhaften Datenträger dann genügen, wenn sie Elemente enthält, die den Verbraucher mit an Sicherheit grenzender Wahrscheinlichkeit dazu anhalten, die Informationen in Papierform zu sichern oder auf einem anderen dauerhaften Datenträger zu speichern (zB durch einen „Zwangsdownload“) oder wenn sie einen sicheren Speicherbereich für den einzelnen Verbraucher vorsieht, auf welchen nur dieser mittels Eingabe von Benutzernamen und Passwort zugreifen kann, so dass der Unternehmer keine Möglichkeit hat, die dort einmal eingestellten Informationen zu ändern.[79] Derartige Mechanismen standen auf der Webseite des *B* aber nicht zur Verfügung.

Die bloße Möglichkeit des Ausdruckens oder Speicherns reichte nicht aus, um den erforderlichen Zugang der Informationen bei *A* ohne dessen weiteres Zutun sicherzustellen. Die Widerrufsbelehrung ist dem *A* mithin nicht auf einem dauerhaften Datenträger zugegangen.

(3) Zwischenergebnis
Die Belehrung über das Widerrufsrecht genügte nicht den formalen Anforderungen, so dass die Widerrufsfrist gem. § 356 III 1 nicht in Lauf gesetzt worden ist.

III. Erlöschen des Widerrufsrechts, § 356 III 2: 12 Monate und 14 Tage nach Erhalt der Waren (§ 356 II Nr. 1 lit. a)

IV. Ergebnis: *A* kann den Vertrag innerhalb eines Zeitraumes von 12 Monaten und 14 Tagen nach Lieferung des Buches widerrufen.

4. Öffentliche Beglaubigung (§ 129)

Durch die öffentliche Beglaubigung bekundet eine Urkundsperson (grundsätzlich nur Notare, § 56 IV BeurkG), dass die Unterschrift oder das Handzeichen in ihrer Gegenwart zu dem angegebenen Zeitpunkt von dem Erklärenden entweder selbst vollzogen oder anerkannt worden ist. Die Beglaubigung bezieht sich daher nur auf die **Echtheit der Unterschrift**, nicht auf den Inhalt der Erklärung.[80] Gem. § 129 II kann sie durch die notarielle Beurkundung ersetzt werden. 341

Besondere **praktische Relevanz** hat die öffentliche Beglaubigung im Grundstücksverkehr, weil nach § 29 I 1 GBO Eintragungen im Grundbuch nur vorgenommen werden sollen, wenn die Eintragungsbewilligung und sonstige Erklärungen (etwa entsprechende Vollmachten) öffentlich beglaubigt sind.

---

78 BGH NJW 2014, 2857 (2858); EuGH NJW 2012, 2637 Rn. 38 ff.
79 Vgl. etwa EFTA-Gerichtshof, BeckRS 2010, 9830; EuGH NJW 2012, 2637 Rn. 43 ff.
80 Vgl. *Wolf/Neuner* AT § 44 Rn. 46.

5. Notarielle Beurkundung (§ 128)

342 Dies ist die strengste Form, die eine **eingehende Beratung** der Vertragsparteien durch den Notar sicherstellen soll (vgl. § 17 BeurkG). Bei einem Vertrag sind hier beide Willenserklärungen notariell zu beurkunden (vgl. für das Verfahren §§ 8 ff. BeurkG), wobei gem. § 128 eine getrennte Beurkundung von Antrag und Annahme möglich ist (auch an verschiedenen Orten). Dies gilt im Zweifel auch für die rechtsgeschäftlich vereinbarte notarielle Beurkundung. Die notarielle Beurkundung kann gem. § 127a auch durch einen gerichtlich protokollierten **Prozessvergleich** ersetzt werden, aber nur, wenn dieser sämtliche Protokollierungsvorschriften der ZPO einhält (vgl. § 160 ZPO).

343 Wichtige **praktische Anwendungsfälle** der notariellen Beurkundung sind Grundstückskaufverträge (§ 311b I 1),[81] Eheverträge (§ 1410) und Erbverträge (§ 2276). Keine notarielle Beurkundung im Sinne des BeurkG schreibt dagegen § 925 für die Auflassung vor: Hier müssen zwar die Erklärungen vor einem Notar oder einer anderen zuständigen Stelle erfolgen, aber nicht zu dessen Niederschrift, so dass Beurkundungsmängel nicht auf die Wirksamkeit der Auflassung durchschlagen.[82]

344 Teilweise schreibt das Gesetz die **gleichzeitige Anwesenheit** beider Teile vor dem Notar vor (so zB §§ 925, 1410, 2276). Das schließt lediglich – abweichend von § 128 – die getrennte Beurkundung von Angebot und Annahme bei einem Vertragsschluss aus, lässt aber die Möglichkeit einer Stellvertretung offen. Möglich ist sogar ein Insichgeschäft, wenn eine Partei die andere zugleich bevollmächtigt und von § 181 befreit hat: Dann kann ein und dieselbe Person (in der Praxis häufig ein Mitarbeiter des Notars) die Auflassung als Vertreter des Veräußerers und des Erwerbers erklären.[83]

6. Gewillkürte Formerfordernisse (§ 127)

a) Allgemeines

345 Die Parteien können auch unabhängig von den gesetzlichen Formerfordernissen vereinbaren, dass eine Erklärung (zB die Kündigung eines Vertrages) einer bestimmten Form bedarf. Dabei steht es ihnen – in den Grenzen der §§ 138, 305 ff. – frei, **beliebige Anforderungen** aufzustellen (zB nur mit eingeschriebenem Brief oder ausschließlich per Fax). Auch die Rechtsfolgen eines Formverstoßes können die Parteien privatautonom festlegen; das Rechtsgeschäft muss also nicht zwingend nichtig sein, wenn die vereinbarte Form nicht eingehalten wird.

346 Für die Vereinbarung von Formerfordernissen bestehen einige Auslegungsregeln:

- Nach § 125 S. 2 hat der Verstoß gegen ein vereinbartes Formerfordernis im Zweifel die **Nichtigkeit** des Rechtsgeschäfts zur Folge.
- Gem. § 127 I gilt für die **vereinbarte Schriftform** im Zweifel § 126, allerdings mit Modifikationen in § 127 II: Danach genügt die telekommunikative Übermittlung der Urkunde (zB per Telefax), bei einem Vertrag auch ein Briefwechsel, so dass die Parteien nicht zwingend gleichlautende Urkunden unterschreiben müssen.

---

81 Dazu → Rn. 352 ff.

82 RGZ 99, 65 (67 ff.); BGHZ 22, 312 (315) = NJW 1957, 459 f.; BGH NJW 1994, 2768; BeckOK BGB/*Grün* BGB § 925 Rn. 20 mwN.

83 Vgl. Palandt/*Bassenge* § 925 Rn 5.

- Für die **vereinbarte elektronische Form** gilt nach § 127 I zunächst § 126a, allerdings ebenfalls mit Modifikationen in § 127 III: Danach genügt im Zweifel jede beliebige elektronische Signatur iSv § 2 Nr. 1 SigG (das kann sogar eine eingescannte Unterschrift sein); bei einem Vertragsschluss können auch zwei getrennte Erklärungen mit unterschiedlichem Wortlaut signiert werden.

b) Schriftformklauseln

Häufig findet sich in Verträgen (oder AGB) sinngemäß die Klausel „Nebenabreden bedürfen der Schriftform". 347

- In **AGB** scheitert eine solche Klausel ohne weiteres an § 305b (Vorrang der Individualabrede[84]), wenn mündliche Individualvereinbarungen getroffen werden, aus denen sich der Wille ergibt, dass sie trotz der Schriftformklausel gelten sollen. Dabei kommt es auf den Zeitpunkt der Individualvereinbarung nicht an; auch nachträgliche mündliche Abreden gehen einer Schriftformklausel stets vor.[85]

Allerdings können solche Klauseln auch als **Beschränkung der Vertretungsmacht** ausgestaltet werden, etwa: „Abweichende Vereinbarungen bedürfen der schriftlichen Bestätigung durch die Geschäftsleitung". Derartige Klauseln sind im Rahmen von § 305b unbedenklich; allerdings können sie nach § 307 unwirksam sein, wenn sie den Vertragspartner unangemessen benachteiligen. Das ist regelmäßig dann der Fall, wenn sie auch Abreden erfassen, für die der Vertreter nach §§ 48 ff. HGB oder nach den Grundsätzen der Anscheins- oder Duldungsvollmacht Vertretungsmacht hat. Hier verstößt die Klausel insoweit gegen § 307 I, als die Rechtsscheinsvollmacht reicht, was nach § 305c II zur vollständigen Unwirksamkeit der Klausel führt (Verbot der geltungserhaltenden Reduktion).[86]

- Auch bei **individualvertraglichen Schriftformklauseln** außerhalb des Anwendungsbereichs der §§ 305 ff. kann in einer später getroffenen mündlichen Nebenabrede ein **konkludenter Verzicht auf die Einhaltung der Schriftform** liegen, etwa weil zum Ausdruck kommt, dass die mündliche Abrede trotz der Schriftformklausel ernstlich und bindend gemeint ist.[87] Die spätere Vereinbarung ist dann trotzdem wirksam. Damit die Schriftformklausel nicht völlig leerläuft, sind aber an die Ernstlichkeit höhere Anforderungen zu stellen als im Rahmen von § 305b.[88] Unterwirft die Schriftformklausel auch ihre eigene Abbedingung ausdrücklich der Schriftform, ist eine konkludente Abbedingung durch eine mündliche Abrede nach Auffassung des BGH ausgeschlossen.[89]

Auch hier kann aber die Schriftformklausel als **Einschränkung der Vertretungsmacht** ausgestaltet werden; eine wirksame Nebenabrede ist dann nur nach den Grundsätzen der Anscheins- oder Duldungsvollmacht möglich.

Im **Prozess** bewirkt eine Schriftformklausel in jedem Fall, dass derjenige, der sich auf die mündliche Nebenabrede beruft, zusätzlich darlegen und ggf. beweisen muss, dass auch ein Verzicht auf die Einhaltung der Schriftform vorliegt, dass die Erklärung also dennoch bindend gewollt war. Das kann im Einzelfall eine erhebliche Hürde darstellen. 348

---

[84] Vgl. dazu → Rn. 690 f.
[85] BGHZ 164, 133 = NJW 2006, 138 = JuS 2006, 371.
[86] BGH NJW 1982, 1389.
[87] A. A. MüKoBGB/*Einsele* § 125 Rn. 70; *Faust* AT § 8 Rn. 15; wie hier dagegen zB *Wertenbruch* AT § 16 Rn. 39.
[88] Vgl. auch *Wolf/Neuner* AT § 44 Rn. 84.
[89] BGHZ 66, 378 = NJW 1976, 1395; vgl. auch Palandt/*Ellenberger* § 125 Rn. 19.

III. Treuwidrige Berufung auf Formnichtigkeit

349 Im Einzelfall kann die Berufung einer Partei auf die Formnichtigkeit nach Treu und Glauben (§ 242) ausgeschlossen sein. Um die gesetzlichen Formvorschriften nicht auszuhöhlen, kann dies **nur in extremen Ausnahmefällen zulässig** sein.[90] Nach der Rspr. ist erforderlich, dass die Formnichtigkeit für eine Partei nicht nur zu harten, sondern zu **schlechthin untragbaren** Ergebnissen führen würde.[91] Insbesondere genügt es nicht, wenn „nur" die Voraussetzungen der Verwirkung vorliegen.[92]

350 Insoweit sind die folgenden Fallgruppen zu unterscheiden:[93]

- **Arglistige Täuschung über das Formerfordernis**: Hier bestehen zwar Ansprüche gegen den Täuschenden aus c.i.c. (§§ 280 I, 241 II, 311 II) und § 826; jedoch gehen diese iErg nur auf das negative Interesse, da ohne Täuschung kein Vertrag geschlossen worden wäre; schließlich wollte dies der Täuschende gerade nicht.[94] Daher ist es gerechtfertigt, zum Schutz des anderen Teils dem Täuschenden die Berufung auf die Formnichtigkeit gem. § 242 zu versagen. Im praktischen Ergebnis wird der formnichtige Vertrag daher als wirksam behandelt, wenn der Getäuschte das will.
- **Ausnutzung einer Machtposition**, um den anderen von der Einhaltung der Form abzuhalten.[95] Diese Fallgruppe wird teilweise abgelehnt, da beide Parteien das Formerfordernis kennen; könne sich eine Partei mit der Forderung nach Einhaltung der Form nicht durchsetzen, so sei ihr eben der Vertragsschluss nicht gelungen.[96] Für die hM spricht jedoch die Parallele zu § 138 I, II, wo ebenfalls die Ausnutzung einer Machtposition zur Erlangung eines ungerechtfertigten Vorteils sanktioniert wird – nur mit der umgekehrten Rechtsfolge.
- Ferner kann die Berufung auf den Formmangel nach der Rspr. unzulässig sein, wenn sie entweder zu einer **Existenzgefährdung** der (gutgläubigen) anderen Seite infolge der bereicherungsrechtlichen Rückabwicklung führen oder sonst eine **schwere Treuepflichtverletzung** darstellen würde, zB wenn eine Partei bereits die Vorteile aus dem Vertrag gezogen hat, ohne dass diese einer bereicherungsrechtlichen Rückabwicklung zugänglich wären.

Beispiel:[97] Der Pächter einer Bäckerei hatte sich während seiner Pachtzeit einen Kundenstamm aufgebaut; nach Beendigung des Pachtverhältnisses übernahm der frühere Inhaber die Bäckerei wieder und verlangte vom Pächter die Einhaltung eines im Pachtvertrag vereinbarten nachvertraglichen Wettbewerbsverbots; der Pächter durfte sich gem. § 242 nicht auf die (tatsächlich vorliegende) Formnichtigkeit des Pachtvertrages berufen, weil er bereits alle Vorteile aus dem Vertrag irreversibel gezogen hatte.

---

90 Vgl. PWW/*Ahrens* § 125 Rn. 27 ff.
91 BGHZ 48, 396 = NJW 1968, 39.
92 BGH NJW 2004, 3330.
93 Vgl. *Medicus* AT Rn. 630 ff.; s. hierzu auch *Wertenbruch* AT § 16 Rn. 31 ff.; *Faust* AT § 8 Rn. 12.
94 Vgl. MüKoBGB/*Einsele* § 125 Rn. 55.
95 Vgl. *Wolf/Neuner* AT § 44 Rn. 68.
96 Vgl. *Medicus* AT Rn. 632.
97 Vgl. zB RGZ 153, 59 (61).

Kannten allerdings **beide Parteien** das Formerfordernis und hat nicht eine Partei ihre Machtposition ausgenutzt, so ist die Berufung auf die Formnichtigkeit idR zulässig, auch wenn sie davon ausgingen, der Vertrag würde auch ohne Einhaltung der Form durchgeführt.[98] 351

IV. Formbedürftigkeit von Grundstücksgeschäften (§ 311b I)

Eine der praktisch wichtigsten Formvorschriften ist § 311b I. Nach dieser Vorschrift bedarf ein Vertrag der **notariellen Beurkundung**, durch den sich ein Teil verpflichtet, das **Eigentum an einem Grundstück zu übertragen oder zu erwerben**. Der Zweck dieser Regelung liegt zum einen in der **Warnung** für den Veräußerer oder Erwerber, daneben in der **Beweisfunktion** und darin, dass die Parteien bei derartig bedeutsamen Geschäften hinreichend **notariell beraten** werden, sowie schließlich in der Dokumentationsfunktion für das Finanzamt wegen der fälligen Grunderwerbsteuer.[99] 352

1. Anwendungsbereich des § 311b I 1

§ 311b I 1 hat einen weiten Anwendungsbereich: 353

- Er erfasst zunächst alle **schuldrechtlichen Verträge**, durch die eine Verpflichtung zur Übertragung oder zum Erwerb unmittelbar begründet wird, also insbesondere **Kaufverträge über Grundstücke**, aber zB auch Gesellschaftsverträge, in denen sich ein Gesellschafter zur Einbringung eines Grundstücks verpflichtet. Die begründete Pflicht kann auch **bedingt** sein, wie zB beim **Vorkaufsrecht** oder einer aufschiebend bedingten Ankaufspflicht.[100] Auch auf einen **Bauvertrag** kann sich die Formbedürftigkeit des Grundstückskaufvertrags erstrecken, wenn er mit diesem derart zusammenhängt, dass beide Verträge miteinander stehen und fallen sollen; das gilt sogar dann, wenn der Bauvertrag mit einem Dritten (Bauunternehmer) geschlossen wird, solange nur der Grundstückskaufvertrag von ihm abhängen soll.[101]

  Dagegen fällt die Verpflichtung zur **Übertragung von Gesellschaftsanteilen** grundsätzlich auch dann nicht unter § 311b I 1, wenn das wesentliche Gesellschaftsvermögen aus einem Grundstück besteht, solange es sich bei der Gesellschaftsgründung nicht insgesamt um eine Umgehung des § 311b I 1 handelt.[102]
- Auch **Vertragsänderungen** sind grundsätzlich formbedürftig,[103] soweit sie die Hauptpflichten des Vertrags betreffen (zB Preisänderungen, Fristbestimmungen). Bleiben die Hauptpflichten dagegen unverändert (zB bei Abwicklungsvereinbarungen[104]) oder sind Auflassung und Eintragung bereits erfolgt, so gilt § 311b I 1 nicht.
- Beurkundungsbedürftig kann nach hM auch eine **Vollmacht** zum Erwerb oder zur Veräußerung eines Grundstücks sein, wenn diese (zB wegen ihrer Unwiderruflichkeit) einer Verpflichtung wirtschaftlich gleichkommt.[105]

---

[98] Vgl. RGZ 117, 124 („Edelmannfall“); Palandt/*Ellenberger* § 125 Rn. 25; anders wohl BGHZ 48, 396 = NJW 1968, 39.

[99] S. zu dem praktisch häufigen Fall der sog „Unterverbriefung“, bei welchem zur Täuschung des Finanzamts ein niedriger als der tatsächlich vereinbarte Kaufpreis beurkundet wird, → Rn. 311 ff. und Fall 13.

[100] Vgl. OLG Brandenburg NJW-RR 1999, 741.

[101] BGHZ 186, 345 = WM 2010, 1817.

[102] Vgl. OLG Hamm NJW-RR 2000, 1020.

[103] Vgl. Palandt/*Grüneberg* § 311b Rn. 41.

[104] BGH NJW 2001, 1932.

[105] Vgl. zu dieser teleologischen Reduktion des § 167 II näher → Rn. 576.

- Erforderlich ist aber stets, dass sich die Verpflichtung **aus dem Vertrag** ergibt und nicht **kraft Gesetzes** oder auf anderem Wege eintritt (zB die Rückgewährpflicht nach Rücktritt oder die Herausgabepflicht des Auftragnehmers aus § 667).[106]
- **Verfügungsgeschäfte** fallen dagegen nicht unter § 311b I 1. Dies ergibt sich zB aus der besonderen Regelung in § 925 I.

354 Der Formzwang des § 311b I 1 erfasst grundsätzlich den **Vertrag im Ganzen**,[107] insbesondere auch die Übernahme einer Beschaffenheitsgarantie eines Grundstücks sowie besonderer Nebenpflichten.[108] „Vertrag" in diesem Sinne ist das von den Parteien als Einheit gewollte Rechtsgeschäft; wäre der restliche Vertrag auch ohne den nicht beurkundeten Teil abgeschlossen worden, so bleibt dieser nach § 139 wirksam.[109]

2. Heilung durch Vollzug, § 311b I 2

355 Nach § 311b I 2 wird der formwidrig geschlossene Vertrag seinem ganzen Inhalt nach wirksam, wenn die **Auflassung und Eintragung** des Eigentumserwerbs in das Grundbuch erfolgen;[110] die bloße Eintragung einer Auflassungsvormerkung genügt hierfür nicht. Die Auflassung muss dabei wirksam, insbesondere formgerecht geschehen und die Eintragung tatsächlich vollzogen sein. Die Heilung erfolgt lediglich **ex nunc**, so dass auch in den Fällen, in denen das Gesetz vom „Abschluss des Vertrages" spricht (zB in § 442), die Heilung gem. § 311b I 2 entscheidend ist.

356 Die Heilungsvorschrift des § 311b I 2 ist aber ihrem Wortlaut nach nur auf den Grundfall des Grundstückskaufvertrages zugeschnitten. Soweit § 311b I 1 auch auf andere Verträge Anwendung findet, gilt § 311b I 2 **modifiziert**:[111] Ein Vertrag über die Bestellung eines dinglichen Vorkaufsrechts wird daher schon durch die Eintragung des Vorkaufsrechts geheilt, die unwiderrufliche Vollmacht für einen Grundstückskaufvertrag mit dessen formgültigem Abschluss.

357 Zu beachten ist ferner, dass eine für den Anspruch aus dem (zunächst formnichtigen) Grundstückskaufvertrag erteilte **Auflassungsvormerkung** nicht durch die Heilung des Kaufvertrages wirksam wird, weil der gesicherte Anspruch im Zeitpunkt der Eintragung der Vormerkung nicht bestand und die Aussicht auf Heilung keine hinreichend gesicherte rechtliche Grundlage für eine Vormerkung für einen künftigen Anspruch darstellt.[112]

D. Gesetzesverstoß (§ 134)

358 Ein Rechtsgeschäft ist gem. § 134 nichtig, wenn es gegen ein **gesetzliches Verbot** verstößt. Zweck der Vorschrift ist die Durchsetzung bzw. Fortsetzung gesetzlicher Verbote auf dem Gebiet des Zivilrechts.

Voraussetzungen der Nichtigkeit nach § 134 sind:

359
1. Anwendbarkeit des § 134
2. Verbotsgesetz
3. Verstoß gegen das Verbotsgesetz

[106] BGHZ 127, 168 = NJW 1994, 346 = JuS 1995, 265.
[107] Vgl. Palandt/*Grüneberg* § 311b Rn. 25; BGH NJW-RR 1999, 1030.
[108] Vgl. *Medicus/Lorenz* SR I Rn. 99.
[109] BGH NJW 1981, 222; NJW 2000, 2100.
[110] Vgl. hierzu auch BGH NJW 2012, 3171 = JuS 2013, 555.
[111] Vgl. Palandt/*Grüneberg* § 311b Rn. 52.
[112] Vgl. Palandt/*Grüneberg* § 311b Rn. 56.

I. Anwendbarkeit des § 134

§ 134 ist auf alle Rechtsgeschäfte anwendbar. Allerdings tritt er gegenüber speziellen Vorschriften zurück, wenn diese die Rechtsfolge eines Verstoßes selbst regeln (zB §§ 276 III, 444, 555). Ferner sind die §§ 135 f. Spezialnormen für relative Verfügungsverbote (wie etwa § 829 I 2 ZPO oder § 23 I 1 ZVG).[113] 360

II. Verbotsgesetze iSv § 134

§ 134 greift nur bei Verstößen gegen Verbotsgesetze: 361

- **Gesetze** iSd § 134 sind nach Art. 2 EGBGB **alle Rechtsnormen**, dh auch Rechtsverordnungen, Satzungen oder Tarifverträge.
- **Verbotsgesetze** sind dabei nur solche Rechtsnormen, die sich gerade gegen den **Inhalt** des betreffenden Rechtsgeschäfts richten.[114] Ob dies der Fall ist, ist durch Auslegung der Rechtsnorm zu ermitteln. Von den Verbotsgesetzen sind dabei solche Rechtsnormen zu unterscheiden, die nicht ein konkretes Rechtsgeschäft verbieten, sondern die rechtsgeschäftliche Gestaltungsmacht von vornherein beschränken, so dass ein bestimmtes Rechtsgeschäft unabhängig von § 134 gar nicht möglich ist (zB die Übertragung einer persönlichen Dienstbarkeit sowie Abweichungen vom sachenrechtlichen **Typenzwang**)[115].
  Dagegen sind bloße **Ordnungsvorschriften** (zB Regelungen über den Ladenschluss) keine Verbotsgesetze iSv § 134. Diese richten sich nicht gegen den Inhalt des Rechtsgeschäftes, sondern nur gegen äußere Umstände des Vertragsschlusses.[116]
- Die Nichtigkeitsfolge muss dem **Sinn und Zweck des Gesetzes entsprechen.** Zu fragen ist stets, ob es der Gesetzeszweck erfordert, dass das Rechtsgeschäft, das unter Verstoß gegen die entsprechende Vorschrift vorgenommen wurde, nichtig ist. Danach kann idR dann ein Verbotsgesetz angenommen werden, wenn sich ein gesetzliches Verbot gegen **beide Partner** des Rechtsgeschäfts richtet (insbesondere bei Strafgesetzen). Allerdings sind auch Verbotsgesetze denkbar, die sich nur an eine Partei richten.[117] 362

Beispiele für Verbotsgesetze:

- § 9 MuSchG (Verbot der Kündigung einer Schwangeren); 363
- § 203 StGB (zB unbefugte Weitergabe von Patientendaten im Zusammenhang mit dem Verkauf einer Arztpraxis bzw. der Abtretung von Honorarforderungen);[118]
- § 259 StGB (Ankauf gestohlener Sachen);
- § 1 II SchwarzArbG (**Schwarzarbeit**, zB bei Ausübung eines zulassungspflichtigen Handwerks ohne Eintragung in die Handwerksrolle, bei Verstoß gegen sozialversicherungs-

---

113 Vgl. MüKoBGB/*Armbrüster* § 134 Rn. 3.
114 Vgl. PWW/*Ahrens* § 134 Rn. 10 ff.
115 Vgl. MüKoBGB/*Armbrüster* § 134 Rn. 5 f.
116 Vgl. *Wolf/Neuner* AT § 45 Rn. 8; *Faust* AT § 9 Rn. 2.
117 Vgl. zB BGHZ 37, 258 = NJW 1962, 2010 zum Rechtsberatungsgesetz (heute: Rechtsdienstleistungsgesetz).
118 BGHZ 115, 123 (130) = NJW 1991, 2955; BGHZ 116, 268 (272 f.) = NJW 1992, 737; zur (zulässigen) Abtretung von anwaltlichen Honorarforderungen an einen anderen Anwalt (§ 49b IV BRAO) vgl. BGHZ 148, 97 = NJW 2001, 2462 = JuS 2001, 1226; BGHZ 171, 252 = NJW 2007, 1196; zum Bankgeheimnis vgl. BGHZ 171, 180 = NJW 2007, 2106 = JuS 2007, 682 (kein gesetzliches Abtretungsverbot für Forderungen aus Darlehensvertrag).

rechtliche Pflichten oder bei Steuerhinterziehung im Zusammenhang mit Dienst- oder Werkleistungen);[119]
- **Grundrechte** des GG sind grundsätzlich keine Verbotsgesetze iSv § 134 (anders früher das BAG, das z. T. eine unmittelbare Drittwirkung annahm[120]), sondern wirken nur **mittelbar** über die Generalklauseln (insbesondere § 138).[121] Ausnahmen bilden insoweit Art. 9 III GG, der unmittelbar bestimmte Abreden verbietet, welche die Vereinigungsfreiheit beschränken, sowie die grundrechtsgleichen Rechte aus Art. 48 II, 38 I 2 GG (Rechtsstellung der Bundestagsabgeordneten[122]).

III. Verstoß gegen das Verbotsgesetz

364 Der **Tatbestand** des Verbotsgesetzes muss erfüllt sein. Vorsatz oder Fahrlässigkeit der Parteien sind grundsätzlich nur dann erforderlich, wenn das Verbotsgesetz das voraussetzt (zB die strafrechtlichen Verbotsgesetze). Allerdings tritt nach hM die Nichtigkeit nur ein, wenn **beide Parteien** gegen ein gesetzliches Verbot verstoßen. Bei einem **einseitigen Rechtsverstoß** bleibt das Rechtsgeschäft idR insgesamt wirksam.[123]

Beispiel: Betrügt der Verkäufer V den Käufer K beim Abschluss des Vertrages, so verstößt er zwar gegen § 263 StGB. Dennoch kann der Käufer ein Interesse haben, den Kaufvertrag trotz des Betruges durchzuführen, so dass er durch die Anfechtungsmöglichkeit nach § 123 hinreichend geschützt ist und der Vertrag nicht nach § 134 unmittelbar nichtig ist.[124]

365 Einem Verstoß gegen ein Verbotsgesetz ist nach hM dessen **Umgehung** gleichgestellt,[125] sofern das Verbotsgesetz nicht nur eine bestimmte rechtsgeschäftliche Gestaltung, sondern einen wirtschaftlichen Erfolg verbietet.

Beispiel: Dem Gewerbetreibenden G wird die Ausübung seines Gewerbes wegen Unzuverlässigkeit untersagt (§ 35 GewO). Schließt er nun mit S einen sog Strohmann-Vertrag, wonach S das Gewerbe fortführen, G aber als Geschäftsführer anstellen und den Ertrag an diesen abführen soll, so ist dieser wegen Umgehung der Gewerbeuntersagung nach § 134 nichtig.

IV. Rechtsfolge des § 134

366 Rechtsfolge des § 134 ist grundsätzlich die **Nichtigkeit** des Rechtsgeschäfts, **soweit** es gegen das Verbot verstößt; die Wirksamkeit des Restes bestimmt sich nach § 139.[126]

[119] Vgl. hierzu *Wertenbruch* AT § 18 Rn. 5 ff.
[120] BAGE 1, 185 = NJW 1955, 606; BAGE 24, 438 = NJW 1973, 77.
[121] Vgl. *Wertenbruch* AT § 18 Rn. 3.
[122] Vgl. MüKoBGB/*Armbrüster* § 134 Rn. 35.
[123] BGH NJW 1985, 2403; NJW-RR 2002, 557; Palandt/*Ellenberger* § 134 Rn. 9; aA *Canaris*, Gesetzliches Verbot und Rechtsgeschäft, 1983, S. 24: relative Unwirksamkeit.
[124] Vgl. *Brox/Walker* AT Rn. 325.
[125] Vgl. *Faust* AT § 9 Rn. 6; ausf. MüKoBGB/*Armbrüster* § 134 Rn. 11 ff.
[126] Vgl. zur Nichtigkeit von Verpflichtungs- und Erfüllungsgeschäft *Wertenbruch* AT § 18 Rn. 8.

Dabei kann es der Schutzzweck des verletzten Verbotsgesetzes erfordern, dass nur eine **Teilnichtigkeit** insoweit eintritt, als das Verbotsgesetz verletzt ist, und das Rechtsgeschäft im Übrigen wirksam bleibt. Dies gilt insbesondere beim Mietwucher nach § 291 StGB, wo nach hM im Wege der geltungserhaltenden Reduktion der gerade noch zulässige Mietzins eingesetzt wird, um den Mietvertrag im Übrigen zu erhalten.[127]

Fall 17:[128]

B beauftragt *U* mit der Renovierung seiner Garage zum Festpreis von 10.000 EUR. Auf die Frage des *U* „Brauchen Sie wirklich eine Rechnung?" antwortet *B* mit „Nein". Dementsprechend stellt *U* am Ende der Arbeiten keine Rechnung aus. Nach Abnahme verweigert *B* die Bezahlung unter Hinweis auf die von Schwarzarbeit des *U*. Kann *U* Zahlung von 10.000 EUR verlangen? **367**

Lösungsskizze zu Fall 17:

A. Anspruch auf Werklohnzahlung aus § 631 I **368**

I. Wirksamer Werkvertrag zwischen *B* und *U*

1. Vertragsschluss (+)
2. Nichtigkeit nach § 134?

a) Verstoß gegen § 370 AO (Steuerhinterziehung)

Nach § 370 I Nr. 2 AO wird bestraft, wer die Finanzbehörden pflichtwidrig über steuerlich erhebliche Tatsachen in Unkenntnis lässt und dadurch Steuern verkürzt oder für sich oder einen anderen nicht gerechtfertigte Steuervorteile erlangt. Der Straftatbestand schützt das öffentliche Interesse an einem rechtzeitigen und vollständigen Steueraufkommen und richtet sich daher nicht nur gegen die äußeren Umstände des Vertragsschlusses, sondern gegen den Inhalt vertraglicher Vereinbarungen mit dem Zweck der Steuerhinterziehung. Es handelt sich somit um ein Verbotsgesetz iSv § 134. Die Ohne-Rechnung-Abrede diente der Steuerhinterziehung bei *U*, denn sie zielte auf ein Unterlassen der steuerlichen Erklärungspflichten gem. § 25 III EStG und § 18 I, III UStG und bezweckte somit die Verschleierung der Einkünfte aus der erbrachten Werkleistung gegenüber den Finanzbehörden, um deren Besteuerung zu vermeiden. Damit hat *U* gegen § 370 I Nr. 2 AO verstoßen, *B* leistete Beihilfe (§ 27 StGB). Die Ohne-Rechnung-Abrede ist damit wegen des beiderseitigen Verstoßes gegen § 370 AO nach § 134 nichtig. Fraglich ist, ob dies die Nichtigkeit des gesamten Werkvertrages zur Folge hat. Denn ein Vertrag, mit dem eine Steuerhinterziehung verbunden ist, ist (nach der bisherigen Rspr.) grundsätzlich nur dann nichtig, wenn diese den Hauptzweck des Vertrages darstellt. Das war aber hier nicht der

---

[127] BGHZ 89, 316 = NJW 1984, 722 = JuS 1984, 390; aA *Canaris*, Gesetzliches Verbot und Rechtsgeschäft, S. 29 ff.: Nichtigkeit der gesamten Preisabrede und Abwicklung über Bereicherungsrecht.

[128] Nach BGHZ 201, 1 = NJW 2014, 1805 = JuS 2014, 1123; zum Ausschluss von Gewährleistungsansprüchen bei Schwarzarbeit s. BGHZ 198, 141 = NJW 2013, 3167 = JuS 2014, 355 in Abkehr von BGHZ 176, 198 = NJW-RR 2008, 1050 = JuS 2008, 932; s. zur Vertiefung ferner *Lorenz* NJW 2013, 3132; *Stadler* JA 2014, 65.

Fall, so dass § 134 demnach nur zur Nichtigkeit der Ohne-Rechnung-Abrede führt. Deren Nichtigkeit hat aber gem. § 139 die Nichtigkeit des gesamten Vertrages zur Folge, denn *B* und *U* hätten den Vertrag ohne die Ohne-Rechnung-Abrede nicht zu den gleichen Bedingungen geschlossen.

b) Verstoß gegen § 1 II Nr. 2 SchwarzArbG (Schwarzarbeit)
Nach § 1 II Nr. 2 SchwarzArbG leistet Schwarzarbeit, wer Dienst- oder Werkleistungen erbringt oder ausführen lässt und dabei als Steuerpflichtiger seine sich auf Grund der Dienst- oder Werkleistungen ergebenden steuerlichen Pflichten nicht erfüllt. Das Schwarzarbeitsbekämpfungsgesetz will nach seinem Sinn und Zweck nicht nur den tatsächlichen Vorgang der Schwarzarbeit eindämmen, sondern im Interesse der wirtschaftlichen Ordnung den zu Grunde liegenden Rechtsgeschäften die rechtliche Wirkung nehmen. Die Nichtigkeit der Verträge infolge der Nichtbefolgung der steuerlichen Pflichten gibt einen wirksamen Anreiz, auf Schwarzarbeit in diesem Sinne zu verzichten, und setzt dessen Normzweck auf zivilrechtlicher Ebene wirksam fort. Daher ist § 1 II Nr. 2 SchwarzArbG als Verbotsgesetz iSv § 134 anzusehen. Dagegen hat *U* verstoßen, indem er Werkleistungen erbracht hat, ohne seine steuerlichen Erklärungs- und Anmeldungspflichten gem. § 25 III EStG und § 18 I, III UStG und seine Rechnungsstellungspflicht gem. § 14 II 1 Nr. 1 UStG zu erfüllen. Dabei kann dahinstehen, ob auch *B* ein Verstoß gegen das Verbotsgesetz zur Last liegt. Denn ein (einseitiger) Verstoß gegen § 1 II Nr. 2 SchwarzArbG führt jedenfalls dann zur Nichtigkeit des (gesamten) Vertrages gem. § 134, wenn der Unternehmer vorsätzlich hiergegen verstößt und der Besteller den Verstoß des Unternehmers kennt und bewusst zum eigenen Vorteil ausnutzt. Das war bei der Ohne-Rechnung-Abrede zwischen *B* und *U* der Fall. Der Vertrag ist daher gem. § 134 (insgesamt) nichtig.

c) Treuwidrigkeit der Berufung auf die Nichtigkeit (§ 242) (-), Überwindung der Nichtigkeitsfolge durch Berufung auf Treu und Glauben nur in ganz engen Grenzen möglich

II. Ergebnis: Kein Anspruch aus § 631 I

B. Anspruch aus §§ 677, 683 S. 1, 670

I. Geschäftsführung: Renovierungsarbeiten

II. Fremdheit des Geschäfts

1. *U* war zur Erfüllung einer vermeintlichen vertraglichen Verpflichtung tätig, führte also subjektiv ein eigenes Geschäft.
2. Denkbar ist allenfalls die Annahme eines auch-fremden Geschäfts, weil die Renovierung objektiv im Interesse des *B* lag.
3. Dagegen spricht allerdings, dass durch die Anwendung der GoA auf die Erfüllung nichtiger Dienst- oder Werkverträge das Bereicherungsrecht, insbesondere die Kondiktionssperre des § 817 S. 2 unterlaufen würde. Daher sollte jedenfalls der Fremdgeschäftsführungswille nicht vermutet werden.

III. Jedenfalls durfte U die Aufwendungen für die Erfüllung eines nach § 134 nichtigen Geschäfts nicht für erforderlich halten iSv § 670.

IV. Ergebnis: Kein Anspruch aus berechtigter GoA

C. Anspruch aus § 812 I 1 Alt. 1

I. Etwas erlangt: Werkleistung, dh Renovierung der Garage

II. Durch Leistung des *U* (+)

III. Ohne rechtlichen Grund (+), Werkvertrag ist nichtig
IV. Kondiktionssperren
   1. § 814: Mangels rechtlicher Würdigung keine positive Kenntnis des U von seiner Nichtschuld
   2. § 817 S. 2:
      a) Die Kondiktionssperre nach § 817 S. 2 ist auch auf den Anspruch auf § 812 I 1 Alt. 1 anwendbar.
      b) Kenntnis des *U* (als Leistendem) vom Gesetzesverstoß (+)
      c) Teleologische Korrektur des § 817 S. 2?
         – Die frühere Rechtsprechung gewährte dem Schwarzarbeiter in teleologischer Reduktion des § 817 S. 2 zumindest einen bereicherungsrechtlichen Wertersatzanspruch (§ 818 II), um den (gem. § 641 I vorleistungspflichtigen) Unternehmer nicht systematisch rechtlos zu stellen, wenn der Besteller die Werkleistung kostenfrei behalten dürfte.[129]
         – Dagegen spricht jedoch, dass die generalpräventive Wirkung des SchwarzArbG erst durch eine Anwendung des § 817 S. 2 neben § 134 konsequent zur Geltung gebracht wird: Wenn der vorleistungspflichtige Unternehmer im Falle einer Steuerhinterziehung um sein Entgelt fürchten muss, bildet das einen starken Anreiz gegen Schwarzarbeit.[130]
V. Ergebnis: Kein Anspruch aus § 812 I 1 Alt. 1

E. Sittenwidrigkeit (§ 138)

Die Regelung des § 138 bildet gemeinsam mit § 134 die äußerste Grenze der rechtlichen Anerkennung privater Vereinbarungen. Sie dient der Sicherung fundamentaler Gerechtigkeitsprinzipien, denen private Rechtsgeschäfte nicht zuwiderlaufen dürfen. Die Norm ist damit zugleich das wesentliche Einfallstor für die **Durchsetzung grundrechtlicher Wertungen im Privatrecht.**[131] Im Einzelnen unterscheidet sie zwischen Wucher (§ 138 II) und der allgemeinen Sittenwidrigkeit von Rechtsgeschäften (§ 138 I). 369

I. Wucher (§ 138 II)

Der in § 138 II speziell geregelte Wucher ist ein Sonderfall des Sittenverstoßes durch ein Verhalten gegenüber dem Geschäftspartner.[132] Daneben hat aber auch § 138 I die Funktion, den Schwächeren gegen wirtschaftliche und intellektuelle Übermacht zu schützen,[133] so dass eine Übervorteilung des Geschäftspartners auch dann nach § 138 I sittenwidrig sein kann, wenn kein Wucher nach § 138 II vorliegt (sog **wucherähnliches Geschäft**).[134] 370

---

[129] BGHZ 111, 308 = NJW 1990, 2542.
[130] So BGHZ 201, 1 = NJW 2014, 1805 = JuS 2014, 1123.
[131] S. auch noch → Rn. 380.
[132] Vgl. hierzu auch *Faust* AT § 10 Rn. 3; *Wertenbruch* AT § 19 Rn. 15 ff.
[133] Palandt/*Ellenberger* § 138 Rn. 24.
[134] → Rn. 386.

Voraussetzungen der Nichtigkeit eines Rechtsgeschäfts wegen Wuchers nach § 138 II sind:

371 1. Anwendbarkeit des § 138 II
2. Auffälliges Missverhältnis zwischen Leistung und Gegenleistung
3. Ausnutzung einer Schwächesituation

1. Anwendbarkeit des § 138 II

372 Seinem eindeutigen Wortlaut nach betrifft § 138 II nicht nur wucherische **Verpflichtungsgeschäfte**, sondern auch die daraus resultierenden **Verfügungen** („versprechen oder gewähren lässt"). Hier ist also die grundsätzliche sittliche Neutralität von Verfügungen[135] nicht relevant. Allerdings muss das Verpflichtungsgeschäft auf einen **Leistungsaustausch** gerichtet sein, dh es muss sich um einen **gegenseitigen** oder zumindest einen **unvollkommen zweiseitig verpflichtenden Vertrag** handeln, weil ansonsten das Verhältnis zur „Gegenleistung" nicht bestimmt werden kann. § 138 II findet daher auf einseitige Verpflichtungsgeschäfte wie zB Schenkungen oder Bürgschaften keine Anwendung.[136]

2. Auffälliges Missverhältnis zwischen Leistung und Gegenleistung

373 **Objektiv** muss ein auffälliges Missverhältnis zwischen Leistung und Gegenleistung bestehen: Hier kann **kein festes Verhältnis** angegeben werden (keine *laesio enormis* wie im römischen Recht). Vielmehr ist unter Berücksichtigung aller Umstände des Einzelfalles zu ermitteln, ob das Missverhältnis „auffällig" ist.[137]

374 Bei Darlehenszinsen wird die Wuchergrenze etwa beim Doppelten des Marktzinses angenommen. Auch sonst wird man unter gewöhnlichen Umständen bei einer **100%-igen Überschreitung** des Marktpreises regelmäßig von einem auffälligen Missverhältnis ausgehen können.[138]

3. Ausnutzung einer Schwächesituation

375 **Objektiv** muss eine besondere Schwächesituation des Bewucherten vorgelegen haben, wobei die genannten Kriterien jeweils eng auszulegen sind:

- Eine **Zwangslage** iSv § 138 II ist gegeben, wenn der Betroffene aufgrund wirtschaftlicher Bedrängnis oder anderer Umstände ein zwingendes Bedürfnis nach einer bestimmten Leistung hat (zB bei einer dringend notwendigen medizinischen Behandlung). Ob die Zwangslage vom Wucherer verschuldet ist, ist unerheblich.[139]
- **Unerfahrenheit** iSv § 138 II ist ein Mangel an Lebens- oder Geschäftserfahrung, der insbesondere bei Jugendlichen, Senioren oder geistig Behinderten vorliegen

---

[135] Vgl. → Rn. 382.
[136] BGH NJW 1991, 2015 (2017) = JuS 1991, 856; Palandt/*Ellenberger* § 138 Rn. 66.
[137] Vgl. Palandt/*Ellenberger* § 138 Rn. 67.
[138] Vgl. MüKoBGB/*Armbrüster* § 138 Rn. 113 ff.; anders aber, wenn zB ein besonders hohes Risiko mit übernommen wurde; zum Lohnwucher vgl. BAGE 130, 338 = NZA 2009, 837 = JuS 2010, 259.
[139] Vgl. Palandt/*Ellenberger* § 138 Rn. 70.

kann. U. U. reicht sogar die Unerfahrenheit auf einem bestimmten Gebiet, nicht jedoch nur hinsichtlich des konkreten Geschäfts.[140] Bloße Rechtsunkenntnis begründet ebenfalls noch keine Unerfahrenheit.

- **Mangelndes Urteilsvermögen** iSv § 138 II liegt vor, wenn der Betroffene nicht in der Lage ist, die beiderseitigen Leistungen richtig zu bewerten und die Wirkungen des konkreten Geschäfts zu beurteilen. Dieses muss nicht immer auf Verstandesschwäche beruhen, sondern kann sich im Einzelfall auch aus der besonderen Komplexität eines Geschäfts ergeben.[141]
- **Erhebliche Willensschwäche** liegt vor, wenn der Betroffene zwar intellektuell das Geschäft und seine Bedeutung richtig erfasst, aber aus besonderen Gründen (zB psychische Widerstandsunfähigkeit, Drogensucht) nicht nach seinem Willen handeln kann. Die üblichen Beeinflussungen durch die Werbung genügen aber nicht.[142]

Subjektiv muss der Wucherer eine besondere Schwächesituation des Bewucherten 376 ausgenutzt haben, dh sie **gekannt** und sich **bewusst zunutze gemacht** haben.

4. Rechtsfolge

Rechtsfolge des Wuchers ist grundsätzlich die Nichtigkeit des gesamten Geschäfts 377 hinsichtlich des Verpflichtungs- wie des Verfügungsgeschäfts, ohne die Möglichkeit einer geltungserhaltenden Reduktion (sonst könnte der Wucherer immerhin die gerade noch zulässige Leistung verlangen und so „auf gut Glück" wuchern). Anders soll es beim Mietwucher und bei solchen Leistungen liegen, deren Preis normativ bestimmt ist, zB bei ärztlichen Leistungen.[143]

Haben die Parteien den wucherischen Vertrag **bereits erfüllt**, so können sie das Geleistete grundsätzlich nach § 812 I 1 Alt. 1 zurückfordern. Der Kondiktion des Wucherers steht aber § 817 S. 2 entgegen.

Fall 18:[144]

Kredithai *K* gewährt dem Drogensüchtigen *S* mit formgerechtem Vertrag unter Ausnut- 378 zung von dessen Zwangslage ein Darlehen über 10.000 EUR zum Nominalzins von 25 % p. a. anstatt der marktüblichen 12 % für einen Kunden dieser Bonität, mit einer Laufzeit von 5 Jahren. Ein Jahr nach Auszahlung beschwert sich *S* bei *K* über die Kreditkonditionen und stellt die Zinszahlungen ein. Kann *K* von *S* Zahlung der Zinsen oder Rückzahlung des Kapitals verlangen?

Lösungsskizze zu Fall 18:

A. Anspruch auf Zahlung der Zinsen 379
   I. Aus § 488 I 2
      1. Abschluss eines Darlehensvertrags (+)
      2. Nichtigkeit wegen Wuchers, § 138 II?

---

[140] Vgl. *Wolf/Neuner* AT § 46 Rn. 56.
[141] Vgl. Palandt/*Ellenberger* § 138 Rn. 72; vgl. hierzu auch BGH NJW 2006, 3054 = JuS 2007, 179.
[142] Vgl. MüKoBGB/*Armbrüster* § 138 Rn. 152.
[143] BGHZ 89, 316 = NJW 1984, 722 = JuS 1984, 390, zu § 134.
[144] Nach RGZ 161, 52; s. auch BGH NJW 1983, 1420 = JuS 1983, 801; *Larenz/Canaris* SR II/2 § 68 III 3 c.

a) Auffälliges Missverhältnis zwischen Leistung und Gegenleistung
Hier übersteigt der vereinbarte Zinssatz den marktüblichen Zins (unter Berücksichtigung der schlechteren Bonität des *S*) um mehr als 100 %
b) Ausnutzung einer Zwangslage laut Sachverhalt (+)
3. Ergebnis: Vertrag nichtig, kein Zinsanspruch
II. Aus § 812 I 1 Alt. 1
1. Etwas erlangt: Kapitalüberlassung (+)
2. Durch Leistung des K (+)
3. Ohne Rechtsgrund (+)
4. Aber: Ausschluss nach § 817 S. 2 (+)
5. Ergebnis: Anspruch (-)
B. Anspruch auf Rückzahlung des Kapitals
I. § 488 I 2 (-), kein Darlehensvertrag
II. § 812 I 1 1 Alt. 1
1. Etwas erlangt: Kapitalüberlassung (+)
2. Durch Leistung des K (+)
3. Ohne Rechtsgrund (+)
4. Ausschluss nach § 817 S. 2?
Leistungsgegenstand ist bei einem Darlehen nicht die dauerhafte, sondern nur die zeitweise Kapitalüberlassung, so dass nach § 817 S. 2 nur die vorzeitige Rückforderung der Darlehensvaluta, nicht aber die Rückforderung am Ende der vereinbarten Laufzeit ausgeschlossen ist.
5. Ergebnis: Anspruch derzeit (-)

II. Sittenwidrigkeit von Rechtsgeschäften nach § 138 I

380 Gem. § 138 I ist ein Rechtsgeschäft nichtig, wenn es gegen die guten Sitten verstößt. Nach der Rspr. bestimmt sich der Inhalt der „guten Sitten" iSv § 138 I nach dem **„Anstandsgefühl aller billig und gerecht Denkenden"**.[145] Dahinter verbirgt sich ein Verweis auf allgemein akzeptierte außerrechtliche **moralisch-ethische Minimalstandards** sowie die **Grundwertungen der positiven Rechtsordnung**, insbesondere auch des GG (mittelbare Drittwirkung von Grundrechten). Rechtsgeschäfte, die diesen Grundsätzen widersprechen, sollen nach § 138 keinen Anspruch auf staatliche Hilfe haben; ihnen wird daher die rechtliche Anerkennung verweigert.

Voraussetzungen der Nichtigkeit eines Rechtsgeschäfts wegen Sittenwidrigkeit nach § 138 I sind:

381 1. Anwendbarkeit des § 138 I
2. Sittenverstoß
a) Nach dem Inhalt des Rechtsgeschäfts
b) Nach dem Gesamtcharakter des Rechtsgeschäfts

[145] BGHZ 10, 228 (232) = NJW 1953, 1665; BGHZ 69, 295 (297) = NJW 1977, 2356; krit. zu dieser Formel insb. *Wolf/Neuner* AT § 46 Rn. 7 ff.

1. Anwendbarkeit des § 138 I

§ 138 I ist auf **alle Rechtsgeschäfte** anwendbar, dh sowohl auf Verpflichtungsgeschäfte als auch auf Verfügungen. Allerdings sind Verfügungen idR **sittlich neutral** und werden – wegen des Abstraktionsprinzips – auch nicht von der Sittenwidrigkeit des Grundgeschäfts infiziert. Eine Nichtigkeit nach § 138 I alleine aufgrund ihres **Inhalts** ist daher bei Verfügungen grundsätzlich nicht möglich; allerdings kann sich die Sittenwidrigkeit einer Verfügung daraus ergeben, dass gerade der Vollzug der Leistung die Sittenwidrigkeit ergibt.[146] Dies betrifft insbesondere die Sittenwidrigkeit einer Sicherungsabtretung oder Sicherungsübereignung. 382

Gegenüber § 134 ist § 138 I insofern subsidiär, als bei Verstoß gegen ein Verbotsgesetz die Nichtigkeit allein nach § 134 zu beurteilen ist.[147] Subsidiär ist § 138 I auch gegenüber § 138 II. Fehlt allerdings eine Voraussetzung des Wuchers, so bleibt § 138 I dennoch anwendbar (sog wucherähnliches Geschäft). 383

2. Sittenverstoß des Rechtsgeschäfts

Die Sittenwidrigkeit eines Rechtsgeschäfts kann sich entweder aus seinem **Inhalt** oder aus seinem **Gesamtcharakter** ergeben: 384

- Ein Geschäft ist **nach seinem Inhalt** sittenwidrig, wenn dieser sittlich zu missbilligen ist,[148] insbesondere wenn es gegen Grundrechte oder grundlegende ethische Wertvorstellungen verstößt.[149] Die Sittenwidrigkeit knüpft hier gerade nicht an ein *Verhalten* der Parteien, sondern ausschließlich an das *Ergebnis* an (Bsp.: Knebelung eines Gaststättenbetreibers durch einen exklusiven Bierlieferungsvertrag mit 50-jähriger Laufzeit). Daher kommt es auf die **Kenntnis** der Vertragsparteien vom Verstoß oder das Bewusstsein der Sittenwidrigkeit **nicht an**, da das Rechtsgeschäft als solches, dh unabhängig von den Motivationen der Parteien, von der Rechtsordnung nicht geduldet werden kann. Auch die Begleitumstände sind dabei grundsätzlich unbeachtlich.[150]
- Nach seinem **Gesamtcharakter** ist ein Geschäft sittenwidrig, wenn sich bei einer Gesamtwürdigung von Inhalt, Beweggründen und Zweck des Rechtsgeschäfts ein Verstoß gegen die Wertungen der Rechtsordnung ergibt.[151] Dabei sind auch die Umstände zu berücksichtigen, unter denen das Rechtsgeschäft zustande gekommen ist. Bei dieser Gesamtbetrachtung wird die Sittenwidrigkeit an das **Verhalten** der Parteien (und nicht nur an den objektiven Inhalt des Rechtsgeschäfts) geknüpft, so dass die einschneidende Rechtsfolge der Nichtigkeit idR nur gerechtfertigt ist, wenn die Parteien **Kenntnis** oder **grob fahrlässige Unkenntnis** von den tatsächlichen Umständen hatten, aus denen sich – bei objektiver Betrachtung – die Sittenwidrigkeit ergibt. Ein Bewusstsein, gegen die guten Sitten zu verstoßen, ist aber nicht erforderlich.[152]
  Je nachdem, ob sich die Sittenwidrigkeit aus dem Verhalten nur eines Partners (zB Übervorteilung des anderen Vertragspartners) oder beider Partner (zB kollusive Schädigung eines Dritten oder der Allgemeinheit) ergibt, muss die Kenntnis nur bei einem oder bei beiden Partnern vorliegen.

---

[146] Vgl. *Wolf/Neuner* AT § 46 Rn. 67; *Wertenbruch* AT § 19 Rn. 20.
[147] Vgl. MüKoBGB/*Armbrüster* § 134 Rn. 4.
[148] Dazu → Rn. 369.
[149] Vgl. PWW/*Ahrens* § 138 Rn. 25 f.
[150] Palandt/*Ellenberger* § 138 Rn. 7; BGHZ 94, 268 (272) = NJW 1985, 2405.
[151] Vgl. PWW/*Ahrens* § 138 Rn. 27 ff.
[152] Vgl. Palandt/*Ellenberger* § 138 Rn. 8.

III. Fallgruppen

385 Die folgende – nicht abschließende – Auflistung enthält wichtige Fallgruppen der Sittenwidrigkeit:[153]

1. Sittenwidriges Verhalten gegenüber dem Vertragspartner

386 Die wichtigsten Fallgruppen der Sittenwidrigkeit wegen verwerflichen Verhaltens gegenüber dem Vertragspartner sind:

- **Wucherähnliche Geschäfte**: Ein Rechtsgeschäft, durch das ein Vertragspartner vom anderen erheblich übervorteilt wird, kann nicht nur unter den engen Voraussetzungen des § 138 II nichtig sein. Vielmehr kommt dann, wenn ein Tatbestandsmerkmal des § 138 II (insbesondere die Ausnutzung einer dort umschriebenen Schwächeposition) fehlt, die Annahme eines sog wucherähnlichen Geschäfts in Betracht, das unter § 138 I fällt.[154]
  Nach der Rspr. des BGH genügt aber für das Vorliegen eines wucherähnlichen Geschäfts nicht alleine das extreme Missverhältnis zwischen Leistung und Gegenleistung.[155] Vielmehr ist auch beim wucherähnlichen Geschäft in subjektiver Hinsicht – statt der Ausbeutung einer besonderen Schwächeposition (wie in § 138 II) – eine **verwerfliche Gesinnung** oder das Ausnutzen einer Machtposition erforderlich, die nicht von § 138 II erfasst ist.[156] Allerdings wird diese verwerfliche Gesinnung bei einem extremen Missverhältnis zwischen Leistung und Gegenleistung tatsächlich **vermutet**, selbst wenn die sittenwidrig handelnde Partei keine Kenntnis von den Wertverhältnissen hat, sich die Kenntnis aber problemlos beschaffen könnte.[157]
  Bei Verträgen auf **Auktionsplattformen** wie zB eBay kann aus dem bloßen Missverhältnis zwischen Leistung und Gegenleistung allerdings nicht auf eine verwerfliche Gesinnung des Bieters geschlossen werden, weil die Vorgabe eines Startpreises und die Wahl des Auktionsverfahrens vom Verkäufer gesteuert wird.[158]
- **Knebelungsverträge**, durch die der Schuldner in seiner wirtschaftlichen Bewegungsfreiheit unzumutbar eingeschränkt wird (Art. 2 I GG iVm Art. 1 I, 12 I GG), insbesondere bei der Sicherungsübereignung nahezu des gesamten Vermögens.[159]
- Verträge, durch die die **Berufsfreiheit** (Art. 12 I GG) übermäßig eingeschränkt wird, insbesondere überlang bindende **Bierbezugsverträge** (idR ab 20 Jahren sittenwidrig)[160] oder **Wettbewerbsverbote**[161] sowie die Verpflichtung zur Zahlung

---

[153] Vgl. auch *Wolf/Neuner* AT § 46 Rn. 29 ff.; Palandt/*Ellenberger* § 138 Rn. 24 ff.
[154] Vgl. *Faust* AT § 10 Rn. 4; *Wertenbruch* AT § 19 Rn. 3.
[155] Vgl. zB BGHZ 80, 153 = NJW 1981, 1206: Effektiver Jahreszins von mehr als 100 % über dem Marktniveau; BGH NJW 2014, 1652: Verkehrswertüberschreitung um mehr als 90 % beim Grundstückskauf; ebenso BGH NJW 2015, 1510 Rn. 19.
[156] Vgl. Palandt/*Ellenberger* § 138 Rn. 34.
[157] BGHZ 146, 298 = NJW 2001, 1127 (1128) = JuS 2001, 706 zu einem Grundstückskauf zu ca. 50 % des Marktwerts; s. aber auch BGH NJW 2002, 3165 zur Widerlegung der Vermutung.
[158] Vgl. BGH NJW 2012, 2723 = JuS 2012, 839; NJW 2015, 548 = JuS 2015, 355.
[159] Vgl. Palandt/*Ellenberger* § 138 Rn. 39; *Faust* AT § 10 Rn. 6; *Wertenbruch* AT § 19 Rn. 5 f.; BGH NJW 2012, 3162 = JuS 2013, 262:Verfügungsverbot in einem Übergabevertrag zur vorweggenommenen Erbfolge.
[160] BGH NJW 1972, 1459.
[161] BGH NJW 1997, 3089.

von unverhältnismäßigen „Aus- und Weiterbildungsentschädigungen“ beim Vereinswechsel von Amateur- oder Berufssportlern.[162]
Liegt die Sittenwidrigkeit ausschließlich in der übermäßigen *Dauer* der Vertragsbindung (so zB bei langfristigen Bezugsverträgen oder Wettbewerbsverboten), so nimmt die Rspr. an, dass der Vertrag quantitativ teilbar ist und nur insoweit nichtig ist, als er die zulässige Dauer überschreitet (geltungserhaltende Reduktion).[163]

- Verträge, durch die Gegenstände der **Intimsphäre** geregelt werden sollen, die rechtlicher Regelung grundsätzlich nicht zugänglich sind.[164] Dies betrifft zB insbesondere Verpflichtung zur Einnahme von Verhütungsmitteln oder zur Prostitution (s. dazu aber §§ 1, 2 ProstG).

Fall 19:[165]

V bot auf eBay ein Handy unter der Bezeichnung „Vertu Weiss Gold" und unter Beifügung eines Fotos zu einem Startpreis von 1 EUR an, „Zustand: gebraucht (einmal ausgepackt), selbst ersteigert und daher ohne Gebrauchsanleitung". *K* gab ein Maximalgebot von 1.999 EUR ab und ersteigerte das Handy für 782 EUR. Das von *V* übergebene Handy nahm *K* nicht an, weil es sich um ein Plagiat handelte; eine von *K* gesetzte Frist zur Lieferung eines entsprechenden Original-Handys (Neupreis: 24.000 EUR) ließ *V* verstreichen. 387

K verlangt von *V* Schadensersatz iHv 23.218 EUR. Zu Recht?

Lösungsskizze zu Fall 19:

Anspruchsgrundlage: § 311a II[166] 388

I. Wirksamer Kaufvertrag
   1. Vertragsabschluss bei eBay (+)
   2. Etwaige anfängliche Unmöglichkeit hindert Wirksamkeit nicht (§ 311a I)
   3. Wirksamkeitshindernis: § 138 I (Fallgruppe: Wucherähnliches Geschäft)?
      a) Auffälliges Missverhältnis zwischen Leistung und Gegenleistung (nach dem vertraglich vereinbarten Leistungsprogramm): 24.000 EUR vs. 782 EUR (+)

---

[162] BGH NJW 2000, 1028.
[163] Vgl. BGH NJW 1972, 1459; NJW-RR 1996, 741 und dazu → Rn. 397.
[164] Vgl. hierzu auch *Faust* AT § 10 Rn. 8; *Wertenbruch* AT § 19 Rn. 13.
[165] Nach BGH NJW 2012, 2723 = JuS 2012, 839; vgl. auch BGH NJW 2015, 548 = JuS 2015, 355; zum Vertragsschluss bei Internetauktionen ausführlich *Wertenbruch* AT § 10 Rn. 28 ff.; vgl. auch *Grigoleit/Herresthal* AT Fall 2 „*Wandervan*“.
[166] Anm.: In der zu Grunde liegenden Entscheidung hatte der BGH einen Anspruch aus §§ 280 I, III, 281 angenommen (insoweit in NJW 2012, 2723 nicht abgedruckt), was allerdings voraussetzen würde, dass die Leistung des verkauften Handys als Original-Handy möglich ist. Hiervon kann nur ausgegangen werden, wenn ein Gattungskauf vorliegt, was bei einem Gebrauchtwarenkauf auf eBay nicht anzunehmen ist. Nachdem aus dem gefälschten, als Stück verkauften Vertu-Handy kein Original mehr gemacht werden kann, liegt anfängliche Unmöglichkeit vor, so dass § 311a II die richtige Anspruchsgrundlage ist (s. zur Frage, ob § 437 Nr. 3 zusätzlich einschlägig ist, *Schwab* JuS 2012, 839 [840 f.]).

b) Verwerfliche Gesinnung?
Bei einem besonders groben Missverhältnis zwischen Leistung und Gegenleistung besteht grundsätzlich eine tatsächliche Vermutung für ein Handeln aus verwerflicher Gesinnung. Hier beträgt der Wert des Kaufgegenstands mehr als das 30-fache des Kaufpreises, so dass ein besonders grobes Missverhältnis gegeben ist, das den Schluss auf eine verwerfliche Gesinnung des Begünstigten (hier: *K*) zulässt und an sich zur Sittenwidrigkeit des Vertrages führt. Im Hinblick auf die Besonderheiten von Internetauktionen ist jedoch eine Einschränkung dieser Vermutung geboten. Denn es macht gerade den Reiz einer Internetauktion aus, mit der Abgabe eines zunächst niedrigen Gebotes die Chance wahrzunehmen, den Auktionsgegenstand zum „Schnäppchenpreis" zu erwerben, während umgekehrt der Anbieter die Chance wahrnimmt, durch den Mechanismus des Überbietens am Ende einen für ihn vorteilhaften Kaufpreis zu erzielen. Vor einem Unter-Wert-Verkauf kann der Anbieter sich durch die Angabe eines höheren Startpreises schützen; diese Möglichkeit hat *V* hier nicht genutzt. In dieser Situation verbietet sich der Schluss von einem niedrigen Kaufpreis auf eine verwerfliche Gesinnung des Käufers. Sonstige Umstände, aus denen auf eine verwerfliche Gesinnung des *K* zu schließen wäre, sind nicht ersichtlich.

c) Zwischenergebnis: Nichtigkeit, § 138 I (-)

II. Unmöglichkeit der Leistung bei Vertragsschluss
Unmöglichkeit liegt hier vor, wenn nach dem vertraglichen Pflichtenprogramm ein Original-Handy der Marke Vertu statt des von *V* gelieferten Plagiats geschuldet war; denn dann kann das als Stückschuld verkaufte Handy nicht als Original geliefert werden. Mit Blick auf den niedrigen Startpreis von 1 EUR erscheint zwar eine konkludente Beschaffenheitsvereinbarung des Inhalts denkbar, dass es sich bei dem Handy nicht um ein Original handeln sollte. Dagegen spricht aber, dass dem Startpreis angesichts der Besonderheiten einer Internetauktion im Hinblick auf den Wert des angebotenen Gegenstandes grundsätzlich kein Aussagegehalt zu entnehmen ist. Denn der bei Internetauktionen erzielbare Preis ist von dem Startpreis völlig unabhängig, da er aus den Maximalgeboten der Interessenten gebildet wird, so dass auch Artikel mit einem sehr geringen Startpreis einen hohen Endpreis erzielen können, wenn mehrere Bieter bereit sind, entsprechende Beträge für den Artikel zu zahlen. Dieses System kann den Anbieter veranlassen, auch hochwertige Artikel zu einem niedrigen Einstiegspreis anzubieten. Demnach durfte *K* erwarten, dass es sich bei dem Handy um ein Originalgerät der Marke Vertu handelt. Die Lieferung eines Plagiats stellt mithin eine Pflichtverletzung dar.

III. Kenntnis bzw. Kennenmüssen der Unmöglichkeit, § 311a II 2 (+)

IV. Rechtsfolge: Schadensersatz statt der Leistung
Der Umfang des Schadensersatzes bemisst sich nach dem Wert der geschuldeten Kaufsache abzüglich des Kaufpreises (Differenzmethode), so dass sich ausgehend vom Neupreis eines Original-Handys ein Differenzbetrag von 23.218 EUR ergibt. Es kann jedoch nicht unberücksichtigt bleiben, dass es sich bei dem angebotenen Handy nicht um ein neues, sondern ein gebrauchtes Gerät ohne Gebrauchsanleitung handelte, das *V* nach seiner Produktbeschreibung nicht im autorisierten Fachhandel erworben, sondern selbst ersteigert hatte. Ein derartiges Gerät reicht in seinem Wert nicht ansatzweise an ein im Fachhandel angebotenes neues Originalgerät heran. Der Schadensersatz bemisst sich daher nach dem Wert eines gebrauchten Vertu-Handys aus zweiter Hand ohne Gebrauchsanleitung abzüglich des Kaufpreises von 782 EUR.

V. Ergebnis: Anspruch (+), aber nicht iHv 23.218 EUR

2. Strukturell ungleiche Verhandlungsstärke

Nach der Rspr. des BVerfG[167] kann ein Verstoß gegen die guten Sitten auch anzunehmen sein, wenn ein Partner die „strukturelle Unterlegenheit" der anderen Partei ausnutzt, um dieser einen Vertrag aufzuzwingen, der sie ungewöhnlich stark belastet.[168] Die Voraussetzungen sind im Einzelnen: 389

- Der Inhalt des Vertrages ist für eine Seite **ungewöhnlich belastend** und als Interessenausgleich offensichtlich unangemessen. Dies ist anhand einer Gesamtbetrachtung aller Interessen und Risiken zu ermitteln. Wichtigstes Beispiel ist die Übernahme von Bürgschaften, die den Bürgen **wirtschaftlich krass überfordern**, weil der Bürge aus seinem laufenden Einkommen noch nicht einmal die Zinsen tragen kann und damit keine Aussicht hat, jemals die Schuld zu tilgen.[169] An einer derartigen Überforderung fehlt es, wenn lediglich eine **dingliche Sicherheit** übernommen wird, weil hier das übrige Vermögen des Bürgen nicht angetastet wird.[170]
- Dieser Inhalt muss sich als Ergebnis **strukturell ungleicher Verhandlungsstärke** darstellen, wobei es sich – um eine unkontrollierbare Einzelfalljudikatur zu vermeiden – um **typisierbare Fallgestaltungen** handeln muss. Strukturell ungleich ist die Verhandlungsstärke dann, wenn eine Partei typischerweise aufgrund bestimmter faktischer Umstände eine übermächtige Verhandlungsposition innehat, die es ihr ermöglicht, die ungewöhnliche Belastung des Partners durchzusetzen (zB wenn der Partner auf die Leistung unbedingt angewiesen ist oder sich aufgrund familiärer Bindungen in einer Zwangslage befindet, die seine Entscheidungsfreiheit einschränkt). In diesem Fall artet die Privatautonomie zur Fremdbestimmung aus.

Fall 20:[171]

Kaufmann *S* begehrte von seiner Bank *B* einen Kredit über 200.000 EUR. Um *S* zu sorgfältigem Wirtschaften anzuhalten und um Vermögensverschiebungen im Familienkreis vorzubeugen, verlangte die *B* eine Bürgschaft seiner 18-jährigen Tochter *T*. Diese unterzeichnete in den Räumen der *B* Bürgschaftsformulare über einen Höchstbetrag von 200.000 EUR für die Verbindlichkeiten des *S*. *T* lebt in einer Mietwohnung und verdient monatlich 600 EUR netto. Sie hat keine Berufsausbildung und ist vermögenslos. Ein Vertreter der *B*, der über die finanzielle Lage der *T* informiert war, hatte ihr erklärt: „Hier bitte, unterschreiben Sie mal, ich brauche das nur für meine Akten." Als *T* weiter mit der Unterschrift zögerte, meinte der Vertreter der *B*: „Wollen Sie Ihren Vater etwa in den Ruin treiben?" 390

Ist die Bürgschaft der *T* wirksam?

---

[167] Vgl. BVerfGE 89, 214 = NJW 1994, 36 = JuS 1994, 251; BVerfG NJW 1994, 2749 m. Bespr. *Frank* JuS 1996, 389.

[168] Vgl. hierzu auch *Faust* AT § 10 Rn. 5; *Wertenbruch* AT § 19 Rn. 4.

[169] Vgl. dazu Palandt/*Ellenberger* § 138 Rn. 37 ff.

[170] BGHZ 152, 147 = NJW 2002, 2633.

[171] Nach BVerfGE 89, 214 = NJW 1994, 36 = JuS 1994, 251; s. ferner BGHZ 136, 347 = NJW 1997, 3372 = JuS 1998, 177; BGHZ 125, 206 = NJW 1994, 1278 = JuS 1994, 707; vgl. zu Arbeitnehmerbürgschaften BGHZ 156, 302 = NJW 2004, 161 = JuS 2004, 159; *Riehm* JuS 2000, 242 ff.

Lösungsskizze zu Fall 20:

391 Wirksamkeit der Bürgschaft

I. Bürgschaftsvertrag (+)
II. Form der Bürgschaftserklärung, § 766 S. 1 (+)
III. Nichtigkeit nach § 311b II (-), zukünftiges Vermögen der *T* nicht als solches übertragen
IV. Wucher, § 138 II (-), Bürgschaft kein gegenseitiger Vertrag
V. Sittenwidrigkeit, § 138 I
   1. Schutz vor krasser Überforderung in strukturellen Ungleichgewichtslagen als verfassungsrechtlicher Schutzauftrag aus Art. 2 I iVm Art. 1 I GG (negative Privatautonomie)
   2. Krasse Überforderung
   Die Inanspruchnahme aus der Bürgschaft würde zu einer finanziellen Überlastung der *T* führen, denn aufgrund des geringen Einkommens und der Vermögenslosigkeit der *T* ist schon bei Vertragsschluss nicht zu erwarten, dass sie die Forderung aus dem Bürgschaftsvertrag oder auch nur die laufenden Zinsen jemals wird tilgen können. Die Bank hatte von der finanziellen Situation der *T* Kenntnis. Bei einer Gesamtwürdigung der Umstände ist mithin eine krasse Überforderung der *T* gegeben.
   3. Strukturelles Ungleichgewicht
   Zwischen dem Hauptschuldner *S* und der Bürgin *T* bestand aufgrund der familiären Verbindung als Vater und Tochter eine enge emotionale Verbundenheit. Zugleich hatte *T* an dem Kredit kein wirtschaftliches Eigeninteresse. Dies spricht dafür, dass *T* bei der Abgabe der Bürgschaftserklärung nicht in freier Selbstbestimmung handelte, sondern sich in einer familiären Zwangslage befand und sich zur Unterstützung ihres Vaters zur Abgabe der Bürgschaftserklärung verpflichtet sah (vgl. 1618a). Zusätzlich wurde die Abgabe ihrer Bürgschaftserklärung durch Verharmlosung und Druck durch die Bank flankiert. Zwischen *T* und der Bank bestand mithin ein strukturelles Ungleichgewicht hinsichtlich der Verhandlungsstärke.
   4. Andere Bewertung wegen Möglichkeit der Verbraucherinsolvenz (Restschuldbefreiung, §§ 286 ff. InsO)?
   (-), Schutzzweck des § 138 ist nicht die Verhinderung von Überschuldung, sondern die Sicherung der negativen Privatautonomie. Diese ist auch in Gefahr, wenn infolge der Fremdbestimmung „nur" die Privatinsolvenz droht.
   5. Ergebnis: Die Bürgschaft ist sittenwidrig und damit nichtig, § 138 I.

3. Sittenwidriges Verhalten gegenüber Dritten oder der Allgemeinheit

392 Die Sittenwidrigkeit kann sich auch aus dem Verhalten *beider* Parteien gegenüber Dritten oder der Allgemeinheit ergeben. Die wichtigsten derartigen Fälle sind:[172]

- Schädigung anderer **Gläubiger**, zB durch die Übereignung pfändbarer Gegenstände des Schuldners an einen Strohmann;

[172] Vgl. aber BGHZ 188, 96 = NJW 2011, 1586 = JuS 2011, 837: Keine grundsätzliche Sittenwidrigkeit des Behindertentestaments und des Pflichtteilsverzichts eines behinderten Sozialleistungsbeziehers.

- **Verleitung zum Vertragsbruch** (vgl. die „Vertragsbruchtheorie" bei Sicherungsabtretung und Sicherungsübereignung[173]);
- Verträge, die zu einer **anstößigen Kommerzialisierung** an sich unveräußerlicher Gegenstände führen, zB beim „Verkauf" von Glaubens- oder Gewissensfragen, beim Titel- und Ordenskauf, oder bei entgeltlichen Vereinbarungen über das Umgangs- oder Sorgerecht;
- Verträge, die **Straftaten** zum Inhalt haben oder der Förderung, Ausnutzung oder Vorbereitung von Straftaten dienen (zB Bestechung; Anheuern eines Auftragsmörders; Versprechen, eine Geldstrafe zu übernehmen).[174] Dabei ist nach dem BGH im Fall der **Bestechung** nur die eigentliche Unrechtsabrede, nicht aber automatisch der infolge der Bestechung geschlossene Vertrag sittenwidrig.[175] Dieser ist hinsichtlich der Voraussetzungen der Sittenwidrigkeit isoliert zu betrachten, wobei sich aber die Sittenwidrigkeit zB aus einem überhöhten Entgelt ergeben kann. Im praktischen Ergebnis ist damit ein Vertrag, der durch Bestechung eines Stellvertreters zu Lasten des Geschäftsherrn zustande gekommen ist, grundsätzlich sittenwidrig, nicht dagegen ein Vertrag, der durch Bestechung des Vertragspartners selbst zustande gekommen ist.
- Ebenfalls sittenwidrig ist die **Kollusion** eines Stellvertreters mit dem Vertragspartner zum Schaden des Geschäftsherrn.

F. Folgen der Unwirksamkeit von Rechtsgeschäften

I. Teil- und Gesamtnichtigkeit von Rechtsgeschäften (§ 139)

Nach § 139 führt die Nichtigkeit eines Teils eines Rechtsgeschäfts im Zweifel zur Nichtigkeit des gesamten Rechtsgeschäfts. Sinn dieser Vorschrift ist es, den Parteien des Rechtsgeschäfts nicht gegen ihren Willen eine unvollständige Regelung aufzuzwingen, also letztlich ihre Privatautonomie zu wahren (den gleichen Zweck verfolgt § 154 I). 393

Voraussetzungen der Gesamtnichtigkeit nach § 139 sind:

1. Einheitliches Rechtsgeschäft 394
2. Nichtigkeit eines abtrennbaren Teils
3. Kein entgegenstehender Parteiwille
4. Keine Einschränkung des § 139

1. Einheitliches Rechtsgeschäft

Ein einheitliches Rechtgeschäft iSv § 139 liegt vor, wenn entweder 395

- tatsächlich nur **ein einziges Rechtsgeschäft** im Rechtssinne vorliegt, zB ein einheitlicher Kaufvertrag, bei dem eine Nebenabrede nach § 134 nichtig ist, oder

---

[173] S. dazu *Baur/Stürner* SaR § 59 Rn. 50 ff.; *Prütting* SaR Rn. 855.
[174] Vgl. auch BGHZ 141, 357 = NJW 2005, 1490 = JuS 2005, 746: Sittenwidrigkeit von Kaufverträgen über Radarwarngeräte; ebenso BGHZ 183, 235 = NJW 2010, 610 = JuS 2010, 442.
[175] BGHZ 141, 357 = NJW 1999, 2266 = JuS 2000, 87.

- zwar **mehrere Rechtsgeschäfte** im Rechtssinne vorliegen (zB Kauf- und Mietvertrag bei sale-and-lease-back-Verträgen), diese aber nach dem Willen der Parteien als Einheit gewollt sind, dh nach ihren Vorstellungen „miteinander stehen und fallen" sollen.[176] Dabei handelt es sich um einen Fall der sog **Geschäftseinheit**. Indizien für eine solche Geschäftseinheit sind insbesondere ein enger zeitlicher und räumlicher Zusammenhang der Verträge sowie eine objektive inhaltliche Abhängigkeit der Rechtsgeschäfte voneinander.

Die Annahme einer Geschäftseinheit zwischen einem **Kausalvertrag** und der dinglichen **Erfüllung** (zB Kaufvertrag und Auflassung) würde aber gegen das Abstraktionsprinzip verstoßen und ist daher nicht möglich.[177]

2. Nichtigkeit eines abtrennbaren Teils des Rechtsgeschäfts

396 Eine Teilnichtigkeit eines Rechtsgeschäfts kann nur vorliegen, wenn das Geschäft **logisch teilbar** ist, dh in verschiedene, isolierbare Sinneinheiten geteilt werden kann. Der bei Nichtigkeit eines Teils bleibende Rest muss für sich genommen immer noch ein Rechtsgeschäft sein, das als solches Bestand haben kann.[178] Insbesondere ist ein Vertrag immer zur Gänze nichtig, wenn eine Vertragserklärung (Angebot oder Annahme) vollständig nichtig ist, weil die andere Vertragserklärung für sich genommen keinen Vertrag zustande bringen kann.

397 Im Übrigen ist § 139 aber bei **quantitativ** (zeitlich oder mengenmäßig) **teilbaren** Geschäften ohne weiteres anwendbar. Insbesondere bei überlangen Dauerschuldverhältnissen (überlange Bindung als Verstoß gegen § 138 I) neigt die Rspr. zur geltungserhaltenden Reduktion nach § 139, indem die Vertragsdauer auf das noch sittengemäße Maß reduziert wird und der Vertrag im Übrigen für teilnichtig erklärt wird;[179] durch diese Reduktion bleibt – anders als bei wucherischen Austauschverträgen, wo eine solche Reduktion auf Bedenken stößt – das Verhältnis zwischen Leistung und Gegenleistung unberührt. Ein rechtlich teilbares Geschäft iSv § 139 liegt nach hM auch dann vor, wenn sich mehrere Personen gemeinschaftlich im gleichen Vertrag als Gesamtschuldner verpflichten.[180] Diese Problematik tritt insbesondere bei **subjektiv teilnichtigen Gesellschaftsverträgen** auf.[181]

398 Ist das Rechtsgeschäft danach **unteilbar**, so führt die Nichtigkeit eines Teils stets zur Nichtigkeit des gesamten Geschäftes.

3. Kein entgegenstehender Parteiwille

399 Die Rechtsfolge des § 139 – Gesamtnichtigkeit des Rechtsgeschäfts – tritt nur ein, wenn kein anderer Parteiwille anzunehmen ist. Haben die Parteien sich ausdrücklich oder konkludent für die Geltung des restlichen Rechtsgeschäfts auch für den Fall der Teilnichtigkeit ausgesprochen (zB in einer sog **salvatorischen Klausel**,[182] wie sie in den meisten Standardverträgen zu finden ist), so ist zu vermuten, dass die Parteien den Vertrag tatsächlich auch ohne den nichtigen Teil gewollt hätten; diese Vermutung kann aber widerlegt werden, so dass die Klausel im praktischen Ergebnis lediglich das Regel-Ausnahme-Verhältnis gegenüber § 139 umkehrt.[183]

---

[176] Vgl. *Wolf/Neuner* AT § 56 Rn. 10.
[177] → Rn. 107.
[178] Vgl. *Wolf/Neuner* AT § 56 Rn. 15.
[179] BGH NJW 1972, 1459 und → Rn. 386.
[180] Vgl. *Wolf/Neuner* AT § 56 Rn. 17.
[181] Vgl. Palandt/*Sprau* § 705 Rn. 17.
[182] Vgl. hierzu BGH NJW 2003, 347 = JuS 2003, 497; *Wertenbruch* AT § 20 Rn. 5.
[183] BGH NJW 2003, 347 = JuS 2003, 497.

Fehlt eine solche Vereinbarung ganz, so ist gem. § 139 der **hypothetische Parteiwille** 400 **zu ermitteln.**[184] Dabei ist zu fragen, ob auch nur eine Partei für den Fall des Wegfallens des nichtigen Teils der Fortgeltung des restlichen Rechtsgeschäfts widersprochen hätte. Von einem beiderseitigen Fortgeltungswillen kann ausgegangen werden, „wenn durch das restliche Geschäft jede Partei ihr Interesse noch in solchem Maße gewahrt sehen kann, dass demgegenüber ihr Interesse an dem nichtigen Teil nicht entscheidend ins Gewicht fällt."[185]

§ 139 bietet dabei aber nur die Wahl zwischen der unveränderten Fortgeltung des 401 restlichen Rechtsgeschäfts einerseits und der Nichtigkeit des gesamten Rechtsgeschäfts andererseits. Eine **inhaltliche Korrektur** bzw. Anpassung der übrigen Bestimmungen durch den Richter ist **ausgeschlossen.**

4. Einschränkungen des § 139

Die Regel des § 139 (im Zweifel Gesamtnichtigkeit) wird durch einige Gesichts- 402 punkte eingeschränkt:

- Einige **spezialgesetzliche Regelungen** kehren das Regel-Ausnahme-Verhältnis explizit um, dh bei Teilnichtigkeit ist hier im Zweifel keine Gesamtnichtigkeit gegeben. Dies betrifft **insbesondere § 306 für AGB** sowie die §§ 2085, 2195, 2279 I bei der Auslegung von Testamenten und anderen letztwilligen Verfügungen.
- Andere Regelungen enthalten implizit eine **Fortgeltungsanordnung,** indem nur bestimmte Nebenabreden für unwirksam erklärt werden (zB §§ 444, 536d, 639). Nach dem Rechtsgedanken dieser Vorschriften hat die Rspr. § 139 in solchen Fällen teleologisch reduziert, in denen die Teilnichtigkeit eines Rechtsgeschäfts aus dem Verstoß gegen Schutzvorschriften folgte, die einen Vertragsteil gegen Ausbeutung, Übervorteilung oder Unsicherheit schützen sollten. Die Anwendung des § 139 würde hier nämlich dazu führen, dass derjenige, der durch die entsprechende Vorschrift geschützt werden sollte, dann auch alle Vorteile aus dem Rechtsgeschäft verlieren würde.[186]
- Im Übrigen kommt eine Einschränkung des § 139 aufgrund von **Treu und Glauben** (§ 242) in Betracht. Dies ist insbesondere dann denkbar, wenn eine Vertragspartei, die durch die Teilnichtigkeit nicht beschwert ist, sich aufgrund des § 139 ihren Vertragspflichten treuwidrig entziehen möchte.[187]

II. Umdeutung nichtiger Rechtsgeschäfte (§ 140)

Ist ein Rechtsgeschäft nichtig, so kann es nach § 140 in ein anderes Rechtsgeschäft 403 umgedeutet werden, wenn dessen Gültigkeitsvoraussetzungen erfüllt sind und die Umdeutung dem Willen der Parteien entspricht. Die **Funktion der Umdeutung** besteht darin, einem gescheiterten Rechtsgeschäft der Parteien immer noch so weit wie möglich Geltung zu verleihen, indem es durch dasjenige (zulässige) Geschäft ersetzt wird, das dem Parteiwillen am nächsten kommt. Dabei ist ein **Vorrang der Auslegung** zu beachten: Kann der Parteiwille den Erklärungen eindeutig entnommen werden, so führt schon die Auslegung – trotz einer etwaigen übereinstimmenden

[184] S. hierzu auch PWW/*Ahrens* § 139 Rn. 19 ff.; *Faust* AT § 12 Rn. 11.
[185] Vgl. *Wolf/Neuner* AT § 56 Rn. 23.
[186] Vgl. *Wolf/Neuner* AT § 56 Rn. 4.
[187] S. etwa BGH NJW-RR 2008, 1050 = JuS 2008, 932.

Falschbezeichnung des Gewollten – zum richtigen Ergebnis. Nur wenn das eindeutig ermittelte Auslegungsergebnis rechtlich nicht möglich ist, kommt es auf eine Umdeutung nach § 140 an.

Voraussetzungen der Umdeutung nach § 140 sind:

404 1. Nichtigkeit eines Rechtsgeschäfts
2. Existenz eines anderen Rechtsgeschäfts
3. Erfüllung der Voraussetzungen eines anderen Rechtsgeschäfts
4. Kein entgegenstehender Parteiwille
5. Zulässigkeit der Umdeutung

1. Nichtigkeit eines Rechtsgeschäfts

405 Eine Umdeutung ist grundsätzlich **bei allen nichtigen oder unwirksamen Rechtsgeschäften** möglich. Darunter fallen nicht nur alle Wirksamkeitshindernisse, sondern auch Fälle, in denen das Rechtsgeschäft aus anderen Gründen ins Leere geht und daher unwirksam ist, zB bei einer Kündigung ohne Kündigungsgrund, einem Rücktritt ohne Rücktrittsrecht, der Übertragung eines unübertragbaren Rechts oder einer Verfügung eines Nichtberechtigten.[188]

406 Der Umdeutung vorgelagert und von dieser zu unterscheiden ist aber die **Auslegung** des Rechtsgeschäfts: § 140 greift erst dann ein, wenn die Auslegung des Rechtsgeschäfts eindeutig einen bestimmten Inhalt ergibt, mit dem es nichtig ist (zB wegen eines Formverstoßes). Durch § 140 wird aus diesem Rechtsgeschäft ein neues Rechtsgeschäft mit idR abweichendem Inhalt, der also nicht mehr streng der Auslegung des Parteiwillens folgt (wenngleich keine Umdeutung gegen den Parteiwillen möglich ist).

2. Anderes Rechtsgeschäft iSv § 140

407 Eine Umdeutung nach § 140 kommt nur in Betracht, wenn das nichtige Rechtsgeschäft **zugleich die Voraussetzungen eines anderen Rechtsgeschäfts** erfüllt. Dafür ist erforderlich, dass das andere Rechtsgeschäft inhaltlich in dem – unwirksam – vorgenommenen Rechtsgeschäft enthalten ist. Es muss also gegenüber dem nichtigen Rechtsgeschäft ein **minus**, kein **aliud** darstellen. Bei dieser Bewertung kommt es nach hM aber nicht alleine auf die *rechtliche* Ähnlichkeit an, sondern primär auf die von den Parteien verfolgte *wirtschaftliche* Zielsetzung.[189] Das andere Rechtsgeschäft muss also das von den Parteien vergeblich verfolgte Ziel in ähnlicher Weise erreichen.

408 Ein solches Verhältnis besteht **beispielsweise** zwischen

- außerordentlicher und ordentlicher Kündigung,[190]
- Kündigung und Angebot auf Abschluss eines Aufhebungsvertrages,
- Übertragung eines unübertragbaren Rechts und Überlassung des Rechts zur Ausübung,[191]

---

[188] Vgl. *Wolf/Neuner* AT § 57 Rn. 2 f.
[189] Vgl. *Wertenbruch* AT § 21 Rn. 1; *Faust* AT § 13 Rn. 6.
[190] BGH NJW-RR 2000, 987.
[191] Vgl. zB BGH NJW 1998, 896 (betreffend die – nach hM unzulässige – isolierte Abtretung eines Kündigungsrechts).

- dinglichem Vorkaufsrecht und der Kombination aus schuldrechtlichem Vorkaufsrecht und Auflassungsvormerkung,[192]
- Prokura und Generalhandlungsvollmacht,[193]
- Gründung einer OHG und Gründung einer GbR.

Dagegen ist insbesondere keine Umdeutung möglich zwischen einer (formnichtigen) Bürgschaft und einer Forderungsgarantie oder einem Schuldbeitritt, weil diese Rechtsgeschäfte einen in wesentlichen Punkten anderen Inhalt haben.[194] 409

3. Voraussetzungen des anderen Rechtsgeschäfts

Eine erfolgreiche Umdeutung setzt ferner voraus, dass die Voraussetzungen des anderen Rechtsgeschäfts, insbesondere hinsichtlich der Geschäftsfähigkeit, Form und Verfügungsmacht bestehen. Ferner muss auch der Inhalt des anderen Rechtsgeschäfts rechtlich zulässig sein. 410

4. Kein entgegenstehender Parteiwille

Eine Umdeutung nach § 140 ist ausgeschlossen, wenn das andere Rechtsgeschäft nicht dem (hypothetischen) Willen der Parteien entsprechen würde.[195] Auch wenn also theoretisch ein anderes Rechtsgeschäft das gleiche wirtschaftliche Ziel erreichen würde wie das von den Parteien geschlossene, darf eine Umdeutung dennoch nicht stattfinden, wenn die Parteien **gerade auf die gewählte Rechtsform** besonderen Wert gelegt haben. Die Umdeutung darf nicht zu einer Bevormundung der Parteien führen.[196] Insbesondere scheidet eine Umdeutung aus, wenn das „neue" Rechtsgeschäft für eine Partei gegenüber dem angestrebten Rechtsgeschäft **weitergehende Pflichten** begründet (daher ist wegen § 122 keine Umdeutung einer Rücktrittserklärung in eine Anfechtung möglich). 411

5. Unzulässigkeit der Umdeutung

Die Umdeutung ist unzulässig, wenn das „neue" Rechtsgeschäft aus dem gleichen Grund wie das „alte" nichtig wäre. Dies ist insbesondere dann der Fall, wenn das ursprüngliche Rechtsgeschäft gerade wegen der von den Parteien verfolgten Ziele von der Rechtsordnung missbilligt wird; diese **missbilligten Ziele können dann nach dem Schutzzweck** der jeweiligen Norm auch nicht durch Umdeutung in ein anderes Rechtsgeschäft erreicht werden. 412

Danach kommt eine Umdeutung bei Verstößen gegen die **§§ 134, 138 kaum in Betracht.**[197] Es bleiben im Wesentlichen die Fälle eines Formverstoßes oder Rechtsgeschäfte, die wegen eines bestimmten Typenzwangs oder sonstigen zwingenden gesetzlichen Vorschriften nicht vorgenommen werden können (zB Übertragung eines Nießbrauchs; Bestellung eines betragsmäßig limitierten dinglichen Vorkaufsrechts). 413

---

[192] Vgl. Palandt/*Ellenberger* § 140 Rn. 11.
[193] Vgl. Baumbach/*Hopt* § 48 HGB Rn. 1.
[194] Vgl. Palandt/*Sprau* Einf. v. § 765 Rn. 17.
[195] Vgl. zB BGHZ 125, 355 = NJW 1994, 1785 = JuS 1994, 982; s. aber umgekehrt BGHZ 174, 39 = NJW 2008, 1070: Umdeutung eines Schuldbeitritts in eine Bürgschaft möglich.
[196] Vgl. *Wolf/Neuner* AT § 57 Rn. 6.
[197] Vgl. *Wolf/Neuner* AT § 57 Rn. 11; BGH NJW 1986, 2944.

III. Bestätigung nichtiger Rechtsgeschäfte (§ 141)

414 Nach § 141 haben die Parteien eines nichtigen Rechtsgeschäfts die Möglichkeit, diesem durch spätere Bestätigung doch noch zur Geltung zu verhelfen. Die wesentliche Bedeutung dieser Vorschrift liegt in der **konkludenten Bestätigung durch einverständliche Durchführung** eines nichtigen Geschäfts.

Voraussetzungen für die Wirksamkeit durch Bestätigung sind:

415
1. Anwendbarkeit des § 141
2. Wegfall des Nichtigkeitsgrundes
3. Bestätigung

1. Anwendbarkeit des § 141

416 § 141 findet grundsätzlich auf alle **nichtigen** Rechtsgeschäfte Anwendung, unabhängig vom Nichtigkeitsgrund. Auch Geschäfte, die infolge der endgültigen Verweigerung einer Genehmigung **unwirksam** sind, können nach § 141 bestätigt werden.[198]

417 Die Bestätigung nach § 141 ist von der **Bestätigung des anfechtbaren Geschäfts** nach § 144 zu unterscheiden: Dort liegt ein wirksames, aber anfechtbares Rechtsgeschäft vor, dessen *Anfechtbarkeit* durch die Bestätigung beseitigt wird, während bei § 141 ein nichtiges Rechtsgeschäft wirksam wird. Allerdings kann ein bereits angefochtenes – und daher gem. § 142 I nichtiges – Rechtsgeschäft noch gem. § 141 bestätigt und damit wieder wirksam werden.[199]

418 Der Unterschied zur **Umdeutung** nach § 140 liegt darin, dass diese zum einen regelmäßig zu einer Inhaltsänderung des Rechtsgeschäfts führt, zum anderen erst vom Richter vorgenommen wird, die Bestätigung hingegen von den Parteien.

2. Wegfall des Nichtigkeitsgrundes

419 Die Bestätigung ist erst möglich, wenn der Nichtigkeitsgrund weggefallen ist: Da sie wie eine Neuvornahme zu bewerten ist (vgl. § 141 I), würde sie sonst wieder am gleichen Nichtigkeitsgrund scheitern. Ein Wegfall des Nichtigkeitsgrundes kann sich zB aus der Aufhebung eines Verbotsgesetzes oder aus dem Wegfall einer Tatbestandsvoraussetzung der jeweiligen Nichtigkeitsnorm ergeben.

3. Bestätigung

420 Die Bestätigung ist ein **Rechtsgeschäft** derjenigen Person(en), die Urheber der nichtigen Willenserklärung(en) waren. War nur eine Willenserklärung nichtig, genügt nach hM also deren einseitige Bestätigung durch ihren Urheber (selbst wenn in der Folge ein ganzer Vertrag nichtig war), während dann, wenn der Nichtigkeitsgrund von Anfang an den gesamten Vertrag erfasst hatte, auch ein erneuter Konsens erforderlich ist.[200] Nach heute überwiegender Auffassung ist für eine Bestätigung nicht erforderlich, dass der gesamte Inhalt des Vertrages wiederholt wird. Vielmehr genügt

[198] BGH NJW 1999, 3704.
[199] Vgl. MüKoBGB/*Busche* § 141 Rn. 5.
[200] Vgl. MüKoBGB/*Busche* § 141 Rn. 11; Staudinger/*Roth*, 2010, § 141 Rn. 14.

es, wenn sich die Parteien – zB durch eine Bezugnahme auf das nichtige Geschäft – „auf den Boden der bisherigen Vereinbarung stellen".[201] Der Unterschied zur vollständigen Neuvornahme des Rechtsgeschäfts liegt in diesem beschränkten Inhalt der Bestätigung, sowie in der Vermutung der schuldrechtlichen Rückwirkung gem. § 141 II.

Ob eine **konkludente Bestätigung** vorliegt, ist unter Berücksichtigung aller Umstände durch Auslegung zu ermitteln. Zu fragen ist, ob die Parteien konstitutiv die Wirkung des Rechtsgeschäfts neu herbeiführen wollen. Hierfür ist in aller Regel Voraussetzung, dass ihnen die mögliche Nichtigkeit des Geschäfts überhaupt bewusst war. Regelmäßig können **Erfüllungshandlungen**, die vorgenommen werden, obwohl die Parteien die Nichtigkeit des Verpflichtungsgeschäfts vermutet oder sogar erkannt haben, als Bestätigung angesehen werden; dies gilt aber nicht, wenn sie aus einem anderen Grund erfolgen – etwa lediglich zur Abwehr der Zwangsvollstreckung.[202] 421

Da die Bestätigung gem. § 141 I einer Neuvornahme des Rechtsgeschäfts entspricht, muss sie auch eine etwa erforderliche **Form** des Rechtsgeschäfts einhalten.[203] 422

4. Rechtsfolgen der Bestätigung

Die Bestätigung gilt gem. § 141 I als **Neuvornahme** des Rechtsgeschäfts. Mit ihr treten also die Wirkungen des gewollten Rechtsgeschäfts **ex nunc** ein; eine Rückwirkung besteht nicht.[204] Auch die sonstigen Voraussetzungen des Rechtsgeschäfts müssen in diesem Zeitpunkt gegeben sein (etwa die Verfügungsbefugnis bei der Übereignung einer Sache gem. § 929). 423

Jedoch bestimmt § 141 II für **Verträge** eine Vermutung für die **Vereinbarung schuldrechtlicher Rückwirkung**: Der Vertrag wird zwar als solcher nicht rückwirkend wirksam; die Parteien haben sich aber im Zweifel schuldrechtlich so zu stellen (zB hinsichtlich angefallener Zinsen oder eines Gefahrüberganges), als wäre der Vertrag im Zeitpunkt des ursprünglichen, nichtigen Vertragsschlusses zustande gekommen.[205] 424

Fall 21:[206]

K kaufte von *V* mit notariellem Vertrag eine Eigentumswohnung (Wert: 25.000 EUR) zum Preis von 54.000 EUR. Weil *K* die Wohnung – anders als ursprünglich vereinbart – vor dem Notartermin nicht mehr besichtigen konnte, reduzierten *K* und *V* den Kaufpreis im Anschluss an den Notartermin einvernehmlich mündlich auf 43.000 EUR. *K* bezahlte den reduzierten Kaufpreis und wurde nach Auflassung als Eigentümerin im Wohnungsgrundbuch (§ 7 I WEG) eingetragen. 425

Erst jetzt erkennt *K*, dass sie die Wohnung immer noch zu teuer gekauft hat, und verlangt von *V* Rückzahlung der gezahlten 43.000 EUR. Zu Recht?

---

201 BGH NJW 1982, 1981; NJW 1999, 3704.
202 BGH NJW 1971, 1795.
203 Vgl. MüKoBGB/*Busche* § 141 Rn. 15; *Faust* AT § 14 Rn. 2.
204 Vgl. MüKoBGB/*Busche* § 141 Rn. 16.
205 Vgl. dazu *Wolf/Neuner* AT § 58 Rn. 10; *Wertenbruch* AT § 22 Rn. 1.
206 Nach BGH NJW 2012, 1570 = JuS 2012, 1027; s. auch BGH NJW 1999, 3704.

Lösungsskizze zu Fall 21:

426 Anspruch aus § 812 I 1 Alt. 1

I. Etwas erlangt: 43.000 EUR (+)
II. Durch Leistung der *K* (+)
III. Ohne rechtlichen Grund?
   1. Ursprünglicher Kaufvertrag
      a) Formwirksamkeit (+)
      b) Wucher, § 138 II (-), keine Ausnutzung einer Zwangslage
      c) Sittenwidrigkeit, § 138 I (Wucherähnliches Geschäft)?
         aa) Extremes Missverhältnis zwischen Leistung und Gegenleistung (+), hier mehr als 100 % überteuert
         bb) Vermutung der verwerflichen Gesinnung (+), hier nicht widerlegt
      d) Zwischenergebnis: Ursprünglicher Kaufvertrag nichtig
   2. Änderung durch Kaufpreisreduktion auf 43.000 EUR?
      a) Kein Änderungsvertrag bei Nichtigkeit möglich, Neuabschluss oder Bestätigung nötig
      b) Bestätigung, § 141?
         aa) Änderungsvereinbarung als konkludente Bestätigung
         bb) Formwirksamkeit: Fehlende notarielle Beurkundung wegen Heilung unerheblich, § 311b I 2
         cc) Bestätigungswille?
         Der Bestätigungswille setzt voraus, dass die Parteien (beide!) die Nichtigkeit kennen oder zumindest Zweifel an der Rechtsbeständigkeit des Vertrages haben. Daran fehlt es hier, denn *K* wusste im Zeitpunkt der Kaufpreisreduktion nichts von der Überteuerung der Eigentumswohnung. Eine Bestätigung des nichtigen Kaufvertrages ist daher nicht erfolgt.
IV. Ergebnis: Anspruch auf Rückzahlung (+)

§ 7. Bedingung und Befristung (§§ 158 ff.)

Nach den §§ 158 ff. können Rechtsgeschäfte unter einer aufschiebenden oder auflösenden Bedingung oder Befristung vorgenommen werden. Dies gilt nicht für **bedingungsfeindliche Geschäfte**, insbesondere solche Rechtsgeschäfte, bei denen das Gesetz die Bedingung untersagt (zB § 925 II für die Auflassung), sowie für die Ausübung von Gestaltungsrechten (vgl. § 388 S. 2). Letztere können allenfalls von **Potestativbedingungen** abhängig gemacht werden, dh von Bedingungen, deren Eintritt ausschließlich vom Willen des Erklärungsempfängers abhängt. Unschädlich sind außerdem innerprozessuale Bedingungen (etwa eine Aufrechnung unter der aufschiebenden Bedingung, dass das Gericht die Klageforderung für begründet hält), weil diese bis zum Ende des Prozesses geklärt sind und daher im Ergebnis keine Rechtsunsicherheit eintritt. 427

A. Bedingung und Befristung

Bedingung und Befristung unterscheiden sich in der Art des Ereignisses, von dem die Wirksamkeit des Rechtsgeschäfts abhängig gemacht wird: 428

- Eine **Bedingung** liegt vor, wenn der Eintritt des Ereignisses **ungewiss** ist, also nicht feststeht, ob oder wann das Ereignis eintreten wird, zB die Übereignung einer Kaufsache unter der Bedingung, dass der Kaufpreis vollständig bezahlt wird (Eigentumsvorbehalt). Zudem muss das ungewisse Ereignis in der **Zukunft** liegen, dh die Wirksamkeit kann nicht von einem vergangenen Ereignis abhängig gemacht werden, über das die Parteien im Unklaren sind. Als Bedingung ist dann aber das (zukünftige) Ergebnis der Untersuchung möglich.
- Bei der **Befristung** (§ 163) steht der Eintritt des Ereignisses für die Parteien fest, zB „in zwei Wochen" oder „am Ablauf des 3. August".[1]

B. Aufschiebende und auflösende Bedingung bzw. Befristung

Es sind verschiedene Arten von Bedingungen und Befristungen möglich. Welche dieser Formen die Parteien gewählt haben, ist durch Auslegung zu ermitteln. 429

- Eine **aufschiebende Bedingung oder Befristung** (§ 158 I) liegt vor, wenn die Wirksamkeit des Rechtsgeschäftes erst eintreten soll, wenn die Bedingung eingetreten bzw. die Frist abgelaufen ist. Bis dahin ist das Rechtsgeschäft **schwebend unwirksam.** Beispiel: Kauf von Merchandising-Artikeln eines Sportstars unter der Bedingung, dass er die Weltmeisterschaft gewinnt; Übereignung unter der Bedingung der Kaufpreiszahlung.

---

[1] Vgl. zur Fristberechnung → Rn. 736 ff.

- Bei einer **auflösenden Bedingung oder Befristung** (§ 158 II) ist das Rechtsgeschäft zunächst **schwebend wirksam** und wird unwirksam, wenn die Bedingung eingetreten bzw. die Frist abgelaufen ist. Beispiel: Stundung einer Forderung in Form einer Ratenzahlungsvereinbarung unter der auflösenden Bedingung der unpünktlichen Bezahlung einer Rate.
  Grundsätzlich wirkt der Eintritt der Bedingung bzw. der Ablauf der Befristung *ex nunc*, dh die Parteien können die bis dahin erhaltenen Leistungen behalten (zB bei Ablauf eines befristeten Arbeitsverhältnisses). Sie können nach § 159 aber (bei der Bedingung) **schuldrechtlich vereinbaren**, sich so zu stellen, als hätte der Eintritt der Bedingung das Rechtsgeschäft **rückwirkend** aufgelöst. Das ändert zwar nichts daran, dass das Rechtsgeschäft nur ex nunc wegfällt. Die Parteien sind aber vertraglich verpflichtet, die Leistungen so zurückzugewähren, als hätte der Vertrag nie bestanden.[2] Ob die Rückgewähransprüche sich in diesem Fall aus Bereicherungsrecht (§ 812 I 1 Alt. 1) ergeben[3] oder unmittelbar aus dem Vertrag folgen,[4] ist str. Auf diese Frage kommt es jedoch praktisch nicht an, weil der wesentliche Unterschied zwischen beiden Anspruchsgrundlagen – die Berufung auf den Wegfall der Bereicherung nach § 818 III – bei einer bereicherungsrechtlichen Sichtweise ohnehin nach § 820 I 2 ausgeschlossen wäre.

430 **Vereitelt** schließlich eine Partei den Eintritt der Bedingung treuwidrig, so hat sie sich nach § 162 I so behandeln zu lassen, als wäre die Bedingung eingetreten; ebenso gilt die Bedingung als nicht eingetreten, wenn eine Partei den Eintritt treuwidrig herbeiführt (§ 162 II).

C. Schutz des bedingt Berechtigten

431 Derjenige, der aus einem bedingten oder befristeten Rechtsgeschäft berechtigt ist, wird durch das Gesetz in mehrfacher Hinsicht geschützt:

- Nach § 160 I kann derjenige, der ein Recht aufschiebend bedingt erworben hat, vom Vertragspartner mit Eintritt der Bedingung **Schadensersatz** verlangen, wenn dieser das Recht während der Schwebezeit schuldhaft vereitelt oder beeinträchtigt hat. Der Schadensersatz ist auf das positive Interesse gerichtet.[5] Gleiches gilt nach § 160 II für den Rückgewährgläubiger beim auflösend bedingten Rechtserwerb.
  Für die Bedingung im Zusammenhang mit **schuldrechtlichen** Rechtsgeschäften hat diese Regelung allerdings nur klarstellende Bedeutung, weil sich der Schadensersatzanspruch ohnehin aus § 280 I iVm § 241 II ergibt, denn die aufschiebende Bedingung eines Rechtsgeschäfts ändert nichts daran, dass bereits eine Sonderverbindung iSv § 311 II entstanden ist, aus der sich entsprechende Schutzpflichten gem. § 241 II ergeben.[6] Gleiches gilt für bedingte Verfügungen, die aufgrund eines Schuldverhältnisses vorgenommen werden (insbesondere die bedingte Übereignung beim Eigentumsvorbehalt): Auch hier folgt bereits aus § 241 II die Pflicht, den endgültigen Rechtserwerb nicht zu vereiteln.
- Ist das bedingte Rechtsgeschäft eine **Verfügung** über einen Gegenstand (Hauptbeispiel: **Eigentumsvorbehalt**), so bestimmt § 161, dass alle Verfügungen, die vom

---

2 Vgl. Palandt/*Ellenberger* § 159 Rn. 1.
3 So die hM, vgl. MüKoBGB/*Westermann* § 159 Rn. 3; PWW/*Brinkmann* § 159 Rn. 2.
4 So etwa BeckOK BGB/*Rövekamp* BGB § 159 Rn. 7.
5 MüKoBGB/*Westermann* § 160 Rn. 5.
6 Vgl. Palandt/*Ellenberger* § 160 Rn. 1.

noch Berechtigten (zB dem Vorbehaltsverkäufer) über die Sache **während der Schwebezeit** vorgenommen werden, (absolut) **unwirksam** werden, sobald die Bedingung eintritt.[7]

So wird der Empfänger der bedingungswidrigen Verfügung zwar zunächst Eigentümer; nach Eintritt der Bedingung wird die Übereignung an ihn aber unwirksam, so dass das Eigentum dem bedingt Berechtigten (also zB dem Vorbehaltskäufer) zufällt. Er muss die Sache dann grundsätzlich nach § 985 an diesen herausgeben und kann sich nur nach §§ 435, 437 an seinen Verkäufer wenden. Allerdings besteht die Möglichkeit, nach §§ 161 III, 932 (ggf. mit § 936) gutgläubig „volles", dh nicht mit den Folgen des § 161 belastetes Eigentum an der Sache zu erwerben.

Fall 22:

V verkauft an *K* einen Oldtimer für 10.000 EUR gegen Ratenzahlung unter Eigentumsvorbehalt. Als *K* den Kaufpreis erst zur Hälfte bezahlt hat, verkauft *V* den Oldtimer erneut an *D*, der den Kaufpreis von 15.000 EUR sofort bar bezahlt; ihm hat *V* erzählt, das Auto sei momentan an *K* verliehen. Zur Übereignung hat er ihm sämtliche Herausgabeansprüche gegen *K* abgetreten. Kann *D* von *K* Herausgabe verlangen, wenn dieser die ausstehenden Raten sofort an *V* bezahlt? 432

Lösungsskizze zu Fall 22:

Anspruch des *D* gegen *K* aus § 985 433

I. Besitz des *K* (+)
II. Eigentum des *D*?
   1. Ursprüngliches Eigentum des *V* (+)
   2. Wirksame Übereignung an *K* gem. § 929 S. 1 (-) wegen Eigentumsvorbehalts
   3. Wirksame Übereignung an *D* gem. §§ 929 S. 1, 931?
      a) Einigung (+)
      b) Abtretung des Herausgabeanspruchs (+)
      c) Verfügungsberechtigung des *V* als Eigentümer grds. (+)
      d) Aber: Unwirksamkeit der Verfügung gem. § 161 I 1 wegen bedingter Vorausverfügung an *K* (§§ 929 S. 1, 158 I) und zwischenzeitlichen Bedingungseintritts durch Zahlung der restlichen Raten
      e) Gleichwohl: gutgläubiger Erwerb des *D* gem. §§ 161 III, 931, 934 Alt. 1 (+), Abtretung des Herausgabeanspruchs des *V* (mittelbarer Besitzer)
   4. Verlust des Eigentums an *K* mit Zahlung der restlichen Raten?
      Grundsätzlich führt die Zahlung der restlichen Raten des Kaufpreises durch *K* nicht zum Verlust des Eigentums des *D*, denn der gutgläubige *D* hat das Eigentum gem. §§ 161 III, 934 Alt. 1 an sich gleichsam „bedingungsfrei" erworben. Zu berücksichtigen ist jedoch, dass *K* durch die bedingte Übereignung des Oldtimers ein Anwartschaftsrecht erworben hatte und sich im Besitz der Sache befindet. Die Interessenlage ist insoweit mit derjenigen bei der Veräußerung einer mit dem Recht eines Dritten belasteten Sache nach § 931 (bzw. § 934) vergleichbar, wenn der Inhaber des dinglichen Rechts und Schuldner des abgetretenen Herausgabeanspruchs zugleich unmittelbarer Be-

[7] Vgl. zum Schutz bei Zwischenverfügungen *Wertenbruch* AT § 25 Rn. 18 ff.

sitzer der Sache ist. In diesem Fall kommt es nach § 936 III auch dann nicht zum lastenfreien Erwerb der veräußerten Sache, wenn der Erwerber hinsichtlich der Belastung gutgläubig ist. In gleicher Weise muss aber auch das Anwartschaftsrecht des Vorbehaltskäufers erhalten bleiben, wenn die Sache in der Form des § 931 (bzw. § 934) an einen Dritten veräußert wird.[8] Daher ist das Anwartschaftsrecht des *K* an dem Oldtimer in analoger Anwendung des § 936 III trotz des gutgläubigen Eigentumserwerbs des *D* nach § 934 Alt. 1 nicht untergegangen, sondern durch die Zahlung der restlichen Raten des Kaufpreises zum Vollrecht des Eigentums erstarkt. *K* ist mithin Eigentümer des Oldtimers.

III. Ergebnis: Anspruch (-)

---

[8] BGHZ 45, 186 (190) = NJW 1966, 1019; MüKoBGB/*Oechsler* § 936 Rn. 16.

§ 8. Verfügungsverbote (§§ 135, 136)

Die §§ 135, 136 regeln die Folgen gesetzlicher und behördlicher „Veräußerungsverbote", die sich aus anderen Vorschriften ergeben (gemeint sind nach allgM Verfügungsverbote[1]). 434

A. Anwendungsbereich der §§ 135 f.

§ 135 erfasst seinem Wortlaut nach gesetzliche Verfügungsverbote, dh Normen, die bestimmte Verfügungen verbieten. Nach allgM fallen darunter allerdings nur **relative Verfügungsverbote**, also Verbote, die nur im Interesse bestimmter Personen bestehen. Bei absoluten Verfügungsverboten handelt es sich dagegen um Verbotsgesetze iSv § 134 (zB § 3 BtMG), die zur absoluten Nichtigkeit der Verfügung führen. Auch Verfügungsbeschränkungen, die sich nur an bestimmte Personen richten (zB nach §§ 1365, 1369 oder § 81 I InsO), fallen nicht unter § 135, da sie nicht das „Dürfen", sondern bereits das „Können" regeln.[2] Damit verbleibt für *gesetzliche* Verfügungsverbote **kein praktischer Anwendungsbereich**.[3] 435

Häufiger sind dagegen **behördliche** bzw. **gerichtliche Verfügungsverbote** iSv § 136, insbesondere: 436

- Verfügungsverbote aufgrund **einstweiliger Verfügungen** gem. § 935 ZPO,[4]
- die **Pfandverstrickung** nach § 803 ZPO für Sachen bzw. nach §§ 829, 857 ZPO für die Pfändung von Forderungen und Rechten.[5]

B. Rechtsfolgen verbotswidriger Verfügungen

Erfolgt eine Verfügung trotz Vorliegens eines Verfügungsverbots iSd §§ 135 f., so ist die Verfügung gem. § 135 I 1 der geschützten Person gegenüber **relativ unwirksam** (gleiches gilt gem. § 135 I 2 für Verfügungen im Wege der Zwangsvollstreckung).[6] Dies bedeutet, dass die Verfügung gegenüber allen anderen uneingeschränkt wirksam ist; nur für die geschützte Person ist die Rechtslage so anzusehen, wie sie vor der Verfügung bestand. Es tritt also (vorübergehend) eine **Spaltung der Rechtszuständigkeit** ein, da grundsätzlich der Verfügungsempfänger der Rechtsinhaber ist, für den Geschützten aber noch der Veräußerer.[7] Der Geschützte kann die – aus seiner Sicht 437

---

1 Vgl. nur Palandt/*Ellenberger* §§ 135, 136 Rn. 1.
2 Vgl. Palandt/*Ellenberger* §§ 135, 136 Rn. 2a.
3 Vgl. MüKoBGB/*Armbrüster* § 135 Rn. 10.
4 Vgl. etwa BGHZ 172, 360 = NJW 2008, 376.
5 Vgl. dazu BGH NJW 1998, 746 = JuS 1998, 457.
6 Vgl. *Wertenbruch* AT § 23 Rn. 3; *Faust* AT § 11 Rn. 3.
7 Vgl. *Wolf/Neuner* AT § 55 Rn. 37.

vorliegende – Unwirksamkeit der Verfügung gegenüber jedermann geltend machen, also insbesondere auch gegenüber dem Erwerber.

438 **Beispiel:** Verfügt ein Eigentümer E trotz vorangegangener Pfändung (§ 803 ZPO) über sein Eigentum zugunsten des N, so wird dieser neuer Eigentümer; für den durch das Verfügungsverbot geschützten Vollstreckungsgläubiger G gilt aber noch E als Eigentümer der Sache, so dass er von diesem zB Übereignung nach den §§ 929 ff., insbesondere nach § 931 verlangen kann (durch Abtretung des Herausgabeanspruches gegen N), wobei E zugunsten des G als Berechtigter anzusehen ist. Nach Einigung mit E kann G die Sache nach § 985 von N herausverlangen, sofern dieser nicht nach § 135 II gutgläubig war, weil dieser zugunsten des G nicht als Eigentümer anzusehen ist.

C. Gutgläubiger Erwerb trotz Verfügungsverbots

439 Gem. § 135 II finden die **Vorschriften über den Erwerb vom Nichtberechtigten** auch im Rahmen der §§ 135 f. entsprechende Anwendung. Der Verfügungsempfänger kann also unter den Voraussetzungen eines gutgläubigen Erwerbs (§§ 932 ff., 892) auch gegenüber dem vom Verfügungsverbot Geschützten gutgläubig erwerben. Der gute Glaube muss sich hier auf das **Fehlen eines Verfügungsverbotes** beziehen. Beim Erwerb von Forderungen ist der gute Glaube grundsätzlich nicht geschützt.[8]

440 Ob ein gutgläubiger Erwerb gem. § 135 II auch bei **Verfügungen im Wege der Zwangsvollstreckung** möglich ist, ist str.:

- Die hM verneint dies, weil es sich bei solchen Verfügungen nicht um **Verkehrsgeschäfte** handele, so dass eine Voraussetzung für den gutgläubigen Erwerb fehle. Zudem sei dies nicht erforderlich, weil der Ersteher im Rahmen der Zwangsversteigerung ohnehin durch den Zuschlag unmittelbar kraft Hoheitsakts volles Eigentum erwerbe, ohne dass es auf den guten Glauben ankäme.[9]
- Dagegen wird in der Lit. eingewandt, dass sich § 135 II seiner systematischen Stellung nach auf den gesamten ersten Absatz der Vorschrift beziehe, also explizit auch Verfügungen im Wege der Zwangsvollstreckung erfasse. Insoweit sei das Merkmal des Verkehrsgeschäfts durch die **ausdrückliche Verweisung** überbrückt; auch fehle es an einem sachlichen Grund, den Erwerber im Rahmen der Zwangsvollstreckung schlechter zu stellen als einen rechtsgeschäftlichen Erwerber.[10]

---

8 Vgl. Palandt/*Ellenberger* §§ 135, 136 Rn. 9.
9 Vgl. Palandt/*Ellenberger* §§ 135, 136 Rn. 9; RGZ 99, 338.
10 Vgl. *Wolf/Neuner* AT § 55 Rn. 32; MüKoBGB/*Armbrüster* § 135 Rn. 44.

§ 9. Anfechtung von Rechtsgeschäften

Die Abgabe von Willenserklärungen kann von verschiedenen Mängeln beeinflusst sein: Der Erklärende verschreibt sich, wird bedroht oder getäuscht oder seine Erklärung wird vom Empfänger missverstanden. In diesen Situationen besteht ein Spannungsverhältnis zwischen dem **Schutz des Rechtsverkehrs** in seinem Vertrauen auf den Bestand und den Inhalt der Erklärung einerseits und andererseits dem **Schutz des Erklärenden** davor, dass ihm eine Willenserklärung aufgezwungen wird, die er so nicht abgeben wollte. 441

Die Anfechtungsregeln der §§ 119 ff. dienen dem Ausgleich zwischen diesen Zielen: Erklärungen, die mit Irrtümern iSv §§ 119 f. behaftet sind oder unter dem Einfluss einer arglistigen Täuschung oder widerrechtlichen Drohung iSv § 123 abgegeben wurden, werden **zunächst voll wirksam**. Der Erklärende kann sie aber aufgrund des Willensmangels anfechten und dadurch gem. § 142 I rückwirkend vernichten; ggf. muss er dem Erklärungsempfänger nach § 122 den Vertrauensschaden ersetzen. 442

Voraussetzungen der Nichtigkeit eines Rechtsgeschäfts nach erfolgter Anfechtung sind:

1. Anwendbarkeit der § 119 ff. 443
2. Zulässigkeit der Anfechtung
3. Anfechtungsgrund
   a) Irrtümer (Inhalts-, Erklärungs-, Übermittlungs- oder Eigenschaftsirrtum, § 119)
   b) Arglistige Täuschung oder widerrechtliche Drohung (§ 123)
4. Anfechtungsfrist (§ 121 bzw. § 124)
5. Anfechtungserklärung (§ 143)
6. Keine Bestätigung des anfechtbaren Rechtsgeschäfts (§ 144)
7. Keine Beschränkung der Anfechtung nach Treu und Glauben

A. Anwendbarkeit der §§ 119 ff.

Die §§ 119 ff. betreffen die Anfechtung von **Willenserklärungen** gleich welcher Art. Sie sind grundsätzlich auf schuldrechtliche Verträge – dh auf Willenserklärungen, die auf den Abschluss schuldrechtlicher Verträge gerichtet sind – ebenso anwendbar wie auf einseitige Rechtsgeschäfte (zB Kündigung) und dingliche Verträge.[1] Auf geschäftsähnliche Handlungen sind die Anfechtungsregeln zumindest teilweise analog anwendbar.[2] 444

1 Vgl. aber → Rn. 446.
2 Vgl. → Rn. 147 ff.

I. Vorrangige Spezialregeln

445 Teilweise bestehen vorrangige Spezialregelungen für Willensmängel, die die §§ 119 ff. verdrängen oder modifizieren, insbesondere:

- im **Familienrecht**: Aufhebung der Ehe bei Willensmängeln (§ 1314 II Nrn. 2–4);[3]
- im **Erbrecht**: Anfechtung von Annahme und Ausschlagung der Erbschaft (§§ 1949, 1954 f., 1956) und von Testamenten (§§ 2078 ff.);[4]
- § 779 enthält eine Sonderregelung für gemeinsame Irrtümer beim Abschluss eines Vergleiches.[5]

II. Anfechtung dinglicher Rechtsgeschäfte

446 Grundsätzlich sind auch dingliche Rechtsgeschäfte anfechtbar. Allerdings ist zu beachten, dass diese nach hM nur einen sehr beschränkten Inhalt haben, nämlich nur die Identifikation der Parteien, des betroffenen Gegenstandes und die Art der intendierten Rechtsänderung (sog **sachenrechtlicher Minimalkonsens**).[6] Daher wirkt sich ein Willensmangel nur selten auf die Willenserklärung aus (Beispiel: Ein Verkäufer greift versehentlich die falsche Sache aus dem Regal und übereignet sie). Ein Irrtum über Eigenschaften der übereigneten Sache nach § 119 II kommt nach einer Mindermeinung schon deswegen nicht in Betracht, weil diese Eigenschaften nicht verkehrswesentlich für diesen Minimalkonsens sind.[7] Die hM lässt dagegen die Anfechtung des dinglichen Rechtsgeschäfts wegen eines Eigenschaftsirrtums jedenfalls dann zu, wenn dieses mit dem schuldrechtlichen Rechtsgeschäft in einem einheitlichen Akt zusammenfällt.[8]

Dagegen betreffen **Täuschung** und **Drohung** regelmäßig auch das dingliche Geschäft und machen es so anfechtbar (sog **Fehleridentität**).[9]

III. Anfechtung nichtiger Rechtsgeschäfte

447 Umstritten ist, ob Rechtsgeschäfte, die bereits wegen Sittenwidrigkeit oder Geschäftsunfähigkeit nichtig sind, noch angefochten werden können. Relevant ist das im Hinblick auf § 142 II: Wer die Anfechtbarkeit des Rechtsgeschäfts kennt, wird (nur) im Falle einer erfolgreichen Anfechtung so gestellt, als hätte er dessen Nichtigkeit von Anfang an gekannt. Erfüllt ein Rechtsgeschäft sowohl die Voraussetzungen eines Nichtigkeitstatbestandes als auch eines Anfechtungsgrundes, und kennt der Partner zwar nicht den Nichtigkeits- aber den Anfechtungsgrund, so kann er schwerlich als gutgläubig bezeichnet werden; vielmehr ist er wegen der Kenntnis des Anfechtungsgrundes nicht schutzwürdig. Die hM lässt daher im Hinblick auf die Schaffung der Voraussetzungen des § 142 II eine Anfechtung auch dann zu, wenn das Rechts-

---

3 S. dazu *Dethloff* FamR § 3 Rn. 54.
4 S. dazu *Frank/Helms* ErbR § 15 Rn. 9 ff., § 7 Rn. 26 ff.
5 Vgl. Palandt/*Sprau* § 779 Rn. 13 ff.
6 Vgl. MüKoBGB/*Oechsler* § 929 Rn. 24; *Grigoleit/Herresthal* AT Rn. 426.
7 Vgl. eingehend *Grigoleit* AcP 199 (1999), 379 (396 ff.).
8 Vgl. *Medicus* AT Rn. 233; Palandt/*Ellenberger* Vor § 104 Rn. 23.
9 Vgl. zum Ganzen auch → Rn. 107 sowie MüKoBGB/*Oechsler* § 929 Rn. 32 f.

geschäft schon aus einem anderen Grund nichtig ist (Lehre von der **Doppelwirkung im Recht**).[10] In der Tat wäre es im Hinblick auf den Zweck der Nichtigkeitsvorschriften nicht zu rechtfertigen, dass jemand, der einen Anfechtungsgrund kennt, nur deshalb als gutgläubig behandelt wird, weil das Rechtsgeschäft überdies aus einem ihm unbekannten Grund auch noch nichtig ist.

Der *BGH* hat die Lehre von der Doppelwirkung über das Anfechtungsrecht hinaus auch auf das **fernabsatzrechtliche Widerrufsrecht** (heute § 312g) übertragen.[11] Der Widerruf eines Fernabsatzvertrages solle auch dann zulässig sein, wenn der Vertrag bereits wegen Sittenwidrigkeit nichtig ist (im konkreten Fall wegen des Erwerbs eines Radarwarngeräts). Allerdings lassen sich die vorstehenden Erwägungen nicht ohne weiteres auf diesen Fall übertragen: Die bereicherungsrechtliche Rückforderung des Kaufpreises würde trotz Nichtigkeit des Vertrages an § 817 S. 2 scheitern.[12] Diese Rückabwicklungssperre wird durch die Gewährung eines Widerrufsrechts konterkariert, weil der Verbraucher seinen Kaufpreis dann gleichwohl erstattet erhält. Das ist zwar verbraucherfreundlich, aber nicht mit dem Sanktionszweck der §§ 138, 817 S. 2 vereinbar.[13] **448**

Fall 23:

A übereignet eine ihm gehörende Zeichnung an *B*, die *A* auf seinem Dachboden gefunden hatte. Kunstkenner *B* hatte dem ahnungslosen *A* arglistig vorgespiegelt, dass es eine wertlose Kinderzeichnung sei, während es sich in Wahrheit um ein wertvolles Frühwerk von Pablo Picasso handelte. Später stellt sich heraus, dass *A* im Zeitpunkt der Übereignung auch geschäftsunfähig war. *B* übereignet die Zeichnung weiter an *C*, der von der Täuschung des *A* durch *B* wusste, nicht aber von der Geschäftsunfähigkeit des *A*. Als *A* von allem erfährt, erklärt sein gesetzlicher Vertreter (Betreuer) die Anfechtung der Übereignung. **449**

Kann *A* von *C* Herausgabe der Zeichnung verlangen?

Lösungsskizze zu Fall 23:

Anspruch des *A* gegen *C* aus § 985 **450**

I. Besitz des *C* (+)
II. Eigentum des *A*?
  1. Ursprünglicher Eigentümer: *A* (lt. Sachverhalt)
  2. Übereignung an *B* gem. § 929 S. 1?
    a) Übergabe (+)
    b) Einigung?
      aa) Zwei übereinstimmende Willenserklärungen (+)
      bb) Wirksamkeit
        – Nichtigkeit der Willenserklärung des *A* gem. §§ 105 I, 104 Nr. 2
        – Unwirksamkeit der Willenserklärung des *B* mangels Zugangs beim Betreuer gem. §§ 130 I 1, 131 I

---

[10] Vgl. dazu *Würdinger* JuS 2011, 769 ff.; *Schreiber* AcP 211 (2011), 35 ff.; s. hierzu auch *Faust* AT § 23 Rn. 16; *Wertenbruch* AT § 12 Rn. 54 ff.; aA *Medicus* AT Rn. 729 aufgrund einer teleologischen Reduktion des § 932, wonach ein gutgläubiger Erwerb immer dann ausscheiden soll, wenn der Erwerber *einen möglichen* Unwirksamkeitsgrund kennt oder kennen muss.

[11] BGHZ 183, 235 = NJW 2010, 610 = JuS 2010, 442.

[12] BGH NJW 2005, 1490, 1491 = JuS 2005, 746.

[13] Krit. daher auch *Faust* JuS 2010, 442 (443 f.); *Würdinger* JuS 2011, 769 (772 ff.).

cc) Nichtigkeit infolge Anfechtung gem. §§ 142 I, 123 I?
Die Frage, ob die Einigung (auch) infolge der Anfechtung der Willenserklärung des *A* durch seinen Betreuer (§ 1902) gem. §§ 142 I, 123 I nichtig ist, kann (zunächst) offen bleiben.

c) Zwischenergebnis: Keine wirksame Übereignung an *B*

3. Verlust des Eigentums durch Erwerb des *C*?

a) Erwerb vom Berechtigten gem. § 929 S. 1 (-)
B war nicht Eigentümer der Zeichnung.

b) Gutgläubiger Erwerb vom Nichtberechtigten gem. §§ 929 S. 1, 932?

aa) Einigung und Übergabe (+)

bb) Fehlende Berechtigung des *B* (+)

cc) Guter Glaube des *C* (§ 932 II)?

(1) *C* konnte nichts von der Unwirksamkeit der Übereignung der Zeichnung an *B* wegen der Geschäftsunfähigkeit des A gem. §§ 105 I, 104 Nr. 2 wissen. Es war ihm daher weder bekannt noch infolge grober Fahrlässigkeit unbekannt, dass die Zeichnung nicht dem *B* gehörte, § 932 II. *C* ist daher hinsichtlich des Eigentums des *B* eigentlich als gutgläubig anzusehen.

(2) Jedoch ist nach § 142 II derjenige, der die Anfechtbarkeit des betreffenden Rechtsgeschäfts kannte, im Falle der Anfechtung so zu behandeln, als hätte er von Anfang an auch die Nichtigkeit des Rechtsgeschäfts gekannt. Demnach wäre *C*, der die Täuschung des *A* durch *B* (Anfechtungsgrund nach § 123 I) kannte, als bösgläubig anzusehen, wenn *A* (vertreten durch seinen Betreuer) seine nichtige Einigungserklärung wirksam anfechten konnte. Für die Anfechtungsmöglichkeit auch nichtiger Rechtsgeschäfte spricht, dass die Anfechtung (einschließlich der Konsequenz des § 142 II) dem Schutz der Privatautonomie des Erklärenden dient und dieser Schutzzweck nicht durch die Regeln zum Schutz der Geschäftsunfähigen beschränkt werden soll, zumal dann, wenn der Anfechtungsgrund stärker wirkt als der Nichtigkeitsgrund (so die hM). Zudem kann ein Rechtsgeschäft auch sonst aus mehreren Gründen nichtig sein (sog „Lehre von der Doppelwirkung im Recht"). *A* (vertreten durch seinen Betreuer, § 1902) konnte seine nichtige Einigungserklärung daher wirksam anfechten, so dass *C* gem. § 142 II mit Blick auf § 932 II als von Anfang an bösgläubig zu behandeln ist.

(3) Nach anderer Auffassung soll Bösgläubigkeit im Sinne von § 932 II bereits dann gegeben sein, wenn der Erwerber nur *einen möglichen Grund* der Nichtigkeit kennt, so dass *C*, der die Täuschung des *A* durch *B* (Anfechtungsgrund nach § 123 I) kannte, auch nach dieser Auffassung als bösgläubig anzusehen ist.

dd) Ergebnis nach beiden Auffassungen: Kein gutgläubiger Erwerb des *C*

4. Zwischenergebnis: Eigentümer der Zeichnung ist immer noch *A*.

III. Kein Recht des *C* zum Besitz gegenüber *A*, § 986 I 1 (+)

Ergebnis: Herausgabeanspruch (+)

B. Zulässigkeit der Anfechtung

Die Anfechtung ist in einer Reihe von Fällen aus Gründen des Verkehrs- oder Bestandsschutzes unzulässig: 451

- Nach § 164 II kann eine Willenserklärung eines **scheinbaren Vertreters**, der nicht erkennbar in fremdem Namen handelt, nicht mit der Begründung angefochten werden, er habe nicht für sich handeln wollen.
- Im **Gesellschafts- und Arbeitsrecht** werden die Anfechtungsregelungen auf Rechtsfolgenseite durch die Grundsätze der fehlerhaften Gesellschaft bzw. des fehlerhaften Arbeitsverhältnisses modifiziert.[14]
- Bei sog **Risikogeschäften** ist die Anfechtung ausgeschlossen, sofern der Irrtum im Rahmen des übernommenen Risikos liegt. Daher ist insbesondere die Anfechtung der Bürgschaft wegen eines Irrtums über die Zahlungsfähigkeit des Hauptschuldners unzulässig, weil der Bürge gerade das Risiko der Zahlungsunfähigkeit übernommen hat. Auch ein Vergleich kann nicht wegen eines Irrtums über eine Tatsache angefochten werden, über die der Streit bestand, der durch den Vergleich beseitigt werden sollte.[15]
- Gegenüber dem kaufrechtlichen Gewährleistungsrecht tritt die Anfechtung gem. § 119 II nach hM zurück.[16]

C. Irrtumsanfechtung

Die Irrtumsanfechtung betrifft Willensmängel, die allein in der Person des Erklärenden liegen (endogene Willensstörungen). Hier ist das Bedürfnis nach Verkehrsschutz besonders groß; es zeigt sich in der Gewährung eines Anspruches auf Ersatz des Vertrauensschadens nach § 122. 452

I. Rechtlich relevante Irrtümer

Das BGB unterscheidet verschiedene Arten von Irrtümern:

1. Irrtum in der Erklärung (§§ 119 I, 120)

Beim Irrtum nach §§ 119 I, 120 fallen das vom Erklärenden subjektiv Gewollte (**Geschäftswille**) und das objektiv Erklärte (**Bezeichnung von Rechtsfolgen**) auseinander.[17] 453

Hier ist zunächst der **Vorrang der Auslegung** zu beachten: Ergibt bereits die objektiv-normative Auslegung der Erklärung den Inhalt, den der Erklärende gemeint hatte, so ist eine Anfechtung weder nötig noch möglich, da Wille und (ausgelegte) 454

---

[14] Vgl. auch → Rn. 541.
[15] Vgl. Palandt/*Sprau* § 779 Rn. 26.
[16] Vgl. unten Rn. 469.
[17] Ausführliche Übungsfälle hierzu: *Grigoleit/Herresthal* AT Fall 3 „*Irrungen und Wirrungen*“ und Fall 4 „*Krötenplage*“.

Erklärung nicht auseinanderfallen.[18] So sind insbesondere offensichtliche Schreibfehler (zB eine 0 zu viel bei einem Kaufangebot) häufig schon durch Auslegung zu korrigieren, so dass für die Anfechtung kein Bedarf besteht.

455 Beim Irrtum in der Erklärung sind drei Fälle zu unterscheiden:

a) Inhaltsirrtum (§ 119 I Alt. 1)

456 Beim Inhaltsirrtum (§ 119 I Alt. 1) ist der Erklärende sich über die Bedeutung seiner Erklärung nicht im Klaren: Er äußert zwar die Erklärungszeichen, die er äußern will; die **objektiv-normative Auslegung** seiner Erklärung ergibt aber einen anderen als den von ihm gewünschten Sinn.[19] Insofern ist der Inhaltsirrtum eine Konsequenz der Auslegung nach dem objektiven Empfängerhorizont: Immer dann, wenn diese einen anderen Inhalt als den vom Erklärenden gewollten ergibt, liegt ein Inhaltsirrtum vor.

Fall 24:[20]

457 Schwester Ottilie (*O*), vertretungsberechtigte Rektorin einer (als eV organisierten) katholischen Grundschule, benötigt für ihre Schule Toilettenpapier in großen Rollen. Im Katalog der Versandhandelsfirma Sauber (*S*) findet sie den Artikel Nr. 3486, „Toilettenpapier, 2-lagig, 1 Gros: 20 EUR". Sie meint, „Gros" stünde für die von ihr gesuchten großen Rollen und achtet nicht auf den Preis. Daher bestellt sie mit dem beiliegenden Fax-Formular im Namen der Schule „50 mal Artikel Nr. 3486". Kurz darauf liefert *S* 7.200 Rollen Toilettenpapier (1 Gros = 144; 50 Gros = 7.200) mit einer Rechnung über € 1.000.

O ist geschockt über die vielen Rollen und möchte Folgendes wissen:

1. Muss die Schule jetzt den Kaufpreis bezahlen?
2. Kann sie sich von dem Vertrag lösen (ggf. auf welche Weise)?
3. Welche Ansprüche hätte *S* ggf. gegen sie?

Lösungsskizze zu Fall 24:

458 Frage 1: Anspruch aus § 433 II

I. Wirksamer Kaufvertrag
   1. Angebot der *S*: Katalog (-), bloße invitatio ad offerendum
   2. Angebot der Schule (vertreten durch *O*, § 164 I 1): Bestellung
      – essentialia negotii (+)
      – Inhalt: Auslegung nach §§ 133, 157 (objektiver Empfängerhorizont)
      – Bestellung von 7.200 Rollen Toilettenpapier
      – Wirksame Vertretung der Schule (+)
   3. Annahme der *S*: Lieferung des Toilettenpapiers, § 151 S. 1 (+)

II. Ergebnis: Die Schule muss den Kaufpreis zunächst bezahlen

Frage 2: Lösungsmöglichkeit durch Anfechtung, § 142 I

I. Anfechtungsgrund (in der Person der *O*, § 166 I): Inhaltsirrtum, § 119 I Alt.1 (+)
   O äußerte die Erklärungszeichen, die sie äußern wollte. Sie irrte sich aber über

---

[18] BGH NJW-RR 1995, 859; PWW/*Ahrens* § 119 Rn. 12; *Medicus* AT Rn. 745.

[19] Vgl. hierzu auch *Faust* AT § 21 Rn. 3; *Wertenbruch* AT § 12 Rn. 8 f.

[20] Vgl. LG Hanau NJW 1979, 721.

die Bedeutung und Tragweite ihrer Erklärung und unterlag somit einem Inhaltsirrtum, § 119 I Alt. 1.

II. Anfechtungserklärung: gegenüber *S* vorzunehmen, § 143 I, II

III. Anfechtungsfrist: unverzüglich, § 121 I 1

IV. Ergebnis: Die Schule kann sich durch unverzügliche Anfechtung der Willenserklärung der *O* gegenüber *S* vom Kaufvertrag lösen.

Frage 3: Ansprüche der *S* gegen die Schule:

I. Anspruch aus § 985 auf Herausgabe der 7.200 Rollen Toilettenpapier
   1. Besitz der Schule, § 854 (+) (Besitzdienerschaft der *O*, § 855)
   2. Eigentum der *S*?
      a) Ursprüngliche Eigentümerin: *S* (+)
      b) Übereignung an die Schule gem. § 929 S. 1?
         aa) Übergabe (+)
         bb) Einigung
            – Zwei übereinstimmende Willenserklärungen (+), *O* als Vertreterin der Schule
            – Nichtigkeit infolge Anfechtung gem. §§ 142 I, 119 I Alt. 1? Hinsichtlich der Übereignung ist kein Anfechtungsgrund gegeben, denn die Einigungserklärung der *O* ist nicht von ihrem Irrtum über die Bedeutung des Wortes „Gros" betroffen. Die wirksame Anfechtung des Kaufvertrages (Verpflichtungsgeschäft) hat nach dem Abstraktionsprinzip keine Auswirkungen auf die Wirksamkeit der Übereignung (Verfügungsgeschäft).
         cc) Berechtigung der *S* (+)
         dd) Zwischenergebnis: Die Schule ist auch nach Anfechtung noch Eigentümerin des Toilettenpapiers.
   3. Ergebnis: Kein Anspruch aus § 985

II. Anspruch aus § 812 I 1 Alt. 1 auf Rückübereignung der 7.200 Rollen Toilettenpapier
   1. Etwas erlangt: Besitz und Eigentum am Toilettenpapier (+)
   2. Durch Leistung (+)
   3. Ohne rechtlichen Grund: Kaufvertrag von Anfang an nichtig, § 142 I (+)
   4. Ergebnis: Anspruch aus § 812 I 1 Alt. 1 (nach aA aus § 812 I 2 Alt. 1) (+)

III. Schadensersatzanspruch aus § 122 I (Transportkosten und Toilettenpapier)
   1. Anfechtung einer Willenserklärung nach §§ 119, 120 (+)
   2. Kein Ausschluss des Schadensersatzes gem. § 122 II
   3. Rechtsfolge: Ersatz des Vertrauensschadens des Anfechtungsgegners
      Der Anfechtungsgegner ist so zu stellen, als hätte er nie von dem Vertrag gehört. Der Anspruch umfasst daher alle Positionen, die *S* im Zuge der Durchführung des Vertrages aufgewandt hat. Hier: Transportkosten und 7.200 Rollen Toilettenpapier.
   4. Ergebnis: *S* kann von der Schule Ersatz der Transportkosten und (auch als Schadensersatz) Rückgabe des Toilettenpapiers verlangen.

b) Erklärungsirrtum (§ 119 I Alt. 2)

Beim Erklärungsirrtum (§ 119 I Alt. 2) gibt der Erklärende nicht die Erklärungszeichen ab, die er eigentlich abgeben möchte. Paradigmatisch sind hier die Fälle des **Versprechens** oder **Verschreibens**.[21] Im Unterschied zum Inhaltsirrtum entsprechen 459

[21] Vgl. hierzu auch *Faust* AT § 21 Rn. 2; *Wertenbruch* AT § 12 Rn. 4 ff.

beim Erklärungsirrtum schon die **Erklärungszeichen** nicht dem Willen des Erklärenden, nicht erst deren Interpretation nach dem objektiven Empfängerhorizont.

460 Bei einer **falschen Preisangabe** bei der Warenauszeichnung (zB im Internet) liegt ein unbeachtlicher Motivirrtum vor, wenn der Fehler bei der Preisermittlung im Vorfeld der Eingabe geschehen ist, also entweder bei der Preiskalkulation oder beim Ablesen aus einer Preisliste.[22] Verschreibt sich der Anbieter beim Ausfüllen des Preisetiketts (bzw. der Webseite), handelt es sich dagegen um einen klassischen Erklärungsirrtum. Zwar handelt es sich bei der Preisauszeichnung typischerweise nur um eine invitatio ad offerendum, nicht um eine Willenserklärung. Der Irrtum wirkt aber bis zur Annahme des Angebots fort, das der Kunde aufgrund der fehlerhaften Preisauszeichnung abgibt.

Fall 25:[23]

461 *V* verkauft über seine Webseite Computer. Sein Mitarbeiter *M* gibt in die Datenbank für das Notebook N den Preis 2.650 EUR ein. Aufgrund eines Softwarefehlers erscheint auf der Webseite als Kaufpreis 245 EUR. Kunde *K* bestellt auf dieser Webseite das Notebook und erhält 2 Minuten nach Klick auf den Button „Bestellung absenden" eine E-Mail mit einer Bestätigung des Eingangs der Bestellung zu diesem Preis und einer Bestellnummer. Noch am selben Tag erhält er per automatischer E-Mail die Nachricht, seine Bestellung Nr. X werde von der Versandabteilung bearbeitet. Zwei Tage später wird das Notebook ausgeliefert, zusammen mit einer Rechnung über 2.650 EUR. *K* weist die Rechnung unverzüglich zurück. Kann *V* 2.650 EUR verlangen oder anfechten?

Lösungsskizze zu Fall 25:

462 Anspruch aus § 433 II: Wirksamer Kaufvertrag?

I. Angebot
   1. Eingabe in die Datenbank durch *M* (-), reine Vorbereitungshandlung
   2. Darstellung der Webseite des *V* auf Abruf des *K* (-), invitatio ad offerendum
      V will sich eine Bonitätsprüfung und eine Prüfung der Warenverfügbarkeit vorbehalten (kein Rechtsbindungswille).
   3. Klick des *K* auf den Button „Bestellung absenden" (+)

II. Annahme
   1. Eingangsbestätigung (-), bloße Zugangsbestätigung (Wissenserklärung) iSv § 312i I 1 Nr. 3
   2. E-Mail „Bestellung wird von der Versandabteilung bearbeitet" wohl (+), Inhalt: 245 EUR (Auslegung mit Blick auf die vorhergehende Eingangsbestätigung)
   3. Jedenfalls: Versendung der Ware als tatsächliche Annahmehandlung (§ 151 S. 1), Zugang unerheblich, Inhalt entsprechend der Bestellung und der Eingangsbestätigung: 245 EUR
   4. Keine Änderung des bereits geschlossenen Vertrages durch die Rechnung

III. Zwischenergebnis: Kaufvertrag über Notebook N zum Preis von 245 EUR (+)

---

[22] Vgl. Palandt/*Ellenberger* § 119 Rn. 10; s. zur Anfechtung automatisch generierter Willenserklärungen auch *Faust* AT § 21 Rn. 21 ff.

[23] BGH NJW 2005, 976 = JuS 2005, 560.

IV. Anfechtbarkeit wegen Irrtums?

1. Bezugspunkt der Irrtumsanfechtung
Der Bezugspunkt der Irrtumsanfechtung ist nach dem Wortlaut des § 119 I („bei der Abgabe einer Willenserklärung") eigentlich die betreffende Vertragserklärung, hier also die (automatisierte) Annahmeerklärung (zweite E-Mail) des *V*. Problematisch erscheint insoweit der Umstand, dass sich der Softwarefehler bereits im Vorfeld der automatisch generierten Annahmeerklärung, nämlich bei der Anzeige des falschen Preises auf der Webseite des *V* (invitatio ad offerendum) abgespielt hatte. Es ist somit fraglich, auf welchen Zeitpunkt hinsichtlich der „Abgabe" einer automatisierten Willenserklärung abzustellen ist.
2. Zeitpunkt der „Abgabe" der Annahmeerklärung
Bei der Bestimmung des maßgeblichen Zeitpunkts der „Abgabe" im Sinne von § 119 I ist zu berücksichtigen, dass auch einer automatisierten Willenserklärung ein menschlicher Wille zugrunde liegt. Die Äußerung eines menschlichen Willens erfolgte hier durch die (fehlerfreie) Eingabe des (richtigen) Datenmaterials in das Warenwirtschaftssystem durch *M* nach vorheriger Ingangsetzung des Onlineshops. Dabei kam es infolge eines Softwarefehlers zu einer fehlerhaften (verfälschten) Preisangabe bei der Präsentation des Notebooks auf der Webseite des *V* (invitatio ad offerendum), die im Rahmen der automatisch generierten auf den Vertragsschluss gerichteten Annahmeerklärung (zweite E-Mail) des *V* (lediglich) noch fortwirkte. Mit Blick auf den Zeitpunkt der „Abgabe" im Sinne von § 119 I ist mithin maßgeblich auf die Eingabe der Daten durch *M* abzustellen.
3. Art des Irrtums
Die auf der Webseite des *V* tatsächlich angezeigten Erklärungszeichen (Preisangabe von 245 EUR) entsprachen nicht dem Erklärungswillen des *V*, der für das Notebook einen Preis von 2.650 EUR angeben wollte. Diese Abweichung gegenüber dem Erklärungswillen beruhte aber nicht auf einem Versehen des Mitarbeiters *M*, sondern auf einem Fehler im Datentransfer durch die Software. Die Verfälschung des ursprünglich richtig Erklärten auf dem Weg zum Empfänger durch eine unerkannt fehlerhafte Software ist als Irrtum in der Erklärungshandlung anzusehen. Denn es besteht kein Unterschied, ob sich der Erklärende selbst verschreibt bzw. vertippt oder ob die Abweichung vom gewollten Erklärungstatbestand auf dem weiteren Weg zum Empfänger eintritt (Vergleich mit Übermittlungsirrtum nach § 120). *V* befand sich mithin bei der Präsentation des Notebooks auf seiner Webseite (invitatio ad offerendum) in einem Erklärungsirrtum (§ 119 I Alt. 2), der bei der automatisierten Annahmeerklärung fortwirkte. Nachdem die Willensbildung auf Seiten des *V* (durch *M*) fehlerfrei erfolgt war, handelte es sich nicht lediglich um einen unbeachtlichen Motivirrtum.

V. Ergebnis
V kann nach dem Kaufvertrag nur 245 EUR verlangen, § 433 II. Er kann sich aber durch unverzügliche (§ 121 I 1) Anfechtung gegenüber *K* (§ 143 I, II) wegen eines Erklärungsirrtums (§ 119 I Alt. 2) vom Vertrag lösen, § 142 I.

c) Übermittlungsirrtum (§ 120)

Der Übermittlungsirrtum ist ein Unterfall des Erklärungsirrtums: Hier äußert zwar der Erklärende noch die Zeichen, die er äußern möchte; allerdings **übermittelt der Erklärungsbote diese Zeichen falsch**, so dass beim Empfänger der falsche Erklärungsinhalt zugeht.[24] **463**

---

[24] Vgl. hierzu auch *Faust* AT § 21 Rn. 4; *Wertenbruch* AT § 14 Rn. 1 ff.

464 Voraussetzungen der Anfechtung nach § 120 sind:

- Ein **Erklärungsbote** muss zur Übermittlung einer Willenserklärung eingesetzt worden sein (insbesondere kein Vertreter). § 120 greift also nicht, wenn eine Person sich ohne Veranlassung durch den Erklärenden als Bote ausgibt (sog **Scheinbote).**[25]
- § 120 greift nach hM nur bei **unbewusster** Falschübermittlung durch den Boten, dagegen nicht bei absichtlicher Verfälschung (sog **Pseudobote).**[26] Jedoch gilt § 120 nach allgM selbst dann, wenn der Bote die Erklärung (unbewusst) völlig entstellt oder dem falschen Empfänger zustellt.

465 Dem Erklärenden gegenüber haftet der Bote bei falscher Übermittlung aus Pflichtverletzung des zugrundeliegenden Rechtsverhältnisses (zB Auftrag) gem. §§ 280 I, 241 II.

Fall 26:

466 Wie Fall 24 (→ Rn. 457). Schwester Ottilie (O) will 1 Gros bestellen und diktiert diese Bestellung ihrer Sekretärin auf Tonband. Die Sekretärin versteht das Tonband falsch und bestellt daher „3 mal Artikel Nr. 3486". Kann die Schule den Vertrag anfechten?

Lösungsskizze zu Fall 26:

467 1. Anfechtungsgrund (abzustellen ist gem. § 166 I auf den Willen der *O*)
   a) Inhaltsirrtum, § 119 I Alt. 1 (-), da schon die zugegangenen Erklärungszeichen (und nicht erst deren Auslegung) vom Willen der *O* abweichen
   b) Erklärungsirrtum, § 119 I Alt. 2 (-), weil *O* die richtigen Erklärungszeichen *abgegeben* hat
   c) Übermittlungsirrtum, § 120
   O hatte ihre Sekretärin zur Übermittlung der Bestellung des Toilettenpapiers eingesetzt, wobei diese mangels eigenen Entscheidungsspielraums als Erklärungsbotin der *O* anzusehen war. Aufgrund des falsch verstandenen Tonbanddiktats kam es zu einer falschen schriftlichen Wiedergabe der Bestellung durch die Sekretärin. Die (unbewusste) Falschübermittlung der Bestellung durch die Sekretärin berechtigt *O* gem. § 120 zur Anfechtung.
2. Anfechtungserklärung: gegenüber *S* vorzunehmen, § 143 I, II
3. Anfechtungsfrist: unverzüglich, § 121 I 1

Ergebnis: Die Schule kann den Vertrag anfechten. (Dann muss sie das Toilettenpapier gem. § 812 I 1 Alt. 1 zurückübereignen und einen etwaigen Vertrauensschaden des *S* nach § 122 erstatten.)

2. Eigenschaftsirrtum (§ 119 II)

468 Beim Eigenschaftsirrtum liegt nach hM kein Auseinanderfallen von Wille und Erklärung vor,[27] somit weder ein Inhalts- noch ein Erklärungsirrtum. Vielmehr handelt es sich um einen **ausnahmsweise beachtlichen Motivirrtum.**[28]

---

[25] Vgl. → Rn. 185.

[26] Vgl. → Rn. 183 f.

[27] A. A. *Flume* AT II § 24, 4, der als Erklärungsinhalt den Vertragsgegenstand mitsamt seinen Eigenschaften ansieht.

[28] Vgl. hierzu auch *Faust* AT § 21 Rn. 9 ff.; *Wertenbruch* AT § 12 Rn. 22 ff.; ausführliche Übungsfälle hierzu: *Grigoleit/Herresthal* AT Fall 3 *„Irrungen und Wirrungen"* und Fall 4 *„Krötenplage"*.

a) Anwendbarkeit des § 119 II

Für die Anfechtung wegen Eigenschaftsirrtums nach § 119 II gelten über die allgemeinen Anwendungsvoraussetzungen der §§ 119 ff. hinaus einige Besonderheiten: 469

- **Verhältnis zum Gewährleistungsrecht:**
  Tatbestandlich liegt bei Sachmängeln typischerweise zugleich ein Irrtum des Käufers, Bestellers oder Mieters über Eigenschaften der Sache vor. Denn der Sachmangel ist definiert als Abweichung der Sachbeschaffenheit von der vertraglichen Vereinbarung, so dass diese Vereinbarung von einem Eigenschaftsirrtum beeinflusst ist, wenn die Sache in Wahrheit nicht die vereinbarte Beschaffenheit hat.
  - Die Anfechtung nach § 119 II ist nach hM für den **Käufer/Besteller/Mieter** ab dem Gefahrübergang bzw. der Übergabe der Mietsache **subsidiär** gegenüber dem jeweils speziellen Gewährleistungsrecht, da dessen differenzierte Regelungen andernfalls völlig ausgehebelt würden. Dies gilt selbst dann, wenn die Gewährleistungsansprüche vertraglich ausgeschlossen oder verjährt sind.[29] Die Anfechtung bleibt aber möglich, wenn die Abweichung der Eigenschaft keinen Sachmangel begründet, etwa weil die Sache wertvoller ist, als der Käufer dachte.
  - Zudem ist anerkannt, dass der **Verkäufer/Werkunternehmer/Vermieter** sich etwaigen Gewährleistungsansprüchen nicht durch Anfechtung nach § 119 II entziehen darf. Voraussetzung für diese Präklusion ist aber, dass der Vertragspartner seine Gewährleistungsansprüche auch durchsetzen möchte.[30]
    Das Gleiche muss dann, falls man die Anfechtbarkeit der dinglichen Einigung nach § 119 II zulässt,[31] für diese gelten: Könnte hier der Verkäufer das Erfüllungsgeschäft anfechten, würde das zu einem Wertungswiderspruch führen, da er sein Ziel, also die Vereitelung der Gewährleistungsansprüche des Partners, auch durch die Anfechtung der Übereignung erreichen könnte. Daher muss in diesen Fällen auch die Anfechtung der Übereignung ausgeschlossen sein.
- Irren **beide Parteien gemeinsam** über eine verkehrswesentliche Eigenschaft, so ist nach überwiegender Auffassung die subjektive **Geschäftsgrundlage** gestört (§ 313); § 119 II ist daneben nicht anwendbar.[32] Die Regeln über die subjektive Geschäftsgrundlage sind jedoch nicht an den Eigenschaftsbegriff des § 119 II gebunden und greifen daher beispielsweise auch bei einem gemeinsamen Irrtum über den Verkehrswert einer Sache.

b) Irrtum über eine Eigenschaft

Der Erklärende muss einem Irrtum über eine Eigenschaft der Sache oder Person erlegen sein, dh er muss eine **positive Fehlvorstellung** über diese Eigenschaft entwickelt haben. 470

Eigenschaften einer Person oder Sache iSd § 119 II sind nach hM alle tatsächlichen und rechtlichen Verhältnisse, die infolge ihrer Beschaffenheit und Dauer auf die Brauchbarkeit und die Wertschätzung der Person oder Sache von Einfluss sind. Diese Beziehungen sind aber nur dann rechtserheblich, wenn sie **in der Person oder Sache selbst ihren Grund haben**, von ihr ausgehen und sie kennzeichnen oder näher 471

---

[29] Vgl. RGZ 135, 339 – „Ruisdael“; BGHZ 34, 32 (34) = NJW 1961, 772; Palandt/*Ellenberger* § 119 Rn. 28; PWW/*Ahrens* § 119 Rn. 5; *Wertenbruch* AT § 12 Rn. 27ff; aA *Larenz/Wolf* AT, 9. Aufl. § 36 Rn. 49: Parallele Anwendbarkeit.

[30] BGH NJW 1988, 2597 = JuS 1989, 59 – „Leibl-Bild-Fall“.

[31] Vgl. dazu → Rn. 446.

[32] Vgl. *Wolf/Neuner* AT § 41 Rn. 70; *Grigoleit/Herresthal* AT Rn. 216; aA *Wertenbruch* AT § 12 Rn. 34; *Medicus/Petersen* BR Rn. 162.

beschreiben. Mit anderen Worten: Eigenschaften einer Sache sind **alle wertbildenden Faktoren bis auf den Wert selbst**.

> **Beispiele** für Eigenschaften sind das Alter einer Sache, die Urheberschaft an ihr oder ihre Eignung für bestimmte Zwecke.

472 Ob auch das **Eigentum** an einer Sache eine Eigenschaft iSv § 119 II ist (insbesondere die Frage, ob der Verkäufer einer Sache deren Eigentümer ist), ist str.: Die hM verneint dies, weil das Eigentum auf die Brauchbarkeit und den Wert der Sache keinen Einfluss habe und zudem durch Umstände bedingt sei, die außerhalb der Sache selbst liegen.[33] Nach der Gegenauffassung ist auch die Eigentumslage eine verkehrswesentliche Eigenschaft der Sache; dadurch entsteht ein Konkurrenzproblem zur kaufrechtlichen Rechtsmängelhaftung, das von den Vertretern dieser Auffassung dahingehend gelöst wird, dass die Anfechtung neben die kaufrechtlichen Rechtsbehelfe tritt.[34]

473 **„Sache"** ist dabei nicht streng im Sinne des § 90 zu verstehen, sondern generell als Geschäftsgegenstand, so dass auch die Eigenschaft eines Rechts relevant sein kann. „Person" ist regelmäßig der Geschäftspartner (zB der Arbeitnehmer bei Abschluss eines Arbeitsvertrages),[35] aber auch jede andere Person, auf die sich das Geschäft bezieht, uU auch Dritte, wenn deren Eigenschaften für den Vertragszweck von Bedeutung sind, zB bei Arbeitsvermittlungsverträgen die vermittelten Arbeitnehmer.[36]

c) Verkehrswesentlichkeit der Eigenschaft

474 Die Eigenschaft muss ferner verkehrswesentlich sein. Über den Inhalt dieses Kriteriums werden im Wesentlichen drei Ansichten vertreten:

- Nach der **objektiven Theorie** sind nur die Eigenschaften verkehrswesentlich, die nach der **Verkehrsanschauung** im Hinblick auf das konkrete Geschäft für wertbildend gehalten werden,[37] wobei das konkrete Geschäft teilweise sogar aus der Sicht des Erklärenden gesehen wird, so dass auch dessen unausgesprochene Vorstellungen eine Anfechtung nach § 119 II ermöglichen können.[38]
- Nach der Theorie vom **geschäftlichen Eigenschaftsirrtum**[39] bleibt es den Parteien überlassen, zu bestimmen, welche Eigenschaften sie für **verkehrswesentlich (= vertragswesentlich)** erachten, wobei allerdings konkludente Absprachen die Regel sind. Damit spielen objektive Umstände nur noch für die Ermittlung des üblicherweise Gewollten im Rahmen der Auslegung eine Rolle.
- Die **neuere Rspr.** verbindet beide Theorien dergestalt, dass primär auf den Zweck des Vertrages abzustellen ist. Ergibt sich daraus nichts, so sind solche Eigenschaften verkehrswesentlich, die typischerweise objektiv für wesentlich gehalten werden.[40]

---

[33] BGHZ 34, 32 (41) = NJW 1961, 772; Palandt/*Ellenberger* § 119 Rn. 27.
[34] Vgl. MüKoBGB/*Armbrüster* § 119 Rn. 133 m. N.
[35] ZB BGH NJW 1976, 565: Irrtum über die Beteiligung eines Profi-Fußballers an einem Bestechungsskandal.
[36] Vgl. Palandt/*Ellenberger* § 119 Rn. 26 f.
[37] Vgl. *Wolf/Neuner* AT § 41 Rn. 60 ff.
[38] Vgl. *Köhler* AT § 14 Rn. 29.
[39] Vgl. *Flume* AT II § 24, 2; *Medicus* AT Rn. 767.
[40] BGHZ 88, 240 (246) = NJW 1984, 231; vgl. auch Palandt/*Ellenberger* § 119 Rn. 25; PWW/*Ahrens* § 119 Rn. 36.

Fall 27:

Wie Fall 24 (→ Rn. 457). Schwester Ottilie (O) bestellt „1 mal Artikel Nr. 3486“. Dabei geht sie davon aus, dass es sich bei dem Toilettenpapier um Recyclingpapier handelt; neues Papier könnte sie mit ihren ökologischen Überzeugungen nicht vereinbaren. Bei der Lieferung stellt sie aber fest, dass doch neues Papier verwendet wurde. Kann die Schule den Vertrag anfechten? 475

Lösungsskizze zu Fall 27:

1. Anfechtungsgrund 476
   – Inhaltsirrtum, § 119 I Alt. 1 (-), Auslegungsergebnis entspricht dem Gewollten
   – Erklärungsirrtum, § 119 I Alt. 2 (-), Erklärungszeichen entsprechen dem Gewollten
   – Eigenschaftsirrtum, § 119 II?
   Eigenschaften einer Sache sind alle Umstände, die der Sache anhaften oder in ihr selbst ihren Grund haben und denen im Verkehr eine Bedeutung zugemessen wird. Bei der Qualität des bestellten Toilettenpapiers (Recycling- oder Neupapier) handelt es sich um eine Eigenschaft in diesem Sinne, über die O auch irrte. Fraglich ist die Verkehrswesentlichkeit dieser Eigenschaft. Bei objektiver Betrachtung (Verkehrsanschauung) handelt es sich bei der Qualität des Toilettenpapiers, namentlich bei der Frage, ob dieses aus Recycling- oder Neupapier hergestellt worden ist, durchaus um einen wertbildenden Faktor. Mit Blick auf den Vertragszweck und die Absprache der Vertragsparteien ist das Material des Toilettenpapiers jedoch allenfalls von untergeordneter Bedeutung. Die Wichtigkeit der Materialfrage liegt dem Vertrag nicht erkennbar zugrunde und ist auch in den Verhandlungen der Vertragsparteien nicht hinreichend deutlich gemacht worden. Das Material des Toilettenpapiers ist mithin nach dem Vertrag nicht verkehrswesentlich (aA vertretbar).
2. Ergebnis: O kann den Vertrag nicht anfechten.

3. Kalkulationsirrtum

Von einem Kalkulationsirrtum spricht man, wenn dem Erklärenden bei der Berechnung seines Angebots ein Fehler unterlaufen ist, sei es ein **Rechenfehler** oder ein Fehler beim **Zusammenstellen der einzelnen Rechnungsposten.**[41] Der Kalkulationsirrtum ist keine vom Gesetz geregelte Irrtumskategorie, sondern eine Beschreibung verschiedener Fallgruppen, die auch nicht einheitlich zu behandeln sind. Vielmehr sind in derartigen Fällen sämtliche Lösungsmöglichkeiten von der Auslegung über die Irrtumsanfechtung und die Geschäftsgrundlagenstörung (§ 313) bis hin zur culpa in contrahendo (§§ 280 I, 241 II, 311 II) zu prüfen.[42] 477

a) Auslegungsfragen

Vor der Prüfung etwaiger Anfechtungsmöglichkeiten steht die Auslegung der Erklärung, die von dem Kalkulationsirrtum behaftet ist (idR ein Vertragsangebot): 478

---

41 Vgl. *Wolf/Neuner* AT § 41 Rn. 71; zum Ganzen auch *Faust* AT § 21 Rn. 18 ff.; *Wertenbruch* AT § 12 Rn. 11 ff.

42 Vgl. als Beispiel BGH NJW 2015, 1513 = JuS 2015, 644.

- Bei **offensichtlichen Rechenfehlern** (etwa ein einfacher Zahlendreher in der Summenbildung, eine 0 zu viel beim Ergebnis oder ein fehlendes Komma zwischen Euro und Cent) kann bereits die **Auslegung** der Erklärung das richtige Rechenergebnis ergeben. Der Kalkulationsfehler hat dann keine Auswirkung.
- Bei **unauffindbaren Rechenfehlern** kann die Willenserklärung wegen **Perplexität** nichtig sein, wenn zwar nicht der Fehler selbst, aber wenigstens die Widersprüchlichkeit erkennbar ist („das kann nicht stimmen").
- Ist die Widersprüchlichkeit dagegen nicht erkennbar, so ist zumindest bei komplizierteren Berechnungen eine Obliegenheit der anderen Seite zur Fehlersuche zu verneinen und bei der Auslegung einen **Vorrang des Ergebnisses** anzunehmen, so dass die Willenserklärung mit dem erklärten Rechenergebnis (und nicht mit den Ausgangszahlen) wirksam wird.

b) Irrtumsanfechtung

479 Wenn auf diese Weise ein Auslegungsergebnis feststeht, das von dem vom Erklärenden „eigentlich" gewollten (richtigen) Rechenergebnis abweicht, stellt sich die Frage der Anfechtung:

- Ein **Erklärungsirrtum** nach § 119 I Alt. 2 kann vorliegen, wenn das – rechnerisch zumindest im Kopf richtig ermittelte – Ergebnis falsch in das Angebot übertragen wurde, dabei also ein Schreibfehler unterlaufen ist.
- Auch ein **Inhaltsirrtum** (§ 119 I Alt. 1) kann vorliegen, wenn der Erklärende über die Bedeutung seiner Erklärung irrt, etwa beim Irrtum über eine Maßeinheit.

> Geht **beispielsweise** der Erklärende irrig davon aus, ein Hektar [ha] habe 100 m², und gibt er auf dieser Grundlage einen zu niedrigen Preis je ha an, dann erklärt er objektiv einen Preis „je 10.000m²", will aber einen Preis „je 100m²" erklären. Er irrt also über die Bedeutung der Erklärungszeichen „ha".[43]

- Das RG hatte zudem einen **„erweiterten Inhaltsirrtum"** angenommen, wenn die Kalkulation selbst Bestandteil der Erklärung war (sog offener Kalkulationsirrtum).[44] Dies wird heute von der hM jedoch abgelehnt, weil die Erklärungsbedeutung hier der Vorstellung des Erklärenden entspricht und der Irrtum typischerweise den vorgelagerten Prozess der Willensbildung betrifft.[45]
- Ein **Eigenschaftsirrtum** (§ 119 II) kann nur dann gegeben sein, wenn der Erklärende über die tatsächlichen Grundlagen seiner Kalkulation irrt und diese Grundlagen Eigenschaften iSv § 119 II sind (etwa bei bestimmter Beschaffenheit der verwendeten Materialien). Bei bloßen Rechenfehlern ist das dagegen nicht der Fall.
- In den meisten Fällen wird vielmehr lediglich ein **Motivirrtum** vorliegen, der nicht zur Anfechtung berechtigt.[46] Denn die bloße Berechnung des Angebotspreises ist ein der eigentlichen Erklärung vorgelagerter Prozess der Willensbildung, für welchen der Schutz der §§ 119 ff. nicht gilt.

---

[43] S. auch *Riehm* JuS 2015, 644 (645).
[44] Vgl. RGZ 64, 268; 101, 107 f. („Silber-Fall"); 105, 406 („Rubel-Fall"); 162, 201.
[45] Vgl. *Wolf/Neuner* AT § 41 Rn. 71 ff.; PWW/*Ahrens* § 119 Rn. 33.
[46] Vgl. *Wolf/Neuner* AT § 41 Rn. 79; PWW/*Ahrens* § 119 Rn. 32; BGH NJW 1998, 3192 = JuS 1999, 79.

Fall 28:[47]

G gewährte *S* 1920 in Russland ein Darlehen über 30.000 Sowjetrubel, damit dieser seine Heimreise aus russischer Kriegsgefangenschaft nach Deutschland finanzieren konnte. Die Rückzahlung sollte in Reichsmark erfolgen, wobei die Parteien übereinstimmend von einem Wechselkurs von 25 Pfennig je Sowjetrubel ausgingen. Dementsprechend stellte *S* einen formgültigen Schuldschein über 7.500 Reichsmark aus. In Wahrheit lag der Kurs lediglich bei 1 Pfennig je Sowjetrubel, so dass sich die Rückzahlungsforderung bei korrekter Umrechnung auf 300 Reichsmark belaufen hätte. Kann *G* von *S* Zahlung von 7.500 Reichsmark aus dem Schuldschein verlangen? (Die Anwendbarkeit heutigen deutschen Rechts ist zu unterstellen) **480**

Lösungsskizze zu Fall 28:

Anspruch auf Zahlung von 7.500 Reichsmark aus dem Schuldschein (§ 781 S. 1) **481**

I. Formgültiges abstraktes Schuldanerkenntnis iSv § 781 (+)

II. Inhalt des Schuldanerkenntnisses
- Erklärungstext objektiv eindeutig: 7.500 Reichsmark
- Falsa demonstratio non nocet?

  Beide Parteien gingen übereinstimmend davon aus, dass der aktuelle Gegenwert von 30.000 Sowjetrubel in Reichsmark geschuldet sein sollte. Das lässt es möglich erscheinen, dass die Erklärung von vornherein auf 300 Reichsmark gerichtet war (so die heute wohl hM). Dagegen spricht allerdings der eindeutige Wortlaut des Schuldscheins, der auch an Dritte abgetreten werden könnte und dann mit seinem Nominalbetrag gelten muss.

III. Anfechtung des Schuldanerkenntnisses
1. Inhaltsirrtum?
   - Keine Auslegung, die von dem Erklärungsverständnis des *S* abweicht, daher eigentlich kein Inhaltsirrtum
   - Aber RG: „Irrtum über die Grundlagen des Rechtsgeschäfts" (hier: Wechselkurs des Sowjetrubels) sei Inhaltsirrtum gleichzustellen. Vor dem Hintergrund des § 313 und um eine Aufweichung der Grenzen der Irrtumsanfechtung zu vermeiden, ist diese Auffassung mit der heute ganz hM abzulehnen.
2. Erklärungsirrtum (-)
3. Eigenschaftsirrtum (-)
4. Ergebnis: Kein Anfechtungsgrund

IV. Einrede aus § 242 wegen gegenläufigen Anspruchs auf Vertragsanpassung aus § 313 I
1. Anwendbarkeit des § 313 auf abstraktes Schuldanerkenntnis (+)
2. Vorstellung vom Wechselkurs 25 Pfennig/Sowjetrubel war wesentliche gemeinsame Vorstellung der Parteien, die Grundlage des Vertrags geworden ist (§ 313 II)
3. Keine abweichende gesetzliche oder vertragliche Risikoverteilung

   Die Regeln über die Irrtumsanfechtung enthalten nur für einseitige Motivirrtümer eine abschließende Risikoverteilung, nicht für übereinstimmende Irrtümer wie hier.
4. Unzumutbarkeit des Festhaltens am Vertrag (+)
5. Rechtsfolge: Anpassung auf 300 Reichsmark

---

[47] 480 Nach RGZ 105, 406.

V. I. Ü. Einrede aus § 821 iVm §§ 812 I 1 Alt. 1, II, weil der Schuldschein insoweit ohne Rechtsgrund erlangt wurde, als der Betrag über den geschuldeten Rückzahlungsbetrag aus dem Darlehensvertrag wertmäßig hinausgeht.

N. B.: Der – hier nicht gefragte – darlehensrechtliche Rückzahlungsanspruch aus § 488 I 2 wäre zwar eigentlich auf 30.000 Sowjetrubel gerichtet, könnte aber gem. § 244 I, II auch in Reichsmark zum tatsächlichen Umrechnungskurs erfüllt werden.

c) Schuldrechtliche Lösungsmöglichkeiten

482 Besteht auch keine Anfechtungsmöglichkeit, so kann gleichwohl der Grundsatz von Treu und Glauben einer Ausnutzung des Kalkulationsirrtums durch die Gegenseite entgegenstehen. Dies kann zum einen unter dem Gesichtspunkt der Geschäftsgrundlagenstörung und zum anderen unter dem Gesichtspunkt des Verschuldens bei Vertragsverhandlungen (§§ 280 I, 241 II, 311 II) der Fall sein:

- Ist die Fehlvorstellung des Erklärenden erkennbar zutage getreten und hat sich der Vertragspartner diese zu eigen gemacht – oder ist die Kalkulation von beiden Parteien gemeinsam vorgenommen worden –, so kann die Kalkulation **zur Geschäftsgrundlage** iSv § 313 II geworden sein.[48] Die Regeln über die Irrtumsanfechtung enthalten nur für einseitige Motivirrtümer eine abschließende Risikoverteilung, nicht für übereinstimmende Irrtümer. Daher kann das Fehlen der Geschäftsgrundlage hier beachtlich sein und zur Unzumutbarkeit des unveränderten Festhaltens am Vertrag führen. Rechtsfolge ist zunächst ein Anspruch auf Vertragsanpassung gem. § 313 I und subsidiär ein Rücktrittsrecht gem. § 313 III, wenn die Anpassung unmöglich oder für eine Partei unzumutbar ist (zB weil bei korrekter Kalkulation das zur Verfügung stehende Budget überschritten würde).
- Hat ein Vertragspartner den Kalkulationsirrtum (zB durch falsche Tatsachenangaben) verursacht, so haftet er aus **c. i. c.** (§§ 280 I, 241 II, 311 II) für den eingetretenen Schaden oder auf Aufhebung des Vertrages.
- Eine Haftung aus c. i. c. kommt nach Auffassung des BGH ferner auch in Betracht, wenn der Erklärungsempfänger den **Kalkulationsirrtum im Angebot erkennt** und dieses in treuwidriger Weise dennoch annimmt.[49] Treuwidrig soll die Annahme insbesondere dann sein, wenn offensichtlich ist, dass der Angebotspreis irrtümlich so niedrig angegeben ist, dass der Auftrag nicht rentabel durchgeführt werden kann, weil der Preis auf keinen Fall eine äquivalente Gegenleistung darstellen kann.

Fall 29:[50]

483 Die Stadt *S* schrieb Tischlerarbeiten an öffentlichen Gebäuden aus (Schätzwert: 150.000 EUR). Am Bieterverfahren beteiligt sich *B*, dessen (bindendes) Angebot sich auf 130.000 EUR belief; das nächstgünstigere Angebot lautete auf 140.000 EUR. Nach Eröffnung der Angebote, aber vor Auftragserteilung bemerkte *B*, dass er infolge einer Softwareumstellung sämtliche Transport- und Montagekosten vergessen hatte. Er schrieb daher umgehend an *S*, dass er sein Angebot „zurückziehe", weil er zu diesem Preis nicht kostendeckend arbeiten könne. *S* erteilt *B* gleichwohl zwei Wochen später den Auftrag und verlangt Durchführung der Arbeiten. Zu Recht?

---

[48] BGH NJW 2001, 2464.
[49] BGH NJW 1998, 3192 = JuS 1999, 79; NJW 2015, 1513 = JuS 2015, 644.
[50] Nach BGH NJW 1998, 3192 = JuS 1999, 79.

Lösungsskizze zu Fall 29:

Anspruch auf Durchführung der Tischlerarbeiten aus § 631 I **484**

I. Wirksamer Werkvertrag
1. Angebot des *B* (+)
   - Auslegung: Kein offensichtlicher Rechenfehler, Vergütung: 130.000 EUR (wie geschrieben)
   - Kein Widerruf gem. § 130 I 2, da bereits zugegangen (spätestens mit Öffnung der Angebote)
2. Annahme der *S*: Auftragserteilung (+)
3. Bindung im Zeitpunkt der Annahme (+), keine freie Rücknahme im Ausschreibungsverfahren

II. Rückwirkende Vernichtung des Angebots durch Anfechtung, § 142 I
1. Anfechtungserklärung, § 143 I, II: „Zurückziehen" des Angebots (+)
2. Anfechtungsgrund?
   a) Erklärungsirrtum, § 119 I Alt. 2 (-)
   B verwendete die Erklärungszeichen, die er verwenden wollte.
   b) Inhaltsirrtum, § 119 I Alt. 1 (-)
   Die abgegebene Erklärung deckte sich im Zeitpunkt der Abgabe auch inhaltlich mit dem Willen des *B*.
   c) Eigenschaftsirrtum, § 119 II (-)
   Die Kalkulationsgrundlagen, über die *B* sich irrte, sind keine verkehrswesentlichen Eigenschaften im Sinne von § 119 II. Es ist vielmehr ein bloßer Motivirrtum gegeben.
   d) Anfechtungsrecht nach § 119 analog bei positiv erkanntem Kalkulationsirrtum?
      aa) Planwidrige Regelungslücke
      Das Gesetz enthält keine Regelung zum Kalkulationsirrtum, so dass an sich eine Regelungslücke besteht. An deren Planwidrigkeit bestehen jedoch zumindest Zweifel, denn nach dem Willen des Gesetzgebers soll ein Irrtum des Erklärenden nur in den Fällen des Auseinanderfallens von Wille und Erklärung bei Abgabe der Willenserklärung zur Anfechtung berechtigen, während ein Irrtum im Beweggrund mit Ausnahme des § 119 II unbeachtlich sein soll.
      bb) Vergleichbare Interessenlage
      Geht man unter Wertungsgesichtspunkten davon aus, dass die grundsätzliche Unbeachtlichkeit des Kalkulationsirrtums ihren Grund im Schutz des Verkehrsinteresses findet, so lässt sich für eine Anfechtung in Analogie zu § 119 I oder II anführen, dass ein Vertrauen des Erklärungsempfängers in den Bestand der Erklärung im Falle eines positiv erkannten Kalkulationsirrtums entweder fehlt oder nicht berechtigt ist. Ein Anfechtungsrecht bei positiv erkanntem Kalkulationsirrtum würde sich aber nicht in die gesetzliche Systematik der Irrtumsanfechtung einfügen. Zum einen ist die Kenntnis des Erklärungsempfängers von einem Irrtum des Erklärenden nach § 122 II keine Frage des Anfechtungsgrundes, sondern der Anfechtungsfolgen. Zum anderen käme es, sollte die Kenntnis des Erklärungsempfängers Tatbestandsmerkmal des Anfechtungsgrundes sein, im Hinblick auf die Anfechtungsfrist (§ 121 I 1) darauf an, wann der Erklärende Kenntnis von der Kenntnis des Erklärungsempfängers erlangt, was zu einer unerträglichen Rechtsunsicherheit führen würde.

cc) Zwischenergebnis

Ein Anfechtungsrecht in Analogie zu § 119 bei positiv erkanntem Kalkulationsirrtum ist abzulehnen.

3. Zwischenergebnis

B war nicht zur Anfechtung berechtigt.

III. Anspruch des *B* gegen *S* auf Entlassung aus dem Vertrag aus §§ 280 I, 241 II, 311 II Nr. 1 (c. i. c.) – Einwand unzulässiger Rechtsausübung, § 242?

Möglicherweise hat *B* einen Anspruch gegen *S* auf Entlassung aus dem Vertrag aus §§ 280 I, 241 II, 311 II Nr. 1 (c. i. c.). Dem an sich bestehenden Anspruch der *S* auf Durchführung der Tischlerarbeiten aus § 631 I stünde dann der Einwand unzulässiger Rechtsausübung (§ 242) entgegen (dolo agit, qui petit, quod statim redditurus est).

1. Vorvertragliches Schuldverhältnis iSv § 311 II Nr. 1 (+) während des Ausschreibungsverfahrens

2. Verletzung einer Pflicht aus § 241 II?

Möglicherweise bestand nach § 241 II eine Schutzpflicht der *S* mit dem Inhalt, die Annahme eines als fehlerhaft erkannten Angebots zu unterlassen. Eine solche Pflicht hätte *S*, die infolge des Schreibens des *B* wusste, dass das Angebot auf einem Kalkulationsirrtum des *B* beruhte, durch die Auftragserteilung an *B* und ihr Bestehen auf Durchführung der Werkarbeiten verletzt. Bei Beachtung der Risikozuweisung in § 119 wird man eine entsprechende Schutzpflicht jedoch grundsätzlich verneinen müssen. Denn das Risiko von Fehlkalkulationen liegt bei öffentlichen Ausschreibungen grundsätzlich im Bereich des Bieters. Eine Pflicht zur Unterlassung der Auftragserteilung wird vielmehr nur dann anzunehmen sein, wenn die Vertragsdurchführung dem Erklärenden schlechthin unzumutbar ist, etwa weil er dadurch in erhebliche wirtschaftliche Schwierigkeiten geriete, oder der Angebotspreis offensichtlich keine auch nur annähernd äquivalente Gegenleistung darstellen kann (hier Tatfrage).[51]

3. Vertretenmüssen, § 280 I 2

Maßgeblicher Zeitpunkt des Verschuldens (Kenntnis) ist im Hinblick auf die beschriebene Pflichtverletzung der Zeitpunkt der Annahmeerklärung des *S* (vgl. § 122 II), hier also der Zeitpunkt der Auftragserteilung durch *S*. Zu diesem Zeitpunkt wusste *S* von der Fehlkalkulation des *B*. Hinzukommen muss aber weiter die Kenntnis des Auftraggebers von den unzumutbaren Folgen für den Bieter (hier Tatfrage).

IV. Ergebnis

An sich kann *S* von *B* ungeachtet der Fehlkalkulation die Durchführung der Tischlerarbeiten (zu einem Preis von 130.000 EUR) nach § 631 I verlangen. Dem steht jedoch ggf. der Einwand unzulässiger Rechtsausübung (§ 242) entgegen, wenn die Vertragsdurchführung für *B* schlechthin unzumutbar ist und *S* von den die Unzumutbarkeit begründenden Umständen Kenntnis hatte.

4. Rechtsfolgenirrtum

485 Auch beim Rechtsfolgenirrtum handelt es sich nicht um eine gesetzliche Irrtumskategorie. Von einem solchen spricht man, wenn der Erklärende über die *gesetzlichen* Folgen seiner Erklärung irrt. Die Behandlung ist im Einzelnen umstritten:[52]

---

[51] Vgl. zu einem solchen Fall BGH NJW 2015, 1513 = JuS 2015, 644.

[52] Vgl. *Wolf/Neuner* AT § 41 Rn. 87 ff.; PWW/*Ahrens* § 119 Rn. 28 ff.; *Faust* AT § 21 Rn. 17; *Wertenbruch* AT § 12 Rn. 10; vgl. hierzu auch BGHZ 177, 62 = NJW 2008, 2442 = JuS 2008, 1036.

- Unzulässig ist die Anfechtung nach hM jedenfalls dann, wenn es sich bei den Rechtsfolgen um solche handelt, die das **Gesetz unmittelbar** mit dem eigentlich gewollten Geschäft **verbindet**, weil den gesetzlichen Normen ein **hoher Gerechtigkeitsgehalt** zukommt und so die irrtümliche Bindung an sie nicht unbillig ist. Die gesetzlichen Regeln würden sonst durch die Anfechtbarkeit weitgehend ausgehebelt.

Beispiele sind die Unkenntnis der Gewährleistungspflicht beim Abschluss eines Kaufvertrages oder die Unkenntnis der Folgen des Schweigens auf ein kaufmännisches Bestätigungsschreiben.

- Dagegen ist eine Anfechtung nach der Rspr. **zulässig**, wenn das Rechtsgeschäft selbst nicht den vom Erklärenden erstrebten, sondern einen davon **wesentlich verschiedenen Primärerfolg** bewirkt.

Dies liegt **beispielsweise** in den folgenden Fällen vor:

- Bestellung einer Hypothek in der Annahme, sie erhalte die zweite Rangstelle, sie kommt aber tatsächlich in die erste;[53]
- Ausschlagung der Erbschaft in der Annahme, das verschaffe dem Ausschlagenden unbeschränkte Pflichtteilsansprüche,[54] bzw. umgekehrt: Annahme der Erbschaft aufgrund der irrigen Meinung, er dürfe die Erbschaft nicht ausschlagen, um seinen Pflichtteilsanspruch nicht zu verlieren (s. demgegenüber §§ 2305 f.).[55]

- Generell ist eine Anfechtung dann zulässig, wenn der Erklärende einen **Rechtsbegriff falsch verwendet** hat, um das von ihm gewollte „Bündel" an Rechtsfolgen zu bezeichnen (zB „Zubehör" abweichend von § 97; oder „Garantie" abweichend von § 443). Gewissermaßen stimmt hier die Bezeichnung des Vertragstyps nicht mit den gewünschten Rechtsfolgen überein. Hier liegt ein gewöhnlicher Inhaltsirrtum vor, sofern nicht ohnehin bereits die Auslegung zum gewollten Ergebnis führt.

5. Unterschriftsirrtum

Von einem Unterschriftsirrtum spricht man, wenn der Unterzeichner einer Urkunde 486
über deren Inhalt im Irrtum ist.[56] Dabei kann es sich entweder um einen Inhalts- oder um einen Erklärungsirrtum handeln:

- Ein **Erklärungsirrtum** liegt vor, wenn der Inhalt der unterschriebenen Urkunde vom Erklärenden stammt und dabei ihm oder seinen Gehilfen ein Schreibfehler unterlaufen ist.
- Ein **Inhaltsirrtum** liegt vor, wenn der Inhalt der Urkunde von einer anderen Person stammt und die Erklärung nur in der Unterschrift selbst liegt.

Voraussetzung der Anfechtung ist aber in jedem Fall, dass der Erklärende eine **positive Vor-** 487
stellung vom Inhalt der Urkunde entwickelt hat. Bewusste Unkenntnis des Urkundeninhalts (dies wird in aller Regel nur bei fremdverfassten Urkunden der Fall sein) schließt einen Irrtum von vornherein aus, da keine Fehlvorstellung, sondern gar keine Vorstellung über den Inhalt vorliegt.

---

[53] Vgl. RGZ 89, 33.

[54] Vgl. LG München I FamRZ 2004, 1326; für vorrangige Lösung über die Auslegung der Erklärung Staudinger/*Otte*, 2015, § 2308 Rn. 4 f.

[55] BGHZ 168, 210 = NJW 2006, 3353 = JuS 2007, 189.

[56] Vgl. hierzu auch PWW/*Ahrens* § 119 Rn. 16.

II. Kausalität des Irrtums für die Erklärung

488 In allen Fällen der Irrtumsanfechtung gem. §§ 119, 120 ist erforderlich, dass der Irrtum für die Erklärung subjektiv und objektiv kausal geworden ist:

- Der Erklärende darf die Erklärung „bei Kenntnis der Sachlage" nicht bzw. nicht in dieser Form abgegeben haben (**subjektive Kausalität**). Daran fehlt es, wenn der Irrtum lediglich unerhebliche Nebenfragen betraf, die die Entscheidung tatsächlich nicht beeinflusst haben (zB die Zimmernummer eines Hotelzimmers, wenn Lage, Ausstattung etc. identisch sind).
- Der Erklärende darf die Erklärung zudem „bei verständiger Würdigung des Falles" nicht abgegeben haben, dh der Irrtum muss auch **objektiv** von einer gewissen Erheblichkeit sein, so dass „Eigensinn, subjektive Launen und törichte Anschauungen"[57] keine Rolle spielen dürfen. So berechtigt zB die irrtümliche Reservierung eines Sitzplatzes mit der Nr. 13 durch einen abergläubischen Bahnreisenden nicht zur Anfechtung.[58]

489 Ein **Mitverschulden** des Anfechtenden (zB wenn er grob fahrlässig einem Irrtum erlegen ist) schließt die Anfechtung nicht aus. Ggf. kommt aber ein Anspruch des Anfechtungsgegners aus c. i. c. (§§ 280 I, 241 II, 311 II) in Betracht.

III. Anfechtungsfrist (§ 121)

490 Die Anfechtung wegen Irrtums muss nach § 121 **unverzüglich** nach dem Erkennen des Irrtums erfolgen.

- „**Erkennen**" iSv § 121 setzt dabei voraus, dass der Anfechtungsberechtigte **zuverlässige Kenntnis** vom Anfechtungsgrund hat; bloße Vermutungen genügen nicht. Wenn **mehrere Anfechtungsgründe** vorliegen, beginnt die Frist für jeden Grund eigens zu laufen, sobald der Anfechtungsberechtigte den jeweiligen Irrtum erkennt.
- Ob die Anfechtungserklärung **„unverzüglich"** erfolgt ist, ist nach den Umständen des Einzelfalles zu entscheiden. Keinesfalls ist eine sofortige Anfechtung verlangt; der Anfechtungsberechtigte darf die Abgabe der Erklärung nur **nicht schuldhaft verzögern**. Bei komplizierteren Fällen entspricht es durchaus der verkehrserforderlichen Sorgfalt (§ 276 II), wenn der Anfechtungsberechtigte einen Rechtsanwalt konsultiert oder während einer kurzen Überlegungszeit die Folgen einer Anfechtung gegenüber den Folgen anderer Rechtsbehelfe abwägt. Die zeitliche Obergrenze liegt idR bei **zwei Wochen**.[59]

491 Entscheidend für die Fristwahrung ist nicht der Zugang, sondern die **Absendung** der Anfechtungserklärung (§ 121 I 2), sofern der Anfechtende nicht einen besonders umständlichen Weg wählt (zB Einreichung bei Gericht).[60]

492 Wenn seit der Abgabe der Willenserklärung **10 Jahre** vergangen sind, verbietet **§ 121 II** die Anfechtung wegen Irrtums vollständig.

---

[57] Vgl. RGZ 62, 206.
[58] Vgl. *Brox/Walker* AT Rn. 432.
[59] Vgl. Palandt/*Ellenberger* § 121 Rn. 3.
[60] BGH NJW 1975, 39.

IV. Schadensersatzpflicht des Anfechtenden

Der wegen Irrtums Anfechtende (§§ 119 I, II, 120) ist dem Anfechtungsgegner nach § 122 zum Schadensersatz verpflichtet.[61] Die Funktion dieses Schadensersatzanspruches besteht im **Schutz des Vertrauens des Erklärungsempfängers**: Diesem wird durch die Anfechtung zugemutet, dass der Erklärende sich von einer Erklärung lösen kann, die an einem für den Empfänger unerkennbaren Willensmangel litt. Zum Ausgleich hierfür steht ihm der Anspruch auf Ausgleich seines Vertrauensschadens zu. 493

Voraussetzungen dieses Anspruches sind:

1. Anwendbarkeit des § 122 494
2. Anfechtung nach § 119 oder § 120
3. Kein Ausschluss des Anspruches nach § 122 II

1. Anwendbarkeit des § 122

§ 122 ist zunächst **unmittelbar anwendbar**, wenn ein Rechtsgeschäft nach § 119 I, II oder § 120 erfolgreich angefochten wurde, oder wenn es nach § 118 nichtig ist. Eine **analoge Anwendung** des § 122 wird vor allem in folgenden Fällen erwogen: 495

- Bei **fehlendem Erklärungsbewusstsein** wenden diejenigen Autoren, die das Vorliegen einer wirksamen Willenserklärung verneinen, § 122 analog an, so dass der Erklärende verschuldensunabhängig den Vertrauensschaden zu ersetzen hat.[62]
- Gleiches gilt für die Haftung des Erklärenden für **abhandengekommene Willenserklärungen**.[63]
- In den Fällen **anfänglicher Unmöglichkeit** der Leistung wird in der Literatur eine analoge Anwendung des § 122 gefordert, wenn der Schuldner die Unmöglichkeit weder kannte noch kennen musste (sonst haftet er gem. § 311a II auf das positive Interesse). Auch in diesem Fall liege eigentlich ein Irrtum über die Leistungsfähigkeit vor, der aus der Sphäre des Schuldners stammt. Die Situation sei daher mit einem Irrtum nach § 119 vergleichbar.[64] Die hM lehnt diese Analogie aber unter Hinweis auf das im BGB allgemein geltende Verschuldensprinzip ab.[65]

2. Ausschluss des Anspruches nach § 122 II

Der Schadensersatzanspruch ist nach § 122 II ausgeschlossen, wenn der Anfechtungsgegner den Anfechtungsgrund **kannte** oder **fahrlässig nicht kannte**. Dieser Ausschluss erfasst den gesamten Schadenersatzanspruch, führt also nicht nur zu einer verhältnismäßigen Teilung (**„Alles-oder-Nichts-Prinzip“**). Über § 122 II hinaus muss es sich der Erklärungsempfänger nach hM auch analog § 254 anrechnen lassen, wenn er den Irrtum **ohne Verschulden veranlasst** hat. Insoweit kann er nicht besser gestellt werden als der Erklärende, der ebenfalls verschuldensunabhängig haftet.[66] 496

---

[61] Vgl. hierzu auch *Faust* AT § 23 Rn. 13 ff.; *Wertenbruch* AT § 12 Rn. 57 ff.
[62] → Rn. 135.
[63] Dazu → Rn. 160.
[64] Vgl. *Canaris* JZ 2001, 499 (507 f.); BT-Drs. 14/6040, S. 166.
[65] Vgl. MüKoBGB/*Ernst* § 311a Rn. 41; Huber/*Faust* Kap. 7 Rn. 38.
[66] BGH NJW 1969, 1380.

3. Umfang des Schadensersatzes

497 Der Schadensersatzanspruch ist auf das **negative Interesse** gerichtet, dh der Anfechtungsberechtigte hat den Anfechtungsgegner so zu stellen, als hätte dieser „von dem Vertrag nie etwas gehört". Damit sind alle Aufwendungen ersatzfähig, die der Anfechtungsgegner im Vertrauen auf die Beständigkeit des Vertrages getätigt hat, einschließlich der etwaigen Erbringung der geschuldeten Leistung selbst. Insoweit steht der Schadensersatzanspruch **neben § 812 I 1 Alt. 1**, was zB beim Untergang des Gegenstandes (im Gegensatz zu § 818 III) zu ungekürzten Ansprüchen auf Wertersatz nach § 251 führt.[67]

498 Der Anspruch auf das negative Interesse ist **durch das positive Interesse begrenzt**, dh der Anfechtungsgegner kann nicht mehr verlangen, als er bei ordnungsgemäßer Durchführung des Vertrages erlangt hätte.[68]

4. Ansprüche bei Verschulden des Erklärenden

499 Neben dem Anspruch aus § 122 I ist bei Verschulden des Erklärenden ein Anspruch des Anfechtungsgegners aus **c. i. c.** (§§ 280 I, 241 II, 311 II) denkbar. Dort gilt nach hM keine Begrenzung auf das Erfüllungsinteresse, und § 254 tritt an die Stelle von § 122 II.[69] In der Lit. wird teilweise aber auch ein Vorrang der Wertung des § 122 postuliert, so dass der Anspruch aus c. i. c. entweder neben § 122 überhaupt nicht anwendbar[70] oder jedenfalls ebenso auf das Erfüllungsinteresse begrenzt sein soll[71]. Dafür spricht, dass die Begrenzung auf das Erfüllungsinteresse ansonsten in der Mehrzahl der Fälle unterlaufen würde.

Fall 30:

500 *M* mietet bei *V* im Januar 2015 eine Ferienwohnung „für den gesamten Juni 2015" zum Gesamtpreis von 2.000 EUR; *V* bestätigt den Mietvertrag schriftlich (Papier und Porto: 2 EUR). Dabei hat sich *M* allerdings verschrieben; eigentlich wollte er für den Juli 2015 mieten. Er entdeckt den Irrtum am 3.2.2015 und erklärt gegenüber *V* am 5.2.2015 die Anfechtung des Mietvertrags wegen seines Irrtums.

V hatte am 2.2.2015 einem Interessenten *D* abgesagt, der dieselbe Ferienwohnung ebenfalls für den Juni mieten und dafür sogar 2.200 EUR bezahlen wollte. Nach der Anfechtung durch *M* hatte *V* den *D* kontaktiert, aber dieser hatte bereits eine andere Wohnung gemietet. Als der Juni immer näher rückte, konnte *V* die Wohnung nur noch für 1.800 EUR an *X* vermieten.

Welche Ansprüche hat *V* gegen *M*?

---

[67] Vgl. *Wolf/Neuner* AT § 41 Rn. 154; *Willems* JuS 2015, 586 (587); als Beispiel s. LG Ulm WM 1984, 27 (28) zur Rückforderung eines gewährten Darlehens als Vertrauensschaden.

[68] Vgl. dazu ausführlich und lesenswert *Höpfner* AcP 212 (2012), 853 ff. sowie *Willems* JuS 2015, 586 ff. und sogleich Fall 30.

[69] Vgl. RGZ 151, 357 (359 f.); BGHZ 49, 77 (82) = NJW 1968, 547; BGH NJW-RR 1990, 229 (230); Palandt/*Ellenberger* § 122 Rn. 6.

[70] So *Höpfner* AcP 212 (2012) 853 (857 f.); Staudinger/*Singer*, 2012, § 122 Rn. 20; *Soergel/Hefermehl* § 122 Rn. 7.

[71] So *Enneccerus/Nipperdey*, AT, Band 1, 2. Halbband, 15. Aufl. 1960, S. 1058.

Lösungsskizze zu Fall 30:

A. Anspruch auf Zahlung der vereinbarten Miete (§ 535 II) 501
  I. Wirksamer Mietvertrag
    1. Vertragsschluss
      a) Angebot des *M* (+), Inhalt: Mietvertrag für Juni 2015
      b) Annahme des *V* (+)
    2. Rückwirkende Nichtigkeit gem. § 142 I
      a) Anfechtungsgrund: kausaler Erklärungsirrtum (§ 119 I Alt. 2)
      b) Anfechtungsfrist (+), § 121
      c) Anfechtungserklärung (+), § 143 I, II
  II. Ergebnis: Kein Mietvertrag, kein Anspruch aus § 535 II

B. Anspruch auf Schadensersatz (§ 122)
  I. Wirksame Anfechtung gem. §§ 119, 120 (+), s. o.
  II. Kein Ausschluss der Schadensersatzpflicht nach § 122 II, weder Kenntnis noch Kennenmüssen des *V* bzgl. des Irrtums
  III. Rechtsfolge: Ersatz des Vertrauensschadens (§ 249 I)
    1. Portokosten für die Annahme (2 EUR)
    Hätte *V* nie von dem (irrtumsbehafteten) Angebot des *M* gehört, hätte er keinen Antwortbrief geschrieben. Seine Portokosten i. H.v 2 EUR sind daher ersatzfähig.
    2. Entgangener Gewinn aus der Vermietung an *D* (2.200 EUR)
    Ohne den Vertrag mit *M* hätte *V* an *D* vermietet und dabei Mieteinnahmen iHv 2.200 EUR erzielt. Infolge der Anfechtung des *M* hat *V* dann stattdessen für 1.800 EUR an *X* vermietet und dadurch 400 EUR weniger erlöst. Sein Vertrauensschaden (negatives Interesse) beträgt insoweit 400 EUR. Dieser Betrag wäre grundsätzlich ersatzfähig.
    Jedoch begrenzt § 122 I den Schadensersatz auf das Interesse, welches der Erklärungsgegner an der Gültigkeit der Erklärung hat (positives Interesse). Daher kann *V* maximal das Erfüllungsinteresse aus dem Mietvertrag mit *M* verlangen. Bei Durchführung des Mietvertrages mit *M* hätte *V* aber nur 200 EUR mehr erlöst als aus der Vermietung an *X*. Der Schadensersatz hinsichtlich des entgangenen Gewinns ist somit auf 200 EUR begrenzt.
    3. Ergebnis: Im Rahmen des Schadensersatzes nach § 122 I sind 200 EUR ersatzfähig.

C. Anspruch auf Schadensersatz (§§ 280 I, 241 II, 311 II)
  I. Anwendbarkeit neben § 122 (+) (hM)
  II. Vorvertragliches Schuldverhältnis, § 311 II Nr. 1 (+)
  III. Vorvertragliche Pflichtverletzung, § 241 II: Abgabe einer anfechtbaren Willenserklärung (+)
  IV. Vertretenmüssen, § 280 I 2: Verschulden als Tatfrage
  V. Schadensumfang: Nach hM keine Begrenzung auf das Erfüllungsinteresse (str., aA vertretbar), demnach 402 EUR ersatzfähig; ggf. Anspruchsminderung nach § 254
  VI. Ergebnis: Im Rahmen des Schadensersatzes nach §§ 280 I, 241 II, 311 II wären bei Verschulden des *M* nach hM 402 EUR ersatzfähig. Folgt man der Gegenauffassung, so ist der Schadensersatz auf 200 EUR begrenzt.

D. Anfechtung wegen Täuschung und Drohung

502 Willenserklärungen können nicht nur wegen Irrtums, sondern auch wegen unlauterer Einflussnahme eines Anderen (durch arglistige Täuschung oder widerrechtliche Drohung) angefochten werden.

I. Arglistige Täuschung (§ 123 I Alt. 1)

503 Nach § 123 I Alt. 1 kann eine Willenserklärung anfechten, wer zu ihrer Abgabe durch arglistige Täuschung bestimmt worden ist.[72]

Voraussetzungen für das Anfechtungsrecht sind:

504
1. Täuschung
2. Rechtswidrigkeit der Täuschung
3. Kausalität der Täuschung für die Erklärung
4. Arglist
5. Kein Ausschluss des Anfechtungsrechts nach § 123 II

1. Täuschung

505 **Täuschung** iSd § 123 I Alt. 1 ist das Erregen oder Aufrechterhalten eines Irrtums beim Vertragspartner. Die Täuschung muss sich auf **Tatsachen** beziehen, dh auf objektiv nachprüfbare Umstände. Bloße Werturteile oder Werbeanpreisungen genügen also nicht. Hingegen genügt wie bei § 263 StGB auch eine Täuschung über Absichten des Erklärenden (sog **innere Tatsachen**).[73]

506 Diese Täuschung kann auch **konkludent** begangen werden. Auch eine **Täuschung durch Unterlassen** ist möglich, wenn eine **Aufklärungspflicht** des Erklärenden bestand. Eine solche Aufklärungspflicht besteht nach Treu und Glauben hinsichtlich solcher Umstände, die für die Willensentscheidung des anderen Teils **erkennbar von Bedeutung** sind, und über die nach der Verkehrsanschauung Aufklärung auch ohne gezielte Frage erwartet wird, sowie über solche Umstände, die den **Vertragszweck vereiteln** oder erheblich gefährden können.[74] Zudem ergeben sich Aufklärungspflichten aus besonderen Vertrauens- und Abhängigkeitsverhältnissen, zB innerhalb der Familie oder bei langjähriger vertrauensvoller Geschäftsbeziehung.[75] Voraussetzung für eine Aufklärungspflicht ist aber stets, dass einerseits der Täuschende die aufklä-

[72] Vgl. hierzu auch *Faust* AT § 22 Rn. 2 ff.; *Wertenbruch* AT § 13 Rn. 2 ff.; ausführliche Übungsfälle hierzu: *Grigoleit/Herresthal* AT Fall 3 *„Irrungen und Wirrungen"* und Fall 4 *„Krötenplage"*.
[73] Vgl. Palandt/*Ellenberger* § 123 Rn. 4.
[74] Vgl. zB BGH NJW 2001, 64: Aufklärung über Altlasten auf einem verkauften Grundstücks, die bei einer Besichtigung nicht erkennbar sind.
[75] Vgl. Palandt/*Ellenberger* § 123 Rn. 5c.

rungspflichtige Tatsache kannte, andererseits der Erklärende sie nicht ohne weiteres erkennen konnte (**„Wissensgefälle“**).

2. Rechtswidrigkeit der Täuschung

Ferner muss die Täuschung rechtswidrig sein. Die Rechtswidrigkeit ist durch das Vorliegen einer Täuschung **indiziert**. Allerdings ist die Täuschung dann nicht rechtswidrig, wenn die **Frage**, auf die hin bewusst falsche Auskunft erteilt wurde, **unzulässig** war. In diesem Fall ist die Lüge durch **Notwehr** nach § 227 gerechtfertigt, weil die unzulässige Frage einen Angriff auf das allgemeine Persönlichkeitsrecht des Erklärenden darstellt. 507

Dieses Problem stellt sich hauptsächlich im **Arbeitsrecht** bei Einstellungsgesprächen:[76] Ein bloßes Schweigerecht des Befragten auf eine unzulässige Frage würde hier nicht genügen, weil der Arbeitgeber bereits aus diesem Schweigen negative Schlüsse ziehen könnte. Daher darf eine vorsätzlich falsche Antwort auf eine unzulässige Frage nicht zu einer Anfechtung wegen Täuschung führen. Unzulässig sind insbesondere solche Fragen, die sich auf im konkreten Fall **nicht verkehrswesentliche Eigenschaften** der Person beziehen (Parteizugehörigkeit, Vorstrafen je nach Stelle)[77] oder die **diskriminierend** im Sinne des AGG sind[78] (zB nach einer bestehenden Schwangerschaft, die nur dann nicht diskriminierend ist, wenn die Stelle ohnehin nur befristet ist und eine Schwangere die Tätigkeit während der Vertragslaufzeit nie ausüben dürfte).[79] 508

Bei unwahren Antworten auf unzulässige Fragen ist zudem auch die Anfechtung **wegen Irrtums über eine verkehrswesentliche Eigenschaft der Person** idR dadurch ausgeschlossen, dass unzulässige Fragen keine verkehrswesentlichen Eigenschaften betreffen. Denn wenn die Berücksichtigung einer bestimmten Eigenschaft diskriminierend ist, kann diese bei normativer Betrachtung nicht zugleich verkehrswesentlich sein.[80] 509

3. Kausalität

Die Täuschung muss ferner **kausal** für einen Irrtum des Anfechtenden gewesen sein, der wiederum kausal für die Erklärung war. Die Erklärung darf also ohne die Täuschung entweder überhaupt nicht, nicht so oder nicht zu diesem Zeitpunkt abgegeben worden sein. Dabei genügt es, wenn der täuschungsbedingte Irrtum zumindest einer von mehreren Beweggründen für die konkrete Erklärung war; bereits dann wurde der Erklärende durch die Täuschung zu seiner Erklärung „bestimmt“.[81] 510

4. Arglist

Arglistig ist die Täuschung, wenn der Täuschende den Irrtum bewusst (**vorsätzlich**) erregen wollte. Hierbei zieht die Rspr. den Rahmen des dolus eventualis recht weit, so dass bei Angaben **„ins Blaue hinein“** Arglist vorliegt, wenn der Erklärende mit der möglichen Unrichtigkeit seiner Angaben rechnet, sie aber dennoch als feststehende Tatsachen darstellt.[82] Hingegen erfordert Arglist **keinen Schädigungswillen**: Auch wer bei der Täuschung der Meinung ist, er „wolle nur das Beste“ für den Erklärenden, greift in dessen Entschließungsfreiheit ein und handelt daher arglistig.[83] 511

---

76 Vgl. Palandt/*Ellenberger* § 123 Rn. 10.
77 BAG NJW 1999, 3653.
78 S. dazu → Rn. 82 ff.
79 Vgl. dazu EuGH NJW 1994, 2077; BAG NJW 1993, 1154 = JuS 1993, 702; Palandt/*Ellenberger* § 123 Rn. 10.
80 → Rn. 90.
81 S. nur MüKoBGB/*Armbrüster* § 123 Rn. 23.
82 BGHZ 63, 382; BGH NJW 2006, 2839 = JuS 2006, 1015.
83 Vgl. PWW/*Ahrens* § 123 Rn. 25.

512 Eine **fahrlässige Täuschung** bewirkt kein Anfechtungsrecht nach § 123 I Alt. 1; allerdings lässt die Rechtsprechung einen Anspruch auf Vertragsaufhebung aus c. i. c. zu (§§ 280 I, 241 II, 311 II iVm § 249 I),[84] wobei jedoch die dreijährige Frist des §§ 195, 199 I zu Wertungswidersprüchen gegenüber § 124 führt.[85]

5. Ausschluss nach § 123 II

513 Nach § 123 II 1 ist die Anfechtung ausgeschlossen, wenn die **Täuschung durch einen Dritten** verübt wurde und der Gegner die Täuschung weder kannte noch kennen musste.

514 **Dritte** iSv § 123 II 1 sind Personen, die keiner der beiden Parteien zuzurechnen sind, zB unabhängige Sachverständige oder Makler. Dagegen sind Personen, die auf Seiten des Anfechtungsgegners stehen und maßgeblich am Zustandekommen des Vertrages beteiligt waren (zB **Vertreter** oder **Verhandlungsgehilfen**), keine Dritten iSv § 123 II 1. Eine Täuschung durch solche Personen wird dem Anfechtungsgegner zugerechnet, so dass eine Anfechtung möglich bleibt. Gleiches gilt, wenn einer von mehreren Vertragspartnern (zB einer von mehreren Verkäufern) die Gegenseite arglistig getäuscht hat.[86]

515 Einen Sonderfall regelt schließlich **§ 123 II 2:** Wurde die Täuschung durch einen Dritten im eben genannten Sinne verübt und hat durch die täuschungsbedingt abgegebene Willenserklärung ein anderer (Vierter) ein Recht unmittelbar erworben (insbesondere durch Vertrag zugunsten Dritter), so kommt es hinsichtlich der Kenntnis bzw. des Kennenmüssens von der Täuschung nicht auf den Erklärungsgegner, sondern auf den begünstigten „Vierten" an, da dieser ja letztlich die Vorteile aus der Erklärung zieht. Dies gilt natürlich erst recht, wenn die Täuschung durch den Begünstigten selbst verübt wurde.[87]

Fall 31:[88]

516 *K* ist auf der Suche nach einer Eigentumswohnung als Geldanlage. Er wird vom Makler *M* kontaktiert, der ihm eine Wohnung des *V* in dessen Auftrag vermittelt. *M* versichert dem *K*, die – momentan unvermietete – Wohnung des *V* befinde sich in bester Lage und sei jederzeit für 1.300 EUR monatlich vermietbar; entsprechende Interessenten „stünden schon Schlange" und würden nur den Verkauf abwarten. Außerdem bestünden günstige steuerliche Abschreibungsmöglichkeiten.

K kauft daraufhin die Wohnung von *V* durch einen notariell beurkundeten Kaufvertrag. Ein Jahr nach Kaufpreiszahlung und Übereignung hat *K* immer noch keinen Mieter gefunden; die von *M* erwähnten Interessenten hat es nie gegeben. Die Steuervorteile waren schon vor mehreren Jahren einer Gesetzesänderung zum Opfer gefallen; *M* hatte sich darüber keine Gedanken gemacht.

Kann sich *K* vom Kaufvertrag lösen, wenn *V* von den vollmundigen Erklärungen des *M* nichts wissen konnte?

---

84 BGH NJW 2007, 3057 (3059); Palandt/*Grüneberg* § 311 Rn. 13; *Wertenbruch* AT § 13 Rn. 8.
85 Vgl. Palandt/*Grüneberg* § 311 Rn. 13.
86 Vgl. OLG Koblenz NJW-RR 2003, 119.
87 Vgl. RGZ 158, 328.
88 BGH NJW 1998, 302.

Lösungsskizze zu Fall 31:

Lösungsmöglichkeiten des *K*: 517

I. Rücktrittsrecht aus §§ 437 Nr. 2, 323, (326 V)
   1. Wirksamer Kaufvertrag *K* – *V* grundsätzlich (+)
   2. Sachmangel der Kaufsache (§ 434 I)?
      – Voraussetzung: Abweichung der Ist-Beschaffenheit von der Soll-Beschaffenheit
      – Beschaffenheit = wertbildende Merkmale, die der Kaufsache selbst auf Dauer anhaften
      – Hier: Die Existenz von Mietinteressenten ist keine Beschaffenheit der Kaufsache. Etwaige Steuervorteile sind rechtliche Regelungen und daher ebenfalls nicht als Beschaffenheit der Kaufsache zu qualifizieren.[89]
      – Daher kein Sachmangel der Eigentumswohnung
   3. Ergebnis: Rücktrittsrecht (-)

II. Anfechtungsrecht aus § 123 I Alt. 1
   1. Täuschung
      – Vorspiegelung falscher Tatsachen: Mietinteressenten und Steuervorteile (+)
      – Erregung eines entsprechenden Irrtums (+)
   2. Rechtswidrigkeit der Täuschung (+), kein Rechtfertigungsgrund
   3. Arglist
      – Vorsatz hinsichtlich der Mietinteressenten (+)
      – Vorsatz hinsichtlich der Steuervorteile: Angaben „ins Blaue hinein" ohne Nachprüfung oder Hinweis auf mögliche Rechtsänderung (+)
   4. Kein Ausschluss des Anfechtungsrechts nach § 123 II?
      – Kenntnis/Kennenmüssen des *V* von Täuschung des *M* (-)
      – *M* als Dritter iSv § 123 II 1?
      – Grundsätzlich (+), da keine Vertragspartei
      – Aber Beauftragung des *M* durch *V*: *M* steht „im Lager" des *V* und ist kein neutraler Dritter. Die Täuschung des *M* wird *V* zugerechnet.
   5. Ergebnis: Anfechtungsrecht (+)

III. Anspruch auf Vertragsaufhebung aus c. i. c. (§§ 280 I, 241 II, 311 II)
   1. Vorvertragliches Schuldverhältnis gem. § 311 II (+)
   2. Verletzung einer Rücksichtnahmepflicht (§ 241 II)
      a) Kein Fehlverhalten des *V*
      b) Aber positive Falschinformation des *M*
         – Positive Falschinformation verletzt stets Rücksichtnahmepflicht
         – Zurechnung gem. § 278, weil *M* im (vorvertraglichen) Pflichtenkreis des V mit dessen Wissen und Wollen tätig war
   3. Vertretenmüssen gem. §§ 280 I 2, 278 (+)
   4. Rechtsfolge: Anspruch auf Schadensersatz in Form der Naturalrestitution (§ 249 I), gerichtet auf Entlassung aus dem Vertrag

6. Weitere Rechte des Getäuschten

In den Fällen des § 123 I stehen dem Getäuschten in der Regel neben der Anfechtungsmöglichkeit noch weitere Rechte zu: 518

- Anspruch auf Schadensersatz nach § 823 II iVm § 263 StGB und § 826, der im Wege der Naturalrestitution nach § 249 I zur Vertragsaufhebung führen kann.

[89] Näher *Grigoleit/Herresthal* JZ 2003, 118 (124).

- Ferner ein Schadensersatzanspruch aus c. i. c. (§§ 280 I, 241 II, 311 II), der ebenfalls zur Vertragsaufhebung als Naturalrestitution führen kann (nach hM sogar bei fahrlässiger Täuschung).[90]
- Auch ein Anfechtungsrecht nach § 119 II ist denkbar, wenn die Täuschung eine Eigenschaft der Kaufsache betraf; die Anfechtungserklärung kann beide Anfechtungsgründe erfassen (Auslegungsfrage).[91]
- Bei einer arglistigen Täuschung über Mängel einer Kaufsache besteht schließlich parallel zum Anfechtungsrecht ein Rücktrittsrecht des Käufers gem. §§ 437 Nr. 2, 323, wobei nach Auffassung des BGH die Arglist des Verkäufers die „Unerheblichkeit" der Pflichtverletzung iSv § 323 V 2 ausschließt.

II. Widerrechtliche Drohung (§ 123 I Alt. 2)

519 Wer durch eine widerrechtliche Drohung zur Abgabe einer Willenserklärung bestimmt worden ist, kann diese gemäß § 123 I Alt. 2 anfechten.[92]

Voraussetzungen des Anfechtungsrechts sind:

520
1. Drohung
2. Widerrechtlichkeit der Drohung
3. Kausalität der Drohung für die Erklärung

1. Drohung

521 Drohung iSv § 123 I Alt. 2 ist das Inaussichtstellen eines künftigen Übels, auf das der Drohende Einfluss zu haben vorgibt, wobei der Bedrohte durch die Drohung in eine **psychische Zwangslage** versetzt wird.[93] Auf die tatsächliche Möglichkeit der Realisierung kommt es also nur insoweit an, als die Drohung wenigstens glaubwürdig klingen muss; andernfalls liegt keine Zwangslage vor. Das bloße **Ausnützen** einer bereits bestehenden Zwangslage genügt hierfür aber nicht; es kommt jedoch uU eine Nichtigkeit nach § 138 I oder II in Betracht.[94]

522 § 123 II findet auf die Drohung keine Anwendung, dh auch die **von einem Dritten verübte Drohung** ist stets beachtlich.[95]

2. Widerrechtlichkeit der Drohung

523 Die Widerrechtlichkeit der Drohung kann sich aus dem angedrohten Mittel, dem erstrebten Zweck oder aus dem Verhältnis zwischen Mittel und Zweck ergeben:[96]

- Ein **widerrechtliches Mittel** ist als solches bereits verboten. Dies liegt beispielsweise bei der Drohung mit Gewaltanwendung vor, ebenso mit jedem anderen

[90] → Rn. 499.
[91] BGH NJW 1979, 160 = JuS 1979, 663.
[92] Vgl. hierzu auch *Faust* AT § 22 Rn. 12 ff.; *Wertenbruch* AT § 13 Rn. 6.
[93] BGHZ 2, 295.
[94] BGH NJW 1988, 2599 = JuS 1988, 986.
[95] S. dazu näher *Röckrath* FS Canaris, 2007, 1105 ff.
[96] Vgl. PWW/*Ahrens* § 123 Rn. 36 ff.

strafbaren oder sittenwidrigen Verhalten, auch mit Vertragsbruch.[97] Wegen des staatlichen Gewaltmonopols ist eine solche Drohung auch dann rechtswidrig, wenn sie der Durchsetzung eines bestehenden Anspruches dient. Die Drohung mit einer **Strafanzeige** ist idR nur dann widerrechtlich, wenn der Drohende davon ausgehen musste, dass die Anzeige zu Unrecht erfolgen würde.[98]

- Ein **widerrechtlicher Zweck** liegt vor, wenn die erlangte Willenserklärung rechts- oder sittenwidrig ist. Dann liegt aber bereits ein Fall der §§ 134, 138 vor, so dass der praktische Anwendungsbereich dieser Variante gering ist.[99] Insbesondere genügt es nicht für die Rechtswidrigkeit des Zweckes, dass der Drohende keinen Rechtsanspruch auf die Abgabe der Willenserklärung hatte.
- Der weitere Hauptfall der Widerrechtlichkeit ist die **Inadäquanz zwischen einem an sich erlaubten Mittel und einem an sich erlaubten Zweck.** Entscheidend für die Widerrechtlichkeit der Drohung ist hier, dass der Drohende kein berechtigtes Interesse an der Erreichung des verfolgten Zwecks hat und die Drohung nach Treu und Glauben nicht mehr als ein angemessenes Mittel angesehen werden kann.

Widerrechtlich in diesem Sinne ist etwa eine Drohung mit einer (berechtigten) Strafanzeige wegen eines zufällig beobachteten Verkehrsdelikts, wenn der Bedrohte nicht eine fällige Schuld bezahlt.

Streitig ist, welche Rolle **Irrtümer des Drohenden** bei der Widerrechtlichkeit der Drohung spielen: Nach der Rspr. des BGH[100] ist die Drohung nicht widerrechtlich, wenn der Drohende von einem Sachverhalt ausgeht, der die Widerrechtlichkeit der Drohung entfallen lassen würde (zB denkt, dass der eingeforderte Anspruch tatsächlich besteht). Die ganz hM im Schrifttum lehnt dies jedoch ab, da Irrtümer nur das Verschulden, nicht aber die Rechtswidrigkeit betreffen. Auf einen entsprechenden Vorsatz kommt es bei der Drohungsanfechtung jedoch nicht an; entscheidend ist vielmehr die Einschränkung der Entschließungsfreiheit des Erklärenden.[101] 524

3. Weitere Rechte des Bedrohten

Dem Bedrohten stehen dieselben Rechte neben dem Anfechtungsrecht zu wie dem Getäuschten.[102] An die Stelle des Anspruchs aus § 823 II iVm § 263 StGB tritt ein solcher aus § 823 II iVm § 240 StGB (Nötigung). 525

Fall 32:[103]

Die Tochter *T* des *O* ist entführt worden. Erpresser *E* verlangt von *O* 100.000 EUR in kleinen Scheinen. *O* berichtet seiner Bank *B* verzweifelt den Sachverhalt und bittet um ein Darlehen. *B* zahlt ihm 100.000 EUR darlehensweise aus. *O* übergibt das Geld dem *E*; die Tochter war längst selbst entkommen. Als *B* das Geld von *O* zurückverlangt, ficht dieser den Darlehensvertrag an und beruft sich auf Entreicherung. Zu Recht? 526

---

97 BGH NJW 1995, 3052.
98 Vgl. auch BAG NJW 1999, 2059.
99 Ebenso MüKoBGB/*Armbrüster* § 123 Rn. 106.
100 BGHZ 25, 217 (224); JZ 1963, 318.
101 Vgl. *Medicus* AT Rn. 820; *Wolf/Neuner* AT § 41 Rn. 137.
102 → Rn. 518.
103 Nach *Röckrath* FS Canaris, 2007, 1105 ff.

Lösungsskizze zu Fall 32:

527 Ansprüche der *B*:

I. Anspruch aus § 488 I 2
  1. Darlehensvertrag (+)
  2. Anfechtung, § 142 I?
     a) Anfechtungsgrund: § 123 I Alt. 2
        - Widerrechtliche Drohung des *E* (+)
        - Beteiligung/Kenntnis der *B* unerheblich (Umkehrschluss aus § 123 II) (str.)
     b) Anfechtungserklärung, § 143 I, II (+)
     c) Anfechtungsfrist, § 124 (+)
     d) Anfechtungsverzicht?
        Denkbar erscheint nach den Umständen ein konkludenter Anfechtungsverzicht des *O*, da sonst kein Anreiz der *B* bestünde, dem *O* in seiner Notlage zu helfen.
  3. Ergebnis: An sich hat *O* den Darlehensvertrag wirksam angefochten, so dass *B* keinen Anspruch auf Rückzahlung des Darlehens hätte; anders wäre zu entscheiden bei Annahme eines konkludenten Anfechtungsverzichts des *O*.

II. Anspruch aus § 122 analog
  Für eine analoge Anwendung des § 122 analog fehlt es bereits an einer planwidrigen Regelungslücke. Aus dem Wortlaut und der systematischen Stellung des § 122 ergibt sich deutlich, dass eine verschuldensunabhängige Schadensersatzpflicht des Anfechtenden nach dem Willen des Gesetzgebers nicht in den Fällen des § 123 bestehen soll.

III. Anspruch aus §§ 280 I, 241 II, 311 II
  Zwar kann in der Herbeiführung eines (erkannt) anfechtbaren Vertrags eine vorvertragliche Pflichtverletzung liegen. Jedoch wäre diese hier jedenfalls nach dem Rechtsgedanken § 904 S. 1 gerechtfertigt (sog Aggressivnotstand), weil *O* hier zum Schutze höherrangiger Rechtsgüter gehandelt hat, die sich in gegenwärtiger Gefahr befanden.

IV. Anspruch aus § 904 S. 2 analog
  1. Aggressiver Notstand, § 904 S. 1 analog
     a) Notstandslage: gegenwärtige Gefahr für Rechtsgüter der *T*?
        - Hinreichend konkrete Gefahr? (Tatfrage)
        - Gegenwärtigkeit (-), *T* bereits entkommen
     b) Notstandshandlung
        - Einwirkung auf Vermögenswerte (Analogie!) der *B* (+): Herbeiführung des anfechtbaren Vertrags als c. i. c. (§§ 280 I, 241 II, 311 II Nr. 1)
        - Notwendigkeit (-), *T* bereits entkommen
        - Unverhältnismäßigkeit des drohenden Schadens gegenüber der Einwirkung (+)
     c) Zwischenergebnis: Voraussetzungen des aggressiven Notstands im Zeitpunkt der Einwirkung wegen Flucht der *T* (-)
  2. Rechtsfolge: verschuldensunabhängiger Schadensersatzanspruch (Aufopferungsanspruch), § 904 S. 2 analog
     a) Zwar: Voraussetzungen des § 904 S. 1 analog (-) wegen Flucht der *T*
     b) Aber: analoge Anwendung des § 904 S. 2 bei unverschuldetem Irrtum des Einwirkenden (hier: *O*) über die Gefahrenlage
  3. Ergebnis: Anspruch (+)

V. Anspruch aus § 812 I 1 Alt. 1
1. Etwas erlangt (+)
2. Durch Leistung (+)
3. Ohne rechtlichen Grund (+), Darlehensvertrag angefochten, § 142 I
4. Rechtsfolge: Herausgabe des Erlangten, §§ 818 ff.
   a) Herausgabe in Natur nicht möglich
   b) Wertersatz, § 818 II (+)
   c) Einwand der Entreicherung, § 818 III?
   Der Bereicherungsgegenstand, nämlich die Darlehensvaluta, ist nicht mehr im Vermögen des *O* vorhanden. Auch hat *O* kein Surrogat erlangt. Denn seine Tochter *T* ist nicht als vermögenswertes Surrogat des Lösegeldes anzusehen. Ansprüche gegen *E* sind wirtschaftlich wertlos, wenn dieser nicht mit dem Lösegeld gefasst werden kann. Daher ist *O* an sich nicht mehr bereichert.
   d) Verschärfte Haftung, §§ 819 I, 818 IV, 142 II?
   Der Einwand der Entreicherung wäre indessen ausgeschlossen, wenn *O* wegen Kenntnis des mangelnden Rechtsgrundes nach den §§ 819 I, 818 IV verschärft haftete, wobei wegen § 142 II die Kenntnis der Anfechtbarkeit des betreffenden Rechtsgeschäfts und der daraus herzuleitenden Folge genügt (hier Tatfrage).
   e) Treuwidrigkeit der Berufung auf den Entreicherungseinwand, § 242?
   Dessen ungeachtet erscheint die Berufung des *O* auf den Entreicherungseinwand nach § 818 III treuwidrig, § 242. Denn ein Darlehensschuldner muss stets mit der Pflicht zur Rückzahlung des Darlehens rechnen und kann sich daher nicht auf § 818 III berufen.[104]
5. Ergebnis: Bei Annahme wirksamer Anfechtung (s. o.) kann *B* die Rückzahlung des Darlehens jedenfalls aus § 812 I 1 Alt. 1 verlangen, wobei sich *O* gem. § 242 nicht auf Entreicherung berufen kann.

III. Anfechtungsfrist (§ 124)

Bei der Anfechtung wegen arglistiger **Täuschung** oder **Drohung** beträgt die Anfechtungsfrist **ein Jahr** (§ 124 I). Der Fristbeginn hängt vom Anfechtungsgrund ab: 528

- Bei der **Täuschung** beginnt die Frist mit Kenntnis vom **Irrtum** *und* dem **arglistigen Verhalten** des anderen Teils.
- Bei der **Drohung** beginnt die Frist mit dem Ende der Zwangslage, also wenn das angedrohte Übel entweder eingetreten ist oder sein Eintritt vom Bedrohten nicht mehr ernsthaft befürchtet wird.[105]

Wenn seit der Abgabe der Willenserklärung **10 Jahre** vergangen sind, verbietet § 124 III die Anfechtung wegen Täuschung oder Drohung vollständig.

Im Gegensatz zu § 121 I 2 ist hier der rechtzeitige **Zugang** der Anfechtungserklärung erforderlich. Für besondere Regelungen über den Fristablauf (Hemmung wegen höherer Gewalt oder Ablaufhemmung) vgl. § 124 II 2. 529

Auch nach Fristablauf kann die Erfüllung des durch Täuschung oder Drohung erwirkten Vertrages durch Erhebung der **Arglisteinrede** analog § 853 verweigert werden. 530

---

[104] BGHZ 83, 293 = NJW 1982, 1585; BGH NJW 1995, 1152; *Larenz/Canaris* Schuldrecht II/2 § 73 I 5 g.
[105] Vgl. Palandt/*Ellenberger* § 124 Rn. 2.

E. Anfechtungserklärung

531 Die Anfechtungserklärung ist eine **empfangsbedürftige Willenserklärung**. Sie ist grundsätzlich **nicht formgebunden**, selbst wenn die angefochtene Erklärung formbedürftig war.[106] Ausnahmen gelten nur bei besonders wichtigen Anfechtungserklärungen (Annahme der Erbschaft, §§ 1955 S. 2, 1945; Erbvertrag, § 2282 III).

I. Inhalt der Anfechtungserklärung

532 Aus der Anfechtungserklärung muss sich ergeben, dass der Anfechtende den Vertrag aufgrund eines Willensmangels nicht gelten lassen will. Die Rechtsprechung verlangt über die normalen Auslegungsgrundsätze hinaus noch die **Unzweideutigkeit** der Anfechtungserklärung.[107] Mit der hL ist dies aber abzulehnen, da das Gesetz für die Anfechtungserklärung keine besonderen Anforderungen aufstellt: Es gelten vielmehr die allgemeinen Auslegungsgrundsätze.[108]

533 Die Anfechtungserklärung ist eine **Gestaltungserklärung** und als solche grundsätzlich **bedingungsfeindlich**. Zulässig sind nur:

- Potestativbedingungen (zB die Anfechtung unter der Bedingung, dass der Anfechtungsgegner eine gütliche Einigung ablehnt);
- eine **Eventualanfechtung** (zB die hilfsweise Anfechtung im Prozess für den Fall, dass das Gericht von einem wirksamen Vertragsschluss ausgeht), bei der die Rechtsunsicherheit spätestens mit dem Abschluss eines um die Anfechtung geführten Prozesses endet und damit hinnehmbar ist.

534 Eine **Begründung** der Anfechtungserklärung ist nach hM für ihre Wirksamkeit nicht nötig;[109] nach einer Mindermeinung müssen wenigstens die die Anfechtung begründenden Tatsachen mitgeteilt werden, damit der Anfechtungsgegner beurteilen kann, ob die Anfechtung Erfolg haben konnte oder nicht.[110]

535 Problematisch ist ferner, wie ein **Nachschieben von Anfechtungsgründen** zu behandeln ist: Nach der Rspr. wird dies als erneute Anfechtung beurteilt, wobei dann meistens die Anfechtungsfrist verstrichen ist.[111] Allerdings wird dies dadurch abgemildert, dass eine Anfechtungserklärung wegen arglistiger Täuschung (§ 123) eine solche wegen Irrtums über den betreffenden Umstand mit enthalten soll.

> **Beispiel:** Die Anfechtung wird zunächst auf eine arglistige Täuschung gestützt; als der Anfechtende im Prozess die Arglist nicht beweisen kann, macht er zudem einen Eigenschaftsirrtum geltend.

---

[106] Vgl. *Faust* AT § 23 Rn. 2; *Wertenbruch* AT § 12 Rn. 37.
[107] BGHZ 91, 324 (332) = NJW 1984, 2279 = JuS 1984, 971.
[108] Vgl. *Canaris* NJW 1984, 2282; *Medicus* AT Rn. 717.
[109] Vgl. Palandt/*Ellenberger* § 143 Rn. 3; *Brox/Walker* AT Rn. 433; *Wertenbruch* AT § 12 Rn. 38.
[110] Vgl. *Medicus* AT Rn. 724; *Faust* AT § 23 Rn. 2; Palandt/*Ellenberger*, § 143 Rn. 3 mwN.
[111] BGH NJW-RR 1993, 948; NJW 2000, 2894.

II. Anfechtungsgegner

Die Anfechtungserklärung muss an den richtigen Anfechtungsgegner gerichtet sein. Wer das ist, ergibt sich aus § 143: 536

- Bei **zweiseitigen Rechtsgeschäften** (Verträgen) ist die Anfechtungserklärung gegenüber dem **Vertragspartner** zu erklären, § 143 II.
- Beim **Vertrag zugunsten Dritter** ist der begünstigte Dritte Anfechtungsgegner (§ 143 II): Nur er hat Interesse am Vertrag.
- Bei **einseitigen empfangsbedürftigen Rechtsgeschäften** (zB Kündigung) muss gegenüber dem Erklärungsempfänger angefochten werden (§ 143 III 1). Beachte auch § 143 III 2 für Erklärungen, die entweder gegenüber einer Behörde oder einer Privatperson abzugeben sind (zB der Verzicht auf die Hypothek, § 1168 II 1): Erklärungsgegner ist immer die Privatperson.
- **Nicht empfangsbedürftige Willenserklärungen** (zB Auslobungen) sind nach § 143 IV gegenüber dem materiell Begünstigten anzufechten (also zB gegenüber dem Gewinner eines Preisausschreibens).

F. Bestätigung des anfechtbaren Rechtsgeschäfts (§ 144)

Nach § 144 ist die **Anfechtung ausgeschlossen**, wenn der Anfechtungsberechtigte das Rechtsgeschäft bestätigt. Eine solche Bestätigung ist die Erklärung, das Rechtsgeschäft trotz des Anfechtungsgrundes gelten lassen zu wollen. In der Sache handelt es sich um einen Verzicht auf das Anfechtungsrecht. Die Bestätigung nach § 144 ist von der Bestätigung des nichtigen Rechtsgeschäfts nach § 141 zu unterscheiden: Erstere beseitigt das Anfechtungsrecht, während letztere ein nichtiges Geschäft wie eine erneute Vornahme eines misslungenen Rechtsgeschäfts behandelt. 537

Die Bestätigung ist nach § 144 II formfrei und kann ausdrücklich oder durch konkludentes Verhalten (insbesondere durch die **Erfüllung des Vertrages**) erfolgen. Allerdings kann eine konkludente Bestätigung durch die Erfüllung erst angenommen werden, nachdem der Irrtum oder die Täuschung **entdeckt** bzw. die Drohung beendet ist. Denn erst dann kann ein Wille des Bestätigenden angenommen werden, trotz der Anfechtbarkeit weiter am Rechtsgeschäft festzuhalten. Danach kann aber auch bereits die bewusste Weiterbenutzung des Vertragsgegenstands genügen.[112] 538

G. Beschränkung der Anfechtung nach Treu und Glauben

Das Anfechtungsrecht kann – wie jedes Recht – nach Treu und Glauben (§ 242) ausgeschlossen bzw. beschränkt sein.[113] Diese Beschränkung ist im Wesentlichen in **zwei Fallgruppen** relevant: 539

- Die Irrtumsanfechtung ist nach Treu und Glauben ausgeschlossen, wenn sich der Anfechtungsgegner unverzüglich bereiterklärt, den Vertrag so gelten zu lassen, wie der Irrende ihn verstanden hatte. Das Anfechtungsrecht soll den Irrenden nämlich

---

[112] BGH NJW 1971, 1795.
[113] Vgl. *Faust* AT § 23 Rn. 12.

nicht besser stellen, als er ohne Irrtum stünde, insbesondere **kein allgemeines Reurecht** gewähren.[114]

- Die Anfechtung wegen arglistiger Täuschung ist ausgeschlossen, wenn der Getäuschte durch die Täuschung **nicht oder nicht mehr beeinträchtigt** ist.[115] § 123 I schützt zwar nicht primär das Vermögen, sondern die Entscheidungsfreiheit des Getäuschten. Dennoch ist es als rechtsmissbräuchlich anzusehen, wenn der Getäuschte die Täuschung als Grund für die Lösung von einem unliebsamen Vertrag heranzieht, obwohl er durch die Täuschung selbst nicht beeinträchtigt ist. Für das Vorliegen der Beeinträchtigung kommt es grundsätzlich auf den Zeitpunkt der Abgabe der Anfechtungserklärung an.[116]

H. Wirkungen der Anfechtung

I. Nichtigkeit des Rechtsgeschäfts ex tunc

540 Die Anfechtung vernichtet das angefochtene Rechtsgeschäft **rückwirkend,** dh das gesamte Rechtsgeschäft ist **als von Anfang an nichtig anzusehen** (§ 142 I). Damit entfallen auch sämtliche Sekundär- und Zinsansprüche. Bereits Geleistetes wird über die Leistungskondiktion nach § 812 I 1 Alt. 1 rückabgewickelt.

541 Bei in Vollzug gesetzten **Arbeits-** und **Gesellschaftsverträgen** werden die Nichtigkeitsfolgen des § 142 I dahingehend eingeschränkt, dass die Anfechtung nur ex nunc wirkt, um die Schwierigkeiten und zufälligen Ergebnisse zu vermeiden, die mit einer bereicherungsrechtlichen Rückabwicklung derart komplexer Austauschverhältnisse verbunden wären: So könnte im Arbeitsrecht zwar der Arbeitgeber nach Anfechtung das Arbeitsentgelt zurückverlangen; der Arbeitnehmer müsste aber den objektiven Wert seiner Arbeitsleistung nachweisen, um ihn ersetzt zu erhalten (§ 818 II). Im Gesellschaftsrecht lassen sich die unterschiedlichen Beiträge der Gesellschafter und ihre jeweiligen Gewinnentnahmen und sonstige Vorteile nach Invollzugsetzung der Gesellschaft häufig schon rein faktisch nicht ermitteln. Hier berechtigen die Anfechtungsgründe der §§ 119 ff. nicht zur Anfechtung ex tunc, sondern nur zur außerordentlichen Kündigung ex nunc.[117] Bis zur Kündigungserklärung besteht ein sog faktisches Arbeitsverhältnis bzw. eine faktische Gesellschaft.

542 Bei **anderen Dauerschuldverhältnissen** stellen sich diese Abwicklungsschwierigkeiten aber nicht in ähnlich typischer Weise. Daher ist nach hM bei Mietverträgen eine Anfechtung durchaus mit Rückwirkung möglich.[118]

---

[114] Vgl. MüKoBGB/*Armbrüster* § 119 Rn. 141.

[115] BGH NJW 2000, 2894: Arglistige Täuschung bei Vertragsschluss über bestehende Wohngeldrückstände, für die der Erwerber haften müsste; vor der Anfechtungserklärung hat der Täuschende die Rückstände beglichen.

[116] BGH NJW 2000, 2894; vgl. aber auch BGH NJW 1992, 2346: Es genügt, wenn die Beeinträchtigung im Zeitpunkt der Täuschung und bei der letzten mündlichen Verhandlung vorgelegen hat, auch wenn sie dazwischen zeitweilig nicht bestand.

[117] Vgl. Palandt/*Ellenberger* § 142 Rn. 2. S. näher zum faktischen Arbeitsverhältnis *Junker* GK ArbR, Rn. 188 ff.; zur faktischen Gesellschaft *Kindler* GK Handels- und GesellschaftsR § 10 Rn. 31 ff.

[118] BGHZ 178, 16 = NJW 2009, 1266 = JuS 2009, 178.

II. Fiktion der Kenntnis von der Nichtigkeit

Ferner ist zu beachten, dass nach § 142 II die Kenntnis vom Anfechtungsgrund der **Kenntnis der Nichtigkeit gleichgestellt** wird. Dies betrifft grundsätzlich alle Fälle, in denen die Nichtigkeit des angefochtenen Rechtsgeschäfts von Bedeutung für Vorsatz oder Bösgläubigkeit ist, insbesondere die §§ 687 II, 819 I, 892, 932 II, 989 f. 543

Unanwendbar ist § 142 II dagegen zu Lasten des Anfechtungsgegners beim **Kondiktionsausschluss wegen Kenntnis vom Fehlen des Rechtsgrundes gem. § 814**: Im Zeitpunkt der Leistung kann der Anfechtungsgegner noch nicht wissen, ob der Leistende das Rechtsgeschäft noch anfechten wird oder nicht. Möglich ist aber grundsätzlich die Anwendung zu Lasten des Anfechtungsberechtigten, der in Kenntnis der Anfechtungsmöglichkeit leistet;[119] hier wird aber in der Regel ohnehin eine Bestätigung iSv § 144 vorliegen.[120]

Fall 33:

A verkauft und übereignet ein Bild an *B*, der ihm arglistig vorgespiegelt hatte, dass es sich um eine billige Kopie handelte; in Wahrheit war es ein Original von Albrecht Dürer. Der sachverständige Kunstsammler *C*, an den das Bild von Anfang an weiterverkauft werden sollte, war bei dem Verkauf dabei und bemerkte grob fahrlässig nichts von der Täuschung. *B* übereignet das Bild wie vereinbart an *C*. Als *A* die Täuschung bemerkt, ficht er den Verkauf und die Übereignung des Bildes an. Kann er von *C* Herausgabe des Bildes verlangen? 544

Lösungsskizze zu Fall 33:

Anspruch aus § 985 545

I. Eigentum des *A*
  1. Ursprüngliches Eigentum des *A* (+)
  2. Eigentumsverlust durch Übereignung *A* – *B*, § 929 S. 1 (-)
     Rückwirkende Vernichtung der Übereignung durch Anfechtung wegen arglistiger Täuschung (§ 123 I Alt. 1), § 142 I
  3. Eigentumsverlust durch Übereignung *B* – *C*?
     a) Erwerb vom Berechtigten, § 929 S. 1
        aa) Einigung (+)
        bb) Übergabe (+)
        cc) Berechtigung des *B* (-)
            Rückwirkender Eigentumsverlust des *B* aufgrund der Anfechtung der vorhergehenden Übereignung durch *A*, § 142 I
     b) Erwerb vom Nichtberechtigten, §§ 929 S. 1, 932 I 1
        aa) Guter Glaube des *C*, § 932 II?
            C hat vom Nichtberechtigten erworben, so dass es gem. § 932 I 1 auf seinen guten Glauben (§ 932 II) ankommt. Er konnte allerdings nicht wissen, dass *B* nicht Eigentümer des Bildes war, denn im Zeitpunkt der Übereignung war *B* ja noch Berechtigter. Allerdings war er hinsichtlich der Täuschung bösgläubig, weil er sie grob fahrlässig nicht erkannt

119 BGH NJW 2008, 1878 (1879).
120 Palandt/*Sprau* § 814 Rn. 4.

hatte. Nach § 142 II muss er sich nun so behandeln lassen, als hätte er die fehlende Berechtigung des *B* grob fahrlässig nicht erkannt, so dass er auch insoweit bösgläubig ist. Er hat das Eigentum also nicht erworben.

bb) Zwischenergebnis

C ist nicht Eigentümer geworden.

c) Ergebnis: *A* hat das Eigentum nicht durch die (unwirksame) Übereignung von *B* an *C* verloren und ist immer noch Eigentümer des Bildes.

II. Besitz des *C* (+)

III. Kein Recht zum Besitz, § 986 I 1 (+)

IV. Ergebnis: Herausgabeanspruch (+)

§ 10. Stellvertretung (§§ 164 ff.)

Nicht immer gibt die Partei eines Rechtsgeschäfts die erforderlichen Willenserklärungen selbst ab oder nimmt diese entgegen. Vor allem im Handelsverkehr ist es unausweichlich, dass Dritte (zB Angestellte) Rechtsgeschäfte mit Wirkung für und gegen den Geschäftsinhaber abschließen können. In besonderem Maße gilt das für Gesellschaften, die als juristische Personen bzw. Personenvereinigungen gar nicht selbst handeln können, sondern hierzu durch ihre Organe vertreten werden müssen. Die §§ 164 ff. führen dabei zu einer **Zurechnung des rechtsgeschäftlichen Handelns des Stellvertreters an den Vertretenen**. Eine Willenserklärung des Vertreters bindet also den Vertretenen, wenn die Voraussetzungen der Stellvertretung vorliegen. 546

A. Einführung

Stellvertretung iSd §§ 164 ff. liegt vor, wenn ein Vertreter im Namen eines anderen dergestalt rechtsgeschäftlich handelt, dass die **Wirkungen des Rechtsgeschäfts unmittelbar in der Person des Vertretenen eintreten**. Die beteiligten Personen und Rechtsverhältnisse sind aus der folgenden Skizze ersichtlich: 547

548

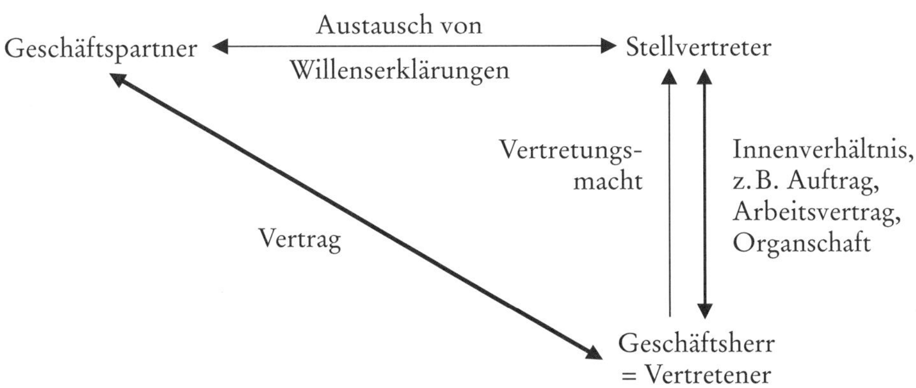

Das Recht der Stellvertretung nach dem BGB wird von drei Grundprinzipien beherrscht:[1] 549

- Das **Repräsentationsprinzip** besagt, dass in Bezug auf den Tatbestand des Rechtsgeschäfts der Vertreter an die Stelle des Geschäftsherrn tritt: Er bildet den konkreten rechtsgeschäftlichen Willen, er gibt die erforderlichen Willenserklärungen ab (**Aktivvertretung**) bzw. nimmt die Willenserklärungen der anderen Partei entgegen (**Passivvertretung**). Für die Auslegung der Willenserklärung, für Willensmängel,

[1] Vgl. Palandt/*Ellenberger* Vor § 164 Rn. 2.

Kenntnis oder Kennenmüssen bestimmter Umstände (vgl. § 166 I) sind grundsätzlich die Verhältnisse des Vertreters maßgeblich (Ausnahmen: §§ 165, 166 II). Lediglich die **Rechtswirkungen** treten beim Vertretenen ein.

- Das vertretungsrechtliche **Abstraktionsprinzip** besagt, dass die Vertretungsmacht im Außenverhältnis – also das rechtliche „Können" – von der Berechtigung im Innenverhältnis – dem rechtlichen „Dürfen" – **getrennt und rechtlich unabhängig** zu beurteilen ist. Sowohl die Wirksamkeit der Vertretungsmacht als auch ihr Inhalt sind grundsätzlich nicht vom Bestehen oder vom Inhalt des Innenverhältnisses abhängig (Ausnahme: § 168 S. 1).

Beispiel: Eine Einschränkung der Handlungsbefugnisse eines angestellten Geschäftsführers in seinem Dienstvertrag (= Innenverhältnis) hat nicht zwingend Auswirkungen auf den Umfang seiner Vollmacht im Außenverhältnis. Verträge, die der Geschäftsführer unter Verstoß gegen seinen Anstellungsvertrag abschließt, können den Geschäftsherrn gleichwohl binden; der Geschäftsführer schuldet diesem allerdings Schadensersatz wegen der Verletzung seines Dienstvertrages.

- Das **Offenkundigkeitsprinzip** verlangt für den Eintritt der Vertretungswirkungen, dass der Vertreter **erkennbar im Namen des Geschäftsherrn** auftritt (vgl. § 164 I). Der Geschäftspartner soll wissen, mit wem der Vertrag zustande kommt, an wen er sich wegen der Leistungspflichten halten muss usw.[2]

B. Voraussetzungen wirksamer Stellvertretung

Voraussetzungen wirksamer Stellvertretung sind:

550 1. Anwendbarkeit der §§ 164 ff.
2. Zulässigkeit der Stellvertretung
3. Abgabe einer eigenen Willenserklärung
4. Handeln in fremdem Namen
5. Im Rahmen der Vertretungsmacht
   a) Gesetzliche Vertretungsmacht
   b) Rechtsgeschäftliche Vertretungsmacht (Vollmacht)
   c) Organschaftliche Vertretungsmacht
   d) Rechtsscheinsvollmacht

I. Anwendbarkeit der §§ 164 ff.

551 Die §§ 164 ff. gelten für alle Willenserklärungen; sie sind bei Abgabe (§ 164 I, **aktive Stellvertretung**) und Zugang (§ 164 III, **passive Stellvertretung**) von **Willenserklärungen** direkt anwendbar. Auf **geschäftsähnliche Handlungen** werden sie nach hM analog angewendet.[3] Die Regelungen über die Vollmacht (§§ 167, 172 f.) werden auch

[2] Vgl. dazu und zu Ausnahmen näher → Rn. 556 ff.

[3] Vgl. Palandt/*Ellenberger* Vor § 164 Rn. 3.

auf die Ermächtigung eines Dritten (des Blankettnehmers) zur Ausfüllung einer **Blanketturkunde** analog angewendet,[4] so dass der Aussteller der Blanketturkunde bei einer abredewidrigen Ausfüllung des Blanketts nach Rechtsscheinsgrundsätzen haftet.[5]

Hingegen finden die Regeln der Stellvertretung keine Anwendung auf reine **Realakte**, **552** unerlaubte Handlungen (s. hierzu § 831) und Pflichtverletzungen (s. hierzu § 278). Insoweit kommt bei juristischen Personen zudem eine Zurechnung über § 31 in Betracht.

II. Zulässigkeit der Stellvertretung

Stellvertretung ist nur zulässig, wenn keine **höchstpersönliche** Vornahme des Rechts- **553** geschäfts angeordnet ist. Wichtige Fälle höchstpersönlicher Rechtsgeschäfte sind die Eingehung der **Ehe** (§ 1311), die Errichtung von **Testamenten** (§ 2064) und der Abschluss von **Erbverträgen** (§ 2274).[6] Schließlich kann die Möglichkeit der Stellvertretung auch vertraglich abbedungen werden.[7]

Dagegen ist die Stellvertretung *nicht* ausgeschlossen, wenn das Gesetz die **„gleich-** **554** **zeitige Anwesenheit beider Parteien“** verlangt (zB in § 925 I); in diesen Fällen ist lediglich die getrennte Beurkundung von Angebot und Annahme nach § 128 unzulässig. Es genügt aber, dass beide Parteien einen Vertreter entsenden; sogar die Beauftragung des gleichen Vertreters durch beide Parteien ist möglich, wenn dieser zugleich von § 181 befreit wird.

III. Abgabe einer eigenen Willenserklärung

Kennzeichen der unmittelbaren Stellvertretung ist, dass der Vertreter eine **eigene** **555** **Willenserklärung** in fremdem Namen abgibt. Die Stellvertretung iSd §§ 164 ff. ist anhand dieses Merkmals von der Botenschaft abzugrenzen. Insoweit ist zwischen aktiver und passiver Stellvertretung zu unterscheiden:

- Bei der **aktiven Stellvertretung** besteht der Unterschied zwischen Stellvertreter und Erklärungsboten darin, dass der Stellvertreter eine **eigene Willenserklärung** für den Geschäftsherrn abgibt, der Bote hingegen eine „fertige“ **fremde Willenserklärung** des Geschäftsherrn übermittelt. Der Bote muss daher nicht geschäftsfähig sein (vgl. dagegen § 165). Entscheidend für die Abgrenzung ist dabei nach hM das Auftreten des Vertreters/Boten nach außen hin, nicht die interne Absprache mit dem Geschäftsherrn.[8] Insoweit ist bedeutsam, ob die Person nach dem äußeren Anschein einen **eigenen Entscheidungsspielraum** über das „Ob“ oder das „Wie“ des konkreten Vertragsschlusses hatte.

> Danach sind **beispielsweise** Kaufhausangestellte regelmäßig Stellvertreter, weil die Geschäftsführung keinen Willen über die konkreten Einzelgeschäfte bilden kann, während Dolmetscher Erklärungsboten sind, die die Erklärung nur inhaltlich unverändert wiedergeben.

[4] Vgl. auch *Wertenbruch* AT § 31 Rn. 15 ff.; ausführlicher Übungsfall hierzu: *Grigoleit/Herresthal* AT Fall 5 *„Lückenbüßer“*.
[5] Vgl. MüKoBGB/*Schramm* § 172 Rn. 17; PWW/*Frensch* § 172 Rn. 8; s. dazu → Rn. 592 ff.
[6] Vgl. die weitere Aufzählung bei Palandt/*Ellenberger* Vor § 164 Rn. 4.
[7] BGHZ 99, 90 = NJW 1987, 650.
[8] Vgl. MüKoBGB/*Schramm* Vor § 164 Rn. 43.

- Schwieriger ist die Beurteilung bei der **passiven Stellvertretung** (Empfangsvertretung) gegenüber der Empfangsbotenschaft:[9] Hier werden in beiden Fällen Erklärungen, die an den Geschäftsherrn gerichtet sind, einer Zwischenperson übermittelt. Dabei ist danach zu unterscheiden, ob eine Empfangsvollmacht vorliegt oder nicht. Insoweit ist grundsätzlich davon auszugehen, dass derjenige, der bei einem Vertragsschluss als aktiver Stellvertreter auftritt, auch passiver Stellvertreter sein soll.[10]
  Bedeutsam ist diese Unterscheidung vor allem für den **Zeitpunkt des Zugangs:** Beim Empfangsvertreter ist die Erklärung mit dem Zugang an *diesen* zugegangen, während beim Empfangsboten der Zugang erst mit der Möglichkeit der Kenntnisnahme durch den Geschäftsherrn eintritt.[11] Außerdem ist im Falle der Empfangsvertretung die Erklärung so auszulegen, wie sie der Vertreter verstehen musste, während beim Empfangsboten entscheidend ist, wie der Geschäftsherr das vom Boten (redlicherweise) Übermittelte verstehen musste.[12]

IV. Handeln in fremdem Namen

556 Nach § 164 I kann die Erklärung des Stellvertreters nur dann für und gegen den Vertretenen wirken, wenn sie in dessen Namen abgegeben wird. Dieser **Offenkundigkeitsgrundsatz** des Stellvertretungsrechts verlangt, dass der Vertreter offenlegt,

- dass er **für einen Anderen** handelt (§ 164 I),
- und für **wen** er handelt.[13]

Es genügt gem. § 164 I 2, wenn das Handeln in fremdem Namen aus den Umständen hervorgeht (zB Verkauf von Waren in einem Kaufhaus soll den Inhaber des Kaufhauses binden). Hierbei wendet die Rechtsprechung einen großzügigen Maßstab an.[14]

557 Ausgeschlossen ist damit die Möglichkeit einer **reinen Verpflichtungsermächtigung,** durch welche eine Person befugt würde, einen Dritten im Wege eines „berechtigten Vertrags zu Lasten Dritter“ zu verpflichten, ohne dass das Handeln mit Wirkung für und gegen den Dritten offen zu Tage tritt. Eine solche Verpflichtungsermächtigung kennt aber das Gesetz in § 1357 I 2 zwischen Ehegatten.[15]

558 Ist **nicht erkennbar**, dass der Vertreter für einen anderen handelt, so wirkt die Erklärung **unmittelbar als Eigengeschäft des Vertreters.** Der Vertreter kann sie nach § 164 II nicht einmal mit dem Argument anfechten, er habe sich bei der Abgabe der Erklärung über den Inhalt (nämlich über die verpflichtete Vertragspartei) geirrt, obwohl tatbestandlich ein Inhaltsirrtum gem. § 119 I Alt. 1 vorliegen würde.

---

[9] Vgl. hierzu *Faust* AT § 24 Rn. 5, § 29 Rn. 5 ff.; zur Empfangsbotenstellung von Ehegatten BAGE 138, 127 = NJW 2011, 2604 = JuS 2012, 68.
[10] Zur Abgrenzung ausf. BGH NJW 2002, 1041.
[11] Vgl. MüKoBGB/*Schramm* Vor § 164 Rn. 59 f.; BGH NJW-RR 1989, 757; BGHZ 131, 66, 75 = NJW 1995, 3386 = JuS 1996, 268.
[12] Vgl. *Wolf/Neuner* AT § 49 Rn. 20.
[13] Zur nachträglichen Benennung des Vertretenen → Rn. 560.
[14] S. etwa BGH NJW 2015, 1510 (1511): Handeln eines Maklers im Namen des Verkäufers beim konkludenten Abschluss eines Beratungsvertrags, obwohl der Name des Verkäufers nicht genannt wurde und die Vertretung nur mittelbar daraus hervorgeht, dass der Vertreter Prospekte und Berechnungsbeispiele des Verkäufers vorlegt. S. zum Ganzen auch *Bartels* Jura 2015, 438 ff.
[15] Vgl. dazu etwa *Dethloff* FamR Rn. 59 ff.

Vom Offenkundigkeitsprinzip sind aber verschiedene **Einschränkungen und Ausnahmen** anerkannt: 559

1. Das offene Geschäft für den, den es angeht

Das offene Geschäft für den, den es angeht, ist eine leichte Einschränkung des Offenkundigkeitsgrundsatzes: Der Vertreter lässt hier zwar erkennen, **dass** er für einen anderen handelt, aber nicht, **für wen.**[16] 560

Beispiele sind:

- Der Geschäftsherr ist **noch gar nicht bekannt** (zB tritt ein Treuhänder im sog Bauherrenmodell für eine erst noch zu bildende Bauherrengemeinschaft auf).[17] Hier ist das Geschäft zunächst schwebend unwirksam, da noch keine Person existiert (oder bekannt ist), bei der die Rechtswirkungen eintreten könnten. Der Vertreter ist aber verpflichtet, den Vertretenen zu benennen, sobald er bekannt ist, damit die Rechtsfolgen (*ex nunc*) eintreten können;[18] tut er das nicht, so haftet er als **falsus procurator** nach § 179 I.[19]
- Der Geschäftsherr wird **nicht namentlich benannt**, steht aber objektiv fest (zB: „Ich verkaufe im Namen des Eigentümers"). Hier kommt der Vertrag sofort mit demjenigen zustande, für den das Geschäft nach den Umständen (§ 164 I 2) geschlossen wurde.[20]

2. Das verdeckte Geschäft für den, den es angeht

Das verdeckte Geschäft für den, den es angeht, bildet eine echte Ausnahme vom Offenkundigkeitsprinzip. Hier lässt der Vertreter nicht einmal erkennen, **dass** er für einen anderen handeln möchte. Gleichwohl wird der Vertretene gebunden. Dies ist nur in Fällen denkbar, in denen der Geschäftsgegner kein spezifisches Interesse an der Identität seines Vertragspartners hat. 561

Voraussetzungen für ein verdecktes Geschäft für den, den es angeht, sind: 562

- Der Handelnde handelt mit **Vertretungswillen**, wobei dieser Wille in irgendeiner Form zwar nicht für den Vertragspartner, aber doch für einen eingeweihten Dritten **objektiv erkennbar** gewesen sein muss (zB bei Bezahlung mit Geld des Hintermannes).
- Der Vertragspartner hat **kein Interesse** an der Offenlegung der Stellvertretung (zB beim Barkauf im Supermarkt).[21]

Unter diesen Voraussetzungen wird angenommen, dass der Vertrag **unmittelbar mit dem Hintermann** zustande kommt. Die wesentliche Auswirkung dieser Konstruktion liegt im Sachenrecht: Die Übereignung des bar gekauften Gegenstandes findet unmittelbar vom Verkäufer an den (unerkannten) Hintermann statt, wenn die besitzrechtlichen Voraussetzungen hierfür vorliegen (Besitzmittlungsverhältnis oder Besitzdiener). Damit wird ein Durchgangserwerb beim Vertreter vermieden, der 563

---

[16] Vgl. PWW/*Frensch* § 164 Rn. 42 ff.
[17] BGHZ 105, 283 = NJW 1989, 894; s. dazu auch *Faust* AT § 25 Rn. 4.
[18] BGH NJW 1998, 62; Palandt/*Ellenberger* § 164 Rn. 9.
[19] Vgl. den instruktiven Fall OLG Köln NJW-RR 1991, 918 f.; zu § 179 → Rn. 639 ff.
[20] Vgl. MüKoBGB/*Schramm* § 164 Rn. 18.
[21] Vgl. Palandt/*Ellenberger* § 164 Rn. 8; PWW/*Frensch* § 164 Rn. 36 ff.; *Faust* AT § 25 Rn. 10 f.; *Wertenbruch* AT § 28 Rn. 11 f.

ansonsten uU zur Entstehung eines Vermieterpfandrechts (§ 562 ff.) o.ä. führen könnte.[22]

3. Unternehmensbezogene Geschäfte

564 Die Lehre vom unternehmensbezogenen Geschäft stellt eine (gewohnheitsrechtlich anerkannte) Einschränkung des Grundsatzes der Offenkundigkeit bei der Stellvertretung dar.[23] Nach dieser Lehre ist es nicht erforderlich, dass der Vertretene dem Geschäftspartner mit seinem Namen als individuelle Person bekannt ist. Vielmehr kommt das Geschäft „automatisch" mit dem jeweiligen aktuellen Inhaber des betreffenden Unternehmens zustande, wenn es **unternehmensbezogen** ist.[24] Das ist der Fall, wenn es nach seinem objektiven Inhalt den **Inhaber eines Unternehmens** berechtigen und verpflichten soll. Das gilt selbst dann, wenn der Geschäftspartner irrigerweise von einem **anderen Inhaber** ausgeht, wenn beispielsweise im Briefkopf ein falscher Inhaber angegeben ist oder der vorgebliche Inhaber nicht existiert (zB eine GmbH, die noch nicht wirksam gegründet wurde). Auch hier kommt das Geschäft nach hM mit dem **tatsächlichen Inhaber** zustande, nicht mit dem im Briefkopf angegebenen.[25] Der Handelnde haftet nur dann nach § 179, wenn ein Unternehmensträger **gar nicht existiert** oder wenn er **keine Vollmacht** hatte, für den Unternehmensträger zu handeln.

565 Zusätzlich kommt aus anderen Gründen eine **persönliche Haftung des Vertreters nach Rechtsscheinsgrundsätzen** analog § 179 in Betracht, wenn er nicht offenlegt, dass der Unternehmensträger eine beschränkt haftende juristische Person ist (insbesondere wenn er für eine GmbH handelt, ohne den Rechtsformzusatz gem. § 4 GmbHG anzugeben). In diesen Fällen darf der Geschäftspartner davon ausgehen, dass ein unbeschränkt persönlich haftender Inhaber existiert. Trifft dieser Rechtsschein nicht zu, weil der wahre Inhaber – der nach den Grundsätzen über das unternehmensbezogene Geschäft auf jeden Fall haftet – eine GmbH oder eine AG ist, so tritt *neben* die Bindung des wahren Geschäftsinhabers eine (unbeschränkte) Rechtsscheinhaftung des Vertreters.[26] Dies führt zu einem Wahlrecht des Geschäftspartners zwischen der Inanspruchnahme des wahren Inhabers und des Vertreters.[27]

4. Handeln unter fremdem Namen

566 Beim Handeln unter fremdem Namen macht der „Vertreter" nicht deutlich, dass er für einen Anderen handelt, sondern verwendet selbst den Namen eines Anderen. Nach hM sind hierbei zwei Fälle zu unterscheiden:[28]

- Beim **Handeln unter falscher Namensangabe** will der Handelnde für sich handeln und der Partner auch mit der Person kontrahieren, *die ihm gegenübersteht*. Der

---

[22] Vgl. *Medicus/Petersen* BR Rn. 90.

[23] Vgl. hierzu *Faust* AT § 25 Rn. 3; *Wertenbruch* AT § 28 Rn. 9 f.; wohl nur in der Bezeichnung abw. BGH NJW 2000, 2984 = JuS 2001, 81: Anwendungsregel des Offenkundigkeitsgrundsatzes.

[24] BGHZ 64, 11 (14) = NJW 1975, 1166; BGH NJW 1998, 2897; aktuell etwa BGH NJW 2012, 3368 Rn. 10 = JuS 2013, 553.

[25] BGH NJW 1998, 2897; *Medicus* AT Rn. 917.

[26] Vgl. zB BGH NJW 1991, 2627; NJW 2007, 1529; *Wertenbruch* AT § 28 Rn. 10; vgl. auch BGH NJW 2012, 2871 = JuS 2013, 1651: Rechtsscheinhaftung bei Handeln für UG (haftungsbeschränkt) mit dem unrichtigen Rechtsformzusatz „GmbH".

[27] Vgl. krit. hierzu *Canaris* NJW 1991, 2628 f.

[28] Vgl. *Medicus* AT Rn. 906 ff.; *Faust* AT § 25 Rn. 6 ff.; *Wertenbruch* AT § 28 Rn ff.; PWW/*Frensch* § 164 Rn. 45 ff.

Name ist hier für den Vertragsschluss unerheblich, weil der Partner den Vertrag mit der realen Person abschließen möchte. Der Handelnde wird ohne weiteres selbst berechtigt und verpflichtet.

Beispiel: A mietet sich mit seiner Geliebten B unter falschem Namen im Hotel ein, weil er nicht erkannt werden möchte, und zahlt sofort bar. Hier ist dem Hotel die wahre Identität des A gleichgültig.

- Beim **Handeln unter fremdem Namen** steht die *Person des Namensträgers* im Vordergrund; der Partner will gerade mit der Person des Namensträgers kontrahieren; der Handelnde will ebenfalls den Namensträger berechtigen und verpflichten. Hier sind die Regeln über die Stellvertretung analog anwendbar: Hat der Handelnde Vollmacht, so wirkt das Geschäft unmittelbar für und gegen den Namensträger. Fehlt die Vollmacht, so kann der Namensträger das Geschäft analog § 177 I genehmigen; bei Verweigerung der Genehmigung wird der Handelnde analog § 179 I verpflichtet. Gleich zu behandeln sind Fälle, in denen der Namensträger seine Identifikationsdaten einem anderen überlässt (zB eBay-Kennung samt Passwort).[29] 567

Beispiel: A ist verreist und bittet seine Sekretärin, einen Brief mit der Annahme eines Vertragsangebotes mit seinem Namen zu unterschreiben. Hier kommt der Vertrag im Wege der Stellvertretung unmittelbar mit A zustande.

Welche der beiden Varianten vorliegt, ist durch Auslegung analog §§ 133, 157 zu ermitteln.[30] 568

5. Mittelbare Stellvertretung

Von mittelbarer (auch: indirekter) Stellvertretung spricht man, wenn der „Vertreter" den Vertrag zwar im **eigenen Namen, aber für fremde Rechnung** schließt. Das Rechtsinstitut ist nicht allgemein gesetzlich geregelt, spielt aber vor allem im Handelsrecht eine große Rolle.[31] Der „Vertreter" wird dabei durch den von ihm selbst geschlossenen Vertrag nach außen hin selbst berechtigt und verpflichtet. Im Innenverhältnis zum Geschäftsherrn ist er diesem jedoch zur Herausgabe des Erlangten verpflichtet (zB nach § 667) bzw. zur Erfüllung des Vertrages aus dessen Vermögen berechtigt (zB nach §§ 670, 669). Mangels Handelns in fremdem Namen ist die mittelbare (auch: indirekte) Stellvertretung **kein Fall der Stellvertretung gem. §§ 164 ff.**, da es an der unmittelbaren Wirkung der abgeschlossenen Geschäfte für und gegen den Geschäftsherrn fehlt. 569

Typische Innenverhältnisse der mittelbaren Stellvertretung sind: 570

- der Kommissionsvertrag nach §§ 383 ff. HGB,
- Strohmanngeschäfte aufgrund Auftrags oder Geschäftsbesorgungsvertrags.

---

29 Vgl. hierzu BGHZ 189, 346 = NJW 2011, 2421 = JuS 2011, 1027; LG Bonn NJW-RR 2012, 1008 = JuS 2013, 453.

30 Vgl. zum Handeln unter fremdem Namen im Gebrauchtwagenhandel BGH NJW 2013, 1946 = JuS 2014, 265.

31 Vgl. MüKoBGB/*Schramm* Vor § 164 Rn. 13.

V. Vertretungsmacht

571 Die Vertretungsmacht beschreibt die Rechtsmacht, Rechtshandlungen mit Wirkung für einen Anderen vornehmen zu können. Sie beschreibt also das rechtliche **Können** des Stellvertreters, das grundsätzlich unabhängig vom **Dürfen** ist, dh von der Frage, ob er im Innenverhältnis zum Geschäftsherrn zum konkreten Handeln berechtigt ist (Abstraktionsprinzip des Stellvertretungsrechts).

572 Die Vertretungsmacht kann sich aus Gesetz, Rechtsgeschäft, Organschaft oder nach Rechtsscheinsgrundsätzen ergeben.

1. Gesetzliche Stellvertretung

573 Die Vertretungsmacht eines Vertreters kann sich aus dem Gesetz ergeben. Die wichtigsten Fälle der gesetzlichen Stellvertretung sind:

- die gesetzliche Vertretung von **Minderjährigen** durch die Eltern (nach §§ 1626 I, 1629 I 1);
- die gesetzliche Vertretung eines **Betreuten** durch seinen Betreuer (§ 1902);
- die Vertretung **juristischer Personen** durch ihren Geschäftsführer (§ 35 I GmbHG) bzw. Vorstand (§ 78 I AktG, § 26 I 2); diese wird teilweise – insbesondere von einigen Gesetzen (vgl. zB § 317 III AktG) – als gesetzliche Stellvertretung eingeordnet.[32] Richtigerweise liegt aber eine eigene Art der **organschaftlichen Stellvertretung** vor, weil die Vertretungsmacht nicht unmittelbar aus dem Gesetz folgt, sondern eine Wirkung des organisationsrechtlichen Bestellungsaktes (zum Geschäftsführer, Vorstand, ...) ist.[33]

Umfang und Dauer der Vertretungsmacht ergeben sich hier aus den jeweiligen gesetzlichen Regeln.

2. Rechtsgeschäftliche Vertretungsmacht (Vollmacht)

574 Die Vertretungsmacht des Vertreters kann sich auch aus einer Vollmacht, dh aufgrund **Rechtsgeschäfts** ergeben. Die Vollmachtserteilung ist eine **empfangsbedürftige Willenserklärung.**

a) Form der Vollmachtserteilung

575 Die Vollmacht ist grundsätzlich **formlos gültig**, dh sie kann ausdrücklich oder konkludent[34] erteilt werden und bedarf insbesondere auch nicht der Form des Rechtsgeschäfts, das der Bevollmächtigte abschließen soll (§ 167 II). Eine **konkludente** Erteilung einer Außenvollmacht ist insbesondere durch Einräumung einer Stellung in einem Unternehmen möglich, die typischerweise mit entsprechenden Vollmachten versehen ist (zB als Einkaufs- oder Vertriebsleiter oder als Kassierer).[35] Im Handelsrecht wird eine entsprechende Vollmacht für Ladenangestellte im Verkauf gem. § 56 I HGB vermutet.

---

[32] ZB *Köhler* AT, § 11 Rn. 2; ganz anders *Beuthien* NJW 1999, 1142: Zurechnung von Organhandeln zur juristischen Person außerhalb der §§ 164 ff.

[33] Vgl. MüKoBGB/*Schramm* Vor § 164 Rn. 7; *Medicus* AT Rn. 926 sowie näher → Rn. 590 f.

[34] S. etwa BGH NJW 2015, 1510 Rn. 11 ff.

[35] S. als Beispiel BGH Urt. v. 25.3.2015 – VIII ZR 125/14 = BeckRS 2015, 09080 Rn. 47 f.

Allerdings gelten folgende Ausnahmen: 576

- **Gesetzlich geregelt** ist die Form der Bevollmächtigung zB in § 492 IV (Vollmacht zum Abschluss eines Verbraucherdarlehensvertrages), § 1945 III (Ausschlagung der Erbschaft) oder § 2 II GmbHG (Abschluss eines GmbH-Gesellschaftsvertrages).
- Darüber hinaus nimmt die hM in **teleologischer Reduktion** des § 167 II ein Formerfordernis in Einzelfällen an, wenn die Vollmachtserteilung bereits **der Vornahme eines formbedürftigen Geschäfts gleichkommt**, insbesondere bei **unwiderruflichen** Vollmachten, auch wenn die Unwiderruflichkeit befristet ist, sowie bei Vollmachten, die – unter Befreiung von § 181 – dem Vertragspartner erteilt werden. Dies betrifft etwa die Formerfordernisse der §§ 311b I, 766, 2033.[36]
- Schließlich fordert ein Teil der Lit., dass § 167 II weiter **reduziert** werden muss und auf alle Fälle keine Anwendung finden soll, in denen dem gesetzlichen Formerfordernis eine **Warnfunktion** zukommt.[37]

Fall 34:[38]

B sollte sich nach dem Willen des Kreditgebers *G* für einen Geschäftskredit der *S-GmbH* verbürgen. Dazu überließ *G* dem *B* ein Blankoformular einer Bürgschaft ohne zeitliche oder betragsmäßige Begrenzung. *B* unterschrieb die Urkunde, nachdem sein voller Name und seine Anschrift in die entsprechenden Felder des Formulars eingetragen worden waren. In diesem Zustand gab *B* das Formular an *G* zurück; die Angaben über den Gläubiger und den Hauptschuldner sowie die genaue Bezeichnung der Hauptschuld wurden erst später von *G* ausgefüllt; diese Vorgehensweise war zwischen *G* und *B* abgesprochen. Ist die Bürgschaft wirksam? 577

Lösungsskizze zu Fall 34:

Wirksamkeit der Bürgschaft 578

I. Bürgschaftserklärung: äußerlich (+), auch formwirksam (§ 766 S. 1)

II. Zurechnung des gesamten Urkundeninhalts zu *B*?
Eigentlich wurde der genaue Inhalt der Bürgschaft erst nachträglich durch *G* definiert. Diese Erklärung kann dem *B* aber entsprechend den stellvertretungsrechtlichen Regeln zurechenbar sein.

1. Die Regeln über die Vollmacht (§§ 167, 170 ff.) sind auf die Ermächtigung zur Ausfüllung eines Blanketts aufgrund der stellvertretungsähnlichen Konstellation analog anwendbar. An die Stelle der Vollmacht tritt dabei die Ausfüllungsermächtigung.
2. Ausfüllungsermächtigung des *G*?
   a) Erteilung (konkludent) durch Überlassung des Blankoformulars (+)
   b) Formerfordernis?
   Die Ermächtigung zur Ausfüllung eines Blanketts bedarf (wie eine Vollmachtserteilung) nach § 167 II analog grundsätzlich keiner besonderen Form

---

[36] BGH NJW 1952, 1210; BGHZ 132, 119 = NJW 1996, 1467 = JuS 1986, 846; BGH ZEV 1996, 462; PWW/*Frensch* § 167 Rn. 11 ff.; *Wertenbruch* AT § 29 Rn. 5; ausführlicher Übungsfall hierzu: *Grigoleit/Herresthal* AT Fall 5 *„Lückenbüßer"*.

[37] Vgl. *Flume* AT II § 52, 2b; ähnlich *Faust* AT § 26 Rn. 8.

[38] Nach BGHZ 132, 119 = NJW 1996, 1467 = JuS 1996, 846; s. dazu auch *Riehm* JuS 2000, 343 (347 f.).

und kann mithin auch mündlich erfolgen. Eine Ausnahme kann sich aber aus dem besonderen Schutzzweck des § 766 S. 1 ergeben. Durch das Erfordernis der Schriftform soll der Bürge vor übereilten Bindungen geschützt werden. Dieser Warnfunktion wird aber nur dann genügt, wenn die Urkunde außer dem Willen, für fremde Schuld einzustehen, auch die Bezeichnung des Gläubigers, des Hauptschuldners und der verbürgten Forderung enthält. Denn die Urkunde soll das übernommene Risiko eingrenzen und dem Bürgen bei Abgabe seiner Erklärung vor Augen führen. Daran fehlt es aber, wenn der Bürge seine Unterschrift auf ein Papier setzt, das nicht sämtliche notwendigen Erklärungsbestandteile enthält, und einen Dritten (zumal den Gläubiger) formlos zur Ergänzung der fehlenden Angaben ermächtigt. Nach dem besonderen Schutzzweck des § 766 S. 1 bedarf daher in teleologischer Reduktion des § 167 II auch die Ermächtigung zur Ausfüllung der Bürgschaftsurkunde der Schriftform. Mangels schriftlicher Ermächtigung konnte *G* das Blankoformular mithin nicht wirksam ausfüllen, § 177 I analog.

c) Genehmigung des *B* (-)

3. Zwischenergebnis: Zurechnung des Urkundeninhalts zu *B* (-)

III. Ergebnis: Wirksame Bürgschaft (-)

b) Empfänger der Vollmachtserklärung

579 Die Vollmacht kann gem. § 167 I auf folgende Arten erteilt werden:

- als **Innenvollmacht**, also durch Erklärung dem Vertreter gegenüber;
- als **Außenvollmacht**, also durch Erklärung dem Geschäftspartner gegenüber;
- schließlich kann eine **Innenvollmacht** nach den §§ 171 f. auch **nach außen bekanntgemacht** werden. Diese Bekanntmachung ist aber keine Willenserklärung („Ich bevollmächtige A"), sondern reine Wissenserklärung („Ich habe A bevollmächtigt").[39] Besteht in diesem Fall die Innenvollmacht nicht wirklich, so ergibt sich die Vollmacht des Vertreters aus dem vom Geschäftsherrn gesetzten Rechtsschein nach §§ 171 f.

Die Art der Erteilung ist vor allem für die Anforderungen an den **Widerruf** der Vollmacht bedeutsam.[40]

c) Umfang der Vollmacht

580 Der Umfang der Vollmacht ergibt sich grundsätzlich durch **Auslegung der Vollmachtserteilung**, sofern nicht ein Fall der rechtsgeschäftlichen Vollmacht mit gesetzlich festgelegtem Umfang vorliegt (vor allem Prozessvollmacht, §§ 80–84 ZPO, und Prokura, §§ 48 ff. HGB). Folgende Arten von Vollmachten werden terminologisch unterschieden:

- Die **Spezialvollmacht** bezieht sich auf eines oder mehrere genau festgelegte Geschäfte. Sie erlischt automatisch mit dem Abschluss aller erfassten Geschäfte.
- Die **Gattungsvollmacht** erfasst alle Geschäfte einer bestimmten Gattung (zB Verkäufe in einem bestimmten Geschäftsbereich).
- Die **Generalvollmacht** betrifft alle Geschäfte, bei denen Vertretung zulässig ist, wobei sich allerdings durch Auslegung ergeben kann, dass **ungewöhnliche Geschäfte** von der Vollmacht nicht erfasst sind.[41]

---

[39] Vgl. *Medicus* AT Rn. 927.

[40] → Rn. 584 ff.

[41] Vgl. Palandt/*Ellenberger* § 167 Rn. 7; vgl. auch BGH NJW-RR 2002, 1325 = JuS 2003, 95: Unzulässige Generalvollmacht als zulässige Generalhandlungsvollmacht nach § 54 HGB.

Die Eingrenzung der umfassten Geschäfte kann sowohl eine **Beschränkung der Vertretungsmacht** als auch eine **Anweisung im Innenverhältnis** sein. Was davon vorliegt, ist durch Auslegung zu ermitteln: Regelmäßig wird der Geschäftsherr hier einen Gleichlauf von Vertretungsmacht und Anweisung anstreben, so dass die Eingrenzung beide Funktionen zugleich erfüllt.[42] Je nachdem, ob die Vollmacht als Innenvollmacht oder als Außenvollmacht erteilt wurde,[43] kommt es bei der Auslegung gem. §§ 133, 157 auf die Sicht des Vertreters oder des Geschäftspartners an.[44] 581

Im **Handelsrecht** ist eine Einschränkung der Vollmacht (Handlungsvollmacht) gegenüber dem für entsprechende Handelsgewerbe „üblichen" Umfang zwar grundsätzlich möglich; gegenüber gutgläubigen Dritten besteht die Handlungsvollmacht jedoch nach § 54 III HGB gleichwohl als Rechtsscheinvollmacht im „üblichen" Rahmen fort.

Jede dieser Vollmachten kann auch an mehrere Personen als **Gesamtvollmacht** erteilt werden mit der Folge, dass alle Gesamtvertreter ein Geschäft **nur gemeinsam** vornehmen können. Allerdings kann ein Gesamtvertreter den anderen Gesamtvertreter im Einzelfall oder für eine bestimmte Art von Geschäften ermächtigen, alleine zu handeln (s. auch §§ 125 II 2 HGB, 78 IV AktG). Handelt ein Gesamtvertreter ohne entsprechende Ermächtigung alleine, so handelt er als Vertreter ohne Vertretungsmacht. 582

d) Erlöschen der Vollmacht

aa) Allgemeines

Die Vollmacht kann nach ihrem **Inhalt** durch **Zeitablauf** bei einer befristeten Vollmacht, Eintritt einer auflösenden Bedingung oder **Zweckerreichung** bei einer Spezialvollmacht erlöschen.[45] Zudem kann die Vollmacht nach Maßgabe des **Grundverhältnisses** nach § 168 S. 1 erlöschen. Dies betrifft insbesondere die Beendigung eines Dienstverhältnisses durch Kündigung.[46] Der **Tod des Bevollmächtigten** führt über §§ 673, 675 I regelmäßig zum Erlöschen des Grundverhältnisses und damit über § 168 S. 1 zum Erlöschen der Vollmacht. Dagegen bleibt der **Tod des Auftraggebers** im Zweifel ohne Einfluss auf die Vertretungsmacht (§§ 672, 675 I). Die Vertretungsmacht besteht dann mit Wirkung für und gegen die Erben fort, sofern diese sie nicht widerrufen. 583

bb) Widerruf der Vollmacht

Die Vollmacht ist bis zu ihrem Gebrauch (mit Wirkung *ex nunc*) grundsätzlich **frei widerruflich** (§ 168 S. 2). Allerdings kann die Vollmacht auch **unwiderruflich** erteilt werden. Dabei ist zu differenzieren: 584

- **Generalvollmachten**, **isolierte Vollmachten** (ohne Grundverhältnis) und Vollmachten, die ausschließlich im Interesse des *Vertretenen* erteilt werden, können **nicht unwiderruflich** erteilt werden, weil der Vertretene nicht dauerhaft an den Vertreter gebunden sein kann und der Vertreter kein schutzwürdiges Interesse am Ausschluss des Widerrufs hat.[47]
- Bei anderen Vollmachten kann der Widerruf **grundsätzlich ausgeschlossen** werden. Ein **konkludenter** Ausschluss ist nach den Umständen dann anzunehmen, wenn die Vollmacht **überwiegenden Interessen des *Vertreters*** dient (zB bei erheblicher Provision), nicht aber dann, wenn die Vollmacht im überwiegenden Interesse des *Vertretenen* erteilt wurde.[48]

---

[42] Vgl. MüKoBGB/*Schramm* § 167 Rn. 80.
[43] Vgl. soeben → Rn. 579.
[44] BGH NJW 1991, 3141; MüKoBGB/*Schramm* § 167 Rn. 80 f.
[45] Vgl. Palandt/*Ellenberger* § 168 Rn. 1.
[46] Vgl. Palandt/*Ellenberger* § 168 Rn. 2.
[47] BGH NJW 1988, 2603.
[48] BGH NJW-RR 1991, 439 (441).

585 Selbst wenn die Vollmacht unwiderruflich erteilt wurde, bleibt ein **Widerruf aus wichtigem Grund** stets möglich;[49] für den wichtigen Grund gelten die gleichen Maßstäbe wie bei der Kündigung nach § 314.

586 Der richtige **Adressat des Widerrufs** hängt von der Art der Vollmachtserteilung ab; grundsätzlich kann eine erteilte Vollmacht nur durch einen entsprechenden **actus contrarius** wieder aus der Welt geschaffen werden:

- Bei der **Innenvollmacht** genügt zum Widerruf die Erklärung des Widerrufs gegenüber dem Vertreter. Falls der Vertreter danach noch weitere Geschäfte schließt, kommt höchstens eine Haftung des Geschäftsherrn nach den Grundsätzen der Duldungs- oder Anscheinsvollmacht in Betracht. Ist die Innenvollmacht nach außen bekanntgegeben worden, so bleibt die Vertretungsmacht als Rechtsscheinsvollmacht nach dem Widerruf bestehen, solange dieser nicht in gleicher Weise wie die Vollmachterteilung bekanntgegeben wird, § 171 II.[50]
- Bei der **Außenvollmacht** kann der Geschäftsherr zwar den Widerruf auch gegenüber dem Vertreter erklären. Nach §§ 170, 173 bleibt die Vollmacht aber dem gutgläubigen Vertragspartner gegenüber (als Rechtsscheinsvollmacht) bestehen, solange der Widerruf nicht ihm gegenüber erklärt wird.[51] Allerdings begeht der Vertreter eine Pflichtverletzung bezüglich des zugrundeliegenden Kausalverhältnisses gegenüber seinem Geschäftsherrn, wenn er schuldhaft die ihm gegenüber widerrufene Außenvollmacht weiterbenutzt.

cc) Anfechtung der Vollmacht

587 Auch die Vollmachterteilung ist ein (einseitiges) Rechtsgeschäft, das **grundsätzlich den Anfechtungsregeln der §§ 119 ff.** unterliegt. Allerdings ist eine Anfechtung der Vollmacht *vor* der Vornahme des Vertretergeschäfts regelmäßig nicht nötig, weil die Vollmacht gem. § 168 S. 2 grundsätzlich frei widerruflich ist.[52] Relevant wird die Anfechtung der Vollmacht also vor allem dann, wenn der Vertreter bereits ein Geschäft mit Wirkung für und gegen den Vertretenen abgeschlossen hat und nun aufgrund der Anfechtung die Vollmacht nach § 142 I rückwirkend erlöschen soll (**Anfechtung der ausgeübten Vollmacht**). Praktisch relevant wird diese Anfechtung nur bei der reinen Innenvollmacht, denn bei der Außenvollmacht oder der bekanntgegebenen Innenvollmacht würde auch nach einer Anfechtung der Vollmacht jeweils noch die Rechtsscheinvollmacht nach § 170 bzw. § 171 II bestehen bleiben.[53]

Hierbei bestehen drei Problemkreise:[54]

- **Gegenstand der Anfechtung**: Nach einer Meinung in der Lit. soll eine Anfechtung der Vollmacht ausgeschlossen sein, wenn der Vertreter bereits ein Vertretergeschäft vorgenommen hat. In diesen Fällen soll die Vollmacht nicht mehr rückwirkend beseitigt werden können. Stattdessen soll der Anfechtungsgrund, der für die Vollmacht bestand, auf das Vertretergeschäft „durchschlagen", so dass dieses selbst anfechtbar wird.[55] Im praktischen Ergebnis führt dies zu einer Ausschaltung des

---

[49] Vgl. Palandt/*Ellenberger* § 168 Rn. 6.
[50] S. dazu → Rn. 593 ff.
[51] → Rn. 593 ff.
[52] Soeben → Rn. 584 ff.
[53] Faust AT § 28 Rn. 9.
[54] Vgl. dazu *Wolf/Neuner* AT § 50 Rn. 22 ff.; *Faust* AT § 28 Rn. 8 ff.; *Wertenbruch* AT § 30 Rn. 1 ff.; PWW/*Frensch* § 167 Rn. 15 ff.; ausführlicher Übungsfall hierzu: *Grigoleit/Herresthal* AT Fall 6 „*Trennung auf Ibiza*".
[55] Vgl. *Brox/Walker* AT Rn. 574.

§ 179, weil der Vertreter dann niemals „ohne Vertretungsmacht" einen ansonsten wirksamen Vertrag abgeschlossen haben kann; schließlich vernichtet die Anfechtung immer sogleich das Vertretergeschäft. Etwaige Ersatzansprüche des Geschäftsgegners würden sich immer nach § 122 gegen den Geschäftsherrn und nie nach § 179 gegen den Vertreter richten. Das müsste konsequenter Weise selbst dann gelten, wenn der Vertreter selbst den Anfechtungsgrund für die Vollmacht zu verantworten hat, indem er beim Vertretenen etwa einen Irrtum erregt oder diesen gar arglistig getäuscht hat.

Allerdings findet diese Auffassung keine Stütze im Gesetz; das „Durchschlagen" der für die Vollmacht gegebenen Anfechtungsgründe auf das Vertretergeschäft lässt sich dogmatisch nicht begründen. Schließlich sind auch Fälle denkbar, in denen der Vertreter gar nicht schutzwürdig ist (weil er zB den Geschäftsherrn bedroht hat), so dass die generelle Freistellung des Vertreters von den Folgen der Anfechtung der Vollmacht (nämlich von der Haftung aus § 179) zu weit geht.

- **Anfechtungsgegner** wäre bei der Innenvollmacht gem. § 143 III 1 grundsätzlich nur der Vertreter. Hat er von der Vollmacht aber schon Gebrauch gemacht, so muss nach einer verbreiteten Auffassung in der Lit. den Interessen des Geschäftspartners dadurch Rechnung getragen werden, dass die Anfechtung dem Partner des Vertretergeschäfts gegenüber erklärt wird.[56] Nach der überzeugenden Gegenauffassung liegt bei der Innenvollmacht kein besonderer Vertrauenstatbestand zugunsten des Geschäftspartners vor; es mache keinen Unterschied, ob die Vollmacht – für den Geschäftspartner unerkennbar – von Anfang an nicht bestanden habe oder angefochten werde.[57]
- **Schadensersatzansprüche** des Partners des Vertretergeschäfts bestünden eigentlich nur nach § 179 gegenüber dem Vertreter, weil dieser rückwirkend als Vertreter ohne Vertretungsmacht zu behandeln ist. Der Vertreter kann seinerseits nach § 122 I seinen Vertrauensschaden vom Geschäftsherrn ersetzt verlangen, wozu auch der an den Geschäftspartner entrichtete Schadensersatz aus § 179 zählt; dies aber nur, wenn ihm ein solcher Anspruch zusteht, also etwa nicht wenn er sich die Vollmacht durch arglistige Täuschung erschlichen hat.

  Nach einer Gegenauffassung in der Lit. soll hier aber der Anspruch aus § 122 I unmittelbar dem Partner des Vertretergeschäfts zustehen, weil sich die Anfechtung der Vollmacht faktisch wie eine Anfechtung des Vertretergeschäftes auswirkt.[58]

Fall 35:

O lässt seine Sekretärin *S* einen Brief an *N* schreiben, um diesen zu bitten, ein bestimmtes **588**
Gemälde für ihn zu kaufen. *N* kauft das Bild bei *V* im Namen des *O* für 10.000 EUR. Als *O* sich über die Rechnung des *V* wundert, stellt sich heraus, dass *S* bei dem Brief an *N* den von *O* diktierten Text „für max. 5.000 EUR" vergessen hatte. *O* schreibt an *V* und *N*, dass er wegen dieses Irrtums von dem Geschäft nichts wissen möchte. Kann *V* Abnahme und Zahlung oder wenigstens Schadensersatz verlangen?

---

56 Vgl. MüKoBGB/*Busche* § 143 Rn. 13; *Medicus* AT Rn. 945; *Wolf/Neuner* AT § 41 Rn. 20.

57 Faust AT § 28 Rn. 11; BeckOK BGB/*Valenthin* BGB § 167 Rn. 57; MüKoBGB/*Schramm* § 167 Rn. 109.

58 Vgl. *Medicus/Petersen* BR Rn. 96; *Wolf/Neuner* AT § 50 Rn. 26; *Wertenbruch* AT § 30 Rn. 7; aA *Faust* AT § 28 Rn. 12.

Lösungsskizze zu Fall 35:

589 A. Anspruch des *V* gegen *O* auf Abnahme und Zahlung aus § 433 II

I. Kaufvertrag zwischen *O* und *V*

1. Willenserklärung des *V* (+)
2. Willenserklärung des *N* als Vertreter des *O*, § 164 I?

a) Eigene Willenserklärung des *N* (+)

b) Im Namen des *O* (+)

c) Vertretungsmacht?

aa) Ursprüngliche Vollmachtserteilung (+), *S* als Erklärungsbotin

bb) Entfallen der Vollmacht durch Anfechtung, § 142 I?

– Anfechtungsgrund: Übermittlungsirrtum, § 120 (+)

– Anfechtungsfrist, § 121 (+)

– Anfechtungserklärung, § 143?

Das Schreiben des *O* an *V* und *N* kann als Anfechtung der Vollmacht des *N* ausgelegt werden. Es ist umstritten, gegenüber wem die Anfechtung der ausgeübten Innenvollmacht zu erklären ist. Für das Erfordernis einer Anfechtung gegenüber dem Geschäftspartner *V* spricht, dass diesen die tatsächlichen Rechtsfolgen der Anfechtung treffen (§ 143 II analog), weil der Vertrag durch die Anfechtung der Vollmacht seine Wirkung für und gegen *O* verliert. Für eine Anfechtung gegenüber dem Vertreter *N* spricht demgegenüber der Wortlaut des § 143 III 1 sowie der Umstand, dass bei der reinen Innenvollmacht ohnehin kein Vertrauenstatbestand hinsichtlich des Bestehens der Vollmacht existiert, der einen Schutz des Vertragspartners *V* rechtfertigen würde. Der Streit kann hier indessen offen bleiben, da *O* die Anfechtung gegenüber beiden erklärt hat.

– Rückwirkende Nichtigkeit der Vollmachtserteilung (+)

cc) Genehmigung des *O*, § 177 I (-)

II. Hilfsgutachten: Anfechtung des Vertretergeschäfts (Kaufvertrag) durch *O*, § 142 I?

1. Anfechtungsgrund?

a) Kausaler Übermittlungsirrtum auf Seiten des *O*, § 120 (+)

b) Maßgebliche Person des Willensmangels?

Im Hinblick auf Willensmängel ist bei der Stellvertretung nach § 166 I grundsätzlich die Person des Vertreters maßgeblich, hier also *N*. *N* unterlag allerdings keinem Irrtum, sondern *O*. Fraglich ist, ob § 166 II 1 analoge Anwendung auf alle durchschlagenden Irrtümer des Vertretenen finden kann, so dass der Übermittlungsirrtum des *O* beachtlich wäre. Eine solche Analogie ist jedoch mit der hM abzulehnen, denn § 166 II ist eine Ausnahmevorschrift zum Schutz des Rechtsverkehrs und keine Bestimmung zugunsten des Vertretenen; eine Analogie würde dem Grundsatz des § 166 I und dem Repräsentationsprinzip zuwiderlaufen.

2. Zwischenergebnis: Anfechtbarkeit des Vertretergeschäfts (-)

III. Ergebnis: Anspruch aus § 433 II (-)

B. Anspruch des *V* gegen *N* aus § 179 I, II

I. Wirksamer Vertragsschluss zwischen *O* und *V* mit Ausnahme der Vertretungsmacht (+)

II. Ohne Vertretungsmacht (+)
III. Ausschluss nach § 179 III (-), kein Anhaltspunkt für Bösgläubigkeit des *V*
IV. Teleologische Korrektur des § 179?
Eine Haftung des vollmachtlosen Vertreters aus § 179 I, II bedarf im Falle angefochtener, aber ursprünglich wirksamer Bevollmächtigung möglicherweise einer teleologischen Korrektur. Dafür spricht die Erwägung, dass der Vertreter sonst für Willensmängel des Vertretenen einstehen müsste. Aus diesem Grund versagt eine Auffassung dem Vertragspartner einen Anspruch gegen den Vertreter aus § 179 (jedenfalls dann, wenn dieser die Anfechtbarkeit der Vollmacht weder kannte noch kennen musste, vgl. § 142 II) und gewährt diesem nur einen Direktanspruch gegen den Geschäftsherrn aus § 122 (analog). Gegen eine teleologische Korrektur ist aber anzuführen, dass der Vertreter im Verhältnis zu Dritten nach § 179 grundsätzlich das Risiko für das Bestehen der Vollmacht trägt und auch der Vertreter den Anfechtungsgrund verursacht haben kann. Im Übrigen kann der Vertreter seinerseits nach § 122 gegen den Geschäftsherrn vorgehen. Nach der überzeugenden Gegenauffassung ist eine teleologische Korrektur des § 179 mithin nicht geboten.
V. Ergebnis: Anspruch aus § 179 I, II (+), Rechtsfolge: Ersatz des Vertrauensschadens mangels Kenntnis des *N* (§ 179 II); dieser kann allerdings gem. § 122 Regress bei *O* nehmen.

C. Anspruch des *V* gegen *O* aus § 122 analog
I. Angefochtene Willenserklärung?
Angefochten wurde nicht die auf den Abschluss des Kaufvertrages gerichtete Willenserklärung, sondern die dem *N* erteilte Innenvollmacht (§ 167 I Alt. 1). *V* war daher nicht Erklärungsempfänger der angefochtenen Erklärung und ist nach dem Wortlaut des § 122 I eigentlich nicht ersatzberechtigt. Verneint man allerdings – abweichend von der hier vertretenen Auffassung – einen Anspruch gegen *N* aus § 179, so darf *V* nicht rechtlos stehen, so dass dem Vertragspartner nach der wirksamen Anfechtung einer ausgeübten Innenvollmacht in analoger Anwendung des § 122 I einen Schadensersatzanspruch auch unmittelbar gegen den Vertretenen zu gewähren ist.
II. Ausschluss nach § 122 II (-)
III. Ergebnis: Anspruch aus § 122 I analog (+), wenn ein Anspruch gegen *N* aus § 179 abgelehnt wird; Rechtsfolge: Ersatz des Vertrauensschadens

3. Organschaftliche Stellvertretung

Neben der gesetzlichen und der rechtsgeschäftlichen Vertretungsmacht besteht nach hM noch die Kategorie der organschaftlichen Vertretungsmacht, die den **vertretungsberechtigten Organen** von juristischen Personen sowie der Personengesellschaften GbR, OHG und KG zusteht.[59] 590

Diese organschaftliche Vertretungsmacht beruht auf der **Satzung** bzw. dem **Gesellschaftsvertrag** in Verbindung mit dem jeweiligen **Bestellungsakt** (beim Vorstand eines Vereins, § 26 I, beim Geschäftsführer einer GmbH, § 35 I GmbHG, oder beim Vorstand einer AG, § 78 I AktG) bzw. mit der Gesellschafterstellung (bei OHG und KG, vgl. § 125 I HGB). Für die GbR war die organschaftliche Qualität der Vertretungsmacht früher streitig,[60] wird heute aber kaum mehr angezweifelt. 591

[59] Vgl. MüKoBGB/*Schramm* Vor § 164 Rn. 7; *Medicus* AT Rn. 926.
[60] Vgl. MüKoBGB/*Schäfer* § 714 Rn. 2 ff.

4. Vertretungsmacht aus Vertrauensschutz (§§ 170 ff.)

592 Die §§ 170 ff. schützen das Vertrauen des Geschäftspartners in den Anschein einer wirksam erteilten oder sonst nach außen kundgegebenen Vertretungsmacht. Dabei handelt es sich nach hM um Fälle der **Rechtsscheinhaftung**: Wer nach außen zurechenbar den Schein des Bestehens von Vertretungsmacht verursacht, muss sich vom Rechtsverkehr grundsätzlich so behandeln lassen, als bestünde die Vertretungsmacht tatsächlich. Dieser den §§ 170 ff. zugrundeliegende allgemeine Gedanke wurde auch auf nicht geregelte Fälle übertragen, nämlich die Duldungs- und Anscheinsvollmacht.

a) Rechtsscheinsvollmacht nach den §§ 170–173

593 Nach den §§ 170 ff. kann sich eine Vertretungsmacht aus dem Vertrauen in einen (zurechenbar gesetzten) Rechtsschein der Bevollmächtigung ergeben.[61] Die Voraussetzungen dieser **gesetzlich geregelten Rechtsscheinsvollmacht** sind im Einzelnen:

594 • Der **objektive Rechtsschein** einer Bevollmächtigung, der sich aus folgenden Gesichtspunkten ergeben kann:
  - Erteilung einer **Außenvollmacht** (§ 170),
  - **Mitteilung** einer (angeblich) erteilten **Innenvollmacht** (§ 171) oder
  - Aushändigung und Vorlage einer **Vollmachtsurkunde** (§ 172), wobei ausschließlich eine **Originalurkunde** (keine Kopie) einen hinreichenden Rechtsscheintatbestand begründet.
    Ist die **Vollmachtsurkunde abhandengekommen**, so kann dies dem Geschäftsherrn nach hM nur zugerechnet werden, wenn er das Abhandenkommen wenigstens fahrlässig ermöglicht hat.[62] Insoweit liegt eine Parallele zum Fall des fehlenden Erklärungsbewusstseins bzw. zur abhandengekommenen Willenserklärung vor.[63]

  Das Erfordernis einer objektiven Veranlassung des Rechtsscheins durch ein aktives Tun des Geschäftsherrn ist in den Normen bereits angelegt, in dem die Außenvollmacht *erteilt*, die Innenvollmacht *bekanntgegeben* bzw. die Vollmachtsurkunde *ausgehändigt* werden muss.

595 • **Zurechenbarkeit** des objektiven Rechtsscheins: Der Geschäftsherr muss insbesondere geschäftsfähig (zurechnungsfähig) sein und den Schein durch eine zurechenbare Handlung selbst gesetzt haben. Insbesondere genügt es nicht, wenn der Scheinvertreter eine gefälschte Vollmachtsurkunde vorlegt, ohne dass diese dem scheinbar Vertretenen zurechenbar wäre.

596 • **Guter Glaube** des Geschäftspartners (§ 173): Der Geschäftspartner darf keine Kenntnis oder fahrlässige Unkenntnis von der fehlenden Vertretungsmacht haben.

b) Duldungs- und Anscheinsvollmacht

597 Neben den gesetzlich geregelten Fällen der Rechtsscheinsvollmacht ist **gewohnheitsrechtlich** die Vertretungsmacht kraft **Duldungsvollmacht** in Analogie zu § 171 I anerkannt.[64] Daneben tritt das – etwas umstrittenere – Institut der Anscheinsvollmacht. Voraussetzungen für das Bestehen einer Duldungs- bzw. Anscheinsvollmacht sind:

---

[61] Ausführlicher Übungsfall hierzu: *Grigoleit/Herresthal* AT Fall 6 „*Trennung auf Ibiza*"; vgl. auch BGHZ 161, 15 = NJW 2005, 664 = JuS 2005, 369.

[62] BGHZ 65, 13 = NJW 1975, 2101 mit zust. Anm. *Canaris* JZ 1976, 132.

[63] Vgl. dazu → Rn. 135, 160.

[64] Vgl. nur Palandt/*Ellenberger* § 172 Rn. 6 ff.; PWW/*Frensch* § 167 Rn. 37 ff.; dazu auch *Faust* AT § 26 Rn 40 f.; *Wertenbruch* AT § 29 Rn. 17 ff.; ausführlicher Übungsfall hierzu: *Grigoleit/Herresthal* AT Fall 7 „*Immobilienkrise*".

- **Objektiver Rechtsscheinstatbestand:** Ein eigentlich nicht Berechtigter tritt während einer **gewissen Dauer** und **wiederholt** als Vertreter des Geschäftsherrn auf („Perpetuierung des Rechtsscheins"), ohne Vertretungsmacht zu haben. Das bloß einmalige Handeln in fremdem Namen genügt danach nicht.[65] 598
- **Zurechenbarkeit des Rechtsscheins:** Das setzt zum einen die **Zurechnungsfähigkeit** des Geschäftsherrn (dh **Geschäftsfähigkeit**) voraus. 599
  - Darüber hinaus ist bei der **Duldungsvollmacht** erforderlich, dass er **positive Kenntnis** von dem konkreten Verhalten des Handelnden und nichts dagegen unternimmt, obwohl ihm das **möglich** ist (zB indem er die vom „Vertreter" geschlossenen Verträge erfüllt).
  - Bei der **Anscheinsvollmacht** genügt es demgegenüber, wenn der Geschäftsherr das Auftreten des Vertreters in seinem Namen **hätte erkennen müssen und verhindern können**, dh infolge Fahrlässigkeit nicht erkannt hat.

> **Beispiel:** Rechtsanwalt R war Mitglied der Sozietät (GbR) Rechtsanwälte A & Kollegen. Nach seinem Ausscheiden aus der Sozietät unternimmt er nichts dagegen, dass sein Name weiterhin auf dem Kanzleischild und auf den Briefbögen steht. Schließt nun ein anderes Sozietätsmitglied im Namen der GbR einen Vertrag ab, so kann er auch Rechtsanwalt R kraft Anscheinsvollmacht wirksam vertreten.[66]

- **Schutzwürdigkeit des Geschäftspartners:** 600
  - Der Geschäftspartner **kennt das Verhalten** des falsus procurator **und die Duldung** durch den Geschäftsherrn
  - und ist **gutgläubig** hinsichtlich des Bestehens einer Vollmacht (dh keine Kenntnis oder fahrlässige Unkenntnis vom Nichtbestehen, § 173 analog).
- **Rechtsfolgen:** Insoweit ist zwischen Duldungs- und Anscheinsvollmacht zu unterscheiden. 601
  - Bei der **Duldungsvollmacht** ist unstr., dass sich der Geschäftsherr behandeln lassen muss, als hätte er eine Vollmacht erteilt. Die **Rechtsnatur** der Duldungsvollmacht ist dabei str.: Für die Annahme einer **Rechtsscheinsvollmacht** spricht, dass das konkludente Verhalten des Geschäftsherrn hier lediglich **deklaratorische** („Die Vollmacht besteht"), keine konstitutive („Hiermit erteile ich Vollmacht") Bedeutung hat.[67] Demgegenüber nimmt die Gegenmeinung eine **konkludente Bevollmächtigung** an, bei welcher sich der Geschäftsherr nicht auf seinen mangelnden Bevollmächtigungswillen berufen dürfe.[68]

  In der Folge ist auch streitig, inwieweit eine **Anfechtung** der Duldungsvollmacht möglich ist. Wenn man die Duldungsvollmacht als konkludente Außenvollmacht sieht, ist sie grundsätzlich anfechtbar.[69] Auch die Vertreter der Rechtsscheinstheorie lassen z. T. eine Anfechtung zu.[70] Jedoch ist dabei nach beiden Auffassungen wie beim **Rechtsfolgenirrtum** zu unterscheiden:[71] Irrt der Geschäftsherr über die bevollmächtigende Wirkung seines Duldens, so kommt keine Anfechtung in Betracht, da diese Folgen unmittelbar kraft Gewohnheitsrechts eintreten. Hingegen ist eine Anfechtung der Duldungsvollmacht denkbar, wenn der Geschäftsherr über den **Inhalt** des geduldeten Geschäfts irrte. 602

---

[65] Vgl. etwa BGHZ 189, 346 = NJW 2011, 2421 (2422) = JuS 2011, 1027: Kein hinreichender Rechtsschein bei einmaligem Missbrauch eines fremden eBay-Account; vgl. zur Nutzung fremder Internetzugänge auch *Faust* AT § 26 Rn. 43; *Wertenbruch* AT § 31 Rn. 24 ff.
[66] BGH NJW 1991, 1225 = JuS 1991, 692.
[67] H. M., vgl. BGH NJW 1997, 312; *Medicus* AT Rn. 930.
[68] Vgl. zB *Wertenbruch* AT § 29 Rn. 17; Palandt/*Ellenberger* § 172 Rn. 8 mwN.
[69] Vgl. Palandt/*Ellenberger* § 172 Rn. 8.
[70] Vgl. MüKoBGB/*Schramm* § 167 Rn. 53 mwN.
[71] Vgl. dazu → Rn. 485.

- Die **Anscheinsvollmacht** ist nach hM und der Rspr. eine **Rechtsscheinsvollmacht des Handelnden,** dh der Geschäftsherr muss sich das Handeln des falsus procurator wie das eines Bevollmächtigten zurechnen lassen. Verwiesen wird insbesondere auf die §§ 170 ff., die eine Beseitigung einer Vollmacht ebenfalls nur durch eine aktive Intervention des Geschäftsherrn ermöglichen und eine Zurechnung des einmal gesetzten Rechtsscheins unabhängig von den Gründen vorsehen, die den Geschäftsherrn an der Beseitigung des Rechtsscheins gehindert haben.[72]

Dagegen wird im Schrifttum angeführt, dass ein (bloßes) **Verschulden** des Geschäftsherrn außerhalb des Handelsrechts noch **nicht die Folgen einer Willenserklärung** hervorrufen könne.[73] Vielmehr sei die Anscheinsvollmacht ein klassischer Fall der culpa in contrahendo (§§ 280 I, 241 II, 311 II), so dass dem Partner gegen den Geschäftsherrn lediglich ein Anspruch auf Ersatz des Vertrauensschadens zustehe. Lediglich im Handelsrecht könne die Fahrlässigkeit des Geschäftsherrn dazu führen, dass eine echte Rechtsscheinsvollmacht besteht, da dort auch sonst wegen des erhöhten Verkehrsschutzbedürfnisses Erfüllungsansprüche aus nicht rechtsgeschäftlichem Handeln folgen, zB in § 362 HGB und beim kaufmännischen Bestätigungsschreiben.

Fall 36:[74]

603 Auf der Auktionsplattform eBay wird unter dem Benutzerkonto „Seller123", das auf den Namen des *V* unter dessen korrekter Adresse registriert wurde, eine komplette Ladeneinrichtung angeboten. *K* ersteigert sie für 12.500 EUR. *V* bestreitet, die Einrichtung bei eBay eingestellt zu haben; seine Ehefrau *F* müsse den Familien-PC dafür genutzt haben, auf dem die Zugangsdaten gespeichert waren. Dazu habe sie aber keine Vollmacht gehabt.

Hat *K* gegen *V* einen Anspruch auf Übergabe und Übereignung der Ladeneinrichtung Zug um Zug gegen Zahlung von 12.500 EUR?

Lösungsskizze zu Fall 36:

604 Anspruch aus § 433 I 1

I. Aus Kaufvertrag zwischen *K* und *V*
  1. Willenserklärung des *K* (+)
  2. Willenserklärung des *V*?
    a) Persönliches Handeln des *V* (-)
    b) Vertretung durch *F*, § 164 I?
      aa) Eigene Willenserklärung der *F* (+)
      bb) Im Namen des *V* (-), aber unter dem Namen des *V* (+): §§ 164 ff. analog
      cc) Vertretungsmacht der *F*?
        (1) Rechtsgeschäftliche Vertretungsmacht (Vollmacht) (-)
        (2) Gesetzliche Vertretungsmacht (-)

---

[72] BGH NJW 1991, 1225 = JuS 1991, 692; aA *Wolf/Neuner* AT § 50 Rn. 97 f. mwN für beide Ansichten.

[73] Vgl. *Canaris* HandelsR § 14 Rn. 17; *Medicus/Petersen* BR Rn. 101.

[74] Nach BGHZ 189, 346 = NJW 2011, 2421 = JuS 2011, 1027.

(3) Rechtsscheinsvollmacht?
Unter Rechtsscheinsgesichtspunkten kommt eine Vertretung nach den Grundsätzen der Duldungs- oder Anscheinsvollmacht in Betracht. Deren Bestehen setzt voraus, dass ein eigentlich nicht Berechtigter während einer gewissen Dauer und wiederholt als Vertreter des Geschäftsherrn auftritt. *F* handelte aber nicht als Vertreterin des *V*, sondern unter dessen Namen, so dass es schon am Rechtsschein einer Bevollmächtigung fehlt. Auch vermag die nur einmalige Nutzung des fremden Benutzerkontos durch *F* nicht die für die Annahme einer Duldungs- oder Anscheinsvollmacht erforderliche Perpetuierung eines Rechtsscheins zu begründen.
Eine Verpflichtung des *V* kann sich aber auch aus allgemeinen Grundsätzen der Rechtsscheinhaftung ergeben, §§ 170 ff. analog. So ist infolge der Verwendung des Benutzerkontos mit dem Namen „Seller 123" durch *F* der Rechtsschein entstanden, der tatsächliche Inhaber (*V*) des passwortgeschützten Benutzerkontos habe rechtsgeschäftlich gehandelt. Zweifel bestehen indessen an der Zurechenbarkeit dieses Rechtsscheins. Denn die §§ 170 ff. setzen ein bewusstes Aus-der-Hand-Geben des betreffenden Rechtsscheinsträgers voraus, während der lediglich fahrlässige Umgang mit Rechtsscheinsträgern nach der gesetzlichen Wertung keine Rechtsscheinhaftung begründen soll; eine Fahrlässigkeitshaftung für „einfachen" Rechtsschein kommt allenfalls nach §§ 280 I, 241 II, 311 II (c. i. c.) oder nach § 122 analog in Betracht. Dass *V* seiner Ehefrau die Zugangsdaten für sein Benutzerkonto willentlich überlassen hat, ist nicht ersichtlich. Eine möglicherweise sorgfaltswidrig unterlassene Sicherung seiner Zugangsdaten vermag eine Rechtsscheinhaftung nicht zu begründen.[75]
(4) Genehmigung des *V*, § 177 I analog (-)
3. Ergebnis: Anspruch (-)

II. Aus Kaufvertrag zwischen *K* und *F*, Haftung des *V* nach § 1357 I (iVm §§ 421 ff.)
1. Geschäft zur angemessenen Deckung des Lebensbedarfs (-)
2. Kaufvertrag zwischen *K* und *F* (-), allenfalls Haftung der *F* nach § 179 I analog
3. Ergebnis: Anspruch (-)

5. Untervertretung

605 Ein Stellvertreter kann für sich auch weitere Stellvertreter bestellen (sog Untervertretung).[76] Dabei sind nach der Rspr. zwei Varianten zu unterscheiden:[77]

a) „Unmittelbare" Untervertretung

606 Bei der unmittelbaren Untervertretung erteilt der Hauptvertreter dem Untervertreter **im Namen des Geschäftsherrn** eine Vollmacht (Untervollmacht), die unmittelbar

[75] Vgl. hierzu eingehend *Müller-Brockhausen* Haftung für den Missbrauch von Zugangsdaten im Internet, 2014, S. 193 ff.
[76] Vgl. *Faust* AT § 28 Rn. 1 ff.; *Wertenbruch* AT § 29 Rn. 9 ff.; ausführlicher Übungsfall hierzu: *Grigoleit/Herresthal* AT Fall 7 „*Immobilienkrise*".
[77] Vgl. BGHZ 32, 250 = NJW 1960, 1565 (1566).

gegen den Geschäftsherrn wirkt.[78] Der Untervertreter kann dann im Namen des Geschäftsherrn handeln, der durch die Willenserklärungen des Untervertreters unmittelbar berechtigt und verpflichtet wird.

Voraussetzungen für die Verpflichtung des Geschäftsherrn aus Erklärungen des Untervertreters sind:

607 • Der Untervertreter muss im Namen des Geschäftsherrn (nicht des Hauptvertreters!) gehandelt haben.
• Bestand der Vollmacht des Hauptvertreters, insbesondere hinsichtlich der Befugnis des Hauptvertreters zur Erteilung von Untervollmacht (Auslegungsfrage). Entscheidend ist, ob der Geschäftsherr ein erkennbares Interesse an der persönlichen Wahrnehmung der Vertretung gerade durch den Hauptvertreter hatte.[79]
• Der Hauptvertreter muss dem Untervertreter wirksam im Namen des Hauptvertreters Vollmacht erteilt haben.
• Das konkrete Geschäft muss von der Vollmacht des Untervertreters umfasst gewesen sein, wobei zu beachten ist, dass der Hauptvertreter dem Untervertreter keine weitergehende Vollmacht erteilen kann als er selbst hat.

608 Konnte der Untervertreter den Geschäftsherrn danach nicht wirksam vertreten, so trifft ihn die Haftung aus § 179 II. Hat er aufgedeckt, dass er in Untervollmacht gehandelt hat, so haftet er nach hM nur für Mängel der Untervollmacht, nicht für solche der Hauptvollmacht.[80]

b) „Mittelbare" Untervertretung

609 Nach der Rspr. besteht noch eine weitere Möglichkeit der Untervertretung:[81] Der Hauptvertreter lässt sich durch den Untervertreter seinerseits vertreten, dh der Untervertreter vertritt nicht unmittelbar den Geschäftsherrn, sondern den Hauptvertreter. Danach wird für eine logische Sekunde der Hauptvertreter verpflichtet, bevor die Verpflichtung auf den Geschäftsherrn übergeht und diesen „mittelbar" trifft. Grund für diese Konstruktion ist, dass bei Mängeln der Hauptvollmacht **keine Haftung des Unterbevollmächtigten** nach § 179 eintreten soll. Da sich dieses Ergebnis aber auch durch eine entsprechende Interpretation des § 179 lösen lässt (s. o.), wird sie von der hL als unnötig abgelehnt.[82]

VI. Grenzen der Vertretungsmacht

610 Unabhängig vom Rechtsgrund der Vertretungsmacht ist diese bestimmten Grenzen unterworfen, bei deren Überschreitung keine wirksame Stellvertretung möglich ist.

---

[78] Vgl. *Wolf/Neuner* AT § 50 Rn. 33 ff., die die Unterscheidung zwischen unmittelbarer und mittelbarer Untervertretung ablehnen.
[79] BGH BB 1959, 319.
[80] Vgl. Palandt/*Ellenberger* § 179 Rn. 3.
[81] BGHZ 68, 391 = NJW 1977, 1535.
[82] Vgl. Palandt/*Ellenberger* § 167 Rn. 12; *Wolf/Neuner* AT § 50 Rn. 38.

1. Verbot des Insichgeschäfts (§ 181)

Die (gesetzliche oder rechtsgeschäftliche) Vertretungsmacht umfasst nach § 181 keine sog Insichgeschäfte, dh Geschäfte, bei denen ein Vertreter zugleich die Interessen beider Vertragspartner wahrnimmt. Dadurch sollen Interessenkollisionen vermieden werden, die stets eine Gefahr für die Wahrnehmung der Vermögensinteressen des Vertretenen darstellen.[83] 611

a) Vorliegen eines Insichgeschäfts

Ein Insichgeschäft iSv § 181 liegt in den folgenden Fällen vor: 612

- **Selbstkontrahieren**, dh der Vertreter schließt ein Rechtsgeschäft mit sich selbst im Namen des Vertretenen (Beispiel: Der Geschäftsführer einer GmbH verkauft einen Firmenwagen der Gesellschaft an sich selbst).
- **Mehrvertretung**, dh der Vertreter vertritt bei einem Rechtsgeschäft zugleich beide Parteien (Beispiel: V vertritt bei einem Grundstückskaufvertrag vor dem Notar sowohl den Verkäufer A als auch den Käufer B).

Ferner ist auch die **analoge** Anwendbarkeit des § 181 in den folgenden Fällen anerkannt:[84] 613

- Der Vertreter bestellt einen **Untervertreter**, um mit diesem ein Geschäft zu schließen, das unter den Wortlaut des § 181 fallen würde, wenn er selbst anstelle des Untervertreters handeln würde.[85]
- Erklärungen, die gegenüber einer Behörde oder einem Gericht abzugeben sind (**amtsempfangsbedürftige** Willenserklärungen, zB die Aufhebung eines dinglichen Rechts durch Erklärung gegenüber dem Grundbuchamt gem. § 875 I 2), können nicht in Vertretung des Rechtsinhabers abgegeben werden, wenn der wirtschaftlich Begünstigte (hier: der Inhaber eines rangniedrigeren Rechts) der Vertreter ist.[86]

Nicht jeder Interessenkonflikt führt aber zur Anwendung des § 181: So kann zB der Hauptschuldner den Bürgen bei Übernahme einer Bürgschaft für seine Schuld wirksam vertreten.[87] 614

b) Ausnahmen

Ein Insichgeschäft iSv § 181 ist in folgenden Fällen ausnahmsweise zulässig: 615

- Der Vertreter kann im Voraus bei der Vollmachterteilung oder für ein bestimmtes Geschäft von dem Verbot des § 181 **befreit** werden. Die Befreiung muss nicht ausdrücklich geschehen; sie kann generell oder nur für ein konkretes Geschäft erfolgen.
- Insichgeschäfte oder Mehrvertretung sind zulässig, sofern sie ausschließlich in der **Erfüllung einer Verbindlichkeit** bestehen, weil hier der Inhalt des Rechtsgeschäfts bereits vorgegeben ist und sich der Interessenkonflikt daher nicht auswirken kann (Beispiel: Auflassung des verkauften Grundstücks zur Erfüllung eines wirksamen Kaufvertrages). Bei der Erfüllung einer Grundstücksschenkung von Eltern an ihre Kinder sind aber evtl. Besonderheiten zu beachten.[88]
- Durch eine **teleologische Reduktion** des § 181 wird weiterhin zugelassen, dass der Vertreter mit sich selbst Geschäfte abschließt, die für den Geschäftsherrn **lediglich**

---

[83] Vgl. hierzu zB BGHZ 184, 35 = NJW 2010, 861 = JuS 2010, 353.
[84] Ausführlicher Übungsfall hierzu: *Grigoleit/Herresthal* AT Fall 8 „*So wie es scheint*".
[85] Vgl. Palandt/*Ellenberger* § 181 Rn. 12.
[86] BGH NJW-RR 1991, 1411.
[87] Vgl. *Köhler* AT § 11 Rn. 64 aE.
[88] Vgl. → Rn. 293.

rechtlich vorteilhaft (wie bei § 107)[89] sind (zB Schenkung des Vertreters an den Vertretenen); hier fehlt es an dem von § 181 vorausgesetzten Interessenkonflikt.[90]

c) Rechtsfolge

616 Die Rechtsfolge des § 181 liegt darin, dass **keine Vertretungsmacht besteht**, soweit der Vertreter von der Vertretung ausgeschlossen ist. Er handelt insoweit also als Vertreter ohne Vertretungsmacht, so dass die §§ 177 ff. zur Anwendung kommen.

2. Missbrauch der Vertretungsmacht (§ 242)

617 Infolge der Abstraktheit der Vertretungsmacht ist es möglich, dass der Vertreter seine Bindungen gegenüber dem Geschäftsherrn überschreitet und diesen dennoch rechtlich wirksam verpflichtet, weil die Vertretungsmacht (also das **rechtliche „Können"**) im Einzelfall weiter reicht als die Handlungsbefugnis im Innenverhältnis (das **rechtliche „Dürfen"**).[91] Dies kann insbesondere im Bereich des Handels- und Gesellschaftsrechts bei gesetzlich festgelegtem Umfang der Vertretungsmacht geschehen, zB bei der Prokura (§ 50 I HGB) oder im Gesellschaftsrecht (zB §§ 126 II HGB, 37 II 1 GmbHG).

618 Wirken Vertreter und Vertragspartner dabei **in Schädigungsabsicht** zusammen, so ist der geschlossene Vertrag nach **§ 138 I** wegen **Kollusion** nichtig.[92] Gegen die **evident missbräuchliche** Betätigung des Stellvertreters wird der Geschäftsherr darüber hinaus insoweit nach § 242 geschützt, als sich der Geschäftsgegner nicht auf die Vertretungsmacht berufen darf, wenn die folgenden Voraussetzungen vorliegen.[93]

a) Überschreitung der Befugnisse durch den Vertreter

619 Zunächst ist hierfür erforderlich, dass der Vertreter ein Geschäft im Rahmen seiner Vertretungsmacht abschließt, zu dem er nach dem Innenverhältnis zum Geschäftsherrn **nicht befugt** ist. Nach hM ist im Regelfall *nicht* erforderlich, dass sich der Vertreter der Überschreitung seiner Befugnisse auch **bewusst** ist.[94] Bei gesetzlich unbeschränkbaren Vollmachten (insb. bei der organschaftlichen Vertretungsmacht des Gesellschafters nach § 125 HGB oder der Prokura) ist dagegen nach hM das **Bewusstsein der Überschreitung** erforderlich, um den durch diese Vollmachtsregelungen bezweckten Verkehrsschutz nicht auszuhöhlen.[95] Das Bewusstsein der *Nachteiligkeit* ist jedoch nicht erforderlich; jede bewusste Überschreitung der Grenzen (auch in bester Absicht) genügt.[96]

b) Evidenz der Überschreitung für den Vertragspartner

620 Die Überschreitung der Vertretungsmacht muss für den Vertragspartner **evident** gewesen sein.[97] Nach manchen Stimmen in der Lit. ist dagegen Kenntnis oder grob

---

89 Vgl. → Rn. 282.

90 Vgl. Palandt/*Ellenberger* § 181 Rn. 9; PWW/*Frensch* § 181 Rn. 9; *Faust* AT § 28 Rn. 37; *Wertenbruch* AT § 33 Rn. 3.

91 Vgl. hierzu auch *Faust* AT § 28 Rn. 23 ff.; *Wertenbruch* AT § 28 Rn. 28 ff.

92 Vgl. PWW/*Frensch* § 164 Rn. 69; s. hierzu BGH NZG 2014, 389 = JuS 2014, 646 (Sittenwidrige Kollusion bei Geschäftsanteilsveräußerung) sowie → Rn. 392.

93 Vgl. PWW/*Frensch* § 164 Rn. 70 ff.; ausführlicher Übungsfall hierzu: *Grigoleit/Herresthal* AT Fall 8 „*So wie es scheint*".

94 BGH NJW 1988, 3012 (3013); *Medicus* AT Rn. 968.

95 Vgl. Palandt/*Ellenberger* § 164 Rn. 14; str.; vgl. zur Prokura Baumbach/*Hopt* § 50 HGB Rn. 4 f.

96 BGH NJW 2006, 2776.

97 BGHZ 127, 239 = NJW 1995, 250 = JuS 1995, 264; BGH NJW 1999, 2883; *Medicus/Petersen* BR Rn. 116.

fahrlässige Unkenntnis von der Überschreitung erforderlich, wobei der inhaltliche Unterschied zum Erfordernis der Evidenz nicht recht deutlich wird, weil bei evidentem Missbrauch die Unkenntnis wohl stets grob fahrlässig sein wird.[98] Eine **Schädigungsabsicht** des Geschäftspartners ist nach hM nicht erforderlich; vielmehr genügt es sogar für die Anwendung des § 242, wenn der Partner zwar von der Beschränkung weiß, aber auf die spätere „Genehmigung" des Geschäfts vertraut.

c) Rechtsfolgen des Missbrauchs

Die Rechtsfolgen des Missbrauchs der Vertretungsmacht sind str.: 621

- Nach der Rspr. steht der Geltendmachung des Anspruchs durch den Partner die **Einrede des Rechtsmissbrauchs** nach § 242 entgegen. Der Partner kann sich also nach Treu und Glauben nicht auf die Vertretungsmacht berufen. Ein Mitverschulden des Vertretenen soll analog § 254 berücksichtigt werden.[99]
- Nach der hL wird der Vertreter wie ein **falsus procurator** behandelt, dh der Vertrag ist gem. § 177 I schwebend unwirksam.[100] Im Falle eines Mitverschuldens des Vertretenen steht dem Geschäftsgegner nach dieser Ansicht ein Gegenanspruch aus §§ 280 I, 241 II, 311 II (c. i. c.) zu.

Fall 37:[101]

G ist Großhändler für Zeitschriften; *V*, sein Vertriebsleiter, verkaufte im Namen des *G* über einen Zeitraum von mehreren Jahren 295.000 Zeitschriften-Remittenden, für 0,50 EUR je Zeitschrift an den *D*. Die Zeitschriften wurden mit Lieferschein und Rechnung des *G* an *D* ausgeliefert, der sie auf eBay weiterverkaufen wollte. Zwischen *D* und *V* bestand eine zusätzliche Vereinbarung, wonach je verkaufter Zeitschrift *D* 0,05 EUR auf ein Privatkonto des *V* zu bezahlen hatte, ohne dass darüber eine Rechnung gestellt werden sollte. 622

Die Remittenden waren – für *D* nicht erkennbar – nicht mehr zum Weiterverkauf bestimmt, sondern sollten auf Anweisung der jeweiligen Verlage vernichtet werden. Als *G* von diesen Geschäften erfuhr, kündigte er dem *V* fristlos und verlangte von *D* Herausgabe der verbliebenen Zeitschriften.

Zu Recht?

Lösungsskizze zu Fall 37:

Herausgabe der noch vorhandenen Zeitschriften 623

A. Anspruch aus § 985
- I. Besitz des *D* (+)
- II. Eigentum des *G*?
  1. Ursprüngliches Eigentum des *G* (+)
  2. Verlust des Eigentums gem. § 929 S. 1 durch Übereignung an *D*?
     - a) Übergabe: Auslieferung der Zeitschriften (+)
     - b) Einigung?

---

[98] Vgl. zB die Abgrenzung bei *Flume* AT II § 45 II 3.
[99] BGHZ 50, 112 = NJW 1968, 1379.
[100] Vgl. Palandt/*Ellenberger* § 164 Rn. 14b.
[101] Nach BGH NJW 2014, 2790 = JuS 2015, 73.

aa) Einigungserklärung des *D* (+)
bb) Einigungserklärung des G (vertreten durch *V*)?
(1) Eigene Willenserklärung des *V* (+)
(2) Im Namen des *G* (+)
(3) Mit Vertretungsmacht?
(a) Handlungsvollmacht (§ 54 HGB)?
– Konkludente Erteilung von Handlungsvollmacht durch Übertragung von Zuständigkeiten und Aufgaben als Vertriebsleiter (+)
– Umfang: Hier ist zweifelhaft, ob die Übereignung von Remittenden von der Handlungsvollmacht des *V* noch gedeckt war. Die Entscheidung der Frage kann jedoch dahinstehen, wenn sich *G* das rechtsgeschäftliche Handeln des *V* nach den Grundsätzen der Duldungs- oder Anscheinsvollmacht zurechnen lassen muss.
(b) Anscheinsvollmacht?
– Objektiver Rechtsscheinstatbestand: Wiederholtes Auftreten für *G* über längeren Zeitraum (perpetuierter Rechtsschein) (+)
– Zurechenbarkeit des Rechtsscheins: Durchführung der Geschäfte durch *G* trotz Erkennbarkeit und Vermeidbarkeit (+)
– Schutzwürdigkeit des Geschäftspartners: guter Glaube des *D* (+), kein Anlass zu Zweifeln
cc) Sittenwidrigkeit der Übereignung (§ 138 I)?
Die Übereignung der Remittenden könnte im Hinblick auf die an *V* geleisteten Schmiergeldzahlungen wegen kollusiven Zusammenwirkens von *V* und *D* zum Nachteil des *G* sittenwidrig und nach § 138 I nichtig sein. Die Abrede über die Leistung von Schmiergeldzahlungen an *V* betraf aber allein das schuldrechtliche Geschäft (Kaufvertrag über Remittenden). Mit Blick auf den dinglichen Rechtsvorgang der Übereignung der Remittenden finden sich keine Anhaltspunkte für ein bewusstes Zusammenwirken von *V* und *D* in Schädigungsabsicht zum Nachteil des *G*.
dd) Missbrauch der Vertretungsmacht (§ 242): objektive Evidenz der fehlenden Befugnis im Innenverhältnis (-); bei Rechtsscheinsvollmachten ist ein Missbrauch ohnehin nicht denkbar, weil die Evidenz der fehlenden Befugnis bereits den guten Glauben an die Vertretungsmacht (§ 173) ausschließen würde.
c) Berechtigung des *G* (+)
3. Zwischenergebnis: Übereignung an *D* (+)
III. Ergebnis: Anspruch aus § 985 (-)

B. Anspruch aus § 812 I 1 Alt. 1
I. Etwas erlangt: Eigentum und Besitz an Remittenden (+)
II. Durch Leistung des *G* (+)
III. Ohne rechtlichen Grund: Wirksamkeit des Kaufvertrags?
1. Willenserklärung des *D* (+)
2. Willenserklärung des *G* (vertreten durch *V*)?
a) Eigene Willenserklärung des *V* (+)
b) Im Namen des *G* (+)
c) Mit Vertretungsmacht (+), jedenfalls Anscheinsvollmacht (s. o.)

3. Sittenwidrigkeit, § 138 I?
Der Kaufvertrag über die Remittenden könnte wegen kollusiven Zusammenwirkens zwischen *V* und *D* zum Nachteil des *G* sittenwidrig sein. Als sittenwidrig ist jedenfalls die eigennützige Abrede zwischen *V* und *D* über die Schmiergeldzahlungen hinter dem Rücken und zum Schaden des *G* anzusehen, denn diese widerspricht einfachsten und grundlegenden Regeln geschäftlichen Anstandes und kaufmännischer guter Sitte. Den Hauptvertrag (Kaufvertrag) machen derartige Abreden grundsätzlich nur dann sittenwidrig, wenn sie auch zu einer für den Geschäftsherren nachteiligen Gestaltung geführt haben. Allerdings wird ein solcher Zusammenhang bei sittenwidrigen Absprachen über besondere Zuwendungen an den Vertreter vermutet. Eine Schädigung des *G* durch das bewusste Zusammenwirken von *V* und *D* ergibt sich hier indessen bereits daraus, dass die Zahlungen an *V* auch dem *G* hätten gewährt werden können, so dass *V* seiner Pflicht, Verträge zu den für seinen Geschäftsherrn günstigsten Preisen abzuschließen, für *D* erkennbar zuwidergehandelt hat. Damit ist der Kaufvertrag über die Remittenden insgesamt wegen Kollusion nach § 138 I nichtig.
4. Ergebnis: Wirksamkeit des Kaufvertrags (-)

IV. Anspruch aus § 812 I 1 Alt. 1 (+)

C. Folgen der Stellvertretung

I. Wirkungen des Rechtsgeschäfts (§ 164 I)

624 Liegen die Voraussetzungen der Stellvertretung vor, so wirkt die vom Stellvertreter im Rahmen seiner Vertretungsmacht abgegebene Erklärung **für und gegen den Vertretenen**, dh in gleicher Weise, als hätte dieser die Erklärung selbst abgegeben (§ 164 I). Den Vertreter treffen die Folgen des Rechtsgeschäfts nicht einmal für eine logische Sekunde; sie treten unmittelbar allein beim Geschäftsherrn ein.

625 Auch das vorvertragliche Schuldverhältnis nach § 311 II kommt grundsätzlich mit dem Vertretenen zustande, so dass Schadensersatzansprüche aus culpa in contrahendo regelmäßig nur gegen diesen bestehen. Der Vertreter selbst haftet nur unter den Voraussetzungen des § 311 III 2, wenn er also selbst besonderes persönliches Vertrauen des Geschäftspartners in Anspruch genommen hat.

II. Wissenszurechnung nach § 166

1. Allgemeines

626 Die Zurechnung von Wissen des Vertreters an den Vertretenen regelt § 166 I: Soweit es auf die **Kenntnis** oder **Unkenntnis** von bestimmten Umständen ankommt (insbesondere für den Beginn von Fristen, für Irrtümer, die Begründung von Arglist, Bösgläubigkeit oder auch die Kenntnis iSv § 814[102]), ist nach dieser Vorschrift grundsätzlich die Person des Vertreters maßgeblich (Ausdruck des **Repräsentationsprinzips**), unabhängig von der Kenntnis des Vertretenen.

627 Auf die Kenntnis des Geschäftsherrn kommt es nur dann an, wenn der Vertreter nach detaillierten Weisungen handelte (**§ 166 II**).[103] Hintergrund dieser Regelung ist, dass sich eine bösgläubige Person nicht dadurch den Folgen ihrer Bösgläubigkeit entzie-

[102] BGH NJW 1999, 1024.
[103] Vgl. hierzu *Faust* AT § 28 Rn. 17 ff.

hen können soll, dass sie einen gutgläubigen Vertreter vorschickt, um das konkrete Geschäft abzuschließen. Daher ist die Vorschrift weit auszulegen, so dass eine „Weisung“ iSv § 166 II schon dann vorliegt, wenn der Vertretene das Geschäft nur veranlasst hat oder wenn er nicht eingreift, obwohl er es könnte.[104]

Fall 38:

628 *A* schickt den ahnungslosen *V* zu *H*, um bei ihm einen Gebrauchtwagen zu kaufen. Nur *A* weiß, dass *H* ein Hehler für gestohlene Fahrzeuge ist. *V* kauft schließlich im Namen des *A* ein Auto, das *X* bei einer Autovermietung angemietet und dann an *H* weitergegeben hatte, der es mit falschen Papieren ausgestattet hat. Ist *A* Eigentümer des Autos geworden?

Lösungsskizze zu Fall 38:

629 I. Übereignung nach § 929 S. 1
  1. Einigung zwischen *A* (vertreten durch *V*) und *H* (+)
  2. Übergabe des Autos (+)
  3. Berechtigung des *H* (-)

II. Übereignung nach §§ 929 S. 1, 932 I 1
  1. Einigung zwischen *A* (vertreten durch *V*) und *H* (+)
  2. Übergabe des Autos (+)
  3. Guter Glaube des *A* an das Eigentum des *H*?
    a) Eigentlich: Maßgeblichkeit des Vertreterwissens, § 166 I
    V ist gutgläubig iSv § 932 II.
    b) Aber hier zusätzlich: Maßgeblichkeit des Wissens des Geschäftsherrn, § 166 II?
    Gemäß § 166 II sind auch Kenntnis und Kennenmüssen des *A* zu berücksichtigen, wenn *V* nach bestimmten Weisungen des *A* gehandelt hat. Dabei genügt es, dass der Vertretene den Vertreter zu dem Geschäft veranlasst hat. *V* hat auf Veranlassung des *A* gerade bei *H* einen Gebrauchtwagen gekauft. Dabei wusste *A*, dass *H* ein Hehler für gestohlene Fahrzeuge ist. *A* ist mithin bösgläubig iSv § 932 II und kann sich wegen § 166 II nicht auf den guten Glauben des *V* berufen. Er hat daher nicht gutgläubig das Eigentum an dem Auto erwerben.

III. Ergebnis: *A* ist nicht Eigentümer des Autos geworden.

2. Wissenszurechnung bei Wissensvertretern

630 Analog § 166 I muss sich der Geschäftsherr nicht nur das Wissen des konkret am Rechtsgeschäft beteiligten Stellvertreters zurechnen lassen, sondern nach ganz hM auch das Wissen von sog **„Wissensvertretern“**, dh von Personen, die – ohne Vertretungsmacht zu haben – nach der Arbeitsorganisation des Geschäftsherrn die Aufgabe haben, Erklärungen als Repräsentant **selbständig entgegenzunehmen** und das dabei erworbene Wissen zu archivieren bzw. weiterzugeben.[105] Gesetzliche Anknüp-

---

[104] Vgl. Palandt/*Ellenberger* § 166 Rn. 11; BGHZ 51, 141 (145) = NJW 1969, 925; weitergehend *Beuthien* NJW 1999, 3585: Bösgläubigkeit des Vertretenen soll stets schaden.

[105] BGHZ 117, 363 = NJW 1992, 1953; hierzu auch *Wertenbruch* AT § 32 Rn. 5; zur Frage der Wissenszurechnung bei beiderseitigem Wissensvertreter im Rahmen von § 819 I und § 199 I Nr. 2 vgl. BGH NJW 2014, 1294 = JuS 2014, 1032.

fungspunkte für eine solche Wissensvertretung unabhängig von der Vertretungsmacht sind zB § 91 II HGB und § 75g iVm § 55 IV HGB.

Beispiele für Wissensvertreter sind:[106]

- **Verhandlungsgehilfen**, die den Vertragsschluss vorbereiten, ohne vertretungsberechtigt zu sein,
- Schalterpersonal einer Bank bei der Prüfung von Schecks,
- ein als Vermittler auftretendes Reisebüro für die Reiseveranstalter.

Dagegen liegt **keine** Wissensvertretung vor, wenn Personen beim Vertragsschluss oder seiner Vorbereitung nicht in Erscheinung getreten sind, sondern zB nur eine Partei intern beraten haben.[107] 631

3. Wissenszusammenrechnung bei juristischen Personen

Analog § 166 I oder § 31 (ggf. iVm § 89) ist anerkannt, dass eine juristische Person bzw. eine fiskalisch handelnde Gemeinde sich das **Wissen aller ihrer vertretungsberechtigten Organwalter** zurechnen lassen muss.[108] Dies folgt aus der Organstellung selbst, da jedes Organmitglied allein die juristische Person repräsentiert. Auch wenn der Organwalter ausscheidet, wird der juristischen Person dasjenige Wissen weiterhin zugerechnet, das **typischerweise aktenmäßig festgehalten** wird.[109] Grund für diese Wissenszurechnung ist, dass die Aufgabenverteilung innerhalb einer juristischen Person, die auch zu einer Wissensverteilung führt, grundsätzlich nicht zu Lasten des Geschäftspartners gehen darf; dieser darf nicht schlechter stehen, als wenn er es mit einer einzigen natürlichen Person zu tun hätte.[110] 632

Voraussetzungen der Wissenszurechnung (bzw. Wissenszusammenrechnung) sind: 633

- **Anwendbarkeit:** Diese Grundsätze sind zunächst auf **alle juristischen Personen des Privatrechts** (vor allem GmbH, AG) und des öffentlichen Rechts (vor allem Gemeinden) anwendbar, darüber hinaus nach hM auch auf die insoweit ähnlichen Personenhandelsgesellschaften (OHG, KG)[111] sowie auf die unternehmerisch tätige GbR.[112]
- **Anforderungen im Hinblick auf die Kenntnis:** 634
  - Nötig ist die Kenntnis eines nach dem internen Organisationsplan dafür **grundsätzlich zuständigen Mitarbeiters** der juristischen Person.
  - Fehlt die Kenntnis, weil der Mitarbeiter inzwischen ausgeschieden oder verstorben[113] ist oder die betreffende Tatsache vergessen hat, so kann sich die juristische Person nicht auf die fehlende Kenntnis berufen, wenn sie ihre **Informationsorganisationspflichten** verletzt hat. Dies ist dann der Fall, wenn das Wissen des Mitarbeiters bei ordnungsgemäßer Organisation des innerbetrieblichen Informationsflusses aktenkundig gemacht worden wäre. Hinsichtlich des Umfangs der Informationsorganisationspflichten kann auf die **Gleichstellung zwischen juristischer und natürlicher Person** – als Grundlage der Figur der Wissenszusammenrechnung – zurückgegriffen werden: Der Geschäftspartner darf nicht schlechter (aber auch nicht besser) stehen, als wenn er es mit einer natürlichen Person zu tun gehabt hätte.
- **Folge** der Zusammenrechnung ist, dass das Wissen schon *eines* grundsätzlich zuständigen Mitarbeiters der juristischen Person zuzurechnen ist. Dieser Mitarbeiter muss dabei nicht am konkreten Geschäft beteiligt gewesen sein (anders bei der Wissensvertretung). Es findet also eine Zusammenrechnung *allen Wissens* innerhalb der juristischen Person statt. Die Wissenszurechnung kommt selbst dann in Betracht, wenn der Organwalter von dem konkreten Rechtsgeschäft nichts gewusst hat. 635

---

[106] Vgl. Palandt/*Ellenberger* § 166 Rn. 6a; PWW/*Frensch* § 166 Rn. 16.
[107] BGHZ 117, 104 = NJW 1992, 1099.
[108] BGHZ 117, 104 = NJW 1992, 1099.
[109] Ausführlicher Übungsfall hierzu: *Grigoleit/Herresthal* AT Fall 2 „*Wandervan*".
[110] BGHZ 109, 297 = NJW 1990, 976; *Wertenbruch* AT § 32 Rn. 6 ff.
[111] BGHZ 132, 30 = NJW 1996, 1339 = JuS 1996, 747.
[112] BGHZ 140, 54 = NJW 1999, 284.
[113] So im Fall BGH NJW 1995, 2159 = JuS 1997, 783.

D. Vertreter ohne Vertretungsmacht (§§ 177 ff.)

636 Handelt ein Vertreter für einen Anderen, ohne entsprechende Vertretungsmacht zu haben (zB weil ihm gar keine Vollmacht erteilt wurde, oder weil er deren Grenzen überschritten hat), so ist das Geschäft grundsätzlich **schwebend unwirksam**. Der Vertretene kann gem. § 177 entscheiden, ob er es gegen sich gelten lassen will oder nicht. Daneben hat der Vertragspartner nach § 178 ein **Widerrufsrecht**, sofern er den Mangel der Vertretungsmacht nicht positiv gekannt hat, dh er kann sich bis zum Zugang der Genehmigungserklärung ohne Grund vom Vertrag lösen.[114] Für einseitige Rechtsgeschäfte gilt die Sonderregelung des § 180.[115]

I. Genehmigung durch den „Vertretenen" (§ 177)

637 Gem. § 177 I hat der vermeintliche Geschäftsherr die Möglichkeit, das vom Vertreter ohne Vertretungsmacht vorgenommene Rechtsgeschäft **entweder gegenüber dem Vertreter oder gegenüber dem Vertragspartner** zu genehmigen (§ 182 I), so dass die Wirkungen des § 164 I eintreten.[116] Verweigert der Vertretene die Genehmigung, so haftet der Vertreter ohne Vertretungsmacht nach § 179.

638 Der Vertragspartner kann nach § 177 II den Vertretenen **zur Erklärung der Genehmigung auffordern**.[117] In diesem Fall kann die Genehmigung nur noch dem Partner gegenüber und nur noch innerhalb einer Frist von 14 Tagen erklärt werden. Nach Ablauf der Frist gilt die Genehmigung endgültig als verweigert.

II. Haftung des falsus procurator (§ 179)

639 Verweigert der Vertretene die Genehmigung des vom falsus procurator geschlossenen Rechtsgeschäftes, so haftet der bösgläubige Vertreter dem vermeintlichen Vertragspartner **nach dessen Wahl auf Erfüllung oder Ersatz des Erfüllungsschadens**, der gutgläubige Vertreter nur auf das negative Interesse.

Voraussetzungen dieses Anspruchs aus § 179 sind:

640 1. Anwendbarkeit des § 179 I
2. Wirksamer Vertrag mit dem Vertretenen
3. Fehlende Vertretungsmacht
4. Kein Ausschluss des Anspruches nach § 179 III
5. Rechtsfolge

---

[114] Vgl. aber BGH NJW 2012, 3424= JuS 2013, 648: Kein Widerruf nach § 178, wenn die Berufung auf die Nichtigkeit der Vollmacht treuwidrig wäre.
[115] → Rn. 648.
[116] Vgl. zur Frage einer konkludenten Genehmigung BGHZ 184, 35 = NJW 2010, 861 = JuS 2010, 353.
[117] Vgl. zum Inhalt der Aufforderung BGHZ 145, 45 = NJW 2000, 3128.

1. Anwendbarkeit des § 179 I

§ 179 setzt zunächst voraus, dass der Vertreter ohne Vertretungsmacht einen **Vertrag im Namen des Vertretenen** geschlossen hat (Offenkundigkeit). Bei **einseitigen Rechtsgeschäften** ist § 179 nur dann anwendbar, wenn der Erklärungsempfänger die fehlende Vertretungsmacht nicht beanstandet hat oder mit ihrem Fehlen einverstanden war (**§ 180 S. 2**).[118] 641

Darüber hinaus wird § 179 I von der hM analog beim Handeln unter fremdem Namen angewendet, auf **Erklärungsboten ohne Botenmacht**, sowie auf **Pseudoboten**, die eine Erklärung bewusst verfälscht wiedergeben. 642

2. Wirksamer Vertrag mit dem Vertretenen

Bis auf die fehlende Vertretungsmacht muss ein **wirksamer Vertrag** mit dem Vertretenen zustande gekommen sein. Der Vertretene muss insbesondere geschäftsfähig sein; außerdem darf der Vertrag weder nach § 142 I angefochten worden noch aus anderen Gründen nichtig sein. 643

3. Kein Ausschluss des Anspruches nach § 179 III

Der Anspruch aus § 179 I ist nach § 179 III in den folgenden Fällen ausgeschlossen: 644

- Wenn der Vertragspartner den Mangel der Vertretungsmacht **kannte oder kennen musste**.[119] Dies gilt auch dann, wenn der Geschäftsherr nicht einmal existiert und dies vom Vertreter verschwiegen wird.[120]
- Wenn der Vertreter **beschränkt geschäftsfähig** war und nicht mit Zustimmung seiner gesetzlichen Vertreter gehandelt hat; insoweit kommt es nach hM nur darauf an, ob die gesetzlichen Vertreter der Vertretung selbst zugestimmt haben, nicht gerade der Vertretung ohne Vertretungsmacht.[121] War der Vertreter **geschäftsunfähig**, so fehlt es bereits an den übrigen Voraussetzungen der Stellvertretung (vgl. § 165), so dass ein Anspruch aus § 179 ohnehin ausscheidet.

4. Rechtsfolgen

Die Rechtsfolge des Anspruchs aus § 179 hängt davon ab, ob der Vertreter den **Mangel** seiner Vertretungsmacht **kannte oder nicht**. 645

- Bei **Kenntnis des Vertreters** vom Mangel der Vertretungsmacht haftet er wahlweise auf **Erfüllung** oder auf **Schadensersatz**. 646
  - Bei der Wahl der **Erfüllung** hat der Vertreter den Geschäftspartner so zu stellen, als wäre der Vertrag mit dem Vertretenen ordnungsgemäß zustande gekommen. Der Geschäftspartner kann also Durchführung des Vertrages vom Vertreter verlangen. Gleichwohl kommt hierbei kein Vertrag zwischen beiden zustande, denn der Vertreter darf nicht seinerseits auf eigene Initiative Erfüllung verlangen. Er kann allerdings auch Gegenrechte geltend machen, die dem Vertretenen aus dem Rechtsgeschäft zugestanden hätten, zB ein Anfechtungsrecht,[122] ein Rücktrittsrecht oder ein Widerrufsrecht nach § 355. Er tritt insoweit also iErg vollständig an die Stelle des vermeintlich Vertretenen (ohne dass aber ein gesetzlicher Ver-

---

118 Dazu → Rn. 648.
119 Vgl. zu diesem Merkmal BGH NJW 2000, 1407 (1408).
120 BGHZ 178, 307 = NJW 2009, 215.
121 Vgl. Palandt/*Ellenberger* § 179 Rn. 4.
122 BGH NJW 2002, 1867.

tragsübergang stattfindet).[123] Daher darf er auch wegen einer etwaigen Gegenleistung die Einrede des § 320 geltend machen; ein **eigener Anspruch auf die Gegenleistung** steht ihm nach hM aber nur zu, wenn er seiner Verpflichtung bereits nachgekommen ist.[124] Die Verjährung richtet sich nach den Vorschriften, die für den geschlossenen Vertrag gelten (zB § 197 beim Grundstückskauf), beginnt aber erst mit der Verweigerung der Genehmigung zu laufen.[125]

– Beim **Schadensersatz** schuldet der Vertreter Geldersatz nach der Differenzmethode, dh er muss bei gegenseitigen Verträgen die Differenz zwischen Leistung und Gegenleistung ersetzen, ohne dass der Vertrag in Natur durchgeführt wird.[126]

647 • **Kannte der Vertreter den Mangel der Vertretungsmacht nicht**, so haftet er gem. § 179 II nur auf das **negative Interesse**. Weitergehend möchte ein Teil der Lit. die Haftung des Vertreters sogar ganz ausschließen, wenn er bei Aufwendung aller Sorgfalt den Mangel nicht kennen konnte (also bei fehlender Zurechenbarkeit).[127] Diese Auffassung steht jedoch im Widerspruch zur gesetzlichen Regelung und übersieht zudem, dass der Vertreter den Irrtum des Geschäftspartners immerhin *veranlasst* hat, so dass das Risiko der fehlenden Vertretungsmacht eher dem Vertreter als dem ahnungslosen Geschäftspartner aufzubürden ist.[128]

III. Sonderregeln für einseitige Rechtsgeschäfte

648 Die §§ 177–179 gelten grundsätzlich nur bei **Verträgen**, nicht bei **einseitigen Rechtsgeschäften**; hier sind die §§ 177–179 nur anwendbar, wenn die Vertretungsmacht nicht beanstandet wurde oder der Erklärungsempfänger mit der Vertretung ohne Vertretungsmacht einverstanden war (§ 180 S. 2). Im Übrigen ist die **Vertretung ohne Vertretungsmacht** bei einseitigen Rechtsgeschäften (zB Kündigung, Anfechtung, analog auch bei der Mahnung oder anderen einseitigen geschäftsähnlichen Handlungen mit Ausnahme der reiserechtlichen Mängelanzeige, vgl. § 651g I 2) **unzulässig**, dh diese Rechtsgeschäfte sind **nichtig** und nicht genehmigungsfähig. Flankierend hierzu gibt § 174 dem Erklärungsempfänger bei einseitigen Rechtsgeschäften die Möglichkeit, klare Verhältnisse zu schaffen: Die Willenserklärung des Vertreters ist danach – selbst wenn tatsächlich Vertretungsmacht bestand – **unwirksam**, wenn der Vertreter keine **Vollmachtsurkunde** (im Original; eine beglaubigte Kopie genügt nicht[129]) vorlegt und der andere – dem die Vollmacht nicht auf andere Weise mitgeteilt wurde, § 174 S. 2[130] – die Erklärung aus diesem Grunde unverzüglich zurückweist.[131] Das gilt auch bei einseitigen Rechtsgeschäften eines alleinvertretungsberechtigten GbR-Gesellschafters.[132]

---

[123] Vgl. Palandt/*Ellenberger* § 179 Rn. 5.
[124] Vgl. PWW/*Frensch* § 179 Rn. 15; *Faust* AT § 27 Rn. 10; *Wertenbruch* AT § 34 Rn. 6.
[125] BGHZ 73, 266 = NJW 1979, 1161.
[126] Vgl. *Wolf/Neuner* AT § 51 Rn. 26 f.
[127] Vgl. *Flume* AT II § 47, 3c.
[128] Vgl. *Wolf/Neuner* AT § 51 Rn. 33.
[129] BGH NJW 1994, 1472; Palandt/*Ellenberger* § 174 Rn. 5.
[130] S. hierzu BAG NJW 2014, 3595.
[131] Vgl. zum Verhältnis zwischen Beanstandung nach § 180 S. 2 und der Zurückweisung nach § 174 näher BGH NJW 2013, 297 (298) = JuS 2013, 839; zur Unverzüglichkeit der Zurückweisung vgl. BAGE 140, 64 = NZA 2012, 495 = JuS 2012, 641; zum Merkmal des Inkenntnissetzens iSd § 174 S. 2 bei einer Kündigungsvollmacht vgl. BAGE 137, 347 = NZA 2011, 683 = JuS 2011, 1030.
[132] BGHZ 147, 169 = NJW 2002, 1194.

§ 11. Allgemeine Geschäftsbedingungen (§§ 305 ff.)

Die Verwendung Allgemeiner Geschäftsbedingungen beim Abschluss von Verträgen spielt im Wirtschaftsleben eine bedeutende Rolle. Ihre Einbeziehung bietet für einen Unternehmer einen erheblichen **Rationalisierungsvorteil**, weil er die Rechtsbeziehungen zu seinen Kunden gleichförmig ausgestalten und dadurch die Abwicklung vereinheitlichen kann.[1] Für die Kunden besteht jedoch die Gefahr, dass der Verwender diese **einseitige Gestaltungsmacht** missbraucht und ihm so unangemessene Klauseln im „Kleingedruckten" gewissermaßen „unterschiebt". Dies umso mehr, als Kunden typischerweise ein „rationales Desinteresse" gegenüber den Klauseln haben können, weil es angesichts der Vielzahl täglich abgeschlossener Verträge unwirtschaftlich wäre, jeden einzelnen Vertrag kompetent rechtlich zu prüfen und im Einzelnen zu verhandeln. Um dem Missbrauch der einseitigen Gestaltungsmacht des Klauselverwenders vorzubeugen, enthalten die §§ 305 ff. Sonderregelungen zur Kontrolle vorformulierter Vertragsklauseln. 649

Während der Allgemeine Teil des BGB nur wenige Instrumente zur Inhaltskontrolle zur Verfügung stellt, die lediglich die äußersten Grenzen der Privatautonomie festlegen (zB § 134 und § 138), ermöglichen die §§ 305 ff. einen **weitergehenden Schutz** des Vertragspartners in verschiedener Hinsicht: 650

- Die Vorschriften über die **Einbeziehungskontrolle** (§§ 305–305c) dienen vorwiegend dazu, den Vertragsinhalt für den Kunden **transparent** zu machen.
- Die **Auslegung** Allgemeiner Geschäftsbedingungen folgt besonderen Regeln (s. auch § 305c II), die dem normähnlichen Charakter der vorformulierten Klauseln entsprechen und die Missbrauchsmöglichkeiten einschränken sollen.
- Schließlich ermöglichen die §§ 307–309 eine **Inhaltskontrolle**, die zur Unwirksamkeit unangemessen benachteiligender Klauseln führt.

Neben der Inzidentkontrolle der Klauseln anlässlich eines Rechtsstreits um Ansprüche aus einem konkreten Vertrag besteht für bestimmte Verbände auch die Möglichkeit, nach § 1 UKlaG die Wirksamkeit von Klauseln abstrakt nachprüfen zu lassen. 651

A. Prüfung Allgemeiner Geschäftsbedingungen

Allgemeine Geschäftsbedingungen können auf verschiedene Weise zum Prüfungsgegenstand werden: Entweder sind sie selbst **Grundlage des Anspruchs** (zB bei Vertragsstrafeklauseln, wie etwa beim „erhöhten Beförderungsentgelt" in öffentlichen Verkehrsmitteln[2]) oder sie **modifizieren** oder **vernichten Ansprüche**, die sich aus anderen Vorschriften ergeben (so insbesondere beim Gewährleistungsausschluss, bei Haftungsbegrenzungsklauseln oder Verjährungsregeln). Je nachdem ist das folgende Prüfungsschema bereits im Rahmen der Anspruchsentstehung, beim Anspruchsinhalt oder beim Erlöschen des Anspruchs einzufügen. 652

---

[1] Vgl. zur Funktion von Allgemeinen Geschäftsbedingungen auch *Faust* AT § 15 Rn. 7 ff.
[2] Ausführlicher Übungsfall hierzu: *Grigoleit/Herresthal* AT Fall 1 „*Die Schwarzfahrt*".

Aufbauschema für die Prüfung Allgemeiner Geschäftsbedingungen:

653 1. Vorliegen Allgemeiner Geschäftsbedingungen
   a) Vertragsbedingungen
   b) Vorformuliert
   c) Für eine Vielzahl von Verträgen (außer bei Verbraucherverträgen)
   d) Von einer Partei gestellt (vermutet bei Verbraucherverträgen)
   e) Nicht im Einzelnen ausgehandelt
2. Persönlicher Anwendungsbereich der §§ 305 ff.
3. Sachlicher Anwendungsbereich der §§ 305 ff.
4. Wirksame Einbeziehung der AGB
   a) Ausdrücklicher Hinweis
   b) Zumutbare Möglichkeit der Kenntnisnahme
   c) Einverständnis des Kunden
   d) Keine überraschende Klausel
   e) Keine vorrangige Individualabrede
5. Auslegung der AGB
6. Inhaltskontrolle
   a) Zulässigkeit der Inhaltskontrolle (§ 307 III)
   b) Klauselverbote ohne Wertungsmöglichkeit (§ 309)
   c) Klauselverbote mit Wertungsmöglichkeit (§ 308)
   d) Generalklausel (§ 307 I, II)
   e) Transparenzgebot (§ 307 I 2)
7. Folgen der Unwirksamkeit einer Klausel

B. Anwendungsbereich der §§ 305 ff.

654 Die §§ 305 ff. sind nur unter den folgenden Voraussetzungen anwendbar:

I. Begriff der Allgemeinen Geschäftsbedingungen (§ 305 I)

655 Allgemeine Geschäftsbedingungen sind gem. § 305 I 1 Vertragsbedingungen, die für eine Vielzahl von Verträgen vorformuliert sind und von einer Partei bei Abschluss des Vertrages gestellt wurden.

1. Vertragsbedingungen

656 Vertragsbedingungen sind **Bestandteile** eines zwischen dem Verwender und dem anderen Teil abzuschließenden **Rechtsgeschäfts**. Dabei ist unerheblich, um welche Art von Vertrag (schuldrechtlich oder dinglich) es sich handelt. Sogar **einseitige Rechtsgeschäfte** des Kunden können den §§ 305 ff. (wenigstens in analoger Anwendung) unterfallen, wenn sie vom Verwender vorformuliert sind (zB Kündigungsformular).[3] Der Vertrag muss nach ganz hM noch nicht wirksam zustande gekommen

[3] BGHZ 141, 124 = NJW 1999, 1864.

sein; so betrifft zB § 309 Nr. 7 auch Pflichtverletzungen im Rahmen einer *vorvertraglichen* Sonderverbindung iSv §§ 241 II, 311 II (c. i. c.).[4]

2. Vorformuliert

Ferner müssen die Bedingungen vorformuliert sein, dh sie müssen **bereits vor der Verwendung im konkreten Vertrag existiert** haben. Es ist aber nicht erforderlich, dass sie auch schriftlich fixiert waren; vielmehr genügt es, wenn der Verwender die Klauseln im Kopf behält und jedes Mal inhaltsgleich wiederverwendet.[5] Die Vorformulierung muss auch nicht vom Verwender stammen. Die §§ 305 ff. sind auch dann anwendbar, wenn der Verwender Klauseln in den Vertrag einführt, die von einem Dritten stammen (zB ein Mietvertrag vom Grundeigentümerverband oder ein Gebrauchtwagenkaufvertrag vom ADAC[6]). 657

Die Existenz **ausfüllungsbedürftiger Leerräume** im Vertragstext schließt das Vorliegen vorformulierter Vertragsbedingungen nicht zwingend aus.[7] Wenn die Leerräume nur unselbständige Ergänzungen betreffen (etwa den Namen des Kunden oder die Bezeichnung des Vertragsgegenstandes), sind die Klauseln insgesamt AGB. Bestimmen die Einfügungen dagegen den Regelungsgehalt mit (zB die Vertragslaufzeit), so liegen AGB nur dann vor, wenn der Leerraum **regelmäßig in inhaltsgleicher Weise ausgefüllt** wird. Es genügt also, wenn die Klausel gewissermaßen „im Kopf" des Verwenders (bzw. seines Personals) „gespeichert" ist und von diesem bei einer Vielzahl von Verträgen verwendet werden soll.[8] Auch eine **Wahlmöglichkeit** zwischen mehreren vorformulierten Klauseln schließt das Vorliegen von AGB nicht aus; hier ist allenfalls problematisch, ob die Bedingungen im Einzelnen ausgehandelt sind, wenn der Kunde die Wahl frei treffen kann. 658

3. Für eine Vielzahl von Verträgen

Die Vertragsbedingungen müssen zudem für eine **Vielzahl von Verträgen** vorformuliert sein. Hier genügt auch eine bestimmte Anzahl (mind. drei). Bei der Verwendungsabsicht kommt es auf den „Vorformulierer", nicht auf den Verwender an. Es genügt also, wenn zB ein vom Wohnungseigentümerverband (für eine Vielzahl von Verträgen) entworfenes Mietvertragsformular vom Vermieter einmalig verwendet wird.[9] Bei Verbraucherverträgen ist **§ 310 III Nr. 2** zu beachten.[10] 659

4. Von einer Partei gestellt

Weiterhin müssen die Allgemeinen Geschäftsbedingungen **von einer Partei gestellt** sein, dh eine Partei muss die Einbeziehung in den Vertrag verlangt haben. Schlagen beide Parteien übereinstimmend die Verwendung derselben AGB vor (zB VOB oder das ADAC-Formular zum Gebrauchtwagenkauf[11]), so sind die §§ 305 ff. nicht anwendbar. 660

Problematisch ist dies bei der **Erstellung von Verträgen durch Notare**: Diese Klauseln sind regelmäßig nicht von der Gegenpartei „gestellt", sondern vom Notar. Etwas anderes kann nur dann gelten, wenn es sich um einen einseitig beauftragten „Hausnotar" handelt.[12] Fällt die 661

---

[4] Vgl. auch BGHZ 133, 184 = NJW 1996, 2574 – „Taschenkontrollen II".
[5] BGH NJW-RR 2014, 1133; BGHZ 141, 108 (111) = NJW 1999, 2180.
[6] S. auch BGH WM 2015, 695 zu Klauseln, die der Stellvertreter des Verkäufers eingeführt hatte.
[7] Vgl. Palandt/*Grüneberg* § 305 Rn. 8; *Wertenbruch* AT § 11 Rn. 5.
[8] BGHZ 141, 108 = NJW 1999, 2180; NJW 2005, 2543.
[9] Vgl. OLG Hamm NJW 1981, 1049; Palandt/*Grüneberg* § 305 Rn. 9.
[10] → Rn. 670.
[11] vgl. BGHZ 184, 259 = NJW 2010, 1131 = JuS 2010, 538.
[12] Vgl. OLG Düsseldorf NJW-RR 1997, 659.

Klausel danach aus dem Anwendungsbereich der §§ 305 ff. heraus, so nimmt der BGH bei notariellen Verträgen eine Inhaltskontrolle nach § 242 vor.[13]

662 Im Rahmen von **Verbraucherverträgen** ist § 310 III Nr. 1 zu beachten.[14]

5. Nicht im Einzelnen ausgehandelt

663 Schließlich unterfallen nach § 305 I 3 solche Klauseln nicht den §§ 305 ff., die im Einzelnen zwischen den Parteien **ausgehandelt** wurden.[15] Ein solches Aushandeln ist gegeben, wenn der Verwender den gesetzesfremden Inhalt der Klausel **ernsthaft zur Disposition stellt** und dem anderen Teil Gestaltungsfreiheit zur Wahrung seiner Interessen bietet (Gegensatz: bloße Belehrung, Wahl zwischen verschiedenen vorgegebenen Formulierungen, Eintragen eines Datums,[16] bloße Freistellung der Unterzeichnung einer Zusatzvereinbarung bei nicht ganz leicht verständlichem Text[17]).

664 Die Rechtsprechung ist hier **sehr streng**: So ist etwa eine Klausel, die für den Verwender unverzichtbar ist („dealbreaker"), selbst dann nicht „im Einzelnen ausgehandelt", wenn die Parteien eingehend über die Verwendung dieser Klausel verhandelt haben und sich die Gegenseite schließlich mit der Geltung der Klausel im Rahmen eines Gesamtpakets einverstanden erklärt.[18] Ebenfalls nicht ausreichend ist die vertragliche Bestätigung, dass „über jede Vertragsklausel ausgiebig und ernsthaft mit dem Auftraggeber diskutiert und verhandelt wurde."[19]

II. Persönlicher Anwendungsbereich (§ 310 I)

665 § 310 I schränkt den persönlichen Anwendungsbereich der §§ 305 ff. ein: Die §§ 305 II, III, 308 Nr. 1, Nr. 2–8, 309 finden für AGB, die gegenüber **Unternehmern** sowie juristischen Personen des öffentlichen Rechts und öffentlich-rechtlichen Sondervermögen verwendet werden, keine Anwendung.

- So können AGB diesen gegenüber entgegen § 305 II durch einfache (auch konkludente) **Einigung gem. §§ 145 ff.** (auch durch kaufmännische Bestätigungsschreiben) in den Vertrag einbezogen werden.
- Zudem findet **keine Inhaltskontrolle anhand der Einzelverbote** mit oder ohne Wertungsmöglichkeit in §§ 308, 309 statt, sondern nur anhand der **Generalklausel** des § 307. Allerdings kommt den Einzelverboten nach wie vor **Indizfunktion** zu, dh bei einem Verstoß gegen ein Einzelverbot liegt grundsätzlich eine unangemessene Benachteiligung iSv § 307 vor, sofern nicht ausnahmsweise besondere Umstände vorliegen (zB abweichende Handelsbräuche, vgl. § 310 I 2 Hs. 2).[20]

666 Bei **Unternehmern** ist ferner zu beachten, dass die Ausnahmeregelung des § 310 I nur dann gilt, wenn der konkrete Vertrag tatsächlich **in Ausübung** der selbständigen bzw. gewerblichen Tätigkeit geschlossen wurde, also nicht bei Privatgeschäften.

---

[13] Vgl. grdl. BGHZ 101, 350, 352 = NJW 1988, 135; Palandt/*Grüneberg* § 305 Rn. 12; str.; nunmehr wohl nur noch dann, wenn kein Verbrauchervertrag vorliegt.

[14] → Rn. 669.

[15] Vgl. hierzu BGH NJW 2014, 1725 = JuS 2014, 745; NJW 2013, 1431 = JuS 2014, 69; NJW 2013, 856 Rn. 10 ff.; ausführlich hierzu *Wertenbruch* AT § 11 Rn. 7 ff.

[16] BGHZ 143, 103 = NJW 2000, 1110.

[17] BGH NJW 2005, 2543.

[18] BGH NJW 2013, 856: „bring-or-pay"-Klausel einer Müllverbrennungsanlage.

[19] BGH NJW 2014, 1725 = JuS 2014, 745.

[20] BGHZ 103, 316 (328) = NJW 1988, 1785.

III. Sachlicher Anwendungsbereich (§ 310 IV)

Die §§ 305 ff. sind auf **alle Verträge** und andere Rechtsgeschäfte anwendbar, soweit die Anwendbarkeit nicht in § 310 IV ausgeschlossen ist. Dieser Ausschluss betrifft insbesondere Verträge aus dem **Erb-, Familien- und Gesellschaftsrecht**. Allerdings gilt auch hier das **Umgehungsverbot des § 306a**: Wird also ein typisch schuldrechtlicher Vertrag als Gesellschaftsvertrag formuliert und mit Allgemeinen Geschäftsbedingungen versehen, so sind die §§ 305 ff. wegen § 306a dennoch anwendbar.[21] 667

Problematisch ist die Anwendung der Vorschriften über AGB im **Arbeitsrecht**. Nach § 310 IV 2 unterliegen **Arbeitsverträge** grundsätzlich den Regelungen der §§ 305 ff. mit Ausnahme der Einbeziehungsvorschriften des § 305 II, III. Zudem sind Arbeitsverträge typischerweise Verbraucherverträge iSv § 310 III, weil Arbeitnehmer per definitionem den Arbeitsvertrag nicht im Rahmen ihrer *selbständigen* beruflichen Tätigkeit abschließen.[22] Kollektivarbeitsrechtliche Verträge (Tarifverträge, Betriebsvereinbarungen und Dienstvereinbarungen) fallen nicht unter die §§ 305 ff. Darüber hinaus gelten diese gem. § 310 IV 3 als „gesetzliche Vorschriften" iSv § 307 III, so dass Klauseln, die lediglich den Inhalt derartiger Vereinbarungen wiedergeben oder auf solche verweisen, kontrollfrei sind.[23] 668

IV. Verbraucherverträge (§ 310 III)

Nach § 310 III gilt eine Reihe von Besonderheiten für sog Verbraucherverträge: 669

- Die **einseitige Stellung der AGB** durch den Unternehmer wird **fingiert**, solange sie nicht durch den Verbraucher eingeführt wurden (§ 310 III Nr. 1).[24] Letzteres ist nach der negativen Fassung des Gesetzes vom Unternehmer zu beweisen. Damit werden auch solche Klauseln, die von Dritten (insbesondere von Notaren) gestellt werden, grundsätzlich dem Unternehmer zugerechnet. Diese Vermutung ist auch im Verbandsklageverfahren nach § 1 UKlaG zu berücksichtigen.[25]
- Die Vorschriften über die **Auslegung** (§§ 305c II) und **Inhaltskontrolle** (§§ 307–309) gelten auch für vorformulierte Bedingungen, die nur für eine **einmalige Verwendung** bestimmt waren, soweit der Verbraucher gerade wegen der Vorformulierung auf den Inhalt keinen Einfluss nehmen konnte (obwohl also keine AGB vorliegen, sind die §§ 305 ff. in wesentlichen Teilen anwendbar; § 310 III Nr. 2). Von der Anwendung **ausgenommen** ist allerdings das **Umgehungsverbot** des § 306a, so dass ein einmaliger Umgehungsversuch durch vorformulierte Bedingungen (zB ein zur einmaligen Verwendung bestimmter vorformulierter Gesellschaftsvertrag, vgl. § 310 IV) allenfalls an den §§ 134, 138, 242, aber nicht an den §§ 305 ff. scheitern kann. 670
  Weiterhin gelten für die **Einbeziehung** solcher für die einmalige Verwendung vorformulierter Bedingungen nicht die §§ 305 II–305c I, sondern die **allgemeinen Regeln** über den Vertragsschluss (§§ 145 ff.).

---

[21] Z. B. bei einem Buchclub, vgl. BeckOK BGB/*Becker* BGB § 310 Rn. 31.
[22] BAG NJW 2005, 3305; s. näher → Rn. 19.
[23] Vgl. näher dazu *Lorenz/Riehm* Rn. 93.
[24] S. dazu *Lüke* JuS 1997, 144 ff.
[25] BGHZ 141, 108 = NJW 1999, 2180.

671 • Bei der **Inhaltskontrolle** nach der Generalklausel des § 307 sind über den Klauseltext hinaus auch die Umstände zu berücksichtigen, die den Vertragsschluss begleitet haben (§ 310 III Nr. 3). Darunter fällt etwa das konkrete Stärkeverhältnis, eine Überrumpelungssituation oder die Intensität der Einwirkung auf den Verbraucher.

C. Einbeziehung von AGB

672 AGB werden im Anwendungsbereich der §§ 305 ff. nur unter den nachfolgend beschriebenen Voraussetzungen in einen Vertrag einbezogen. Irrt der Kunde darüber, dass AGB Vertragsbestandteil geworden sind, oder über deren Inhalt, so liegt regelmäßig ein **Inhaltsirrtum** vor, der gem. § 119 I Alt. 1 zur Anfechtung berechtigt. Voraussetzung für einen beachtlichen Irrtum über den Inhalt von AGB ist allerdings, dass der Kunde **konkrete (Fehl-)Vorstellungen** über den Inhalt der AGB hatte; andernfalls liegt kein Irrtum, sondern eine *ignorantia facti* vor, die allein in den Risikobereich des Kunden fällt.[26]

I. Formale Voraussetzungen der Einbeziehung (§ 305 II, III)

673 Die vertragliche Einigung über die Einbeziehung von AGB richtet sich – außerhalb von Unternehmerverträgen iSv § 310 I – nicht lediglich nach den §§ 145 ff., sondern nach § 305 II, der **verschärfte Voraussetzungen für die Willenserklärung des Klauselverwenders** aufstellt. **Gegenüber Unternehmern** bleibt es dagegen bei den allgemeinen Vorschriften über Willenserklärungen bzw. den Vertragsschluss; es kann zB die konkludente Verweisung auf AGB genügen, insbesondere, wenn dies branchenüblich ist (§§ 145 ff.). Zudem kann die Geltung von AGB nachträglich in einem kaufmännischen Bestätigungsschreiben (in den Grenzen des § 305c I) festgelegt werden. Die nachfolgend umschriebenen Anforderungen gelten zudem gem. § 310 III Nr. 2 nicht bei Klauseln in **Verbraucherverträgen**, die nur zur *einmaligen* Verwendung vorformuliert wurden.

1. Ausdrücklicher Hinweis auf AGB (§ 305 II Nr. 1)

674 Zur Einbeziehung von AGB in einen Vertrag ist zunächst erforderlich, dass der Verwender den Vertragspartner **ausdrücklich auf die AGB hinweist** (§ 305 II Nr. 1 Var. 1). Dieser Hinweis kann **mündlich oder schriftlich** erfolgen. Jedenfalls muss er aber, um „ausdrücklich" zu sein, drucktechnisch so gestaltet sein, dass er von einem Durchschnittskunden auch bei flüchtiger Betrachtung nicht übersehen werden kann.[27] Die Hinweispflicht gilt auch dann, wenn die Verwendung von AGB branchenüblich ist.

675 Der Hinweis muss weiterhin **bei Vertragsschluss** erfolgen, also im direkten Zusammenhang mit der Willenserklärung, die den Vertrag zustande bringt. Hinweise bei früheren Vertragsverhandlungen oder erst nach Vertragsschluss (zB auf dem Lieferschein oder der Rechnung) genügen nicht. Allerdings kann der nachträgliche Hinweis als Angebot auf Abschluss eines Änderungsvertrags über die nunmehrige Einbeziehung von AGB gewertet werden. Jedoch ist auch in diesem Fall in aller Regel ein

[26] Dazu → Rn. 486 f.
[27] BGH NJW-RR 1987, 112 (113).

ausdrückliches Einverständnis erforderlich; die bloße Vertragsdurchführung kann regelmäßig nicht als Einverständnis gewertet werden, weil der Kunde auf diese bereits einen Anspruch hat und nach dem objektiven Empfängerhorizont kein Anlass besteht, sein Verhalten als Zustimmung zu einer – aus seiner Sicht unnötigen – Verschlechterung seiner Rechtsposition zu werten.[28]

Ist ein ausdrücklicher Hinweis nicht möglich oder unzweckmäßig (vor allem bei 676
Verträgen des Massenverkehrs), so muss nach § 305 II Nr. 1 Var. 2 ein gut sichtbarer **Aushang am Ort des Vertragsschlusses** angebracht werden; dem Kunden kann dabei nicht zugemutet werden, nach dem Aushang zu suchen.

Fall 39:[29]

A sucht sich im Elektro-Discounter *E* einen neuen CD-Spieler aus. Er nimmt ein im Karton 677
verpacktes Gerät aus dem Regal und trägt es zur Kasse. Bei Bezahlung des Kaufpreises und Mitnahme des CD-Spielers händigt ihm die Kassiererin eine Rechnung/Quittung aus; auf deren Vorderseite steht ein Hinweis auf die AGB des *E*, die auf der Rückseite abgedruckt sind. *A* nimmt die Rechnung widerspruchslos entgegen. Sind die AGB wirksam einbezogen?

Lösungsskizze zu Fall 39:

Wirksame Einbeziehung der AGB 678

I. Ausdrücklicher Hinweis, § 305 II Nr. 1 Var. 1 (+)

II. Bei Vertragsschluss?

1. Zeitpunkt des Vertragsschlusses
   a) Angebot des *E* durch Auslage im Regal (-), bloße invitatio ad offerendum
   b) Angebot des *A*: Vorlage an der Kasse wohl (+); spätestens aber mit Kaufpreiszahlung
   c) Annahme des *E* (vertreten durch Kassiererin):
      aa) Eintippen in die Kasse wohl (-), allenfalls unter der Bedingung der Kaufpreiszahlung
      bb) Jedenfalls: Übergabe der Kaufsache (+)
   d) Zwischenergebnis: Spätestens im Zeitpunkt der Übergabe der Kaufsache an der Kasse wird der Vertrag geschlossen.
2. Übergabe der Rechnung „bei Vertragsschluss"?
   Der Hinweis muss im Zusammenhang mit den Willenserklärungen, die zum Abschluss des Vertrages geführt haben, gegeben werden. Dabei stellt sich der Kauf in einem Ladenlokal als einheitlicher Vorgang dar, so dass das Geschehen an der Ladenkasse mit der Übergabe von Rechnung und Quittung bezüglich des Empfangs der Ware und des Kaufpreises als einheitlicher Vertragsschluss gilt. Nach hier vertretener Auffassung liegt der Vertragsschluss ohnehin in der Übergabe der Ware durch die Kassiererin, so dass die Aushändigung der Rechnung/Quittung durch die Kassiererin im unmittelbaren Zusammenhang mit der Bezahlung des Kaufpreises und der Mitnahme des CD-Spielers noch bei Vertragsschluss erfolgte (aA vertretbar).

---

[28] BGH NJW 1988, 2106.
[29] Nach OLG Hamm NJW-RR 1998, 199.

III. Zumutbare Möglichkeit der Kenntnisnahme, § 305 II Nr. 2 (+)
IV. Einverständnis: Nach Auffassung des OLG Hamm erfolgte das Einverständnis konkludent durch widerspruchslose Hinnahme der AGB. Im Hinblick darauf, dass zu diesem Zeitpunkt der Vertrag sicher schon geschlossen war, besteht mE hingegen kein Anlass, der bloßen Hinnahme der AGB den Inhalt einer (weiteren) Willenserklärung des Kunden beizumessen, durch die er einer Vertragsänderung zu seinem Nachteil (durch Einbeziehung der AGB) zustimmt.
V. Ergebnis: Keine wirksame Einbeziehung der AGB (aA vertretbar)

2. Zumutbare Möglichkeit der Kenntnisnahme von AGB (§ 305 II Nr. 2)

679 Zusätzlich zum ausdrücklichen Hinweis auf die AGB muss dem Kunden die **Möglichkeit der Kenntnisnahme** vom Inhalt der AGB eingeräumt werden (§ 305 II Nr. 2). Dies gilt auch dann, wenn es sich um weitverbreitete AGB wie zB die VOB handelt. Allerdings kann der Kunde auf die Kenntnisnahme und damit auch auf die Verschaffung der Möglichkeit hierzu nach hM verzichten. Hiervon ist etwa bei telefonischen Vertragsschlüssen auszugehen, bei denen schon rein praktisch keine Möglichkeit besteht, von längeren AGBs in zumutbarer Weise Kenntnis zu nehmen, selbst wenn sie am Telefon vorgelesen würden. Wer sich also auf einen Vertragsabschluss am Telefon einlässt, obwohl er auf die Existenz Allgemeiner Geschäftsbedingungen seines Vertragspartners deutlich hingewiesen wurde, verzichtet auf die zumutbare Möglichkeit der Kenntnisnahme.[30]

680 Ferner muss die Kenntnisnahme einem Durchschnittskunden **in zumutbarer Weise** möglich sein. Dies ist abhängig von der wirtschaftlichen Bedeutung des Geschäfts: Bei kleinen alltäglichen Verträgen (zB Autowaschanlage) müssen AGB weniger umfangreich sein als bei großen Geschäften (zB Grundstückskauf).[31] In jedem Fall müssen die AGB **deutlich lesbar** und für einen Durchschnittskunden **verständlich** sein, ohne dass juristisches Fachwissen erforderlich ist. Klauseln, die für Laien unverständlich sind (zB solche, die lediglich eine bestimmte Norm ausschließen, ohne den Inhalt zu umreißen: „§ 545 BGB findet keine Anwendung."[32]), werden bereits gemäß § 305 II Nr. 2 nicht Vertragsbestandteil (sog Transparenzgebot). Gleiches gilt für bloße Verweisungen auf andere Regelwerke (zB Preis- und Leistungsverzeichnisse), die nicht mit abgedruckt bzw. ausgehändigt werden.

681 Bei Klauseln, die **gegenüber Unternehmern** verwendet werden, gilt die Sonderregel des § 305 II Nr. 2 nicht; stattdessen sind die üblichen Regeln über den Zugang von Willenserklärungen anzuwenden. Gleiches gilt gem. § 310 III Nr. 2 bei Klauseln in Verbraucherverträgen, die nur zur einmaligen Verwendung vorformuliert wurden.

3. Einverständnis mit der Geltung von AGB (§ 305 II)

682 Weitere Voraussetzung für die wirksame Einbeziehung von AGB ist das **Einverständnis** des Vertragspartners mit deren Geltung. Dabei handelt es sich in aller Regel nicht um eine selbständige Erklärung, sondern um einen Bestandteil des Vertragsschlusses. Es kann sogar konkludent mit der Vertragsdurchführung erteilt werden;

[30] Zutreffend MüKoBGB/*Basedow* § 305 Rn. 67: „... sicherlich kühn, aber doch wohl vernünftig. Bei eklatanten Fehlleistungen des Gesetzgebers müssen auch unorthodoxe Remeduren erlaubt sein."
[31] Palandt/*Grüneberg* § 305 Rn. 37.
[32] OLG Schleswig NJW 1995, 2858 (2859).

hier ist allerdings eine vorsichtige Auslegung geboten, denn die Vertragsdurchführung besagt nicht automatisch, dass sie zu den AGB des Verwenders erfolgen soll; sie kann auch auf der Grundlage des dispositiven Gesetzesrechts gewollt sein. Teilt der Verwender dem Vertragspartner seine AGB entgegen § 305 II erst mit der Auftragsbestätigung mit, so ist eine Vertragsdurchführung daher trotz § 151 in aller Regel **nicht als Einverständnis** mit der Geltung der AGB zu werten, ebenso wenig die Entgegennahme der Leistung.[33]

Bei der Verwendung gegenüber einem **Unternehmer** ist ein gesondertes Einverständnis nicht nötig (§ 310 I); es gelten die normalen Regeln über den Vertragsschluss, so dass eine Einbeziehung von AGB **auch konkludent** sowie nach den Grundsätzen über das kaufmännische Bestätigungsschreiben möglich ist. Das gleiche gilt gem. § 310 III Nr. 2 bei Klauseln in Verbraucherverträgen, die nur zur einmaligen Verwendung vorformuliert wurden.[34] 683

4. Rahmenvereinbarungen über die Geltung von AGB (§ 305 III)

Die Geltung Allgemeiner Geschäftsbedingungen kann auch für eine unbestimmte Vielzahl von Geschäften im Voraus vereinbart werden (sog Rahmenvereinbarung, § 305 III). Die Vereinbarung muss ihrerseits die Voraussetzungen des § 305 II einhalten. Dies ist zB bei Giroverträgen üblich: Bei Kontoeröffnung wird vereinbart, dass allen einzelnen Buchungsvorgängen die AGB der Bank zugrunde liegen sollen. Derartige Rahmenvereinbarungen sind allerdings **nur für inhaltlich bestimmte AGB** zulässig; dynamische Verweisungen auf die „AGB in ihrer jeweils geltenden Fassung" sind nicht möglich. Hier ist nach einer Änderung der AGB ein erneuter Hinweis des Verwenders nötig. Dabei ist auch eine sog „Widerspruchslösung" zulässig, bei der die AGB dann als vereinbart gelten, wenn der Kunde nicht innerhalb einer angemessenen Frist widerspricht (s. auch § 308 Nr. 5).[35] 684

Gegenüber Unternehmern ist wegen der Unanwendbarkeit des § 305 II, III auch eine **dynamische Verweisung** auf AGB wirksam, weil sich die Einbeziehung ausschließlich nach den §§ 145 ff. richtet (§ 310 I). 685

5. Kollidierende AGB

Im kaufmännischen Verkehr verwenden oft beide Vertragspartner AGB, wobei zwischen den einzelnen Klauseln Widersprüche auftreten können. Für die Behandlung dieser Fälle werden verschiedene Lösungsmöglichkeiten vorgeschlagen:[36] 686

- Die frühere Rechtsprechung des BGH vertrat eine **„Theorie des letzten Wortes"**: Jeder Verweis auf die eigenen AGB in Auftrag, Bestätigung, Lieferschein, Rechnung etc. sei ein modifizierender neuer Antrag iSv § 150 II. Durch die Vertragsdurchführung werde der jeweils letzte Antrag konkludent angenommen, so dass die AGB des letzten Schriftstücks gelten.[37] Diese Ansicht verkannte aber, dass den Parteien nicht unterstellt werden kann, sie seien mit den AGB der Gegenseite letztlich doch einverstanden, obwohl sie stets auf ihre eigenen AGB verwiesen hatten. Die Vertragsdurchführung hatte daher keinen entsprechenden Aussagegehalt.
- Demgegenüber vertritt die heute hM, dass insoweit, als die AGB sich widersprechen, ein **offener Dissens** vorliegt, der allerdings nicht die Folgen des § 154 nach

---

[33] BGH NJW 1988, 2106.
[34] Zu kollidierenden AGB vgl. sogleich → Rn. 686 ff.
[35] Vgl. Ziff. 1 II AGB-Banken; einschränkend aber BGHZ 141, 153 = NJW 1999, 1865, allerdings erst wegen § 307.
[36] Vgl. hierzu auch *Faust* AT § 15 Rn. 13; *Wertenbruch* AT § 11 Rn. 17 ff.
[37] BGH LM § 150 Nr. 3; OLG Köln MDR 1971, 762.

sich zieht, sondern nach dem **Rechtsgedanken des § 306** den übrigen Vertrag unberührt lässt. Letztlich bringen nämlich die Vertragsparteien durch die Vertragsdurchführung trotz widersprechender AGB zum Ausdruck, dass ihnen die Geltung der AGB nicht so wichtig war, dass der Vertrag daran scheitern sollte.[38]
Danach werden die **übereinstimmenden Klauseln Vertragsinhalt**. Soweit sich die Klauseln ausdrücklich widersprechen, tritt an ihre Stelle das dispositive Gesetzesrecht. Enthalten zu einem Punkt nur die AGB einer Seite eine Regelung, während die AGB der anderen Seite diesen Punkt nicht ansprechen (zB ein Abtretungsverbot), so kommt es darauf an, ob die anderen AGB eine **Abwehrklausel** enthalten, die der entsprechenden Regelung widersprechen.[39] Ist das nicht der Fall, so werden die AGB einbezogen; andernfalls gilt das dispositive Gesetzesrecht.

687 Besonderes gilt für einen nachträglich erklärten **einseitigen Eigentumsvorbehalt**: Hier muss bei der Auslegung der Einigungserklärung des Verkäufers nach § 929 S. 1 der Inhalt der AGB auch dann berücksichtigt werden, wenn diese nicht Inhalt des schuldrechtlichen Geschäfts geworden sind. Denn der Verkäufer kann seine Einigungserklärung unabhängig vom Grundgeschäft einseitig unter einer Bedingung erklären und tut dies konkludent, wenn er auf seine entsprechenden AGB verweist.

Fall 40:

688 Die Unternehmer *K* und *V* verhandeln über den Kauf einer Schleifmaschine. Auf der Rückseite von *V*s Vertragsangebot findet sich in den AGB die Klausel: „Die Ware bleibt bis zur vollständigen Bezahlung im Eigentum des Verkäufers". Auf der Rückseite von *K*s Annahmeerklärung steht ua die Klausel „Eigentumsvorbehalte werden nicht anerkannt." *V* liefert die Maschine, *K* bezahlt noch nicht. Ist *K* Eigentümer der Maschine? Kann er ggf. unbedingte Übereignung verlangen?

Lösungsskizze zu Fall 40:

689 I. Eigentum des *K*
1. Ursprüngliches Eigentum des *V* (§ 1006 I)
2. Übergang auf *K* durch Übereignung, § 929 S. 1?
a) Übergabe (+)
b) Einigung zwischen *V* und *K*
aa) Einigungserklärung des *V*: Bedingung der Kaufpreiszahlung?
Auslegung: Unabhängig von der Einbeziehung der AGB kann die Einigungserklärung des *V* nicht als unbedingte Erklärung verstanden werden (§§ 133, 157), weil dieser offensichtlich nur zur bedingten Übereignung bereit war.
bb) Einigungserklärung des *K*: unbedingt
cc) Zwischenergebnis: Einigung (+), aber erst mit Eintritt der Bedingung (Kaufpreiszahlung) wirksam, § 158 I
c) Berechtigung des *V* (+)
3. Ergebnis: Derzeit ist *K* nicht Eigentümer.

---

[38] Vgl. zB BGH NJW 1985, 1838; vgl. näher MüKoBGB/*Basedow* § 305 Rn. 106; PWW/*Berger* § 305 Rn. 40 f.
[39] BGH NJW-RR 2001, 484.

II. Anspruch auf unbedingte Übereignung aus § 433 I 1: Eigentumsvorbehalt als Vertragsinhalt?
   1. Keine Einbeziehung gem. § 305 II, III unter Unternehmern (§ 310 I), Maßgeblichkeit von Angebot und Annahme, §§ 145 ff.
   2. Angebot des *V* mit Eigentumsvorbehalt
   3. Annahme des *K* ohne Eigentumsvorbehalt: Ablehnung verbunden mit neuem Angebot, § 150 II
   4. Lieferung der Maschine als Annahme des Angebots des *K* (ohne Eigentumsvorbehalt)?
      a) Nach der „Theorie des letzten Wortes" (+)
      b) Nach hM (-): Zwar offener Dissens hinsichtlich des Eigentumsvorbehalts (§ 154 I), aber Auslegungszweifel sind widerlegt: Der Vertrag ist im Übrigen wirksam (Gedanke des § 306).
   5. Ergebnis: Eigentumsvorbehalt nicht vereinbart, Geltung des dispositiven Gesetzesrechts: Anspruch auf unbedingte Übereignung gem. § 433 I 1 (+), aber gem. § 320 nur Zug um Zug gegen die Kaufpreiszahlung. Damit hat sich der Eigentumsvorbehalt des *V* faktisch durchgesetzt.

II. Vorrang der Individualabrede (§ 305b)

Gemäß § 305b gilt bei inhaltlichen Konflikten zwischen AGB und Individualvereinbarungen ein prinzipieller **Vorrang der Individualvereinbarung**. Dies gilt nicht nur bei direkten Widersprüchen (Bsp.: Der Auftraggeber soll nach der Maklervertragsabrede zum Direktverkauf berechtigt bleiben, die AGB enthalten aber eine Alleinauftragsklausel[40]), sondern auch bei mittelbaren Widersprüchen (Bsp.: Zusage eines verbindlichen Liefertermins, aber Klausel, wonach zugesagte Liefertermine unverbindlich seien[41]). Vorrangige Individualvereinbarungen müssen nicht zwingend ausdrücklich getroffen werden, es genügt auch eine konkludente Einigung der Parteien. Relevant sind hier auch die sog **Schriftformklauseln**, nach denen abweichende Individualvereinbarungen in schriftlicher Form erfolgen müssen.[42] 690

§ 305b gilt gem. § 310 III Nr. 2 nicht bei Klauseln in Verbraucherverträgen, die nur zur einmaligen Verwendung vorformuliert wurden. 691

III. Überraschende Klauseln (§ 305c I)

Nach § 305c I, der auch bei der Verwendung von AGB gegenüber Unternehmern gilt, werden **überraschende Klauseln** auch dann nicht Vertragsbestandteil, wenn sie nach den Vorschriften des § 305 II, III eigentlich wirksam in den Vertrag einbezogen worden sind. Klauseln sind überraschend, wenn ihnen ein gewisser **„Überrumpelungseffekt"** innewohnt, wenn also der Vertragspartner an dieser Stelle mit einer solchen Klausel **keinesfalls rechnen musste.**[43] Wurde der Kunde in verständlicher Weise direkt auf diese Klausel hingewiesen, so scheidet die Annahme einer überraschenden Klausel aus, ebenso dann, wenn die Klausel branchenüblich ist. 692

---

[40] BGHZ 49, 84 = NJW 1968, 149.
[41] BGHZ 92, 24 = NJW 1984, 2468.
[42] Vgl. dazu näher → Rn. 347 f.
[43] Vgl. PWW/*Berger* § 305c Rn. 6.

693 Der „Überrumpelungseffekt" kann sich aus verschiedenen Gesichtspunkten ergeben:

- aus einer **besonders eklatanten Abweichung** von dispositiven Gesetzesregelungen, bei der der Kunde damit rechnen durfte, dass er hierüber besonders belehrt würde;[44]
- aus der **„sachlich-inhaltlichen Versiecktheit"** einer Klausel, wenn also der Kunde an der konkreten Stelle im Vertrag nicht mit einer derartigen Klausel rechnen musste (zB ein Haftungsausschluss in einer Klausel über Aufrechnungsverbote[45]) oder wenn an einer versteckten Stelle eine Klausel steht, die eine andere, sichtbare Vertragsbestimmung derogiert, zB Klausel zur automatischen Vertragsverlängerung auf der Rückseite, wenn auf der Vorderseite eine einjährige Vertragsdauer bestimmt ist.[46] Nach der Rspr. des BGH fällt hierunter auch eine Globalsicherungsklausel bei einem Sicherungsgeschäft (Grundschuld, Bürgschaft, ...), das anlässlich einer konkreten Verbindlichkeit abgeschlossen wurde.[47]

694 Ob eine Klausel überraschend ist oder nicht, bestimmt sich nicht allein nach ihrem objektiven Gehalt, sondern auch danach, ob sie sich im konkreten Einzelfall als überraschend darstellt, etwa weil der Verwender ihre Bedeutung heruntergespielt hat.[48] Umgekehrt kann aber auch eine objektiv überraschende Klausel ihren Überrumpelungseffekt verlieren, wenn über sie im Einzelfall hinreichend aufgeklärt wurde.[49] Bei **notariell beurkundeten Verträgen** scheidet eine Anwendung des § 305c I daher in aller Regel aus, da dort nach §§ 13, 17 BeurkG eine Hinweispflicht des Notars besteht.

695 § 305c I gilt allerdings gem. § 310 III Nr. 2 nicht bei Klauseln in Verbraucherverträgen, die nur zur einmaligen Verwendung vorformuliert wurden; hier bleibt es bei den allgemeinen Regeln über den Vertragsschluss (§§ 145 ff.).

Fall 41:[50]

696 *K* unterhält ein Branchenverzeichnis im Internet. Sie übersandte dem *B* ein Formular „Eintragungsantrag Gewerbedatenbank ...". Auf der linken Seite des Formulars befinden sich mit der Aufforderung „Bitte gegebenenfalls streichen/korrigieren" mehrere fettgedruckte Zeilen, die für Unternehmensdaten vorgesehen sind. Sodann folgt eine Unterschriftszeile. Auf der rechten Seite des Formulars befindet sich eine umrahmte Längsspalte, die in kleinerer Schriftart folgenden Text enthält:

„Hinweise zum Ersteintragungsantrag, Leistungsbeschreibung sowie Vertragsbedingungen, Vergütungshinweis sowie Hinweis nach § 33 BDSG:

Sehr geehrte Damen und Herren, die Aufnahme in unser gewerblich geführtes Verzeichnis erfolgt erst nach Rücksendung des Formulars. Wir bieten Ihnen die Veröffentlichung Ihrer nebenstehenden Daten in unserem Branchenverzeichnis www.g...org im Internet gemäß umseitiger Nr. 4 AGB gegen Entgelt an. Vertragslaufzeit zwei Jahre, die Kosten betragen

---

[44] Vgl. Palandt/*Grüneberg* § 305c Rn. 4.
[45] BGH NJW 2010, 3152 = JuS 2011, 550.
[46] BGH NJW 1989, 2255 f.
[47] Vgl. sog „Anlassrechtsprechung", vgl. BGHZ 83, 56 (59 f.) = NJW 1982, 1035; BGHZ 130, 19 (26 f.) = NJW 1995, 2553; BGHZ 132, 6 = NJW 1996, 924; Palandt/*Sprau* § 765 Rn. 20; *Riehm* JuS 2000, 343 ff.
[48] Vgl. Palandt/*Grüneberg* § 305c Rn. 4.
[49] Vgl. *Faust* AT § 15 Rn. 12.
[50] Nach BGH NJW-RR 2012, 1261 = JuS 2013, 353.

650 Euro netto pro Jahr. Die umseitigen AGB sind fester Bestandteil Ihres nebenstehenden Antrags. Die gesetzlichen Veröffentlichungspflichten Ihrer Daten sind von diesem Angebot nicht berührt. Es besteht zwischen uns aktuell keine Geschäftsbeziehung, es besteht keine Verpflichtung zur Rücksendung des Antrags. Der Auftrag zur Eintragung gilt durch Rücksendung als unwiderruflich erteilt."

B füllte das ihm unaufgefordert zugesandte Formular aus und sandte es zurück. *K* trug ihn in die Gewerbedatenbank ein und verlangt nun 773,50 EUR (650 EUR + 19 % USt).

Zu Recht?

Lösungsskizze zu Fall 41:

Anspruch aus der vertraglichen Entgeltklausel **697**

I. Anspruch entstanden
  1. Wirksamer Vertragsschluss über die Aufnahme in das Verzeichnis (+)
     Vertragstyp: Wohl Werkvertrag für die Aufnahme in das Verzeichnis, allerdings auch dienstvertragliche Elemente (dauerhaftes Vorhalten des Verzeichnisses im Netz)
  2. Wirksame Einbeziehung der Entgeltklausel (AGB iSv § 305 I)?
     a) Einigung über Einbeziehung
        aa) Keine Einbeziehung gem. § 305 II, III unter Unternehmern (§ 310 I)
        bb) Einbeziehung nach §§ 145 ff. durch einfache Einigung: hier grundsätzlich (+)
     b) Überraschende Klausel?
        aa) Anwendbarkeit des § 305c I auf Unternehmerverträge (+)
        bb) Überraschender Inhalt der Entgeltklausel
            Branchenverzeichnisse im Internet werden zwar nicht generell, aber in einer Vielzahl von Fällen unentgeltlich (da werbefinanziert) angeboten, so dass nach der berechtigten Verkehrserwartung grundsätzlich von einer kostenlosen Leistung auszugehen war. Diese Erwartung wurde nicht hinreichend deutlich korrigiert. Denn die Entgeltklausel war nach der drucktechnischen Gestaltung des Antragsformulars so unauffällig in das Gesamtbild eingefügt, dass eine Kenntnisnahme durch den durchschnittlich aufmerksamen gewerblichen Adressaten nicht zu erwarten war (kleine Schriftart, Verstecken zwischen Belanglosem). Sie ist somit als überraschende Klausel iSv § 305c I einzuordnen und wurde nicht Vertragsbestandteil.

II. Entgeltanspruch (-)

D. Auslegungsgrundsätze für AGB

Da Allgemeine Geschäftsbedingungen nicht nur für einen einzelnen Individualvertrag gelten, sondern für eine Vielzahl von Verträgen (vgl. § 305 I), sind sie abweichend von den normalen Auslegungsgrundsätzen nicht nach dem objektivierten Empfängerhorizont des konkreten Empfängers, sondern **objektiv und einheitlich auszulegen**. Auslegungsmaßstab sind zwar nach wie vor die §§ 133, 157, so dass die Auslegung nach Treu und Glauben mit Rücksicht auf die Verkehrssitte erfolgt. Maßgeblich für den Empfängerhorizont sind aber nicht die Verhältnisse des konkreten Empfängers, **698** sondern das **Verständnis eines Durchschnittskunden** ohne juristische Fachkenntnisse.[51] Allerdings ist eine übereinstimmende *falsa demonstratio* von Verwender und einem spezifischen Kunden diesem gegenüber ebenso unschädlich wie bei individuellen Willenserklärungen.[52] Eine **ergänzende Auslegung**[53] von AGB ist zugunsten des Verwenders wegen dessen Formulierungslast nur ausnahmsweise möglich,[54] zu seinen Lasten aber denkbar.

699 Die Auslegung von AGB erfolgt nach heute hM in einem **zweistufigen Verfahren**, das die Interessen des Kunden am besten schützt:[55]

- Zunächst wird die **kundenfeindlichste Auslegung** gewählt und anhand dieser eine Inhaltskontrolle nach den §§ 307 ff. durchgeführt.
- Halten die Klauseln in der kunden*feindlichsten* Auslegung dieser stand, so werden sie danach in der **kunden*freundlichsten* Auslegung** angewendet (durch Anwendung der Unklarheitenregel des § 305c II und des sog Restriktionsprinzips).

700 Im **Verbandsprozess** nach § 1 UKlaG wird ausschließlich die kundenfeindlichste Auslegung zugrunde gelegt.[56]

I. Unklarheitenregel (§ 305c II)

701 § 305c II bestimmt, dass Unklarheiten bei der Auslegung von AGB **zu Lasten des Verwenders** gehen. Diese Regelung beruht auf dem Gedanken, dass der Inhalt der AGB einseitig vom Verwender vorgegeben ist, der Vertragspartner also keine Möglichkeit zur Einwirkung auf den Inhalt hat. Der Verwender soll daher das Risiko unklarer Formulierungen tragen. Bleibt nach der Auslegung anhand der Auslegungsgrundsätze für AGB ein **vernünftiger, nicht behebbarer Zweifel** am Inhalt der AGB, so gilt von mehreren möglichen Varianten diejenige, die dem Vertragspartner am günstigsten ist.[57] Dieser Grundsatz greift aber nur bei **echter Mehrdeutigkeit** der Klauseln. Lässt sich durch Anwendung der üblichen Auslegungsgrundsätze bereits ein eindeutiger Inhalt ermitteln, so gilt dieser, selbst wenn er nicht der dem Kunden günstigste ist.

II. Restriktionsprinzip

702 Aus dem Prinzip der kundenfreundlichsten Auslegung folgt zusätzlich zu § 305c II, dass Einschränkungen von gesetzlich festgelegten Rechten grundsätzlich **eng auszulegen** sind (sog Restriktionsprinzip bzw. Prinzip der **kundenfreundlichsten Auslegung**).[58]

---

[51] Vgl. PWW/*Berger* § 305c Rn. 11 ff.; *Faust* AT § 15 Rn. 14.
[52] Dazu → Rn. 190.
[53] Dazu allgemein → Rn. 205 ff.
[54] Vgl. die Rspr. des BGH zu revolvierenden Globalsicherheiten, BGHZ (GS) 137, 212 = NJW 1998, 671.
[55] Vgl. Palandt/*Grüneberg* § 305c Rn. 18; PWW/*Berger* § 305c Rn. 17; obiter BGH NJW 1992, 1097 (1099).
[56] BGH NJW 1999, 276.
[57] Vgl. als Beispiel etwa BGH NJW 2007, 504.
[58] Vgl. *Köhler* AT § 16 Rn. 26.

Häufig vorkommende **Beispiele** sind: 703

- „Bei reduzierter Ware ist der **Umtausch ausgeschlossen**": Diese Klausel wird eng ausgelegt, so dass die Sachmängelhaftung nicht erfasst wird, sondern nur der Umtausch der Ware auf Kulanzbasis.[59]
- Auch **Haftungsausschlüsse** werden nach dem Restriktionsprinzip immer so eng wie nach dem Wortlaut möglich ausgelegt; beispielsweise soll der Ausschluss der Haftung für Rat und Empfehlung nicht auch den Schaden aus pflichtwidrigem Unterlassen eines Rates umfassen.[60]

E. Inhaltskontrolle von AGB (§§ 307 ff.)

AGB, die nach den §§ 305 II, III, 305a ff. wirksam in den Vertrag einbezogen wurden, sind einer Inhaltskontrolle nach den §§ 307 ff. zu unterziehen. 704

I. Zulässigkeit der Inhaltskontrolle von AGB (§ 307 III)

Eine Inhaltskontrolle von AGB anhand der §§ 307 ff. findet nur statt, soweit die Klauseln von der gesetzlichen Regelung abweichen. Es findet also **keine allgemeine Gerechtigkeitskontrolle** statt, sondern nur eine Überprüfung der Abweichung von Gesetzesrecht. Insbesondere wird das Äquivalenzverhältnis zwischen Leistung und Gegenleistung nicht überprüft, weil für dieses keine dispositive Regelung besteht. Die *essentialia negotii* sind daher – abgesehen von der Anwendung des Transparenzgebotes (§ 307 III 2) – stets kontrollfrei.[61] 705

Allerdings werden nach der Rspr. des BGH auch sog **Preisnebenabreden** einer Inhaltskontrolle unterzogen, die zwar mittelbare Auswirkungen auf Preis und Leistung haben, an deren Stelle aber dispositives Gesetzesrecht treten kann, wenn eine wirksame vertragliche Regelung fehlt.[62] 706

Beispiele für derartige Nebenabreden: „Fahrzeiten gelten als Arbeitszeiten"; die Bestimmung von Entgelten für Ein- oder Auszahlungen am Bankschalter[63] oder für die Bearbeitung von Forderungspfändungen durch Banken;[64] sowie die Bestimmung von Bearbeitungsentgelten in Privatdarlehensverträgen.[65]

Selbstverständlich gilt auch eine **Verweisung auf das Recht eines anderen Vertragstyps** (zB „Es finden die Regelungen über den Werkvertrag Anwendung" in einem Kaufvertrag) als Abweichung von der gesetzlichen Regelung iSd § 307 III. 707

---

[59] Vgl. *Medicus* AT Rn. 428.
[60] BGH NJW 1964, 2058 (2059).
[61] BGHZ 100, 157 (158) = NJW 1987, 1931.
[62] BGHZ 93, 358 (360 f.) = NJW 1985, 3013; BGH NJW 1993, 1128.
[63] BGH NJW 1994, 318.
[64] BGHZ 141, 380 = NJW 1999, 2276; BGH NJW 2000, 651.
[65] BGH NJW 2014, 2420 u. NJW-RR 2014, 1133 = JuS 2015, 168.

II. Klauselverbote ohne Wertungsmöglichkeit (§ 309)

708 § 309 schützt bestimmte **besonders wichtige Vorschriften des BGB** vor der automatischen Abbedingung durch AGB. Hier werden konkrete Klauseln ohne eine Interessenabwägung direkt für unwirksam erklärt. Bei den Einzelfällen handelt es sich idR um Konkretisierungen des § 307, bei denen Kernbereiche der gesetzlichen Regelung (zB das allg. Leistungsstörungsrecht) bewahrt werden. Als solche Konkretisierungen können sie auch im **unternehmerischen Verkehr** zur Orientierung bei der Auslegung des § 307 herangezogen werden, wo sie direkt nicht anwendbar sind. Allerdings sind dabei die bestehenden Gewohnheiten und Handelsbräuche zu berücksichtigen (§ 310 I 2 Hs. 2). Im Folgenden werden nur die in der Klausurpraxis wichtigsten Klauselverbote dargestellt.

1. Pauschalisierung von Schadensersatzansprüchen (§ 309 Nr. 5)

709 Der Verwender von AGB hat grundsätzlich die Befugnis, etwaige Schadensersatzansprüche in seinen AGB pauschal zu berechnen (zB Festlegung einer pauschalen Zahlungspflicht iHv 10 % des Kaufpreises, wenn der Käufer die Bestellung storniert[66]). § 309 Nr. 5 schränkt diese Befugnis unter zwei Aspekten ein:

- Die Pauschale darf den **nach dem gewöhnlichen Lauf der Dinge zu erwartenden Schaden** nicht überschreiten, dh sie muss sich am üblicherweise eintretenden Schaden orientieren.
- Dem Kunden muss **ausdrücklich** der Nachweis gestattet werden, dass in Wahrheit ein geringerer Schaden entstanden ist.

2. Haftungsausschlüsse (§ 309 Nr. 7)

710 Besonders engen Grenzen unterliegen Haftungsausschlüsse in AGB nach § 309 Nr. 7:

- Der Haftungsausschluss darf nach § 309 Nr. 7a) **nicht für Körperschäden** greifen, die vom Verwender oder seinen gesetzlichen Vertretern bzw. Verrichtungsgehilfen schuldhaft verursacht wurden.
- Nach § 309 Nr. 7b) kann die Haftung hinsichtlich anderer Schäden (also vor allem Eigentums- und Vermögensschäden) für **Vorsatz oder grobe Fahrlässigkeit** nicht ausgeschlossen werden.
  Diese Vorschrift ist allerdings keine abschließende Regelung: Im Bereich der sog **Kardinalpflichten** (also der wesentlichen Vertragspflichten) ist der Ausschluss der Haftung für leichte Fahrlässigkeit nach § 307 II Nr. 2 unwirksam.[67]

711 Überschreitet eine Haftungsausschlussklausel diese Grenzen, so ist sie wegen des Verbotes geltungserhaltender Reduktion **insgesamt unwirksam**, dh sie greift auch nicht in den Fällen, in denen ein Haftungsausschluss eigentlich möglich gewesen wäre.[68] Daher muss eine wirksame Haftungsausschlussklausel die genannten Ausnahmen ausdrücklich enthalten, sofern nicht zB eine Haftung für Körperschäden von vornherein nicht in Betracht kommt (etwa bei den AGB für Bankgeschäfte). § 309 Nr. 7greift schließlich auch bei einem Ausschluss „sämtlicher Gewährleistungs-

---

[66] Vgl. dazu auch BGHZ 185, 178 = NJW 2010, 2122.
[67] Vgl. hM und stRspr seit BGHZ 89, 363 = NJW 1984, 482.
[68] Vgl. hierzu etwa BGH NJW 2013, 3570 = JuS 2014, 550; BGHZ 170, 31 = NJW 2007, 674 = JuS 2007, 284.

rechte", weil dieser auch Ansprüche auf Ersatz mangelbedingter Körperschäden erfasst.[69]

3. Ausschluss der Mängelgewährleistung (§ 309 Nr. 8b))

Ein weiteres bedeutsames Klauselverbot enthält § 309 Nr. 8b), der Modifikationen der **Mängelgewährleistung** beschränkt. Es betrifft allerdings nur Verträge über Lieferungen **neu hergestellter Sachen** und über Werkleistungen. 712

- Solche Verträge sind **Kaufverträge**, Werkverträge und Werklieferungsverträge, aber nach ganz hM[70] entgegen dem missverständlichen Wortlaut des § 309 Nr. 8b) keine Gebrauchsüberlassungsverträge, insbesondere keine Leasingverträge (bei denen der Gewährleistungsausschluss und die Verweisung auf Dritte typisch ist).
- **Neu hergestellt** in diesem Sinne sind alle Waren, die noch nicht in ihren bestimmungsgemäßen Gebrauch genommen worden sind, also insbesondere auch Schlussverkaufsware und Sonderangebote.[71]

Der unmittelbare **praktische Anwendungsbereich** des § 309 Nr. 8b) ist allerdings recht gering, weil bei Verbrauchsgüterkaufverträgen die Gewährleistungsvorschriften nach **§ 475** ohnehin zwingend sind und § 309 im Verhältnis unter Unternehmern nur im Rahmen der Indizwirkung nach § 310 I 2 Bedeutung erlangt. Damit verbleiben für § 309 Nr. 8b) lediglich **reine Werkverträge** sowie **Kaufverträge unter Verbrauchern**. 713

III. Klauselverbote mit Wertungsmöglichkeit (§ 308)

Im Gegensatz zu § 309 enthält § 308 keine starren Verbote bestimmter Klauseln, sondern konkretisiert § 307 auf flexiblere Weise: Verboten sind bestimmte Arten der unangemessenen Benachteiligung des Vertragspartners, die häufig vorkommen. Allerdings hat hier das Gericht im Einzelfall stets anhand der widerstreitenden Interessen festzustellen, ob die Klausel tatsächlich zu einer unangemessenen Benachteiligung führt. Es besteht also ein **richterlicher Bewertungsspielraum**, der aus der Verwendung unbestimmter Rechtsbegriffe („angemessen", „zumutbar", ...) in den Klauselverboten resultiert. 714

Die einzelnen Vorschriften des § 308 sind im **Handelsverkehr** zwar nicht unmittelbar anwendbar (§ 310 I 1). Allerdings kommt ihnen im Rahmen von § 307 **Indizwirkung** zu, wobei aber ebenfalls auf die Gewohnheiten und Handelsbräuche Rücksicht zu nehmen ist (§ 310 I 2 Hs. 2). 715

IV. Unangemessene Benachteiligung (§ 307)

Die Generalklausel des § 307 bildet die Grundlage jeder Inhaltskontrolle von AGB, auch im Verkehr mit Unternehmern. Gem. § 307 sind alle Klauseln unwirksam, die den Vertragspartner entgegen Treu und Glauben unangemessen benachteiligen. Hierbei ist eine zweistufige Prüfung durchzuführen: 716

---

[69] BGH WM 2015, 695; zur Rechtsfolge → Rn. 730.
[70] Vgl. BeckOK BGB/*Becker* BGB § 309 Nr. 8 Rn. 21 ff.; BGHZ 94, 180 (187 ff.) = NJW 1985, 1547.
[71] Vgl. OLG Düsseldorf NJW-RR 1997, 1147.

1. Vorliegen eines Regelbeispiels nach § 307 II

717 Die Regelbeispiele des § 307 II sind **vorrangig zu prüfen.** Sie **indizieren** jeweils das Vorliegen einer unangemessenen Benachteiligung iSv § 307 I. Nur bei besonderen, außergewöhnlichen Umständen kann trotz des Vorliegens eines Regelbeispiels nach § 307 II die unangemessene Benachteiligung verneint werden.[72]

718 § 307 II nennt zwei Grundfälle unangemessener Benachteiligung:

- Die **Unvereinbarkeit mit wesentlichen Grundgedanken** der gesetzlichen Regelung (§ 307 II Nr. 1): Hiernach haben die jeweils typusprägenden Vorschriften des BGB eine gewisse **„Leitbildfunktion"**.[73]

Beispiel für eine solche Abweichung ist eine Vereinbarung in einem formularmäßigen Maklerauftrag, nach der die Maklerprovision unabhängig von der tatsächlichen Vermittlung anfallen soll (entgegen § 652).

- § 307 II Nr. 2 schließlich verbietet eine Gefährdung des Vertragszweckes durch eine Gestaltung, die die **Kardinalpflichten** aus dem Vertrag einschränkt (sog **Aushöhlungsverbot**).[74] Derartige Kardinalpflichten sind nicht nur die Hauptpflichten aus einem gegenseitigen Vertrag, sondern auch andere Pflichten, die für den Vertragszweck von wesentlicher Bedeutung sind.

So ist **beispielsweise** eine Freizeichnung von der Haftung für leicht fahrlässige Verletzung von Hauptpflichten grundsätzlich unwirksam,[75] ebenso bei wesentlichen Nebenpflichten.[76]

In der **Fallbearbeitung** bietet § 307 II vor allem Gelegenheit, Systemverständnis zu demonstrieren: Im Rahmen einer solchen Klauselkontrolle sind die wesentlichen Grundgedanken der gesetzlichen Regelung aus einer Gesamtschau der einschlägigen Normen konkret herauszuarbeiten, bevor der Klauselinhalt mit diesen verglichen wird.

Fall 42:[77]

719 Supermarkt *S* stellt am Eingang ein Schild mit folgendem Inhalt auf: „Sehr geehrte Kunden, wir bitten Sie höflich, Ihre Taschen hier an der Information vor dem Betreten des Marktes abzugeben; andernfalls weisen wir Sie höflichst darauf hin, dass wir an den Kassen ggf. Taschenkontrollen durchführen müssen." Kundin *K* betritt den Supermarkt mitsamt ihrer Tasche. Darf der Ladendetektiv *D* am Ausgang ihre Tasche gegen ihren Willen durchsuchen?

---

[72] BGH NJW 1985, 914 (916).

[73] Vgl. PWW/*Berger* § 307 Rn. 20; s hierzu etwa BGH NJW 2013, 1431 = JuS 2014, 69; zu Renovierungsklauseln in Mietverträgen: BGH NJW 2003, 2234 = JuS 2003, 1025; NJW 2004, 2586 = JuS 2004, 1008; NJW 2006, 2113 u. BGH NJW 2006, 2115 u. BGH NJW 2006, 2116 = JuS 2006, 933; BGH NJW 2006, 2915 = JuS 2006, 1017.

[74] Vgl. PWW/*Berger* § 307 Rn. 22 ff.

[75] BGHZ 71, 226 (228) = NJW 1978, 1430.

[76] BGH NJW 1985, 914 (916); s. zB BGH NJW 2005, 422 zur Unwirksamkeit eines Haftungsausschlusses für fahrlässige Sachbeschädigungen bei Autowaschanlagen (allerdings unmittelbar auf § 307 I gestützt).

[77] Nach BGHZ 124, 39 = NJW 1994, 188 = JuS 1994, 434; BGHZ 133, 184 = NJW 1996, 2574.

Lösungsskizze zu Fall 42:

I. Ausgangspunkt: §§ 862, 1004, Art. 2 I iVm Art. 1 I GG (Allgemeines Persönlichkeitsrecht): Taschenkontrolle grundsätzlich unzulässig 720

II. Rechtfertigungsgründe?

1. Gesetzliche Rechtfertigungsgründe
   a) § 859 (-), Voraussetzung: Verbotene Eigenmacht (= zumindest versuchter Diebstahl)
   b) § 229 (-), Voraussetzung: zu sichernder Anspruch gegen *K*
   c) § 127 I StPO (-), Voraussetzung: Dringender Tatverdacht, Durchsuchung nicht umfasst
2. Vertragliche Rechtfertigung (Einwilligung): Wirksame Klausel auf dem Schild?
   a) Vorliegen von AGB
      – „Vertragsbedingungen" trotz vorvertraglichem Verhältnis (+), arg. §§ 308 Nr. 1, 309 Nr. 11
      – „Vertragsbedingungen" trotz „höflichstem Hinweis" (+), Auslegung: Erstrebt ist (bei kundenfeindlichster Auslegung) die konstitutive Einräumung eines verdachtsunabhängigen vertraglichen Rechts auf willkürliche Kontrollen
   b) Einbeziehung (§ 305 II): ausdrücklicher Hinweis, zumutbare Möglichkeit der Kenntnisnahme, konkludentes Einverständnis (+)
   c) Inhaltskontrolle (§§ 307 ff.)
      aa) Kontrollfähigkeit (§ 307 III 1) (+), über gesetzliche Kontrollrechte hinausgehendes verdachtsunabhängiges Kontrollrecht
      bb) Kein spezielles Klauselverbot (§§ 308, 309)
      cc) Unangemessene Benachteiligung (§ 307 I 1, II Nr. 1)?
      Das Kontrollrecht des *S* ist möglicherweise mit wesentlichen Grundgedanken der gesetzlichen Regelung, von der abgewichen wird, nicht zu vereinbaren, § 307 II Nr. 1. Im Rahmen eines strafrechtlichen Ermittlungsverfahrens setzen Durchsuchungsmaßnahmen stets den Verdacht einer strafbaren Handlung voraus, so dass die mit einer Durchsuchung verbundene polizeiliche Kontrolle ohne einen solchen Verdacht unzulässig wäre (vgl. § 102 StPO). Die Anwendung privater Gewalt ist lediglich zur Sicherung oder Durchsetzung eines bestehenden Anspruchs und unter der Voraussetzung rechtmäßig, dass die konkrete Gefahr einer Erschwerung oder Vereitelung der Durchsetzung des Anspruchs droht (§ 229), ein Verdächtiger auf frischer Tat betroffen wurde (§ 127 I StPO) oder verbotene Eigenmacht vorliegt (§ 859).
      Die Begründung eines verdachtsunabhängigen Rechts auf Taschenkontrollen weicht damit von wesentlichen Grundgedanken der gesetzlichen Regelung ab, wonach Taschenkontrollen nur bei einem konkreten Diebstahlsverdacht zulässig sind, so dass gem. § 307 II Nr. 1 eine unangemessene Benachteiligung der Kunden anzunehmen ist. Im Übrigen stellt die verdachtsunabhängige Kontrolle mitgeführter Taschen in aller Regel einen erheblichen Eingriff in das allgemeine Persönlichkeitsrecht der Kunden dar, der nicht durch ein überwiegendes Interesse des Supermarktbetreibers gedeckt ist, und führen entgegen den Geboten von Treu und Glauben zu einer unangemessenen Benachteiligung der Kunden, § 307 I 1. Die Klausel ist mithin unwirksam.

III. Ergebnis: *D* darf die Tasche der *K* nicht gegen ihren Willen durchsuchen.

2. Generalklausel

721 Im Übrigen greift § 307 I bei jeder anderen unangemessenen Benachteiligung des Vertragspartners ein. Ob eine Klausel den Kunden entgegen Treu und Glauben unangemessen benachteiligt, ist anhand einer **umfassenden Interessenabwägung** zu ermitteln. Dabei ist entsprechend den Auslegungsregeln für AGB ein **objektiver, generalisierender Maßstab** anzuwenden, dh es kommt nicht darauf an, ob die Klausel im konkreten Fall für den Kunden von Nachteil war oder nicht; maßgeblich sind vielmehr die Interessen der typischerweise beteiligten Verkehrskreise.[78] Diese Interessen sind nach der **Eigenart des Vertrages** und unter **Berücksichtigung aller vertraglichen Bestimmungen** – also auch der individualvertraglichen – gegeneinander abzuwägen. Dabei sind die **Verkehrssitte** sowie der Gedanke einer angemessenen **Risikoverteilung** zu berücksichtigen.[79]

722 Problematisch ist, inwieweit bei der Klauselkontrolle eine **Gesamtbetrachtung** eines „Klauselpakets" anzustellen ist. Unstreitig ist ein „**Summierungseffekt**" möglich, dh einzelne Klauseln, die für sich genommen jeweils gerade noch zulässig sind, können in ihrem Zusammenwirken den Kunden unangemessen benachteiligen. In diesem Falle sind alle beteiligten Klauseln unwirksam.[80] Weniger eindeutig ist dagegen, ob eine **Kompensation** einer einzelnen unangemessenen Klausel durch andere, den Kunden begünstigende Klauseln möglich ist. Grundsätzlich sind nämlich nach der gesetzgeberischen Konzeption der §§ 307 ff. nur jeweils einzelne Klauseln Prüfungsgegenstand. Gleichwohl lässt die hM eine Kompensation durch konnexe Klauseln zu,[81] die sich auf den gleichen Gegenstand beziehen. Das ist etwa beim Ausschluss der mietrechtlichen Gewährleistung und ihrer Ersetzung durch die Abtretung sämtlicher kaufrechtlicher Gewährleistungsansprüche des Leasinggebers gegen den Lieferanten im Rahmen eines Leasingvertrages denkbar, weil sich die nach dem Klauselwerk gewollten Gewährleistungsrechte des Kunden erst aus einer Gesamtschau beider Klauseln ergeben.[82] In anderen Fällen können aber unangemessene Klauseln nicht durch günstige Klauseln in anderen Regelungsbereichen kompensiert werden. Aus dem gleichen Grund können auch ein besonders günstiger Preis oder andere vertragliche Vorteile die Verwendung unangemessener Klauseln nicht rechtfertigen.[83]

V. Transparenzgebot

723 Nach § 307 I 2 kann sich eine unangemessene Benachteiligung auch daraus ergeben, dass eine Klausel **nicht klar und verständlich** ist. Dieses „Transparenzgebot" gilt nach § 307 III 2 auch für Klauseln, die nicht von Rechtsvorschriften abweichen, also zB auch für die Festlegung der vertraglichen Hauptleistungspflichten. Ein Verstoß

---

[78] Vgl. Palandt/*Grüneberg* § 307 Rn. 8.

[79] Vgl. zu diesen Kriterien der Angemessenheitsprüfung näher Palandt/*Grüneberg* § 307 Rn. 10–19; als Beispiele siehe etwa BGH NJW 2005, 422; BGHZ 164, 196 = NJW 2006, 47; BGH NJW 2012, 2107 = JuS 2013, 167.

[80] BGH NJW 2006, 2116 (2117) zu mietvertraglichen Schönheitsreparaturklausel.

[81] Bejahend MüKoBGB/*Basedow* § 307 Rn. 36; BGH NJW 2003, 888.

[82] S. auch BGH Urt. v. 21.4.2015 – XI ZR 200/14, Rn. 16 ff.: Eine Verjährungsklausel ist wirksam, die einerseits abweichend von § 195 die Verjährungsfrist von drei auf fünf Jahre verlängert, andererseits aber den Verjährungsbeginn unabhängig von der Kenntnis bzw. fahrlässigen Unkenntnis festlegt und dadurch die zehnjährige Höchstfrist von § 199 IV auf fünf Jahre verkürzt.

[83] MüKoBGB/*Basedow* § 307 Rn. 43 f.

gegen das Transparenzgebot kann zB darin liegen, dass sich der Inhalt der Klausel nur unter Zuhilfenahme weiterer Unterlagen erschließen lässt (so zB bei Verweisung auf andere Verträge), oder auch darin, dass dem Verwender die Möglichkeit eingeräumt wird, ein Entgelt einseitig nachträglich festzulegen, ohne dass dafür ein zwingender Grund vorliegt.[84]

Ein **Beispiel** für einen Verstoß gegen das Transparenzgebot bilden auch Klauseln der Art „Ansprüche auf … sind ausgeschlossen, *soweit dies gesetzlich zulässig ist*" (sog **salvatorische Klausel**). Damit möchte der Verwender das Risiko der Unwirksamkeit der Klauseln auf den Vertragspartner abwälzen. Dies ist in der Regel mit der Auslegung nach dem Kenntnisstand eines Durchschnittskunden nicht vereinbar und daher wegen Verstoßes gegen das Transparenzgebot (§ 307 I 2) unwirksam, weil der Kunde nicht unmittelbar aus der Klausel ersehen kann, welche Ansprüche ausgeschlossen sind.[85] 724

Das Transparenzgebot kann allerdings vorrangig schon im Rahmen der **Einbeziehung** der AGB eine Rolle spielen: Sind die AGB derart verworren, dass es für den Kunden unzumutbar ist, vom Inhalt Kenntnis zu nehmen, so sind bereits die Anforderungen des § 305 II nicht erfüllt.[86] Die Klausel wird dann schon gar nicht Vertragsbestandteil. Klauseln, die in umfangreichen Vertragswerken an unerwarteter Stelle „versteckt" sind, sind überdies überraschend iSv § 305c I und werden aus diesem Grund nicht Vertragsbestandteil.[87] 725

F. Folgen der Unwirksamkeit oder fehlenden Einbeziehung von AGB

Ergibt die Inhaltskontrolle einer Klausel nach den §§ 307 ff., dass sie unwirksam ist, oder wurde eine Klausel nach den §§ 305–305c gar nicht erst wirksam in den Vertrag einbezogen, so bestimmt § 306 in Abweichung von § 139 Folgendes: 726

Nach § 306 bleibt im Fall der Unwirksamkeit oder der fehlenden Einbeziehung einer Klausel der Vertrag **im Übrigen wirksam**. An die Stelle der Klausel tritt grundsätzlich das **dispositive Gesetzesrecht**. Besteht für den verwendeten Vertrag kein solches (zB beim Leasingvertrag), so wird die Regelung im Wege **ergänzender Vertragsauslegung** vorgenommen. Häufig besteht wenigstens ein gewohnheitsrechtlich verfestigter Vertragstypus, dessen Regelungen zur Lückenfüllung herangezogen werden können, so zB beim Finanzierungsleasing oder bei der Sicherungsabrede.[88] 727

Bei der Aufrechterhaltung des Vertragsrestes ist allerdings gem. § 306 III stets zu prüfen, ob nicht das Festhalten an dem Vertrag ohne die unwirksame Klausel für einen Vertragsteil (also auch für den Verwender) eine **unzumutbare Härte** darstellen würde.[89] Eine unzumutbare Härte liegt aber nicht schon dann vor, wenn der Vertrag ohne die Klausel nicht in dieser Form abgeschlossen worden wäre (zB wenn der Verwender ohne einen Haftungsausschluss einen höheren Preis verlangt hätte, um sein Risiko abzusichern): Das Risiko für die Unwirksamkeit einzelner Klauseln trägt 728

---

84 BGH NJW 2000, 651.

85 BGH NJW 1996, 1407 (1408); BGH Urt. v. 5.5.2015 – XI ZR 214/14 (Rn. 15 ff.).

86 → Rn. 680.

87 → Rn. 692 ff.

88 Vgl. zum Freigabeanspruch bei revolvierenden Globalsicherheiten BGHZ (GS) 137, 212 = NJW 1998, 671.

89 S. dazu BGH NJW 1992, 1626 (1627); NJW 1994, 2754: Gesamtnichtigkeit einer Sicherungsabtretung, aufgrund einer AGB-rechtlich unwirksamen Verwertungsregelung.

grundsätzlich der Verwender selbst, da der Vertragspartner keine Einflussmöglichkeit auf den Inhalt der AGB hat.

729 Nach § 306 kann nach ganz hM eine Klausel nur dann für **teilnichtig** erklärt werden, wenn sie tatsächlich auch vom Wortlaut her teilbar ist. Die unwirksame Klausel bzw. der unwirksame Klauselteil muss also aus dem Vertragstext gestrichen werden können (sog **blue pencil-Test**).[90] Eine einschränkende gesetzeskonforme Auslegung der Klausel, die sich nicht durch das Streichen von Wörtern ergibt, ist unzulässig. Es gilt also das **Verbot der geltungserhaltenden Reduktion** von AGB, da anderenfalls der Verwender seine Klauseln beliebig weit formulieren könnte, um dann vom Richter auf das gesetzlich gerade noch zulässige Maß reduziert zu werden, falls der Vertragspartner klagt.[91]

730 Daher ist **beispielsweise** ein Ausschluss „sämtlicher Gewährleistungsrechte" insgesamt unwirksam, obwohl er nur insoweit gegen § 309 Nr. 7 verstößt, als er auch die Schadensersatzhaftung bei Vorsatz oder grober Fahrlässigkeit und die Haftung für Körperschäden (als Mangelfolgeschäden) erfasst. Der Verwender haftet also auch für leichte Fahrlässigkeit, obwohl er nach § 309 Nr. 7 die Haftung insoweit hätte ausschließen können. Auch der Ausschluss aller anderen Gewährleistungsrechte (Nacherfüllung, Minderung, Rücktritt) durch dieselbe Klausel ist unwirksam, selbst wenn dieser eigentlich in den Grenzen der §§ 309 Nr. 8b), 475 I möglich gewesen wäre.[92]

Ebenso ist ein uneingeschränkt formuliertes Aufrechnungsverbot nach § 307 II Nr. 1 insgesamt unwirksam, auch wenn eine unangemessene Benachteiligung nur hinsichtlich unbestrittener oder rechtskräftig festgestellter Forderungen vorliegt.[93]

731 In der **Fallbearbeitung** kann das Verbot geltungserhaltender Reduktion tückische Auswirkungen haben: Denn nicht nur der Ausschluss des im konkreten Fall relevanten Rechts kann eine Klausel unwirksam machen, sondern auch jeder andere, im Fall gar nicht gefragte Anspruchsausschluss, den die Klausel bei kundenfeindlichster Auslegung bewirkt. Das macht es erforderlich, bei einer AGB-Kontrolle sämtliche Folgen, die eine Klausel auch außerhalb des konkreten Sachverhalts haben könnte, in die Klauselkontrolle mit einzubeziehen. Wird im obigen Beispiel[94] des Ausschlusses „sämtlicher Gewährleistungsrechte" etwa in einem Fall nur nach dem Rücktritt des Käufers gefragt, liegt zwar sicher nahe, dass diese an der fraglichen Klausel scheitern könnte, so dass die Zulässigkeit des Rücktrittsausschlusses zu prüfen ist (hier: § 309 Nr. 8b) bzw. § 475 I). Für eine zutreffende Prüfung der Klausel ist aber darüber hinaus nötig, auch die Zulässigkeit eines Ausschlusses sämtlicher Schadensersatzansprüche (§ 309 Nr. 7) zu prüfen, auch wenn solche im Fall gar nicht relevant sind. Denn die Unwirksamkeit aus diesem Grund kann über das Verbot geltungserhaltender Reduktion auf den Rücktrittsausschluss durchschlagen.

G. Verhältnis der §§ 305 ff. zum Allgemeinen Teil des BGB

732 Auch der Allgemeine Teil des BGB enthält Vorschriften zur Inhaltskontrolle von Verträgen:

- Die §§ 138, 134 regeln die Sittenwidrigkeit und die Gesetzeswidrigkeit.

---

90 BGH NJW 2014, 141 Rn. 14; in der Sache auch BGH NJW 2015, 928 Rn. 23 f.; BGHZ 179, 374 = NJW 2009, 1664 Rn. 15.

91 BGHZ 143, 103 = NJW 2000, 1110; *Coester-Waltjen* Jura 1988, 113ff; *Wertenbruch* AT § 11 Rn. 32 f.; *Faust* AT § 15 Rn. 19; PWW/*Berger* § 306 Rn. 4 ff.

92 BGH WM 2015, 569.

93 BGHZ 153, 293 = NJW 2003, 1521 (1522 f.).

94 → Rn. 730.

- Nach § 242 nimmt die Rspr. teilweise eine generelle Angemessenheitskontrolle vor; dies geschieht inzwischen aber nur noch außerhalb des Anwendungsbereichs der §§ 305 ff.[95]
- Nichtigkeitsanordnungen für einzelne vertragliche Vereinbarungen finden sich zB in den §§ 276 III, 344, 475 I, 536 IV, 547 II, 554a III, 555, 555d VII, 556 IV, 556b II 2, 1229.

In diesem Bereich ist allein die **Konkurrenz zwischen den §§ 305 ff. und § 138** 733 problematisch; alle anderen Klauselverbote stehen nebeneinander (abgesehen von der Angemessenheitskontrolle nach § 242, die durch § 307 ausgeschlossen ist).[96] Grundsätzlich bilden die §§ 307 ff. und § 138 getrennte Bewertungsmaßstäbe, die nebeneinander anwendbar sind. Auf Tatbestandsseite verlangt § 138 regelmäßig eine subjektive Komponente der **Vorwerfbarkeit des Sittenverstoßes**,[97] während es bei § 307 lediglich auf die objektive unangemessene Benachteiligung durch die Regelung ankommt; die Unwirksamkeitsschranke des § 138 liegt also regelmäßig höher als die des § 307.[98] Außerdem erfasst § 307 nur die **Benachteiligung des Vertragspartners**, nicht die **Benachteiligung Dritter** oder die Verletzung von Belangen der **Allgemeinheit**, so dass zB die Fälle der Gläubigerbenachteiligung im Rahmen von Sicherungsgeschäften nicht über § 307, sondern nur über § 138 gelöst werden können.[99]

Die Sittenwidrigkeit eines Vertrages kann sich aber auch aus der (vorwerfbaren) 734 **Kumulierung** einer Vielzahl benachteiligender Klauseln ergeben, oder aus der Kombination unangemessener Klauseln mit zusätzlichen Umständen, wie zB Unverständlichkeit, Unübersichtlichkeit oder irreführenden Hinweisen. Bei dieser Gesamtbewertung der Sittenwidrigkeit sind auch solche Klauseln zu berücksichtigen, die bereits für sich genommen nach den §§ 305 ff. unwirksam wären.[100]

Hinsichtlich der **Rechtsfolgen** besteht allerdings Einigkeit, dass auch bei Anwendung 735 des § 138 auf einzelne Klauseln nicht die Wertung des **§ 139** (Vermutung der Gesamtnichtigkeit des Vertrages bei Sittenwidrigkeit einer Klausel), sondern die des **§ 306** (Aufrechterhaltung der übrigen Vertragsteile) anzuwenden ist.[101]

---

[95] BGHZ 101, 350 (352) = NJW 1988, 135; Palandt/*Grüneberg* § 305 Rn. 12.

[96] Vgl. BeckOK BGB/*H. Schmidt* BGB § 307 Rn. 11 f.; für das Nebeneinander von § 134 und § 307 etwa BGH NJW 2009, 667 (669).

[97] Dazu → Rn. 384, 386.

[98] BGH ZIP 1996, 957 (961).

[99] Vgl. BGH NJW 1999, 2588 (2589).

[100] BGHZ 136, 347 = NJW 1997, 3372.

[101] Vgl. BeckOK BGB/*H. Schmidt* BGB § 306 Rn. 6.

§ 12. Fristen und Verjährung

A. Fristberechnung (§§ 186 ff.)

Die Fristberechnung ist sowohl in Klausuren als auch in der Praxis von **elementarer Bedeutung**, etwa für die Bestimmung von Verjährungs-, Anfechtungs- oder Widerrufsfristen. Ein Fristversäumnis ist immer einer der einfachsten und – für den Praktiker – offensichtlichsten Gründe für die Abweisung eines Anspruches oder einer Klage; Fehler in diesem Bereich sind aus Sicht der Praxis unverzeihlich und führen etwa bei Rechtsanwälten regelmäßig zu Haftungsfällen. Zugleich lassen sich Fristberechnungen kaum je durch „vertretbare" Argumentationen retten – sie sind entweder richtig oder falsch. 736

Die §§ 186 ff. enthalten Regeln für die Fristberechnung, die gleichermaßen für gesetzliche und vertragliche Bestimmungen von Fristen oder Terminen gelten. Ihr Anwendungsbereich erstreckt sich nicht nur auf das BGB, sondern auf alle Rechtsgebiete (vgl. § 222 ZPO, § 186 sowie für das Verwaltungsverfahrensrecht § 31 I VwVfG). 737

I. Ereignis- und Ablauffristen

Für jegliche Fristberechnung ist die Unterscheidung zwischen sog Ereignisfristen und Ablauffristen elementar. Ereignisfristen sind dadurch gekennzeichnet, dass ihr Beginn von einem Ereignis abhängt, das in den Lauf eines Tages fällt (zB Zugang einer Mahnung, Eingang eines Schriftsatzes, Vertragsschluss). Für Ablauffristen ist demgegenüber charakteristisch, dass sie am Beginn eines Tages um 0 Uhr beginnen sollen (zB Laufzeit eines Mietvertrags oder eines Arbeitsverhältnisses). 738

Ereignisfristen sind der **Regelfall**, der Ihnen bei der Fristberechnung begegnet. Insbesondere sind prozessuale Fristen und Verjährungsfristen in aller Regel Ereignisfristen.

II. Fristbeginn

Hinsichtlich des Beginns ist zwischen Ereignis- und Ablauffristen zu unterscheiden: 739

- Bei **Ereignisfristen** (dem Regelfall) wird der Tag nicht mitgerechnet, in den das maßgebliche Ereignis (zB die Ablieferung bei § 438 oder die Abnahme bei § 634a) fällt. Die Frist beginnt also erst am nächsten Tag um 0.00 Uhr zu laufen.
- **Ablauffristen** beginnen mit Tagesanfang; daher wird der Tag mitgerechnet, an dem das maßgebliche Ereignis stattfand (Beispiel: Arbeitsvertrag oder Mietvertrag ab dem 1.5.). An diesem Tag beginnt die Frist um 0.00 Uhr zu laufen. Das gleiche gilt (eigentlich systemwidrig) gem. § 187 II 2 für die Bestimmung des Lebensalters.

740 Der Fristbeginn allein hat kaum praktische Bedeutung, weil das Fristende unabhängig vom Fristbeginn nach § 188 selbständig bestimmt werden kann.

III. Fristdauer

741 Die Fristdauer ergibt sich aus den vertraglichen Vereinbarungen bzw. aus dem Gesetz. **Auslegungsregeln** für häufig vorkommende Bezeichnungen finden sich in den §§ 189–191 (Tages-, Wochen- oder Monatsfrist, „halbes Jahr", „Monatsmitte" etc.) sowie in § 359 HGB („ acht Tage").

IV. Fristende

742 Hinsichtlich des Endes der Fristen ist zu unterscheiden:

- Ist die Frist **nach Tagen** bestimmt (zB § 286 III oder § 355 II 1), so endet sie im Zweifel mit dem Ablauf des letzten Tages (§ 188 I), wobei bei Ereignisfristen der Tag, in den das fristauslösende Ereignis fällt, nicht mitzurechnen ist.
- Bei **anderen Fristen** ist nach § 188 II wiederum zwischen Ereignis- und Ablauffristen zu differenzieren:
  - **Ereignisfristen** enden gem. § 188 II Alt. 1 mit dem Ablauf des entsprechenden Wochen- oder Monatstages. Eine Monatsfrist, deren auslösendes Ereignis auf den 19.1.2015 fällt, endet daher gem. § 188 II Alt. 2 mit dem Ablauf des 19.2.2015. Eine Wochenfrist, deren auslösendes Ereignis auf einen Donnerstag fällt, endet mit Ablauf des nächsten Donnerstags.
    Gibt es den entsprechenden Tag nicht (zB den 30.2.), so ist gem. § 188 III der letzte Tag des entsprechenden Monats entscheidend (also der 28. bzw. 29.2.).
  - **Ablauffristen** enden gem. § 188 II Alt. 2 mit Ablauf desjenigen Tages, der dem *Vortag* des Fristbeginnes entspricht, also iE einen Tag vor Ablauf einer entsprechenden Ereignisfrist. Ein dreimonatiger Arbeitsvertrag ab dem 1.5. läuft demnach bis zum 31.7.

743 Fällt das Fristende für die Abgabe einer Willenserklärung oder die Vornahme einer Leistung auf einen Samstag, Sonntag oder Feiertag, so endet die Frist erst am **darauffolgenden Werktag** (§ 193; vgl. auch den gleich lautenden § 222 II ZPO, der für alle prozessualen Fristen gilt).[1] Auf Kündigungsfristen ist § 193 allerdings weder direkt noch analog anwendbar.[2]

744 Soll eine materiell-rechtliche Frist durch eine **Klageerhebung** gewahrt werden, so wirkt gem. § 167 ZPO die Zustellung der Klageschrift (s. § 253 I ZPO) auf den Zeitpunkt der **Einreichung** bei Gericht zurück, wenn diese „demnächst" erfolgt, wobei „demnächst" nicht in einem rein zeitlichen Sinne zu verstehen ist. Vielmehr ist die Zustellung grundsätzlich dann „demnächst" erfolgt, wenn etwaige Verzögerungen zwischen Einreichung und Zustellung ihre Ursache nicht in einem Fehler des Klägers haben. Anwendbar ist § 167 ZPO nach hM auf alle materiellrechtlichen Fristen, dh vor allem Verjährungsfristen (s. § 204 I Nr. 1), aber etwa auch die Frist für den Widerspruch gegen die Fortsetzung eines Mietverhältnisses nach § 545.[3]

---

1 Vgl. hierzu BGHZ 171, 33 = NJW 2007, 1581 = JuS 2007, 964.
2 BGHZ 162, 175 = NJW 2005, 1354.
3 S. BGH NZM 2014, 580.

Fall 43:

Witwe *W* kauft bei *V* anlässlich einer Kaffeefahrt am Samstag, 17.10.2015 eine Heizdecke für 340 EUR. Eine ordnungsgemäße Belehrung über ihr Widerrufsrecht gem. § 312g I wird ihr ausgehändigt. Erst am Samstag, 31.10.2015 merkt *W* (unterstützt durch ihren Neffen *N*), dass vergleichbare Heizdecken im Internet zum halben Preis angeboten werden. Sie bittet *N* am nächsten Tag, ihr „aus dem Vertrag zu helfen". Dieser versendet am Montag, 2.11.2015 um 23.59 Uhr ein Telefax an *V*, in dem er im Namen der *W* den Vertrag widerruft. Der Ausdruck des Faxes trägt den (zutreffenden) Zeitstempel „3.11.2015 – 0.00 Uhr". Ist der Widerruf wirksam? 745

Lösungsskizze zu Fall 43:

Wirksamkeit des Widerrufs 746

I. Widerrufsrecht: §§ 312g I, 312b I 1 Nr. 4 (+)
II. Widerrufserklärung der *W* (vertreten durch *N*), § 355 I 2 (+)
III. Formale Anforderungen an die Widerrufserklärung, § 355 I 3 (+)
IV. Widerrufsfrist
  1. Frist: 14 Tage, § 355 II 1
  2. Fristbeginn: gem. § 355 II 2 grds. Vertragsschluss, hier aber Erhalt der Ware (§ 356 II Nr. 1 lit. a) bzw. ordnungsgemäße Belehrung (§ 356 III 1), erster Tag der Frist nach § 187 I: Sonntag, 18.10.2015 (Nichtzählung des Ereignistages)
  3. Fristende gem. §§ 187 I, 188 I: Samstag, 31.10.2015 (17. plus 14 Tage = 31.)
  4. Fristverlängerung gem. § 193?
    – Frist zur Abgabe einer Willenserklärung (+)
    – Fristende an Samstag/Sonntag/Feiertag (+)
    – Fristverlängerung bis zum nächsten Werktag: Ablauf des Montag, 2.11.2015
  5. Rechtzeitigkeit der Widerrufserklärung?
    – Zugang am Dienstag, 3.11.2015, 0.00 Uhr, mithin eigentlich verspätet, da der Montag bereits abgelaufen war
    – Aber: Rechtzeitige Absendung genügt, § 355 I 5; hier: Absendung am Montag, 2.11.2015, 23:59 Uhr, Fristwahrung (+)
V. Ergebnis: Wirksamkeit des Widerrufs, § 355 I 1 (+)

B. Verjährung von Forderungen (§§ 194 ff.)

Grundsätzlich unterliegen alle Ansprüche der Verjährung (§ 194 I). Die Verjährung einer Forderung führt dazu, dass der Schuldner nach Ablauf der Verjährungsfrist gem. § 214 I die **Leistung dauerhaft verweigern** darf. Dabei bleibt der Anspruch zwar rechtlich bestehen, er ist aber nur durchsetzbar, wenn der Schuldner die Einrede der Verjährung nicht erhebt (aus gutem Willen oder aus Vergesslichkeit). Für diesen Fall ist der Anspruch aber noch der Rechtsgrund für die Leistung, so dass der Gläubiger das auf eine verjährte Forderung Geleistete behalten darf (vgl. § 214 II). 747

Forderungen unterliegen der Verjährung, sofern nichts Gegenteiliges im Gesetz geregelt ist. Eine bedeutsame Ausnahme ist insoweit § 902, wonach die **Ansprüche aus** 748

im Grundbuch eingetragenen Rechten unverjährbar sind.[4] Das betrifft insbesondere den Anspruch auf Duldung der Zwangsvollstreckung wegen einer Grundschuld oder Hypothek aus § 1147 (ggf. iVm § 1192 I) oder den Anspruch aus einem dinglichen Wohnrecht.

I. Verjährungsfristen

1. Besondere Verjährungsfristen

a) Verjährungsfristen außerhalb des Allgemeinen Teils

749 Die wichtigsten besonderen Verjährungsfristen außerhalb des Allgemeinen Teils des BGB betreffen meist **Gewährleistungsansprüche**. Diese Fristen sind kürzer als die regelmäßige Verjährungsfrist (meist zwei Jahre, beim Mietvertrag sogar nur sechs Monate). Zudem beginnen sie unabhängig von der Kenntnis des Gläubigers zu laufen (sog objektive Anknüpfung). Im Einzelnen handelt es sich um folgende Vorschriften:

- § 438 für kaufrechtliche Gewährleistungsrechte,
- § 548 für bestimmte mietvertragliche Ansprüche,[5]
- § 634a für werkvertragliche Gewährleistungsrechte,
- § 651g II für reisevertragliche Gewährleistungsrechte.

b) 30-jährige Verjährung nach § 197

750 § 197 bestimmt für die dort aufgezählten Ansprüche eine 30-jährige Sonderverjährung, deren Beginn von der Kenntnis des Gläubigers unabhängig ist (objektive Anknüpfung).

751 **Betroffene Ansprüche** sind:

- nach § 197 I Nr. 1 **Schadensersatzansprüche**, die auf der vorsätzlichen Verletzung des Lebens, des Körpers, der Gesundheit, der Freiheit oder der sexuellen Selbstbestimmung beruhen;
- nach § 197 I Nr. 2 **Herausgabeansprüche** aus Eigentum (§ 985) und anderen dinglichen Rechten (zB § 1251);
- nach § 197 I Nr. 3 **rechtskräftig festgestellte Ansprüche** und nach § 197 I Nrn. 4, 5 auch **andere vollstreckbare Ansprüche**, insbesondere aus Prozessvergleichen (§ 794 I 1 Nr. 1 ZPO) und vollstreckbaren Urkunden (§ 794 I 1 Nr. 5 ZPO) sowie nach § 197 I Nr. 6 Ansprüche auf Erstattung der Kosten der Zwangsvollstreckung.

Bei diesen Fristen handelt es sich um **Ereignisfristen**, die nach §§ 187 I, 188 II Alt. 1 laufen.

752 Die 30-jährige Verjährungsfrist beginnt gem. § 200 mit der **Entstehung** des Anspruches (§ 197 I Nrn. 1 u. 2) bzw. mit Eintritt der Rechtskraft bzw. der Errichtung des Vollstreckungstitels (§ 197 I Nrn. 3–6). Die Entstehung des Anspruches iSv § 200 setzt nach hM **Fälligkeit** voraus.[6]

---

[4] Vgl. hierzu BGH NJW 2007, 2183 = JuS 2007, 869.

[5] Der Anspruch auf Herstellung des vertragsgemäßen Gebrauches aus § 535 entsteht allerdings fortlaufend neu und ist daher unverjährbar, vgl. BGHZ 184, 253 = NJW 2010, 1292.

[6] BGHZ 53, 222 (225) = NJW 1970, 938; Palandt/*Ellenberger* § 199 Rn. 3.

c) Verjährung grundstücksbezogener Ansprüche (§ 196)

Ansprüche, die Rechte an Grundstücken oder die dafür zu entrichtende Gegenleistung betreffen, unterliegen nach § 196 einer **zehnjährigen Verjährungsfrist**. Im Einzelnen betrifft § 196 vor allem 753

- Ansprüche auf **Übertragung des Eigentums** (zB aus Grundstückskaufverträgen), aber auch gesetzliche Ansprüche auf Rückabwicklung von nichtigen Grundstücksgeschäften,[7]
- Ansprüche auf Begründung, Übertragung, Aufhebung oder Inhaltsänderung eines **beschränkten dinglichen Rechts** an einem Grundstück (zB der Anspruch aus einer Sicherungsabrede auf Rückübertragung der Grundschuld),
- die Ansprüche auf die jeweilige **Gegenleistung** (insbesondere den Kaufpreis).

Die Verjährungsfrist beginnt nach § 200 mit der **Entstehung** des Anspruches, dh mit Eintritt der Fälligkeit. 754

2. Regelmäßige Verjährung (§§ 195, 199)

Für alle Ansprüche, die keiner besonderen Verjährungsfrist unterliegen, gilt die regelmäßige Verjährung nach den §§ 195, 199. Die regelmäßige Verjährung ist durch eine Kombination aus einer kenntnisabhängigen dreijährigen Verjährungsfrist mit zehn- bzw. 30-jährigen kenntnisunabhängigen Auffangfristen gekennzeichnet. 755

a) Anwendungsbereich

Die wichtigsten Ansprüche, die der regelmäßigen Verjährung unterliegen, sind: 756

- vertragliche Erfüllungsansprüche (Primäransprüche);[8]
- vertragliche Schadensersatzansprüche aus den §§ 280 ff., soweit sie nicht unter § 197 I Nr. 1 fallen;
- deliktische Schadensersatzansprüche aus den §§ 823 ff., soweit sie nicht unter § 197 I Nr. 1 fallen;
- Bereicherungsansprüche aus den §§ 812 ff.;
- Ansprüche aus dem Familien- und Erbrecht, wobei insoweit gelegentlich Sonderregelungen hinsichtlich des Verjährungsbeginnes bestehen (vgl. §§ 1302, 2332).

b) Kenntnisabhängige kurze Frist (§ 199 I)

Die **dreijährige** Verjährungsfrist des § 195 beginnt nach § 199 I am Ende des Jahres zu laufen, in dem der Anspruch entstanden ist und der Gläubiger von den anspruchsbegründenden Umständen Kenntnis erlangt hat oder ohne grobe Fahrlässigkeit hätte erlangen müssen. Voraussetzung für den Fristbeginn ist demnach (kumulativ): 757

- **Entstehung** des Anspruches (§ 199 I Nr. 1). Das ist wie bei § 200 als Fälligkeit zu verstehen, dh der Anspruch ist erst entstanden, wenn er im Wege der Klage (notfalls der Feststellungsklage) geltend gemacht werden kann.[9]
  Schadensersatzansprüche entstehen mit dem Eintritt des (ersten) Schadens.[10] Bei Unterlassungsansprüchen (insbesondere aus § 1004) tritt nach § 199 V die Zuwiderhandlung an die Stelle der Entstehung.

---

7 BGH NJW-RR 2008, 824 = JuS 2008, 745.

8 Mit Ausnahme der Ansprüche auf dingliche Rechte und die entsprechenden Gegenleistungen, vgl. § 196.

9 Vgl. Palandt/*Ellenberger* § 199 Rn. 3; PWW/*Deppenkemper* § 199 Rn. 3; *Faust* AT § 31 Rn. 5.

10 Vgl. Palandt/*Ellenberger* § 199 Rn. 15 f.

- **Kenntnis** oder **grob fahrlässige Unkenntnis** des Gläubigers von den anspruchsbegründenden Tatsachen und der Person des Schuldners (§ 199 I Nr. 2). Dabei kommt es lediglich auf die Kenntnis der Tatsachen, nicht auf deren rechtliche Bewertung an.[11] Das Wissen von Hilfspersonen ist dem Gläubiger gemäß bzw. analog § 166 zuzurechnen.[12]
  Im Kern kommt es darauf an, ob dem Gläubiger die **Erhebung einer Feststellungsklage mit Aussicht auf Erfolg** – wenn auch nicht risikolos – möglich ist.[13] In diesem Zusammenhang kann sogar eine **unklare Rechtslage** (etwa weil eine bestimmte Frage, auf die es für den Anspruch ankommt, noch nicht höchstrichterlich im Sinne des Gläubigers entschieden ist) den Verjährungsbeginn hinausschieben, weil sie aus Sicht des Gläubigers einer *erfolgversprechenden* Erhebung der Feststellungsklage entgegensteht.[14] Auf die Kenntnis bzw. grob fahrlässige Unkenntnis der neuen Rechtsprechung kommt es dann aber nicht an; vielmehr beginnt die Verjährung mit der objektiven Klärung der Rechtslage.[15]
  - Bei **vertraglichen Erfüllungsansprüchen** liegt die Kenntnis bereits bei Vertragsschluss vor, so dass dem „subjektiven Element" des § 199 I Nr. 2 hier keine Bedeutung zukommt.
  - Bei **Schadensersatzansprüchen** kommt es nicht auf die Kenntnis jedes einzelnen Schadenspostens an. Vielmehr beginnt die Verjährung nach dem **„Grundsatz der Schadenseinheit"** einheitlich für alle Schadensposten zu laufen, sobald der Gläubiger weiß, dass ihm überhaupt ein Schaden entstanden ist und er daher in der Lage ist, wenigstens eine Feststellungsklage zu erheben.[16] Lediglich bei unvorhersehbaren Spätschäden versagt die Rspr. es dem Schädiger nach Treu und Glauben, sich auf den Grundsatz der Schadenseinheit zu berufen.[17]
  - Bei **Unterlassungsansprüchen** beginnt die Verjährung mit der Kenntnis des Gläubigers von der Zuwiderhandlung.
- Im Übrigen kommt es auf die **Kenntnis sämtlicher anspruchsbegründender Tatbestandsmerkmale** an, wobei nicht erforderlich ist, dass der Gläubiger aus den anspruchsbegründenden Umständen auch die **zutreffenden rechtlichen Schlussfolgerungen** gezogen hat.[18]
  Grob fahrlässig ist die Unkenntnis des Gläubigers dann, wenn sie auf einer besonders schweren Vernachlässigung der im Verkehr erforderlichen Sorgfalt beruht.[19] Das ist insbesondere dann anzunehmen, wenn er nahe liegende Informationsmöglichkeiten nicht nutzt oder einem sich aufdrängenden Verdacht nicht nachgeht.

758 Die Frist beginnt mit **Ablauf des Jahres** zu laufen, in dem diese beiden Voraussetzungen vorliegen, dh am 31.12. um 24 Uhr. Sie endet analog §§ 187 II, 188 II Alt. 2 am 31.12. des dritten darauffolgenden Jahres um 24 Uhr.

---

[11] BGH NJW-RR 2008, 1237.
[12] BGH NJW-RR 2009, 1471 sowie näher → Rn. 626 ff.
[13] BGH NJW-RR 2009, 544 (546).
[14] BGH NJW 1999, 2041; NJW 2014, 3713 Rn. 34 ff. = JuS 2015, 168.
[15] BGH NJW-RR 2009, 547 (548).
[16] Vgl. *Lorenz/Riehm* Rn. 51; Palandt/*Ellenberger* § 199 Rn. 14.
[17] Vgl. zB BGH NJW 1991, 973.
[18] Vgl. etwa BGHZ 181, 310 = NJW 2010, 60 für den Ausgleichsanspruch eines Gesamtschuldners; BGH NJW-RR 2009, 544 (546); NJW-RR 2010, 1574 für Ansprüche aus ungerechtfertigter Bereicherung.
[19] BGH NJW-RR 2010, 681.

c) Auffangfristen (§ 199 II–IV)

Die kenntnisabhängige dreijährige Regelverjährung wird in § 199 II, III durch **zwei verschiedene kenntnisunabhängige Auffangfristen** ergänzt. Auf diese Fristen kommt es insbesondere dann an, wenn der Schuldner nicht nachweisen kann, wann der Gläubiger Kenntnis von den anspruchsbegründenden Umständen erlangt hat oder hätte erlangen müssen. Beide Auffangfristen unterscheiden sich nach den Anspruchsarten: 759

- Deliktische oder vertragliche Schadensersatzansprüche bei Verletzung **höchstpersönlicher Rechtsgüter** (Leben, Gesundheit, Körper, Freiheit oder allgemeines Persönlichkeitsrecht) verjähren in **30 Jahren** (§ 199 II). Die Frist beginnt je nach Anspruchsart
  - mit der **Begehung der unerlaubten Handlung** – dh der Rechtsgutsverletzung bzw. bei mittelbaren Verletzungen der Verkehrspflichtverletzung –,
  - der Pflichtverletzung (bei Schadensersatzansprüchen aus den §§ 280 ff.),
  - oder dem sonstigen schadensauslösenden Ereignis (zB dem Schadenseintritt bei Gefährdungshaftungstatbeständen).

  Auf die **Entstehung** des Anspruches kommt es dabei nicht an. Der Anspruch kann also verjähren, bevor der erste Schadensposten eingetreten ist, zB wenn zwischen Verletzung einer Verkehrspflicht und dem Schadenseintritt mehr als 30 Jahre liegen.
- **Sonstige Schadensersatzansprüche** verjähren nach § 199 III entweder
  - in **10 Jahren** von ihrer Entstehung (dh von der Rechtsgutsverletzung) an, oder
  - in **30 Jahren** von der Begehung der unerlaubten Handlung (dh der Verkehrspflichtverletzung), der Pflichtverletzung oder dem sonstigen schadensauslösenden Ereignis an.

    Dabei kommt es nach § 199 III 2 darauf an, welche der beiden Fristen früher endet.
- **Andere Ansprüche** (zB bereicherungsrechtliche Ansprüche) verjähren nach § 199 IV in **10 Jahren** von ihrer **Entstehung** an.

Fall 44:

U errichtet 2002 einen Staudamm unter Verstoß gegen Sicherheitsvorschriften. Bei einem Hochwasser am 15.5.2033 bricht der Damm zusammen; bei Einhaltung der Sicherheitsvorschriften hätte er gehalten. Die Witwe *W* eines Opfers verlangt entgangenen Unterhalt; Eigentümer *E* eines eingestürzten Hauses verlangt Schadensersatz. Zu Recht? 760

Lösungsskizze zu Fall 44:

A. Anspruch der *W* aus §§ 823 I, 844 II 761

I. Anspruch entstanden (+)

II. Einrede der Verjährung, § 214 I?

1. Regelmäßige Verjährung, §§ 195, 199 I Nrn. 1 u. 2 (3 Jahre ab Jahresschluss nach Entstehung und Kenntnis bzw. Kennenmüssen): 31.12.2036
2. Verjährungshöchstfrist, §§ 195, 199 II (30 Jahre ab Pflichtverletzung): Im Jahr 2032

   Der Anspruch der *W* ist nach § 199 II verjährt, soweit er auf die ursprüngliche Verletzung der Sicherheitsvorschriften durch *U* gestützt wird, weil diese unerlaubte Handlung über 30 Jahre zurückliegt und es auf den Eintritt der Rechtsgutsverletzung nicht ankommt. (Unverjährte Ansprüche sind nur denkbar, wenn sie auf die spätere Verletzung einer Überwachungspflicht durch *U* gestützt werden.)

III. Ergebnis: Anspruch (+), aber bei Erhebung der Verjährungseinrede nicht durchsetzbar

B. Anspruch des *E* aus § 823 I

I. Anspruch entstanden (+)

II. Verjährung, § 214 I?

1. Regelmäßige Verjährung, §§ 195, 199 I Nrn. 1 u. 2 (3 Jahre ab Jahresschluss nach Entstehung und Kenntnis bzw. Kennenmüssen): 31.12.2036
2. Verjährungshöchstfrist, §§ 195, 199 III 1 Nr. 1 (10 Jahre ab Entstehung): 15.5.2043 bzw. §§ 195, 199 III 1 Nr. 2 (30 Jahre ab Pflichtverletzung): 2032
   Im Hinblick auf den Anspruch des *E* läuft die absolute Verjährungsfrist des § 199 III 1 Nr. 1 am 15.5.2043 ab, die des § 199 III 1 Nr. 2 im Jahre 2032. Maßgeblich ist nach § 199 III 2 die früher endende Frist, so dass Verjährung im Jahre 2032 eintritt.

III. Ergebnis: Anspruch (+), aber bei Erhebung der Verjährungseinrede nicht durchsetzbar

II. Lauf der Verjährungsfrist

762 Der Lauf der Verjährungsfrist kann **auf verschiedene Arten modifiziert** werden: durch Hemmung, Ablaufhemmung und Neubeginn. Nach § 213 betreffen diese nicht nur den **verjährenden Anspruch selbst**, sondern auch **andere Ansprüche** bzw. Rechte, die „aus demselben Grund wahlweise neben oder statt diesem gegeben sind." Das sind zB Ansprüche auf Schadensersatz statt der Leistung nach § 281 oder auch – über § 218 – das Rücktrittsrecht aus § 323, nicht dagegen Ansprüche auf Verzugszinsen oder auf Verzögerungsschaden nach § 280 II. Im Hinblick auf **Gewährleistungsrechte** werden sämtliche aus einem Mangel resultierenden Rechte iSv § 437 bzw. § 634 erfasst.[20]

1. Hemmung der Verjährung

763 Hemmung der Verjährung bedeutet, dass die Zeitspanne, während der die Verjährung nach den §§ 203 ff. gehemmt ist, nicht in die Verjährungsfrist eingerechnet ist (§ 209). Der Eintritt der Verjährung wird also um diese Zeitspanne hinausgeschoben.

Die wichtigsten Hemmungstatbestände sind:

a) Hemmung während Verhandlungen (§ 203)

764 Nach § 203 ist die Verjährung gehemmt, solange zwischen dem Schuldner und dem Gläubiger Verhandlungen über den Anspruch oder die anspruchsbegründenden Umstände schweben. Der Begriff der Verhandlungen in diesem Sinne ist zum Schutze des Gläubigers weit auszulegen: Es genügt **jeder Meinungsaustausch** zwischen dem Gläubiger und dem Schuldner bzw. den bevollmächtigten Personen, sofern nicht

[20] Vgl. BGH v. 29.4.2015 – VIII ZR 180/14 (www.bundesgerichtshof.de).

sofort erkennbar die Verhandlungen abgelehnt oder das Bestehen eines Anspruches rundweg geleugnet werden.[21]

Die Hemmung endet erst, wenn ein Teil die Fortsetzung der Verhandlungen (ausdrücklich) verweigert, oder wenn die Verhandlungen „einschlafen", dh wenn die Verhandlungen nicht mehr fortgesetzt werden, obwohl nach Treu und Glauben mit dem nächsten Verhandlungsschritt einer Seite zu rechnen gewesen wäre.[22] 765

b) Hemmung während Rechtsverfolgungsmaßnahmen (§ 204)

Zur Hemmung der Verjährung führen auch Rechtsverfolgungsmaßnahmen des Gläubigers. Die wichtigsten betroffenen Rechtsverfolgungsmaßnahmen sind: 766

- Klageerhebung; dies betrifft sowohl Leistungs- als auch Feststellungs- und Stufenklagen;[23]
- gerichtliches Mahnverfahren;[24]
- selbständiges Beweisverfahren;[25]
- Verfahren im einstweiligen Rechtsschutz (insbesondere Arrest und einstweilige Verfügung);
- Antrag auf Gewährung von Prozesskostenhilfe.

In jedem Fall betrifft die Hemmung nach § 204 **nur den geltend gemachten Anspruch**. Der Umfang der Hemmungswirkung richtet sich also nach dem Streitgegenstand des jeweiligen Prozesses, umfasst dann aber alle in Betracht kommenden Anspruchsgrundlagen.[26] Bei einer Teilklage wird die Verjährung nur hinsichtlich des eingeklagten Teilbetrages unterbrochen, und das auch nur, wenn der betreffende Teil individualisiert ist.[27] Die Rechtsverfolgungsmaßnahme muss ferner vom **Berechtigten** beantragt worden sein, dh die Klage eines Nichtberechtigten hemmt die Verjährung auch dann nicht, wenn er gutgläubig meint, Anspruchsinhaber zu sein.[28] 767

Die Hemmung endet nach § 204 II **sechs Monate** nach der rechtskräftigen Entscheidung des Gerichts oder der anderweitigen Beendigung des Verfahrens, etwa durch Vergleich oder Rücknahme. Bei einem **Verfahrensstillstand**, der darauf beruht, dass die Parteien das Verfahren nicht weiter betreiben (also nicht auf der Untätigkeit des Gerichts), endet die Hemmung nach § 204 II 2 sechs Monate nach der letzten Verfahrenshandlung und beginnt erneut, wenn eine der Parteien das Verfahren weiter betreibt. 768

c) Hemmung bei vereinbartem Leistungsverweigerungsrecht (§ 205)

Einen weiteren Hemmungsgrund begründet die Einrede der **Stundung** der Forderung (zB infolge eines Stillhalteabkommens, sog *pactum de non petendo*)[29] oder die Vereinbarung anderer **vorübergehender Leistungsverweigerungsrechte** nach § 205. 769

---

[21] BGH NJW 2007, 587.
[22] BGH NJW-RR 2014 = JuS 2015, 548; *Wertenbruch* AT § 36 Rn. 22.
[23] Vgl. etwa BGH NJW-RR 2006, 948.
[24] BGH NJW 2014, 3435 = JuS 2015, 261.
[25] Vgl. zu Problemen bei der Ermittlung der betroffenen Ansprüche aber *Lorenz/Riehm* Rn. 70.
[26] BGH NJW-RR 2009, 544; vgl. auch BGH NJW 2014, 3435 = JuS 2015, 261.
[27] BGH NJW 2009, 56; Palandt/*Ellenberger* § 204 Rn. 16.
[28] BGHZ 46, 221 (229) = NJW 1967, 568.
[29] Vgl. dazu BGH NJW 2000, 2661.

2. Ablaufhemmung

770 Von der Hemmung iSv § 209 ist die **Ablaufhemmung** nach §§ 210 f. zu unterscheiden, die die Verjährungsfrist nicht generell verlängert, sondern nur dann, wenn der „ablaufhemmende“ Zustand in den letzten sechs Monaten vor Ablauf der Verjährungsfrist bestand. Die Fälle der Ablaufhemmung sind:

- fehlender gesetzlicher Vertreter eines beschränkt Geschäftsfähigen, § 210;
- unklare Verhältnisse nach Eintritt eines Erbfalles, § 211.

3. Neubeginn der Verjährung

771 Nach § 212 beginnt die Verjährung erneut zu laufen (dh es fängt wieder eine neue, „volle“ Verjährungsfrist an), wenn

- der Schuldner dem Gläubiger gegenüber den Anspruch **anerkennt**, zB durch Abschlagszahlung, Zinszahlung, Sicherheitsleistung oder in anderer Weise. Bei Gewährleistungsansprüchen kann ein Anerkenntnis iSv § 212 I Nr. 1 auch darin liegen, dass der Schuldner einen Nachbesserungsversuch unternimmt, ohne seine Verpflichtung in Abrede zu stellen.[30]
- der Gläubiger eine gerichtliche oder behördliche **Vollstreckungshandlung** beantragt oder vornehmen lässt (§ 212 I Nr. 2). Dadurch kann der Gläubiger rechtskräftig titulierte Forderungen (§ 197 I Nr. 4) faktisch der Verjährung entziehen, indem er die ohnehin bereits 30-jährige Verjährungsfrist durch Vollstreckungsversuche immer wieder neu beginnen lässt.

III. Rechtsfolgen der Verjährung

1. Auswirkungen auf den Hauptanspruch

772 Der Ablauf der Verjährungsfrist führt nach § 214 I zu einem **dauernden Leistungsverweigerungsrecht** des Schuldners. Der Schuldner kann sich also im Prozess auf die Verjährung berufen, muss dies aber nicht tun. Leistet er, obwohl die Forderung verjährt ist, so bildet die Forderung gleichwohl einen Rechtsgrund, so dass er das Geleistete nicht nach § 813 zurückfordern kann (§§ 813 S. 2, 214 II).

773 Die Verjährung schließt nach § 215 nicht aus, dass der Gläubiger mit der verjährten Forderung **aufrechnet** oder ein Zurückbehaltungsrecht aus den §§ 273, 320 auf sie stützt, sofern die Aufrechnungslage bzw. die Voraussetzungen des Zurückbehaltungsrechts zu einem Zeitpunkt eintraten, in dem die Forderung noch nicht verjährt war.[31]

2. Sicherungsrechte

774 Nach § 216 I schließt die Verjährung einer Forderung das Recht des Gläubigers nicht aus, aus einer für die Forderung bestellten **dinglichen Sicherheit** (zB Pfandrecht, Grundschuld oder Hypothek) Befriedigung zu erlangen. Insoweit wird ggf. die **Akzessorietät** des Sicherungsrechts **durchbrochen**; bei Grundschulden oder anderen nichtakzessorischen Sicherheiten steht dem Sicherungsgeber im Zweifel aus dem

---

[30] Vgl. aber auch BGH NJW 2012, 3229: Kein Neubeginn der Verjährung, wenn der Unternehmer bei der Reparatur die Auffassung zum Ausdruck bringt, nicht zur Mängelbeseitigung verpflichtet zu sein.

[31] BGH NJW 2006, 2773 = JuS 2006, 1128; *Wertenbruch* AT § 36 Rn. 9 f.

Sicherungsvertrag keine Einrede gegen die Verwertung zu. Dies gilt nach § 216 II 1 auch für die **Sicherungsabtretung** und die **Sicherungsübereignung**.

Nach § 216 II 2 gilt Entsprechendes auch beim **Eigentumsvorbehalt**: Der Vorbehaltsverkäufer kann trotz Verjährung der Kaufpreisforderung noch (nach § 323) vom Vertrag zurücktreten und die Kaufsache zurückfordern. Die Einrede der Verjährung darf daher kraft ausdrücklicher gesetzlicher Anordnung nicht die Durchsetzbarkeit des Anspruchs iSv § 323 I ausschließen. 775

3. Nebenansprüche

Nach § 217 verjähren mit dem Hauptanspruch auch **alle abhängigen Nebenleistungen**, selbst wenn die originäre Verjährungsfrist für diese noch nicht abgelaufen ist. Nebenleistungen in diesem Sinne sind vor allem Verzugszinsen, Verzögerungsschäden iSv § 280 II, Früchte, Nutzungen, Provisionen oder Kosten. 776

4. Gestaltungsrechte

Nach § 218 I ist der Rücktritt wegen nicht oder nicht vertragsgemäß erbrachter Leistung (dh nach § 323 – ggf. iVm § 437 Nr. 2 oder § 634 Nr. 3) unwirksam, wenn der Anspruch auf die Leistung bzw. auf Nacherfüllung verjährt ist und der Schuldner sich hierauf beruft.[32] § 218 I zieht die Konsequenz aus der Tatsache, dass das Rücktrittsrecht als Gestaltungsrecht nicht der Verjährung unterliegt, weil nach § 194 I nur Ansprüche verjähren. Allerdings fehlt es im Falle der Verjährung ohnehin an der Durchsetzbarkeit des Erfüllungsanspruches bzw. Nacherfüllungsanspruches, so dass bereits der Tatbestand des § 323 nicht erfüllt ist.[33] Bei genauer Betrachtung hat § 218 I daher nur deklaratorische Bedeutung. § 218 I 2 stellt für Fälle der (meist qualitativen) **Unmöglichkeit** klar, dass auch ein nach § 275 ausgeschlossener Nacherfüllungsanspruch verjähren kann und dann keine Grundlage für einen Schadensersatzanspruch mehr sein kann. 777

5. Treuwidrigkeit der Berufung auf die Verjährung

In Ausnahmefällen kann dem Schuldner die Berufung auf den Eintritt der Verjährung nach Treu und Glauben (§ 242) versagt sein. Das ist etwa dann der Fall, wenn der Schuldner den Gläubiger durch ein Verhalten von der rechtzeitigen Rechtsverfolgung abgehalten hat, das so geartet war, dass es dem Gläubiger hinreichenden Anlass gegeben hat, die Klageerhebung o. ä. aufzuschieben.[34] 778

Beispiel ist etwa die Verschleierung des wahren Schuldners einer Forderung (zB in Konzernkonstellationen, wenn der wahre Schuldner eine andere Tochtergesellschaft als diejenige ist, welche die Verhandlungen führt),[35] aber auch die Verabredung eines **Musterprozesses**, während dessen die übrigen gleichartigen Ansprüche ruhen sollen.[36]

---

[32] Soweit der Käufer bzw. Werkbesteller den Kaufpreis bzw. Werklohn noch nicht bezahlt hat, kann er dessen Zahlung trotzdem verweigern, selbst wenn sein Rücktrittsrecht nach § 218 ausgeschlossen ist, vgl. §§ 438 IV 2, 634a IV 2.

[33] Vgl. Palandt/*Grüneberg* § 323 Rn. 11.

[34] Vgl. MüKoBGB/*Grothe* Vor § 194 Rn. 19.

[35] BGH NJW 2002, 3110.

[36] Vgl. MüKoBGB/*Grothe* Vor § 194 Rn. 23.

IV. Vereinbarungen über die Verjährung

779 Die Zulässigkeit von Vereinbarungen über die Verjährung begrenzt zunächst § 202:

- Eine **Erleichterung** der Verjährung (also zB die Verkürzung der Frist, Festlegung eines früheren Beginns oder Ausschluss von Hemmungstatbeständen) ist nach § 202 I bei der Haftung wegen Vorsatz nicht zulässig, im Übrigen grundsätzlich schon.
- Eine **Erschwerung** der Verjährung (zB durch Vereinbarung einer längeren Frist, Vereinbarung zusätzlicher Hemmungstatbestände oder eines Verjährungsverzichts, etwa während eines in einer anderen Sache laufenden Musterprozesses) ist nach § 202 II bis zur **Obergrenze von 30 Jahren** ab dem jeweiligen gesetzlichen Verjährungsbeginn zulässig. Insgesamt darf die Dauer der Verjährungsfrist also 30 Jahre nicht überschreiten.

780 Weitere Grenzen finden sich in § 475 II für die Verjährung von Gewährleistungsansprüchen beim Verbrauchsgüterkauf, in § 309 Nr. 8 b) ff) für Gewährleistungsansprüche bei neu hergestellten Sachen sowie schließlich allgemein in § 307.[37]

[37] Vgl. auch BGHZ 170, 31 = NJW 2007, 674 = JuS 2007, 284.

Verzeichnis der Wiederholungs- und Vertiefungsfälle

Die Zahlen geben die Randnummer an.

Fall 1 (Verbrauchereigenschaft) 23
Fall 2 (Invitatio ad offerendum) 122
Fall 3 (Konkludente Annahmeerklärung durch Scheckeinlösung – „Erlassfalle") 126
Fall 4 (Auslegung nach dem objektiven Empfängerhorizont) 194
Fall 5 (Auslegung einer formbedürftigen Willenserklärung) 201
Fall 6 (Ergänzende Vertragsauslegung) 212
Fall 7 (Annahme nach § 151) 225
Fall 8 (Buchung für „noch unbekannt") 236
Fall 9 (Vertragsschluss bei Versorgungsverträgen) 244
Fall 10 (Nichtigkeit der Willenserklärung nach § 105 II) 267
Fall 11 (Erfüllung an einen beschränkt Geschäftsfähigen) 283
Fall 12 (Vertragsschluss durch einen beschränkt Geschäftsfähigen) 302
Fall 13 (Scheingeschäft) 314
Fall 14 (Scheingeschäft) 319
Fall 15 (Schriftform) 331
Fall 16 (Dauerhafter Datenträger) 339
Fall 17 (Schwarzarbeit) 367
Fall 18 (Wucher) 378
Fall 19 (Wucherähnliches Geschäft) 387
Fall 20 (Bürgschaft von Angehörigen) 390
Fall 21 (Bestätigung eines nichtigen Rechtsgeschäfts) 425
Fall 22 (Schutz des Vorbehaltskäufers gegen Zwischenverfügungen) 432
Fall 23 (Anfechtung nichtiger Rechtsgeschäfte) 449
Fall 24 (Inhaltsirrtum) 457
Fall 25 (Anfechtung einer automatisierten Willenserklärung) 461
Fall 26 (Übermittlungsirrtum) 466
Fall 27 (Eigenschaftsirrtum) 475
Fall 28 (Kalkulationsirrtum) 480
Fall 29 (Kalkulationsirrtum) 483
Fall 30 (Schadensersatzpflicht des Anfechtenden) 500
Fall 31 (Arglistige Täuschung) 516
Fall 32 (Widerrechtliche Drohung) 526
Fall 33 (Kenntnis/Kennenmüssen der Anfechtbarkeit) 544

Fall 34 (Form der Ermächtigung zur Ausfüllung eines Blanketts) 577
Fall 35 (Anfechtung der Vollmacht) 588
Fall 36 (Nutzung eines fremden eBay-Benutzerkontos) 603
Fall 37 (Missbrauch der Vertretungsmacht) 622
Fall 38 (Kenntnis/Kennenmüssen des Vertreters oder des Vertretenen) 628
Fall 39 (Einbeziehung von AGB) 677
Fall 40 (Kollidierende AGB) 688
Fall 41 (Überraschende Klauseln) 696
Fall 42 (Inhaltskontrolle nach § 307) 719
Fall 43 (Fristverlängerung nach § 193) 745
Fall 44 (Verjährung von Schadensersatzansprüchen) 760

Sachregister

Die Angaben beziehen sich auf die Randnummern;
kursiv gedruckte Zahlen geben die Hauptfundstelle an.

Abstraktionsprinzip 105, *107*, 395, 458
Aliud-Lieferung *Siehe* Zusendung unbestellter Waren, Aliud-Lieferung
Allgemeine Geschäftsbedingungen 649 ff.
- Arbeitsverträge 668
- Auslegung *Siehe* Auslegung von allgemeinen Geschäftsbedingungen
- Blue pencil-Test 729
- Eigentumsvorbehalt 687 ff.
- Einbeziehung *672 ff.*, 725 f.
- Essentialia negotii 705
- Haftungsausschlüsse *710 f.*, 730
- Inhaltskontrolle 94, 650, 661, 665, 671, 699, *704 ff.*, 726, 732
- Klauselverbote mit Wertungsmöglichkeit 714
- Klauselverbote ohne Wertungsmöglichkeit 708 ff.
- Kollidierende allgemeine Geschäftsbedingungen 686 ff.
- Kompensation durch konnexe Klauseln 722
- Modifikation der Mängelgewährleistung 712
- Notar 661, 669, 694
- Pauschalisierung von Schadensersatzansprüchen 709
- Persönlicher Anwendungsbereich 665
- Rahmenvereinbarung 684
- Sachlicher Anwendungsbereich 667
- Salvatorische Klausel 724
- Scheinunternehmer 41
- Scheinverbraucher 25
- Schriftformklausel *347*, 690
- Sittenwidrigkeit 733 f.
- Teilnichtigkeit 402, 727 ff., 735
- Theorie des letzten Wortes 686, 689
- Transparenzgebot 723 ff.
- Überraschende Klausel *692 ff.*, 725
- Umgehungsverbot 667, 670
- Unangemessene Benachteiligung *716 ff.*, 733
- Unternehmer als andere Vertragspartei 665 f., 673, 681 ff.
- Verbandsklage 651, 669, 700
- Verbot geltungserhaltender Reduktion 347, 711, 729, 731
- Verbraucherverträge 659, 662, *668 ff.*, 673, 681, 683, 691, 695
- Verhältnis zum allgemeinen Teil des BGB 732
- Vorformulierung 657 f.
- Vorrang der Individualvereinbarung 690

Allgemeines Persönlichkeitsrecht 73, 720, 759
Anfechtung
- Anfechtung der Duldungsvollmacht 602
- Anfechtung der Vollmacht 587
- Anfechtung geschäftsähnlicher Handlungen 151, 444
- Anfechtung nichtiger Rechtsgeschäfte *447*, 450
- Anfechtung von Verfügungsgeschäften *Siehe* Verfügungsgeschäft, Anfechtung
- Anwendungsbereich der §§ 119 ff. 444 f.
- Ausschluss 513, 537
- Beschränkung 539
- Bestätigung des Rechtsgeschäfts 537 f.
- Eventualanfechtung 533
- Kausalität 488, 510
- Schadensersatzpflicht *493 ff.*, 587
- Unzulässigkeit 451
- Verhältnis zum kaufrechtlichen Gewährleistungsrecht 451
- Vorrang der Auslegung 454

Anfechtungserklärung 531 ff.
- Bedingungsfeindlichkeit 533

Anfechtungsfrist 490 f., 528, 535
Anfechtungsgegner 536, 587
Anfechtungsgrund
- Arglistige Täuschung 90 f., 104, 151, 446, 449 f., *502 ff.*, 528, 530, 535, 539
- Drohung 104, 107, 151, 446, 502, *519 ff.*
- Eigenschaftsirrtum 91, 446, *468 ff.*, 509
- Eigenschaftsirrtum und Gewährleistungsrecht 469
- Eigenschaftsirrtum und Störung der Geschäftsgrundlage 469
- Erklärungsirrtum 135, *459 ff.*, 479, 486
- Inhaltsirrtum 184, 191, 238, *456 ff.*, 479, 485 f., 558, 672
- Kalkulationsirrtum 477 ff.
- Kenntnis 543
- Motivirrtum 460, 462, 468, 479, 484
- Rechtsfolgenirrtum 117, 151, *485*, 602
- Übermittlungsirrtum 183, *462 ff.*, 589
- Unterschriftsirrtum 486

Anfechtungswirkung 540
- Arbeits- und Gesellschaftsverträge 541

Angebot 214 ff.
- Bindungswirkung 227 ff.
- Erlöschen 227

– Essentialia negotii *216*, 235, 238, 705
– Invitatio ad offerendum *Siehe* Invitatio ad offerendum
– Nachträgliche Geschäftsunfähigkeit des Antragenden 231
– Offerta ad incertas personas 216
– Tod des Antragenden 231
– Widerruf 230
Annahme 214 ff.
– Annahmefrist 228
– Modifikation des Angebots *219*, 226, 686
– Nachträgliche Geschäftsunfähigkeit des Antragenden 231
– Rechtzeitigkeit des Zugangs 229
– Tod des Antragenden 231
– Verzicht auf den Zugang *220 ff.*, 241, 249
Anspruch 74
Anwartschaftsrecht 433
Arbeitsrecht 82, 114, *277*, *279*, 361, 408, 451, 473, 508, 541, 668, 739, 742
Aufrechnung trotz Verjährung *773*
Auslegung von allgemeinen Geschäftsbedingungen 698 f.
– Ergänzende Auslegung 698
– Falsa demonstratio non nocet 698
– Kundenfeindlichste Auslegung 699 f.
– Kundenfreundlichste Auslegung 699, 702
– Restriktionsprinzip 702
– Unklarheitenregel 699, *701*
Auslegung von geschäftsähnlichen Handlungen 189
Auslegung von Verträgen 189
– Ergänzende Auslegung *205 ff.*, 235, *727*
– Störung der Geschäftsgrundlage 211
Auslegung von Willenserklärungen 115, 119, 124 f., *188 ff.*
– Falsa demonstratio non nocet 190, 197, 202
– Formbedürftige Willenserklärungen 199 f.
– Natürliche Auslegung 190
– Objektiver Empfängerhorizont 191, 195
– Objektiv-normative Auslegung 191, 238, 454, 456
– Rechenfehler 478
– Verhältnis zur Anfechtung *Siehe* Anfechtung, Vorrang der Auslegung

Bedingung 107, *427 ff.*, 583
– Bedingungsfeindliche Geschäfte 427
– Potestativbedingung 427, 533
– Schadensersatzanspruch 431
– Vereitelung des Bedingungseintritts 430
– Verfügungsgeschäft 431, 433
Befristung *427 ff.*, 583
Beglaubigung *Siehe* Formerfordernisse, Öffentliche Beglaubigung
Beschränkte Geschäftsfähigkeit 273 f.
– Einwilligung *Siehe* Einwilligung
– Empfangszuständigkeit *282*, 284
– Lediglich rechtlich vorteilhafte Geschäfte *281 f.*, 287
– Partielle Geschäftsfähigkeit *276 ff.*, 298
– Rechtlich neutrale Geschäfte 285
– Verfügungsgeschäft *Siehe* Verfügungsgeschäft, Beschränkte Geschäftsfähigkeit
– Zugang von Willenserklärungen 174
Bestandteile 57
– Einfache Bestandteile 60
– Scheinbestandteile 61
– Wesentliche Bestandteile 58
Bestätigung des anfechtbaren Rechtsgeschäfts *Siehe* Anfechtung, Bestätigung des Rechtsgeschäfts
Bestätigung des nichtigen Rechtsgeschäfts 414 ff.
– Verhältnis zur Umdeutung 418
Betreuung 265, 273, 573
Beurkundung *Siehe* Formerfordernisse, Notarielle Beurkundung
Bewegliche Sachen 54
Blue pencil-Test *Siehe* Allgemeine Geschäftsbedingungen, Blue pencil-Test
Bote 177
– Abgabe von Willenserklärungen 178
– Botenmacht 178, 185, 642
– Empfangsbote 162, *177*, 180 f., 184, 555
– Erklärungsbote *177 f.*, 182, 463 f., 555, 642
– Falschübermittlung 183 f.
– Geschäftsfähigkeit 178, 555
– Pseudobote *183*, 464, 642
– Scheinbote *185*, 464
– Zugang von Willenserklärungen *180*, 555

Dingliche Rechte 73
Diskriminierungsschutz *82 ff.*, 508 f.
– Mittelbare Diskriminierung 86
– Unmittelbare Diskriminierung 86
Dissens 239
– Offener Dissens 215, *232 ff.*, 686, 689
– Totaldissens 195, *238*
– Versteckter Dissens 238
Doppelwirkung im Recht *Siehe* Anfechtung, Anfechtung nichtiger Rechtsgeschäfte
dual-use-Geschäft *Siehe* Verbrauchereigenschaft, dual-use-Geschäft

Eigenschaften 471 f.
– Verkehrswesentlichkeit 90, *474*
Eigentum, Auseinanderfallen von Eigentum und Besitz 261, 272
Eigentumsvorbehalt 428, 431 ff.
– Allgemeine Geschäftsbedingungen 687 ff.
– Verjährung 775
Eigenübliche Sorgfalt 143
Einwilligung 174, *294 ff.*
E-Mail 162, 228
– Zugang 169

Erbengemeinschaft, Verbrauchereigenschaft 15
Erbensucherfall *Siehe* Zusendung unbestellter Waren, Erbensucherfall
Erbrecht 5 f., 74, 84, 92 f., 116, 156, 198, 200, 263, 275, 306, 343, 402, 445, 485, 553, 576, 583, 667, 756, 770
Erklärungsfahrlässigkeit *Siehe* Willenserklärung, Erklärungsfahrlässigkeit
Essentialia negotii *Siehe* Angebot, Essentialia negotii
Existenzgründer, Verbrauchereigenschaft 24

Faktischer Vertrag 240
Falsa demonstratio non nocet *Siehe* Auslegung von Willenserklärungen, Falsa demonstratio non nocet
Falsus procurator *Siehe* Vertretungsmacht, Falsus procurator
Familienrecht 74, 84, 92 f., 101, 263, 275, 343, 445, 553, 557, 604, 667, 756
Fehleridentität 104, 107, 446
Formerfordernisse 321 ff.
- Allgemeine Geschäftsbedingungen *Siehe* Allgemeine Geschäftsbedingungen, Schriftformklausel
- Elektronische Form 333 ff.
- Formzwecke *325*, 352, 578
- Gewillkürte Formerfordernisse 345 f.
- Grundstücksgeschäfte 352 f.
- Heilung 355 f.
- Notarielle Beurkundung 202, 323, 325, *341 ff.*, 352, 554
- Öffentliche Beglaubigung 341
- Schriftform *327 ff.*, 337, 578
- Textform 337 ff.
- Treuwidrige Berufung auf Formnichtigkeit 349 f.
- Verzicht auf Einhaltung der Schriftform 347 f.
- Vollmachterteilung 576
Fristen 736 f.
- Ablauffristen *738 f.*, 742
- Beginn 739 f.
- Dauer 741
- Ende 742
- Ende am Samstag, Sonntag, Feiertag 743
- Ereignisfristen *738 f.*, 742, 751
- Fristwahrung durch Klageerhebung 744
Früchte *66 f.*, 70

GbR
- Grundbuchfähigkeit 8
- Rechtsfähigkeit 8
- Verbrauchereigenschaft 15
Gebrauchsvorteile 67
Gefälligkeitsverhältnis 98, 120, *138 ff.*
- Abgrenzung zum Vertrag 139
- Rechtsfolgen 142 f.
- Rechtsgeschäftlicher Charakter 144 f.
Geheimer Vorbehalt *309 f.*, 316
- Abgrenzung zu Inhalts- und Erklärungsirrtum 309
Geltungserhaltende Reduktion 366, 377, 386, 397
Genehmigung 301 ff.
- Stellvertretung 637 ff.
Geschäfte des täglichen Lebens *Siehe* Geschäftsunfähigkeit, Geschäfte des täglichen Lebens
Geschäftsähnliche Handlungen 98, *147 ff.*
- Anfechtung 151, 444
- Anwendbarkeit der Vorschriften über Willenserklärungen 150
- Auslegung 189
- Geschäftsfähigkeit 150
- Stellvertretung 150, 551
Geschäftseinheit 107, 395
Geschäftsfähigkeit 117, *263 f.*
- Botenschaft 178, 555
- Relative Geschäftsfähigkeit 264
Geschäftsunfähigkeit 154, 231, *264 ff.*, 447 ff.
- Geschäfte des täglichen Lebens 269 ff.
- Nachträgliche Geschäftsunfähigkeit des Antragenden 231
- Teilweise Geschäftsunfähigkeit 265
- Zugang von Willenserklärungen 173
Gesellschaftsrecht 92 f., 278, 353, 397, 451, 541, 576, 617, 667
Gesetzesverstoß 94, *358 ff.*, 413, 523, 650, 732
- Ohne-Rechnung-Abrede 368
- Schwarzarbeit 361, 368
- Verbotsgesetz *361 ff.*, 435
Gesetzliches Verbot *Siehe* Gesetzesverstoß, Verbotsgesetz
Gestaltungsrecht *75*, 533
- Verjährung des Erfüllungs- bzw. Nacherfüllungsanspruchs 777
Gewährleistungsrecht
- Allgemeine Geschäftsbedingungen 712
- Verjährung von Gewährleistungsansprüchen 749
- Vorrang gegenüber Anfechtung 451, 469
Grundrechte, Drittwirkung 80, 361, 380
Gute Sitten *Siehe* Sittenwidrigkeit
Gutgläubiger Erwerb trotz Verfügungsverbots 439 f.

Handelsrecht 8, 33, 116, 149, 208, 278, 408, 602, 617
Heilung *Siehe* Formerfordernisse, Heilung

Ignorantia facti 672
Immobilien *Siehe* Unbewegliche Sachen
Insichgeschäft 293, 344, 554, *611 ff.*
Invitatio ad offerendum 120, 123, 195, *216*, 226, 230, 237

Juristische Person 7
– Stellvertretung 573, 590
– Verbrauchereigenschaft 16
– Wissenszusammenrechnung 632 ff.

Kaufmännisches Bestätigungsschreiben 116, 485, 602, 665, 673, 683
Knebelungsvertrag *Siehe* Sittenwidrigkeit, Knebelungsvertrag
Kollusion *Siehe* Stellvertretung, Kollusion
Konkludente Willenserklärung *Siehe* Willenserklärung, Konkludenz
Kontrahierungszwang *79 ff.*, 89

Lediglich rechtlich vorteilhafte Geschäfte *Siehe* Beschränkte Geschäftsfähigkeit, Lediglich rechtlich vorteilhafte Geschäfte

Mobilien *Siehe* Bewegliche Sachen
Musterprozess *Siehe* Verjährung, Musterprozess

Nasciturus 4 f.
Natürliche Person 3
Negatives Interesse 135, 160, 204, 350, 497 f., 647
Neuvornahme eines Rechtsgeschäfts *Siehe* Bestätigung des nichtigen Rechtsgeschäfts
Nutzungen 67 ff.

Offerta ad incertas personas *Siehe* Angebot, Offerta ad incertas personas

Pactum de non petendo 769
Partielle Geschäftsfähigkeit *Siehe* Beschränkte Geschäftsfähigkeit, Partielle Geschäftsfähigkeit
Perplexität 125, *203 f.*, 242, 478
Personengesellschaft 8
– Stellvertretung 590
– Wissenszusammenrechnung 632 ff.
Positives Interesse 495, 498
Privatautonomie 76, 96, 209, 243, 389 ff., 650
Protestatio facto contraria non valet 242, 245
Prozessfähigkeit 263, 275 f.
Prozessvergleich 342

Realakt 98, 148, 253
– Stellvertretung 552
Rechtsfähigkeit
– Beginn 3
– Ende 6
– Juristische Person 7
– Nasciturus 4
– Natürliche Person 3
– Personengesellschaft 8
Rechtsgeschäft 76, *96 ff.*
– Abgrenzung 98
– Begriff 97
– Einseitiges Rechtsgeschäft 99
– Mehrseitiges Rechtsgeschäft 99
– Zweiseitiges Rechtsgeschäft 99
Rechtsmissbrauch 49, 621
Rechtsobjekt 52
Rechtsscheinhaftung 44 f., 48, 565, 592, 604
Rechtssubjekt 2
Relative Geschäftsfähigkeit *Siehe* Geschäftsfähigkeit, Relative Geschäftsfähigkeit
Relative Rechte 74 f.

Sachen 53
Sachenrechtlicher Minimalkonsens *Siehe* Verfügungsgeschäft, Anfechtung
Sachgesamtheit 55
Salvatorische Klausel 399
Scheingeschäft *311 ff.*, 320
– Stellvertretung 311
Scheinunternehmer *Siehe* Unternehmereigenschaft, Scheinunternehmer
Scheinverbraucher *Siehe* Verbrauchereigenschaft, Scheinverbraucher
Scherzerklärung *316 ff.*, 320
Schweigen als Willenserklärung *Siehe* Willenserklärung, Schweigen
Schweigen, beredtes Schweigen *116*, 318
Signatur *Siehe* Formerfordernisse, Elektronische Form
Sittenwidrigkeit 94, 104, 350, *380 ff.*, 413, 447 f., 521, 523, 618, 623, 650, *732*
– Bürgschaft 390 f.
– Knebelungsvertrag 386
– Verhältnis zu den §§ 305 ff. 733 ff.
– Verleitung zum Vertragsbruch 392
– Wucherähnliches Geschäft 370, 383, *386*, 388, 426
Sozialtypisches Verhalten *Siehe* Faktischer Vertrag
Stellvertretung 117, *546 ff.*
– Abstraktionsprinzip *549*, 571
– Aktivvertretung 549, 551, 555
– Auslegung von Willenserklärungen 549
– Blankett 551, 578
– Empfangsvertretung *Siehe* Stellvertretung, Passivvertretung
– Geschäft für den, den es angeht 560 ff.
– Geschäftsähnliche Handlungen 150, 551
– Gleichzeitige Anwesenheit 554
– Handeln unter fremdem Namen *566 ff.*, 642
– Höchstpersönlichkeit 553
– Insichgeschäft *Siehe* Insichgeschäft
– Kollusion *618*, 623
– Mittelbare Stellvertretung 570
– Offenkundigkeitsprinzip *549*, 556, 559 ff., 564, 641
– Passivvertretung 549, 551, 555

- Pflichtverletzungen 552
- Realakte 552
- Rechtsfolgen 624
- Repräsentationsprinzip *549*, 589, 626
- Scheingeschäft 311
- Unerlaubte Handlungen 552
- Unternehmensbezogenes Geschäft 564
- Untervertretung 605 ff.
- Verbraucherschutz 12
- Vertretungsmacht *Siehe* Vertretungsmacht
- Vorvertragliches Schuldverhältnis 625
- Willensmängel *549*, 589
- Wissensvertreter 630 f.
- Wissenszurechnung 549, *626 ff.*
- Wissenszusammenrechnung bei juristischen Personen 632 ff.
- Zeitpunkt des Zugangs 555

Störung der Geschäftsgrundlage 482
- Vorrang der ergänzenden Vertragsauslegung 211
- Vorrang gegenüber Anfechtung 469

Strohmanngeschäft 312, 570
Subjektive Rechte 72
Surrogat 301

Taschengeldparagraph 296, *300 ff.*
Teilnichtigkeit 366, *393 ff.*
- Einschränkungen 402

Testierfähigkeit 263, 275, 306
Tiere 56
Totaldissens 195, *238*
Trennungsprinzip 105 f.
Typenzwang 92, 361

Umdeutung 403 ff.
- Unzulässigkeit 412
- Verhältnis zur Auslegung 406
- Verhältnis zur Bestätigung des nichtigen Rechtsgeschäfts 418

Unbestellte Waren *Siehe* Zusendung unbestellter Waren
Unbewegliche Sachen 54
Unmöglichkeit 495, *777*
Unternehmerbegriff 33, 50
Unternehmereigenschaft 35
- Arbeitnehmer 19, 29, 50
- Scheinunternehmer 20, *41 ff.*
- Zwecksetzung des Rechtsgeschäfts 36 ff.

Unterverbriefung *Siehe* Scheingeschäft

Veräußerungsverbote *Siehe* Verfügungsverbote
Verbotsgesetz *Siehe* Gesetzesverstoß, Verbotsgesetz
Verbraucherbegriff 10, 29
Verbrauchereigenschaft
- Arbeitnehmer 19, 29, 50
- dual-use-Geschäft 23
- Erbengemeinschaft 15
- Existenzgründergeschäft 24
- GbR 15
- Gemeinschaft 15
- Juristische Person 16
- Personenmehrheit 12, 15
- Scheinverbraucher 20, *25 ff.*
- Stellvertretung 12
- Wohnungseigentümergemeinschaft 15
- Zusendung unbestellter Waren 253 f.
- Zwecksetzung des Rechtsgeschäfts 17 ff.

Verbraucherschutz, Schutzzweck 11
Verfügungsgeschäft *102*, 105, 353
- Anfechtung 444, *446*, 469
- Anwendbarkeit allgemeiner Vorschriften 103 f.
- Bedingung *431*, 433
- Beschränkte Geschäftsfähigkeit 282, 288
- Geschäftsfähigkeit 103
- Rechtliche Vorteilhaftigkeit 288
- Sittenwidrigkeit 382
- Stellvertretung 103

Verfügungsverbote 360, *434 ff.*
- Gutgläubiger Erwerb 439 f.

Verjährung 646, *747 ff.*
- Ablaufhemmung *770*
- Auffangfristen *759*
- Aufrechnung *773*
- Besondere Verjährungsfristen 749 f., 753
- Eigentumsvorbehalt *775*
- Erleichterung *779*
- Erschwerung *779*
- Gestaltungsrechte *777*
- Gewährleistungsansprüche 749, 780
- Grundstücksbezogene Ansprüche 753
- Hemmung 763 ff.
- Herausgabeansprüche 751
- Leistungsverweigerungsrecht 772
- Musterprozess 778 f.
- Nebenleistungen 776
- Neubeginn 771
- Regelmäßige Verjährung 755
- Sicherungsrechte 774
- Treuwidrige Berufung auf die Verjährung 778
- Unmöglichkeit *777*
- Unverjährbarkeit 748
- Vereinbarungen 779
- Verjährungsverzicht 779
- Zurückbehaltungsrecht 773

Verkehrswesentliche Eigenschaften *Siehe* Eigenschaften, Verkehrswesentlichkeit
Verpflichtungsermächtigung 557
Verpflichtungsgeschäft *101*, 105
- Rechtliche Vorteilhaftigkeit 287

Vertrag zugunsten Dritter 515
- Anfechtungsgegner 536

Vertragsbruch *Siehe* Sittenwidrigkeit, Verleitung zum Vertragsbruch
Vertragsfreiheit 76 ff.

Vertrauensschaden 234, 317, 442, 452, 493, 495, 587, 602
Vertretungsmacht 571 ff.
- Abhandengekommene Vollmachtsurkunde 594
- Anscheinsvollmacht *597 ff.*, 623
- Duldungsvollmacht 597 ff.
- Falsus procurator 149, 560, 564 ff., 589, 600, 602, 621, *636 ff.*
- Gesetzliche Vertretungsmacht 573
- Handlungsvollmacht 623
- Insichgeschäft *Siehe* Insichgeschäft
- Missbrauch 617 ff.
- Organschaftliche Vertretungsmacht 573, *590 f.*
- Rechtsscheinsvollmacht 592 f., 601 ff.
- Schriftformklausel 347
- Untervollmacht 606 ff.
- Vollmacht 353, *574 ff.*
- Wissensvertreter 630 f.
Vis absoluta 46, 131
Vis compulsiva 131
Vorkaufsrecht 353, 356, 408
Vormerkung 357, 408
Vorvertragliches Schuldverhältnis, Stellvertretung 625

Widerruf
- bei Handeln eines Vertreters ohne Vertretungsmacht 636
- nichtiger Verträge 448
- von Willenserklärungen *Siehe* Willenserklärung, Widerruf
Willenserklärung
- Abgabe *154 ff.*, 178
- Abhandengekommene Willenserklärung *158 ff.*, 495
- Auslegung *Siehe* Auslegung von Willenserklärungen
- Begriff 108
- Erklärungsbewusstsein 121, *133 ff.*, 160, 495
- Erklärungsfahrlässigkeit 135
- Erklärungshandlung 111
- Formerfordernisse *Siehe* Formerfordernisse
- Geschäftswille 113, *136 f.*, 453
- Handlungswille 111, 130
- Konkludenz *113 ff.*, 241, 258, 296, 300 f.
- Objektiver Tatbestand 110
- Rechtsbindungswille *119 ff.*, 133, 189, 216, 308
- Schweigen *116*, 220
- Subjektiver Tatbestand 128
- Widerruf *186 f.*, 230, 305
- Willensmängel *Siehe* Anfechtungsgrund
- Zugang *Siehe* Zugang
Wohnungseigentümergemeinschaft, Verbrauchereigenschaft 15
Wucher 264, 350, *370 ff.*, 391, 413, 426, 521, 650
Wucherähnliches Geschäft *Siehe* Sittenwidrigkeit, Wucherähnliches Geschäft

Zubehör 62 ff.
Zugang 154, 157, *161 ff.*
- Beschränkte Geschäftsfähigkeit 174
- Botenschaft 177, 180
- Brief 163
- Einwurfeinschreiben 163
- E-Mail 169
- Geschäftsunfähigkeit 173
- Stellvertretung 555
- Telefax 163
- Verzicht auf den Zugang *220 ff.*, 241, 249
Zugangsfiktion 167
Zugangsvereitelung 163, *167 f.*
Zurückbehaltungsrecht trotz Verjährung 773
Zusendung unbestellter Waren 246 ff.
- Abgrenzung zur GoA 251
- Aliud-Lieferung 256
- Auseinanderfallen von Eigentum und Besitz 261
- Ausschluss gesetzlicher Ansprüche 259 f.
- Erbensucherfall 249
- Verbrauchereigenschaft des Empfängers 253 f.